自強不息
厚德載物

有故事的人—張永山院士回憶錄

蔣榮玉◎採訪撰稿

推薦序（一）

一代學人張永山

中央研究院是我國最高學術研究機構，自一九四八年在南京選舉第一屆院士以來，院士榮銜一直是華人學者最高的桂冠。院士們攀越學術高峰，背後不凡學習歷程、治學經驗以及精彩人生，如能有所傳述，將可激勵嘉惠莘莘學子，為後進學習與效法。令人嘆惜的是，許多當年曾經望重一時，深受景仰的學界泰斗，並未能在身後留下深刻述記，不僅是學界，而且是整個社會莫大的損失。

本人有幸於二〇〇六年當選院士，親睹多位院士風采，乃於擔任清華大學校長任內，推動由清華出版社出版《院士系列叢書》，鎖定與力促與清華淵源深厚院士，同意以口述歷史或回憶錄方式為其立傳，幸得多位院士支持，已先後完成《張立綱傳：五院院士的故事》、《父子雙傑清華傳承：徐賢修與徐遐生兩位校長的故事》、《陳守信院士回憶錄》、《清華因緣：學思行旅、口述青春紀事》四書，本書是《院士系列叢書》已完成的第五本傳記。

張永山院士是在國共內戰塵埃稍定之際赴美留學，而在學術界發光發亮的一代學人，在材料科學領域旅美華人學者中，他的學術成就、地位與榮譽，豐富的學術行政歷練無疑是首屈一指的。他與清華大學多年來有緊密互動，包括於二〇〇一～二〇〇五年，擔任榮譽講座教授，並分別於二〇〇二與二〇〇四年，任清華大學《國聯光電講座》教授，同時他在正式自威斯康辛大學退休後，已安排每年定期到清華大學講學，由於猝逝而未能實現。同樣令人萬分婉惜的是，他於

文／陳力俊（中研院院士；清華大學材料工程學系教授）

二〇一〇年當選中研院院士後，依照中研院往例，新科院士參加的第一次院士會議是兩年後的次屆會議，而張院士於二〇一一年八月溘然長逝，不及參加而成永憾，也是中研院的巨大損失。

張院士來自一個不算美滿的家庭，童年至為艱辛，未受過教育的慈母長年備受父親冷遇甚至離棄，使張院士及妹妹與父母共同相處時間不到一年，長期受父親漠視，母親「為母則強」，獨力堅忍拉拔兒女長大，但張院士與妹妹的教育並未被忽略，在鄉下日子過得雖貧困仍不失溫馨。如張院士妹妹張婉如女士所言：「母親慈祥、堅強、對人謙和，她對我們的教養影響永山與我的一生。」整體而言，張院士在赴美留學前，人生可謂灰澀黯淡，此後，雖不能以「一帆風順」形容，但確實漸入佳境。使人好奇的是，是什麼樣的特質、動力、環境與際遇造就了一代學人，讓一位離鄉背井的遊子在異域獲得非凡成就?

除了天資聰穎、學習有方，首先是強烈向上的動力，他年輕時曾在信中說：「黃面孔人在美國受到歧視，若是有個博士學位在，有好的事情，在社會上有點地位，他們會看得起我們，這樣讓他們看看。」、「做為一個中國人在美國，如果工作不努力的話，你就永遠無法和美國人競爭，因為無論是語言或社會背景，你都比不過他們。」他深受母親教誨：「做任何事有耐心且堅持下去」的影響，要對長期疏離的父親「證明自己，透過成就感肯定自己」，同時定力夠，自我鞭策很徹底，生活過得忙碌與充實，另外則是找到真實興趣與發揮舞台。他曾在產業界工作前後約八年，一樣勤奮努力，工作求表現，但沒受到注意，如龍困淺灘，直到轉至學術界工作，才開始如魚得水，一展長才。

在學術領域中，張院士專研自己真正有興趣的冶金熱力學相關題材，恣意發揮，不僅廣闊，而且細緻。與他有四十年交情的同事觀察：「張教授是深知自己優勢與目標的人，而且知道如何創造優勢。」他花了四十年時間成為全球冶金熱力學泰斗，他曾說：「要耐得住寂寞，要靜下心來，必須有奉獻精神，才會有一番成就。」、「世界上天才是很少的，但一個人即使不是天才，通過加倍勤奮，最後也能成功。」、「研究之路不好走，重要的是要有眼光與目標，遇到困難也不輕言放棄。」做事仔細、嚴謹，行政能力無人能及，二十二歲的他在擔任學生組織「華社」社長期間，即具有極佳的統籌、執行與溝通能力，他一向公正、慷慨而真誠，成熟的處世風格、專注而細心的態度讓他廣結人脈，也得以在威斯康辛大學密爾瓦基分校（University of Wisconsin, Milwaukee, UW- Milwaukee）與麥迪遜分校（University of Wisconsin, Madison, UW-Madison）共擔任十五年系主任，都有重大建樹，除政通人和外，深受推崇，他的同事說：「他有極佳的說服力、理解力與領導力。」他也有很好的識人能力，了解各人實力，能找到關鍵人物（key person），他還曾對同事說："You have to be good, but it's not enough. You have to know the people."

另一方面，他喜歡教書，認為教學與研究可相輔相成，授課內容有系統而簡潔，他可以用簡單的方式解說複雜的事情，以便讓每個人都了解他的意思。張院士曾說："Never frustrate students." 他認為：「研究生白天時就要讀論文、做實驗、整理論文結果，與修課有關的讀書則應在晚上自己的時間進行。」他對學生的研究進度要求非常嚴格，願意花很多時間改進學生的研究報告，有學生報告內容不夠充實，被「退件」三、四次，他以一種開放、無私的態度，分享自己的智慧；他對學生照顧有加，有能力讓學生適性成長；不只重視自我修煉，也不忘提攜他人，極為難得。他的學生認為：「對於幫助學生成功，張教授做的遠超過他應該做的。」

本傳記另一特色則是大量節錄了在美國西雅圖攻讀碩士學位的張院士，於剛認識在美國加州柏克萊大學的未來張夫人何碧英女士後，三個月中寫的七十封情書，這些信件，短則一、兩頁，長則十一、二頁，天南地北，無所不談，包括讀書、上課、筆記、寫論文、與教授互動、改正英文、擔任助教、交友、聽音樂、看電影、跳舞、打麻將、橋牌、看足球、主持學生社團「華社」等生活點滴。除了情話綿綿外，透露年輕時的許多內心想法與感觸，從中可以一窺低調寡言，鮮談往事的張院士的內心世界。

他在信中提到：「妳要知道我對妳非常坦白，自離開妳後，每一樣 personal affairs 我都告訴妳。」、「妳感到分離的難過，難道我又會例外嗎？」以及 "I never told anybody before that I want a Ph.D. I am afraid that I may not succeed." 、" I am telling you now because I know you can be trusted and you are my best friend." 至於選科的問題，他說：「我對於化工與有機化學都很有興趣，換句話說都沒有多大興趣，interest has to be developed。」自嘲：「像我這樣的學生教授不逼是不肯讀書的。」又說：「我不是說女人意志不堅，而是很多時候被環境逼迫不得已而為之，男人大概也一樣。」、「有時候愛某個人常常說不出所以然來，為什麼相愛，不過我非常高興聽到（再次）妳說妳愛我，我也在此再說一遍，我也很愛妳。」不僅真實呈現張院士當年感情與校園生活，同時也是一九五〇年代，一個剛陷入熱戀、徬徨於學業與事業間的優秀中國留美學生心情寫照的格外珍貴史料。不讓人意外的是，張院士這七十封情書「效果宏大」，三個月後，與未來張夫人互訂終身，不久後成婚，展開長達五十五年的美滿婚姻。

張院士說，一生中影響他最深的三個人分別是母親、妻子與三兒子張道崙（Theodore, Theo）。Theo 生下來就是患有「唐氏症」的「唐寶寶」，多屬中度智能不足，需要額外照顧與更加注意，但是如果可以接受特殊教育，他們可以做到自我照顧與獨立生活。張院士夫婦最初「心情很差，吃不下也睡不著，不知該如何面對這個現實，為了此事，他們把自己關在家裡數月之久，不和任何人來往，但慢慢接受了這個事實。」他們以最大的努力教養 Theo，從穿衣吃飯等小事開始到讀書識字，發揮無比耐心，不假手他人，攬下許多照顧的責任，讓 Theo 不僅有工作能力，還會自己搭巴士上班、到銀行存錢、烹調三餐等，非常不容易。他們將 Theo 視為「上帝的禮物」，一路扶持，甚至

車牌都以 "Theo" 為名，而由於住在紐約州的大兒子張道旭夫婦對父母承諾照顧 Theo，為了讓 Theo 及早適應紐約州的生活，七十三歲的張院士自威斯康辛大學正式退休，「選擇放下」，帶著 Theo 先搬到紐約州。

張院士對妻子說：「老三給我最大的影響是更有耐心、更能了解人、更能為別人著想，別人一定有不得已的苦衷才有這樣的結果。」、「老三讓我成為更好的人（better man）。」這是何等偉大的愛心與胸懷！他的一位知友說：「他讓我明白，一位優秀的科學家同時也可以是偉大的人。」

本傳記以說故事的方式，對一代學人生平有相當細緻的描繪，從張院士童年、求學、就業、成家、養育子女，到終成學界巨擘，在學術界發光發亮，培育眾多優秀學生，以致逐漸淡出人生舞台，深具啟發性，附錄則包括由張院士多位家人、朋友、同事、學生等所撰紀念文章。張院士用生命所寫的奮鬥故事，每個章節都精彩，反映出幾經淬鍊後成熟圓融的人生智慧。傳記以《有故事的人》為書名，甚為適切，一方面將可為崇敬與感念之眾多親友珍藏、誌念，再方面也可為後進來者，對一代學人養成經過與內心世界有所了解，作為師法懿範，「曲終，人不散」，是一本極有價值與可讀性甚高的傳記。

陳力俊 謹序

二○一六年三月 於清華園

推薦序（二）

一位國際知名的材料科學家—張永山教授

能夠為張永山教授的回憶錄撰寫推薦序，本人樂意之至，同時深感榮幸。我與張教授初次邂逅是在礦物金屬與材料學會（TMS）一九七〇年所舉辦的年會上，那時，他任教於威斯康辛大學，我則服務於國際商業機器股份有限公司的華生研究中心（T. J. Watson Research Center, IBM），工作與矽元件中的矽化物接觸電極有關。

矽化物是一種金屬矽化合物，作用於場效應電晶體（FET）中的源極、汲極、柵極等三個電極，由於電晶體是電路元件的一部份，沒有接觸器就無法運作。在如指甲般大小的矽片上有逾數百億個電晶體，其上有三倍於電晶體的矽化物接觸器，因此，控制矽化物在矽裝置上的擴增以便大規模整合與製造為重要環節，也是基礎科學研究的課題。由於金屬—矽系統為二元體系，適用於多數金屬—矽二元系統的平衡相圖，因此，從熱力學角度切入，二元相圖可以為我們研究的微觀結構及矽化物型態動力學提供更為精確的指引。

當時，國際商業機器股份有限公司（IBM）的主要競爭對手是貝爾實驗室（Bell Lab），二者皆致力於矽化物生成研究，然而，因為通訊的運用需求遠高於計算，貝爾實驗室在化合物半導體的研究成果上優先於矽化合物。顯然，在化合物半導體中有兩個化學元素，當我們將金屬放入化合物半導體中做為接觸器，就得出三元體系。不過，三

文／杜經寧（中研院院士；美國加州大學洛杉磯分校傑出教授）

元相圖不多見，金屬和化合物半導體間的反應動力學路徑和反應產物也諱莫如深，在當時，這是個大挑戰。

一九八〇年代初期的一次礦物金屬與材料學會（TMS）年會中，我與張教授在此議題上有較長的討論，他從中看到機會並決定成立研究專案，尋求解決之道。他有能力如此做，而且很快地，他在化合物半導體上系統性的研究結果獲得國際認可，如加州大學洛杉磯分校（UCLA）化學系教授史坦 · 威廉斯（Stan Williams）即盛讚張教授在電子材料方面的研究成果，史坦後來成為惠普研究室總監及資深院士。之後，張永山教授更將觸角延伸至熱力學計算及二元與三元相圖模擬，如此的演進導因於現代電腦的先進計算能力，而張教授在計算熱力學方面的貢獻同樣獲得國際認同，獲獎無數，這部分本書亦有著墨。此外，他也獲選美國國家工程院院士、中國科學院外籍院士及台灣中央研究院院士。

關於三元相圖，值得一提的是，一九九〇年代，由於消費性電子產品的普及化而使電子構裝技術更形重要，時至今日，我們多半人手一隻行動電話，這是手持包裝產品的一種，其中一定有幾個半導體晶片，然而，對消費者來說，直接接觸到的卻是外包裝。我們希望手持或可穿戴式產品輕薄短小而且物美價廉，但是功能要強大，大型電腦有許多空間可以存放我們要的東西，手持裝置則不然，而將數以百萬計的電晶體連接到天線已非難事，只要使用另一組電路的微小銲點即可。

現代銲點的直徑相當於人類頭髮的直徑，讓人驚訝的是，雖然銲料為青銅時代材料，仍被運用於如今的大數據時代，銲料連接仍為現代電子業生產電子電路時不可或缺的製造步驟，因此我們往往會有「何謂新銲料」的疑問。幾乎沒有什麼是「新」的，除非把錫—鉛或錫—銀銲料放入銅塊中，得出三元體系！我們需要三元相圖定義銲料反應。於此，我們不可不提張教授兩位卓有貢獻的優秀高足：任教於國立清華大學的陳信文教授及任教於國立台灣大學的高振宏教授，他們跟隨張教授的腳步，在銲料連接研究方面的成就國際知名。持平而論，過去二十年間，他們在無鉛銲錫材料方面的研究表現在礦物金屬與材料學會（TMS）中居於主導地位，也是台灣領先國際的專業領域之一。

最後，我要說，張教授夫人何碧英女士的高雅懿範令人欽敬，藉此機會我也要向她及她的孩子們致上最深的祝福。

杜經寧於加州大學洛杉磯分校（UCLA）

二〇一六年三月

An internationally renowned materials scientist — Prof. Austin Chang

It is my great honor to be asked to write a preface for the book in memory of Prof. Austin Chang. I am delighted to do so. Prof. Chang and I first met in 1970s in one of the TMS meetings. At that time, he was teaching in University of Wisconsin, and I was working in IBM T. J. Watson Research Center. I worked on silicide contacts on silicon devices.

Silicide is a metal-silicon compound and it serves as source, drain, and gate contacts on a field-effect transistor. Transistor cannot work without contacts because they are part of the circuit elements. On a silicon chip of the size of our finger nail, there are over a few hundred million transistors, so there will be three times more silicide contacts. Therefore, the controlled growth of silicide in silicon devices has been an important step in large scale integration and manufacturing as well as a topic of basic scientific study. Because a metal-silicon system is a binary system, and the equilibrium phase diagrams of most metal-silicon binary systems are available. Thus, from the point of view of thermodynamics, the binary phase diagrams can provide nearly enough guidance for most of our studies on microstructure and kinetics of silicide formation on silicon.

At that time, the major competitor to IBM was Bell Lab, and indeed both places were working on silicide formation. However, because of the applications in communication, rather than in computation, Bell Lab has had a bigger research effort on compound semiconductors than silicon.

Clearly, there are two chemical elements in a compound semiconductor. When we place a metal to make contacts to a compound semiconductor, we have a ternary system. However, ternary phase diagrams were rare, so the reaction kinetic path and reaction products between a metal and a compound semiconductor were unclear. This was a big challenge at that time.

During one of TMS meetings in early 1980s, I had a long discussion with Prof. Austin Chang on this issue. He saw the opportunity and decided to initiate a research project to solve the problem. He had the ability to do so, and quickly his systematic work on contacts to compound semiconductors received international recognition. For example, Prof. Stan Williams in Dept of Chemistry at University of California at Los Angeles, who later became the lab director and senior fellow at HP, praised greatly the work by Prof. Austin Chang on electronic materials. After that, Prof. Austin Chang has added to his study the thermodynamic calculation and simulation of binary and ternary phase diagrams. This is because of the advance in computation capability of modern computers. Again his contribution in computational thermodynamics has gained international recognition. He has received a large number of awards, which have been covered in other parts of this book. He has been an academician of National Academy of Engineering in USA , a foreign member of the Chinese Academy of Sciences in PRC, and Academia Sinica in ROC.

One more story on ternary phase diagrams is worth mentioning that in the 1990s, electronic packaging technology becomes important due to the popularity of consumer electronic products. Today, most of us have a mobile phone. What is held in our hands is a packaging product. No doubt there will be a few semiconductor chips in it. Yet, what is in direct contact to us is the packaging. We want the hand-held or wearable products to be light, small, cheap, and yet highly functional. Unlike a mainframe computer, which has a lot of space for us to do whatever we want, yet in a hand-held device, how to connect millions of transistors to an antenna is non-trial at all. It requires another set of circuit contacts by using tiny solder joints.

The diameter of a modern solder joint is about the diameter of a human hair. Amazingly, solder is a bronze-age material, yet it is still being used in the big data era. Solder joining remains an indispensable manufacturing step in producing electrical circuits in modern electronic industry. We tend to ask what is new about solder joint? Hardly anything is new, except that when we place a tin-lead or tin-silver solder on a piece of copper, we have a ternary system! We need a ternary phase diagram to define the solder reaction. Here, we cannot but mention the significant contributions of two of Prof. Austin Chang's outstanding students, Prof. Sinn-wen Chen in National Tsing Hua University and Prof. C. Robert Kao in National Taiwan University. They followed the steps of Prof. Austin Chang and achieved international recognition on solder joint research. It is fair to say that in the last 20 years, their presence in TMS meetings on lead-free solder materials has been dominant, and it is one the areas where Taiwan's research accomplishment is leading the world.

Finally, I would like to say that Mrs. Jean Chang is an elegant lady, and we all admire her very much. I should take this opportunity to give her and her children my best wishes.

King-Ning Tu at UCLA, 3/2016.

推薦序（三）

熱力學大師的風範

文／朱門（美國鋁業公司技術中心院士；美國金屬學會院士）

二〇一四年三月初在美國金屬材料學會的年會上我遇上了清華大學全球事務處事務長陳信文教授，他告訴我清華大學打算為張永山教授出版一本回憶錄，我聽了非常喜悅，從那一刻起，我就一直期待著這一本回憶錄的問世。二〇一六年六月，這本回憶錄在蔣榮玉小姐的運籌帷幄之下終於完成。張教授夫人何碧英女士和蔣小姐希望我能以晚輩和材料工業界的身份，為這本回憶錄寫推薦序，基於和張教授廿幾年亦師亦友的因緣，我不只深感榮幸也覺得義不容辭。

張教授辭世已四年多，他的親人、朋友和學生們還是一直很懷念他。我常想著張教授生前不知是否曾想過他希望後人如何看待他的一生，雖然我們已無法從張教授口中直接聽到他的說法，所幸這一本回憶錄的問世間接地為我們提供了一些可能的答案。

張教授是世界級第一流學者，擅長材料熱力學及相圖的計算和應用，他在美國威斯康辛大學材料科學系任教四十年以上。一九八九年張教授應我之邀來到美國鋁業公司（美鋁）位在匹茲堡附近的技術中心訪問，這也是我初次和張教授接觸，當時張教授正值壯年，但是他在多元素相圖計算的研究已經是世界公認的先驅。美鋁的技術中心長久以來一直是世界最大的輕金屬研究重鎮，但對一些很重要的合金系統諸如鋁鋰和鋁鎂鋅系列的金相和凝固偏析的預測能力仍然不足，張教授的專長適時地為美鋁的合金設計和鑄造製程提供了預測和模擬的方法，他不只和美鋁合作多年，也推薦了三位優秀的博士學生，在他們畢業之後加入了美鋁的技術中心繼續鋁合金方面的研究。這樣的產業研發合作和為業界培舉人才的模式堪稱是美國金屬工業界和學術界的一個典範，這本回憶錄對張教授和工業界的互動和他的貢獻有很精采和微細的描述。

美國的菁英學者無數，和張教授在材料界一樣舉世聞名的大師不少，但是和張教授一般待人謙謙有禮的學者風範卻極少見。一九九一年，張教授曾到麻省理工學院擔任客座教授，在材料系具有豐田汽車榮譽講座頭銜的佛萊明斯（Merton Flemings） 教授，是我在麻省理工學院攻讀博士學位時的指導教授，有一次他寫信告訴我，他一生就只敬重兩位在冶金材料學上卓有成就的大師及其為人，張教授便是其中的一位。佛萊明斯教授是現代金屬凝固研究理論和實驗的始祖，知人無數，能如此讚美張教授，應是英雄惜英雄的最佳寫照，他甚至說，材料界短期內恐怕很難再出現像張教授有如此影響力的人物。對照如今在材料界相當活躍的學者們的研究和態度，佛萊明斯教授所言似是不虛。在這本回憶錄的每一個章節裡，我們處處都可讀到和學到張教授的為人態度和處世哲學。

世上每一個人的人生處境大多是不同，唯一相同之處是都會有個起點、中途點和終點，回憶錄最大的功能就是讓後人能從這些成功者不斷向上的人生過程裡找到借鏡和啟發。對於仍處於人生初期階段的人，我相信張教授早年發憤圖強、克服困難的精神，將會是這些仍在啟蒙階段青年學子很好的激勵；對於那些身處人生事業轉捩點的人，張教授毅然由工業界轉向學術界，追求他對基本科學研究的熱愛，也會是那些滿懷理想而有志未伸的壯年人一個很好的省思。

張教授選擇在其學術成就達到顛峰的時刻果敢地退休，為其一生熱愛的事業劃下一個句點，張教授之所以這麼決定乃是為了將其仍然可運用的人生和一直擔任成功者背後角色的何碧英女士及他終日掛念的幼子張道崙共享可貴的親情，在我看來，這就是一個完美的人生達陣。張教授雖然於七十八歲遽然而逝，但是他留下來的身教仍常存在他的家人、朋友、同事和學生的心中。這本回憶錄很忠實地反映了張教授故事般的一生，我相信沒有機會像我一樣直接受益於張教授的讀者們，都能因這本書的付梓而間接地受惠，這應該也是張教授樂於看到的結果。

朱門 謹序

二〇一六年二月於美國賓州匹茲堡

推薦序（四）

有故事的人—張永山院士

張永山院士是美國工程院院士、是中央研究院院士，曾擔任美國最大與歷史最悠久學會之一的美國礦物金屬與材料學會（TMS）會長。在我擔任國立清華大學教務長時建議國立清華大學以《院士系列叢書》中一冊專書來紀念張教授，希望能記錄張教授的生活與成長，以激勵後輩。

我的推薦不止是因為張院士是我的博士論文指導教授，不止是因為他有恩於我，不止因為他的學術地位崇高，更重要的是他是一個有故事的人。張永山院士出生於一九三二年，或許是因為那個動亂的時代，他的成長過程充滿著崎嶇與傳奇，也充份記錄著時代的飄泊與不凡。

與我相同年紀的大學同校同學，有些人已是中央研究院院士，在學術上已有非凡的成就。只是我常想若是有一本專書來介紹成長於承平時代的我們，能夠談些什麼呢？除了介紹非常專業的學術之外，關於成長與求學生活，能說的恐怕就是「某教授或某院士從小聰明非凡，就讀於某名校，受教於某名師…」。

張院士出生於北京、成長於河南鞏縣，十三歲前未受正規教育，後移居鄭州、南京、香港，於十七歲到美國。張院士為加州大學柏克萊校區化工學士、華盛頓大學化工碩士、加州大學柏克萊校區冶金博士，退休前為美國威斯康辛大學麥迪遜校區材料系傑出教授。張院士

文／陳信文（清華大學全球事務處事務長；清華大學化學工程學系特聘教授）

為材料熱力學權威，著作等身。

本書記載著張院士年少的漂流，記載著上一代的人在大時代變動的洪流中的生存與生活。在張院士七十歲的餐會上，提到不認識字的母親從台灣託人寫信到美國，告訴他基本做人道理。未受教育的母親，跟著女兒努力學寫字，只為能寫信給在美國念書的兒子 - 張院士。

本書也記載著傑出學者 - 張永山院士的學習成長與對知識的看法，記載著傑出教育家對培育學生的作法與看法。本著有著更多的是張院士的好友、學生與親戚對他的思慕與懷念，對他的看法與評價。本書是值得閱讀的好書，是會令人感動的好書。

最後以基督徒的張院士所景仰的史懷哲博士，在一九三二年（張院士出生年）於歌德逝世一〇〇週年中所提到的詩句作為序的結尾，這或許也可反映張院士對教育與知識的看法 -「在我們胸中至純之處，對高的、純的、未知之物，以感謝之心獻身，在那永遠無法命名的事物之前，為解明自己而努力不息。」

陳信文 謹序

二〇一六年三月

張永山年表

時間	人生大紀事
1932年11月12日	出生於中國北京，祖籍河南省鞏縣。
1936年	移居河南鞏縣老家八里庄。
1940-1945年	隨私塾展開非正規自學之旅。
1945-1947年	移居鄭州，就讀美國教會學校，受正規教育。
1947-1948年	移居南京，就讀南京第四中學。
1948-1950年	移居香港，就讀嶺英中學。
1950年	赴美就讀德州貝勒大學。
1951年	自德州貝勒大學轉學至美國加州柏克萊大學。
1951-1954年	取得美國加州柏克萊大學化學工程系學士學位。
1954-1955年	取得西雅圖華盛頓大學化學工程系碩士學位。
1956年9月	與何碧英結婚。
1956-1959年	任職於加州瑞奇蒙史塔佛化學公司（Stauffer Chemical）。
1957年	長子張道旭出生。
1960年	次子張道維出生。

時 間	人生大紀事
1962年	成為美國礦物金屬與材料學會（TMS）會員。
1963年	取得加州柏克萊大學冶金學博士學位。
1963-1967年	任職於加州山克拉門都噴射飛機公司（Aerojet General Corp.）。
1964年	三子張道崙出生。
1967-1970年	威斯康辛大學密爾瓦基分校工程系副教授。
1970-1980年	威斯康辛大學密爾瓦基分校工程系教授。
1971-1977年	威斯康辛大學密爾瓦基分校材料工程系系主任。
1978-1980年	威斯康辛大學密爾瓦基分校研究院副院長。
1980年	威斯康辛大學麥迪遜分校冶金與礦物工程學系教授。
1982-1991年	威斯康辛大學麥迪遜分校冶金與礦物工程學系系主任。任內主導系所更名。
1987年	中國北京科技大學兼任教授。
1987年秋	日本仙台東北大學客座教授。
1987-1988年	台灣行政院國家科學委員會材料科學特聘講師。

時 間	人生大紀事
1988年冬	麥迪遜分校冶金與礦物工程學系（Dept. of Metallurgical and Mineral Engineering）更名為材料科學暨工程學系（Dept. of Materials Science and Engineering）。
1988-2006年	威斯康辛大學麥迪遜分校傑出教授。
1991年秋	麻塞諸塞州麻省理工學院客座教授。
1995年	中國北京科技大學榮譽教授。
1996年	獲選美國國家工程學院院士。
1996年	創立CompuTherm LLC公司。
1996年	中國湖南長沙中南工業大學榮譽教授。
1997 年	中國南京東南大學名譽教授。
1998年	中國瀋陽東北大學名譽教授。
1999年	榮任美國礦物金屬與材料學會（TMS）副會長。
1999年	夏季學院量子結構研究計劃/ 加利福尼亞州帕洛阿爾托惠普實驗室。
1999年	普度大學溫雀爾講座。

時 間	人生大紀事
2000年	榮任美國礦物金屬與材料學會（TMS）會長， 成為第一位華人會長。
2000年	獲選中國科學院外籍院士。
2000年	貝爾頓講師/ 澳洲維多利亞克萊頓澳洲聯邦科學與工業研究院。
2001-2005年	台灣國立清華大學榮譽講座教授， 開設《國聯光電講座》。
2005年11月	移居紐約州羅徹斯特。
2006年	威斯康辛大學麥迪遜分校傑出退休教授。
2006年9月	正式退休。結婚50週年。
2010年	獲選台灣中央研究院第28屆院士。
2010年	台灣國立清華大學材料工程學系特聘講座教授。
2011年8月2日	與世長辭。

有故事的人─張永山院士回憶錄

教育程度

加州柏克萊大學化學工程系學士
西雅圖華盛頓大學化學工程系碩士
加州柏克萊大學冶金系博士

專長

1. 動力學模型
2. 相圖計算

研究興趣

將熱力學與動力學原理應用到各種材料，如結構材料、電子材料與磁性材料，尺度從塊材到奈米尺度。

註冊

1. 威斯康辛州註冊工程師
2. 科學及相關領域專家

專利

1. 製備具有設定能障高度的蕭基二極體接點的製程（1996）
2. 建構熱穩定磁穿隧接面方法（2004）
3. 富鋯金屬玻璃合金塊材（2005）
4. 磁穿隧接面與磊晶鐵磁層的建構（2005）

參考書目

逾 570 篇出版品，包含原始論文、審查論文、書籍、會議論文和其他非學術性論文。

目 錄

壹 尋根之旅

一九三二年農曆十一月十二日，張永山出生於中國北京，以中國生肖來說，屬猴，家中排行老大，有個小他三歲的妹妹張婉如，兄妹倆感情極好，無話不談。

母親鄧淑英十七歲時與同齡的父親張元濱成婚，後來由於張元濱添了二房太太韓文霞，生養了二男一女，張永山於是多了三位異母弟妹 - 張愛群、張愛齡及張福群。

由於當年父親是依中國傳統虛歲報戶口，所以，官方紀錄，張永山的出生年份為一九三〇年，直到二〇一一年八月二日病逝，家人才在墓碑上書寫正確生卒年：一九三二 - 二〇一一年。

一般人可能只知道張永山有一位相差三歲的親妹妹，還有三位同父異母的弟妹，事實上，張永山的親生母親鄧淑英一共生養了七個孩子，前面五個都早夭，有一兩名孩子甚至長到了十歲左右才因病離世，因此，張永山的母親直到二十八歲時才生下他這第六個孩子，此後她便發誓要終生茹素，她認為這樣可以保住這個兒子，當然那時她並不知道還會有另一個女兒婉如……

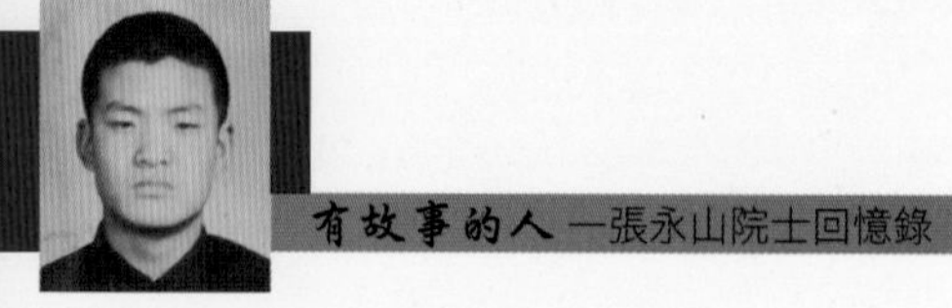

第一章　來自中原的孩子

張家原籍山西解州府安邑縣上官庄，張家族譜上有記載的共有二十九代，張永山的父親張元濱為第二十六代子孫，張永山和妹妹張婉如為張家第二十七代子孫。

張家族譜

張家族譜記載，張家第一代由山西遷居到河南鞏縣落戶，到了第十四代遷居鞏縣城外的桐花溝，第二十三代又遷居到八里庄。八里庄是張永山和妹妹婉如度過童蒙時期的所在地，這裡也裝滿了兄妹倆至為艱辛的一段人生記憶。

父親張元濱

張永山的父親名為張元濱，號相周，一九〇四年農曆正月十一日出生於河南省鞏縣八里庄，一九二五年畢業於保定陸軍軍官學校，年輕時即跟在同樣也是保定陸軍軍官學校畢業的陳誠身邊做事，抗日戰爭後則在重慶蔣介石麾下從事抗日工作。

事實上，張元濱保定陸軍軍官學校畢業後跟著國民黨黨、政、軍重量級人物如陳誠、閻錫山、商震及劉茂恩做事，一路平步青雲。抗戰勝利後，張元濱升為陸軍少將，被派去東北辦理軍需，曾任三十二軍軍需處長，一九四七年又當選第一屆國民大會河南省鞏縣代表，一九四八年則去了香港，在香港僅短暫停留一年就遷往巴西，開設工廠轉而成為殷實的商人，直到退休。

張永山的父親張元濱。

張元濱退休後搬到美國居住，一九七四年農曆十月二十七日於紐約病逝，享年七十歲。

母親鄧淑英

張永山的母親鄧淑英／
攝於 1955 年 12 月台灣新竹。

張永山的母親鄧淑英出生於河南鞏縣郊外一個小村莊，與父親張元濱同年，也是一九〇四年出生。鄧淑英是傳統農家兒女，家裡靠農耕過活，沒受過什麼教育。在她十五歲那年，全村感染了霍亂，有近四成村民喪命，鄧淑英的父母也在一週內相繼去世。失去雙親的她只能帶着一雙弟妹跟着叔叔過活，十七歲那年，叔叔做主把她嫁給了張元濱。

鄧淑英從未念過書，後來會寫幾個中文字還是她到台灣後跟着女兒張婉如學的，而她學寫字的目的只為了想寫信給當時在美國的兒子張永山。

與鄧淑英相處時間最久的女兒張婉如說：「母親個性善良，堅強，遇到困難總是很鎮靜、理智。她是個很虔誠的佛教徒，終生茹素，她總是說，自己願意終生吃素，只希望佛菩薩保佑她的子女能健健康康的。」鄧淑英是舊社會下的傳統女性，信奉的仍然是「男尊女卑」、「在家從父、出嫁從夫」的老式思想，因此，對於丈夫張元濱，鄧淑英一向都只是服從，沒有二話。

和鄧淑英結婚後，張元濱就離開家鄉到保定陸軍軍官學校念書，鄧淑英則留在家鄉照顧公婆，夫妻倆長年分隔兩地，聚少離多。公公去世較早，婆婆則長年臥病在床，生活起居須仰賴鄧淑英，直到婆婆臨終前，近一年多的時間裡全靠鄧淑英一人照料。婆婆去世後，鄧淑英也到北京和丈夫張元濱住在一起，原以為從此可以過上安穩的舒心日子，沒想天不從人願。

二房進門 元配被打入冷宮

有一天，張元濱突然帶了年輕的韓文霞回家，他告訴鄧淑英，他要娶韓文霞做二房，沒有商量餘地，一切已成定局，以丈夫為天的鄧淑英只能接受現實。年輕的新歡自然比較受寵，因為韓文霞的出現，鄧淑英與兒子張永山、女兒張婉如的命運就此改變。

當年，鄧淑英、張元濱及新進門的二房妻子韓文霞都住在一起，只不過，妻不如妾，鄧淑英的處境和傭人沒兩樣。後來，張永山約莫三歲左右，張元濱乾脆讓懷著身孕的鄧淑英帶著兒子搬到鄭州居住，到了鄭州不久，女兒張婉如就出生了。

患難見真情？逃難途中被拋棄

在張永山約莫四歲時，日本人侵佔了東北，北京也危在旦夕。張元濱當時帶了二房妻小一家到鄭州和鄧淑英母子三人會合，準備一塊去武漢，再搬到重慶。在去武漢的路上，天色已晚，張家一家子全住進旅館暫宿一夜。豈知，第二天一大早，鄧淑英母子三人才剛起床，就發現張元濱和韓文霞母子已經悄沒聲響地離開了。

鄧淑英母子三人頓失依靠，舉目無親，身上連盤纏都沒有，一個弱女子帶著兩個年幼的孩子正不知何去何從之際，鄧淑英想起手上戴著兩個金手鐲。於是，鄧淑英把一個手鐲賣給旅館老闆，換了錢帶著兒女到火車站買了回張家八里庄老家的車票。就這樣，鄧淑英帶著孩子迎向未知，張永山與妹妹張婉如也走進一段艱苦的童年歲月，這一年是一九三七年，中國史上最動盪的八年抗戰即將揭開序幕。

艱辛童年磨練鋼鐵意志

一九三七年，再度被丈夫拋下的鄧淑英帶著一雙兒女回到張家八里庄老宅，母子三人就靠祖上留下的田地過活，吃穿用度都得自己動手打理。鄧淑英雇了姓王的一家人幫忙種田，張家人住在山坡上，王家人住在山坡下，親如家人，也靠著兩家人彼此的支持與互助，日子才能過下去。

從有記憶開始，張永山和妹妹婉如就要到田裡工作，麥子和棉花成熟時，大人留在地上整理零碎的麥子和棉花，他們要跟在後頭帮忙撿麥穗、摘棉花、收玉米。就連穿的衣服都是母親鄧淑英從棉花拉成線，用老式織布機織成布後縫成衣裳，每年也只有新年時才有新衣可穿，張婉如說：「我們每年只有兩頓飯有肉可吃，一頓是在農曆新年，另一頓是農曆十二月八日（臘八節）。」生活之艱苦可想而知。

張家大伯與遠房堂姊

當年鄧淑英母子三人被迫回到張家八里庄老宅時的隔年，鄧淑英收養了張家遠房親戚的女兒，年約十三歲的張恨，孩子們喚她「恨姊」，那年張婉如約莫二歲，張永山年約五歲。張恨跟張婉如的感情非常好，亦母亦姊，雖然是堂姐弟妹，三個孩子相處融洽，張家兄妹有的，張恨也少不了，日子過得貧困卻溫馨。

張永山的父親張元濱有個哥哥張元龍，抗戰期間即過世，留下妻子與三兒一女—張豐華、張豐藻、張豐傑及張惠從。老大張豐華年少時跟著叔母鄧淑英在北京念書，抗戰勝利後，老二張豐藻及老三張豐傑也跟著叔母鄧淑英在鄭州和南京念書。

土法煉鋼 自製鹽巴

受戰亂影響，田地荒蕪、民不聊生，連小販都不再出現，日常用品如鹽巴等物資也變得缺乏。為了有鹽巴可吃，避免生病，小小年紀的張永山常得挖一籃子泥土，母親鄧淑英和恨姊將泥土浸泡在水中，幾天後等水變鹹，用布過濾後就能食用這些鹽水以補充鹽分，這也是當時村民食鹽的主要來源。

戰爭帶來恐懼與黑暗，飢荒的年代苦難不斷在考驗著人性。對河南村民來說，一九四二年是最黑暗的一年，那年河南遭逢有史以來最嚴重的大旱，這就是歷史上有名的「河南大饑荒」，年約十歲的張永山及七歲的妹妹張婉如也跟著母親鄧淑英一起陷入饑荒與悲慘的黑暗狂潮，史載，一九四二年的河南大饑荒餓死三百萬人。

和多數村民相比，鄧淑英母子及張家族人還算幸運，鄧淑英一家三口靠前一年剩下的麥子和小米度日，每天只喝小米稀飯，整整喝了一年才僥倖存活。

天災人禍 鬼哭神號

苦難的河南三千萬百姓除了面對八年抗戰的流離與動盪，還得對抗天災，天災人禍夾擊下，每一分每一秒都在與死亡共舞。張婉如還記得，因為大批蝗蟲過境，一天之內就把所有的作物吃光，接著村裡

又遇到水災，住屋多處毀損，因為沒有任何作物收成，饑荒導致許多人餓死，就連村裡的樹葉、樹皮都被啃光，慘況可見一斑。

接下來二、三年暗無天日的苦難，只能以「人間煉獄」來形容。張婉如說：「我們頭一年種的麥子、玉米、小米跟蔬菜都被蝗蟲吃了，第二年因為黃河氾濫，莊稼都被河水沖走，根本沒糧可吃。長在山坡地上的柿子沒有被河水沖走，所以，早上跟中午就以柿子果腹，晚上則吃小米稀飯，缺糧情況相當嚴重，村子裡看得見的貓、狗和騾子被吃掉不說，就連蝗蟲、棉花叢上的蟲子都被餓到前胸貼後背的村民吞下肚，很多人還因為吃下樹皮而中毒。村裡的孩子一個個骨瘦如柴，甚至因為營養不良，肚子脹得老大，有些人家實在沒辦法，還把孩子賣了換東西吃⋯⋯。」那個年代，飢餓讓無名死屍轉瞬間只剩條胳臂剩條腿，飢餓也讓骨肉相殘，有爹娘甚至把親兒殺了吞下肚，但最後還是餓死了⋯⋯。

父親缺席的童年

張元濱離開鄧淑英母子三人的時候，張永山才四歲，而妹妹張婉如約莫一歲。對他們兄妹來說，抗戰勝利後再見到父親，就像見到陌生人一般。軍旅出生的張元濱嚴肅而少有笑容，張婉如說：「哥哥永山和我對他只有敬畏而談不上愛。」事實上，張永山與張婉如兩兄妹一生中同時和父親、母親相處的時間不到一年，那是在南京的時候。

張婉如回憶自己印象中的父親身影，記憶最深刻的就是每天吃飯時父親就開始訓話，「嚇得永山和我頭也不敢抬，飯也嚥不下，等父親吃完飯離開後我們才敢開始吃飯。」這樣的童年記憶與父子關係，讓年紀輕輕的張永山兄妹倆發誓，如果有一天他們自己有了孩子，吃飯時絕不提不愉快的事，就算有天大的事也要先快快樂樂地吃完飯再說。

「影子父親」張元濱長期以來在鄧淑英母子三人的生活中總是缺席的時間多，在動亂的年代裡，少了丈夫這個主心骨，鄧淑英只能「為母則強」，一肩扛起家計與照料一雙兒女，她沒有時間怨恨總是選擇拋下她的丈夫或詛咒那個橫刀奪愛的二房，她滿腦子想的只是「活著」，還有拉拔兒女長大。

相較於母親的堅忍，年歲尚輕的張永山與妹妹婉如雖然沒有因為少了父愛而有所欠缺，但畢竟身處抗戰亂世下的鄉里之地，沒有父親在身邊的孩子還是得忍受一些異樣眼光、莫名嘲弄與欺侮，「沒有父親在身邊是我們終生的遺憾，尤其是抗戰時期住在鄉村的那些年，沒有父親在身邊，我們受盡了別人的欺負，所以我們有了自己的孩子後，便加倍的愛護並盡最大的努力去教養他們。」張婉如說。

慈母風範 寬容謙和

對於丈夫張元濱對自己與一雙兒女的長期漠視，鄧淑英是否心存不平？對此，張婉如表示：「可以說她從來沒有恨過他。」

傳統社會下長大的鄧淑英認為，自己的遭遇是大環境所造成，也是時代悲劇。民國初年，一個男人若沒有個三妻四妾，會被貼上「無能」的標籤，所以女人就成了那個時代的犧牲品。鄧淑英曾對女兒婉如說：「蔣介石娶了宋美齡後不是也把原配夫人留在鄉下老家嗎？」

母親的態度是會影響子女的。張婉如說，打從有記憶開始，母親總是叮嚀他們兄妹倆要孝敬父親，鄧淑英經常對他們說：「畢竟父親總是父親，他給了你們生命並花錢送你們出國念書。雖然他對你們繼母的孩子和對你們有所不同，但他並沒有完全不照顧你們。」

艱苦歲月 不忘兒女教育

雖然日子過得艱辛，雖然丈夫張元濱不在身邊，沒受過教育的鄧淑英並未忽略孩子們的教育，無論如何省吃儉用也要請老師教孩子讀書。張婉如說：「我母親非常注重永山和我的教育。在母親心裡，念書是最重要的事。」

當年鄧淑英母子和大伯，即張元濱的哥哥張元龍一家人共同居住在八里庄的張家老宅，兩戶人家共用一個廚房，做飯與吃飯時間會刻意錯開，以免廚房過於擁擠，造成不便。河南地界上有許多窯洞，一般窯洞前半部多做客廳使用，或依功能不同隔成織布間、臥房等，張家老宅有四個窯洞，鄧淑英與大伯兩家人各佔用兩個窯洞。

那個年歲裡，八里庄沒有學校，鄧淑英想方設法地請了一位陳老師到家裡教孩子們讀書。按理說，家裡沒了經濟支柱與主要做決定的丈夫，身為長子的張永山多半需要扛起家庭重任或協助母親操持生計，不過，鄧淑英不做如是想，她認為念書最重要，兒子永山應該多花點心思在課業上，因此，下田耕作與日常家務等瑣事多半由自己承擔，不讓兒女為生活擔憂。

鄧淑英：下一代的教育很重要

當時，鄧淑英雇用陳老師到村裡教張永山和大伯的二個孩子—張豐傑與張豐藻讀寫，並承諾每個月支付四斗小麥做為薪酬。後來，村裡共有八名孩子一起上課，因為有鄰居希望將孩子送來念書但沒辦法支付學費，鄧淑英於是承諾每月支付五斗小麥給陳老師做為授課薪資。鄧淑英之所以願意一肩扛起學費是因為，她認為讓村裡的年輕一輩都能受教育是很重要的事。

這個被稱之為「學校」的地方位於張家主屋西側的窯洞裡，窯洞為張家族人所有，原來做為穀倉或儲藏室之用。孩子們必須用手將泥土抹平，再用竹子權充筆在泥地上學寫字。張婉如說，後來她跟著哥哥永山到學校上課後才了解為什麼媽媽不喜歡說這裡是「學校」而哥哥為什麼會說「不要對學校期望太高」，因為這裡沒有教室，沒有書也沒有筆，只有陳老師跟一捆竹子。

在沒有課本，沒有紙和筆的情況下，張永山和妹妹婉如展開學習之旅，克難地用一根小棍子在泥地上學寫字。就這樣，張永山的啟蒙課程維持了約五年的時間，後來加入的張婉如則和哥哥永山一塊念了三年書。值得一提的是，傳統社會下成長的鄧淑英絲毫沒有忽略女兒張婉如的教育，也沒有因為婉如是女性而理所當然地認為她不需要和兒子永山一樣受教育。張婉如說：「母親督促我念書的情況一點也不減於永山。她不斷地叮嚀我努力念書，長大後做一個能獨立的女子。我母親雖然在舊社會的環境下長大，她後來却完全支持女權，因為她總覺得自己做了以男性為主社會下的犧牲品。」

受父親拖累 張永山險遭八路軍綁架

在國共對決的年代，中國外患不少，內亂也不斷，同室操戈的結果，張元濱身為國民黨員的身份多少連累了鄧淑英母子，也因為外患、內亂加上饑荒，年輕小伙子莫名其妙遭拐賣、綁架勒索贖金或被強迫從軍（編按：俗稱「抓壯丁」）的事件層出不窮，有幾次張永山就差點遭八路軍（編按：後來的共產黨）綁架。

鄧淑英母子三人在八里庄落腳後，一夜，八路軍持槍到家裡想要綁走張永山，不過，受幸運之神眷顧，那天夜裡張永山住在朋友家，八路軍把住在家裡的堂兄張豐傑誤認為張永山，反而把他給綁走了。後來八路軍發現綁錯對象，於是轉而要求鄧淑英以大量小麥做交換，才把人放了。

鄧淑英明白兒子永山處境凶險，於是連夜帶著他到另一個村落的親戚家避難，也因此躲過再度前來綁人的八路軍。為躲避八路軍的追捕，鄧淑英陪著張永山躲在親戚家的小小閣樓上整整六個月，絲毫不敢讓兒子離開自己視線半步，晝夜守候著他，不敢露面。六個月的時間裡，鄧淑英不忘督促張永山寫字或讀些古書，靠親戚的協助，總算躲過一劫。後來有幾次，村裡來了幾幫土匪想綁架張永山，也是因為鄧淑英將他帶到親戚家避難，張永山才能順利躲過劫難。

死神來敲門 慈母力挽狂瀾

除了險遭綁架及抓壯丁，年幼的張永山也曾遭逢死劫，幸賴母親鄧淑英一力護持才能從鬼門關前平安歸來。那是在南京的時候，當時張永山罹患傷寒症，高燒不退，纏綿病榻月餘，母親鄧淑英晝夜陪著他，服藥用膳都親自照料，不假他人手。好不容易兒子永山病癒，鄧淑英也瘦得只剩皮包骨，張永山後來也因此落下雙腿無法久站的痼疾，常感疼痛，非得坐下來或走一走才行。

對於這段往事，張婉如印象深刻，她說：「哥哥整整臥床一個多月，母親整日陪著他。每回醫生到家中為哥哥檢查，父親總是到房裡詢問醫生病況如何，後來哥哥完全復原，母親高興地流淚，一遍一遍地感謝老天爺，父親看到哥哥康復也露出少有的笑容。」

張婉如說，哥哥永山最遺憾的就是在南京和母親分別後再也沒見到她，因為後來鄧淑英和女兒婉如搬到台灣，張永山則跟著父親及繼母一家人先到香港，再到美國求學，而鄧淑英到台灣約十年後即病逝，得年五十五歲。

父親拆散母子 張永山絕食抗議

一九四五年八月抗戰勝利，張永山的父親張元濱官拜國民黨少將，從重慶回到八里庄接鄧淑英母子三人去鄭州，當時的張永山已經十三歲。不久，張永山就進入中美合辦的中學就讀初中一年級，學習基本英文，也是他接受正規教育的第一年。不到一年，共產黨開始進攻河南，張元濱又將元配鄧淑英母子三人遷至南京，二房母子四人則住在天津。到了南京後，張永山進入中央大學附屬中學就讀，很快跳級到高中一年級，就讀時間年餘。

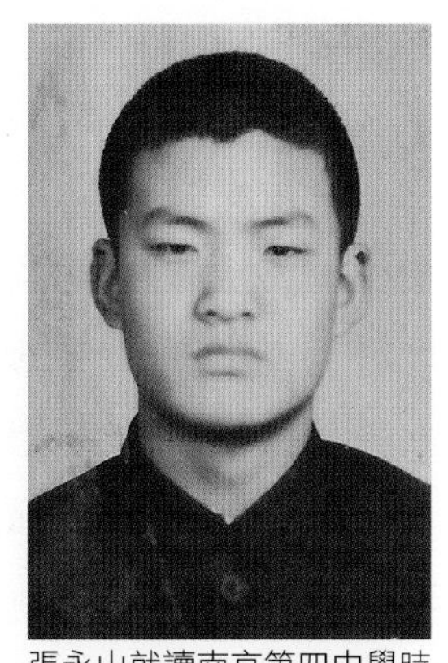

張永山就讀南京第四中學時的學生照 / 攝於 1948 年。

隨著共產黨佔領的省份越來越多，南京也變得岌岌可危，於是張元濱又帶了二房母子到南京和元配鄧淑英母子會合，並討論去留問題。討論的結果是，鄧淑英和女兒張婉如留在南京，張元濱則帶着二房母子四人、兒子張永山及姪兒張豐傑一起去香港，換言之，張元濱再次做出拋下元配鄧淑英和女兒張婉如的決定，也等於置母女於險境。

張婉如回憶當時的情況，她說：「我記得媽媽當時萬分憂慮，不知何去何從，又擔心會永遠見不到永山了，不過，這個擔心後來却變成了事實。」

當年在南京，張永山的父親張元濱堅持要帶著二房母子及他到香港，讓他與親生母親鄧淑英及妹妹張婉如分開，個性沉穩內斂的少年張永山曾絕食抗議三天，後來還是母親鄧淑英苦勸：「到美國念書比較有前途，來日完成學業後家人還是可以相見。」這番話打消了張永山的反叛之舉，跟著父親張元濱和繼母一家人輾轉到了香港，再到美國念書。只不過，母子倆這一別竟是永遠，直到鄧淑英辭世前都沒能再見兒子一面。

姪兒勸說 鄧淑英母女離開南京

張元濱帶著一家幾口飛到香港後，共產黨也已逼近南京，張永山的堂兄張豐華當時已經落腳台灣。由於張豐華的父親三十歲上下即過世，他從小就跟著張元濱與鄧淑英夫妻在北京生活，後來也一直在張元濱手下做事。

對於叔叔張元濱將鄧淑英與女兒張婉如留在南京，張豐華是不贊同的。張豐華寫信給已經到香港的張元濱，堅持應該將鄧淑英和張婉如安置到台灣。張豐華信裡寫道：「叔母嫁給你後，一天福也沒享到，共產黨來了反而要淑母因為你的關係而被清算死嗎？」張元濱被張豐華的話說動了，才設法讓鄧淑英和女兒張婉如移居台灣。

流離人生 悲歡歲月

事實上，一九四五年抗戰勝利後，張豐華的母親與妹妹張惠從也跟著張元濱一家人到南京住了一陣子，因為過不慣都市生活，母女倆決定再回八里庄老家，沒想這一別竟是永遠。張婉如說：「文化大革命時伯母被共產黨鬥死了，他們把她放在推車上，任由群眾拿石頭砸她，直到她被打死為止。」張惠從受此打擊憂鬱成疾，二十幾歲年紀就死了。

與張永山兄妹倆一塊生活的堂姐張恨則在親生父母做主下很早就指了親事，抗戰勝利後，由於男方急著成婚，鄧淑英只好讓張恨出嫁。張永山的堂兄張豐華當年落腳台灣時，鄧淑英曾建議張恨夫婦一起去台灣。張婉如說：「豐華堂兄曾告訴母親，父親打算在台灣辦鋸木廠，姊姊與姊夫若到台灣，可以到鋸木廠幫忙。」不過因為張恨當時已懷了身孕，她的丈夫也不願搬到台灣，以致於後來文化大革命發生時夫妻倆吃了許多苦。張恨於二〇一三年去世，即便她去世後，張婉如與她的家人仍有往來。

最快樂的日子在台灣度過 可惜兒子不在身邊

鄧淑英和女兒張婉如於一九四八年離開南京到台灣，母女倆相依為命，只是沒想到鄧淑英早逝，沒能看見一雙兒女後來的成就，也無

福共享天倫。張婉如說：「在台灣只有我和母親相依為命，依我自己的判斷，在台灣的日子應該是母親生平最安定、快樂的一段日子。」

張婉如回憶當年隻身來台的往事：「當時上海到台灣的船票已經很難買到，結果母親和我是分別搭乘不同的船到台灣的。我從未向哥哥永山提過，當年我是一個人獨自乘船到台灣，一個小女孩在船上又孤獨又害怕，那是我一生中最艱苦的一段旅程。」

就讀北一女中一年級的張婉如 / 攝於 1950 年。

事實上，當年張元濱已在台灣置產，在台北買了兩幢房子，鄧淑英與張婉如母女住一幢，姪兒張豐華一家住另一幢，張元濱也為鄧淑英及張婉如打點好十餘年的生活費，張家母女溫飽無虞。張婉如說，由於當年時局仍動盪，因為擔心共產黨轟炸台北，堂兄張豐華決定把房子賣了，搬到新竹，兩家人租了兩幢房子，比鄰而居，那年是一九五〇年。那年秋天張永山與異母弟妹張愛群、張愛齡、張福群及堂兄張豐傑則是從香港準備到美國念書。

母親堅持 張婉如揮別台灣

張婉如和母親鄧淑英在台灣的那段日子不像當年在河南八里庄時那麼艱苦，鄧淑英知道張永山在美國生活的很好，功課也總是名列前茅，所以心裡很感安慰。張婉如說：「她和我一起，生活很平靜舒適，每天晚上我念書時她會坐在一旁陪伴，她鼓勵我寫毛筆字，練字時她會在一旁為我磨墨。早上，她常常陪我走路去上學，然後再自己去買

張婉如（左）赴美前與母親鄧淑英最後的合影 / 攝於 1955 年 12 月台灣新竹。

菜，我放學時，她會慢慢走去接我，我們總是在半路相遇，然後一塊走回家，回家的路上有時她會買些小吃給我，笑著看我吃。當年在新竹還有三家母親在北京住時就認識的朋友，和我們住的很近，常有往來，有時候還會聚在一塊打幾圈小麻將，所以我覺得那是母親生命中最快樂的一段日子，可惜我離開台灣早了幾年，沒能陪她走過人生最後的三年。」

張婉如與母親鄧淑英一樣身形嬌小，相貌與個性都與母親鄧淑英和哥哥張永山相似。功課好的張婉如在台灣念完高中後，母親鄧淑英即堅持她到美國讀大學，原因是「她與哥哥永山分別多年，應該聚聚」。於是當時在美國西雅圖華盛頓大學攻讀碩士學位的張永山特別幫妹妹張婉如申請到全額獎學金。

闊別七年 重逢美國

張永山那時已經在美國遇見女友何碧英，在給她的一封信裡提到幫妹妹婉如申請獎學金的事：

> 今天早上九點多鐘起來，洗洗臉便到 Seattle Pacific College 代我妹妹辦點事情。我真希望妹妹能早點到美國來，最理想是 before I leave Seattle. 我想讓她在此地讀二個 quarters，明年九月再 transfer 到加大去，那麼她便可以同我在一起，這樣我便可以多少照應她一下，她一向沒有出過門，這次一跑便到美國來，恐怕真有點 lost 了。（1955/11/3）

一九五五年十二月，張婉如隻身赴美，與闊別七年餘的哥哥張永山相聚，張婉如回憶當年在機場與哥哥相遇的情景：「我到了西雅圖，一下飛機就遠遠地看到了哥哥，於是我快步向他奔去，口中直喊『哥哥、哥哥』。哥哥當時眼睛睜得大大地問：『妳真的是婉如嗎？我們分別時妳還是個小女孩呢！』我們倆悲喜交集地擁抱在一起，彼此的眼眶都紅了。」遺憾的是，張婉如到美國不到三年，母親鄧淑英就去世了。

鄧淑英不能說的秘密

和當年哥哥張永山一樣，張婉如起初說什麼也不肯拋下母親遠赴美國，她告訴母親希望在台灣念完大學再出國，在母親鄧淑英的幾番堅持下，她才答應到美國念大學，但是鄧淑英在張婉如到美國後約三年就撒手人寰。後來，張婉如才明白原來鄧淑英病了。張婉如說：「母親原來就有氣喘病，到台灣後更嚴重了，加上她為了孩子們長年茹素，營養不夠又不願多吃肉，所以身體瘦弱。母親過世後，她的朋友才告訴我，我念高中時，醫生就發現母親有肝病，只剩下二、三年的生命。」因為知道自己來日無多，擔心自己走後女兒婉如孤伶伶地一人在台灣，所以鄧淑英才堅持張婉如要到美國找哥哥張永山，但她完全沒有對女兒提到自己的病。

鄧淑英辭世的時候，只有姪兒張豐華一家人在身旁，遠在美國的張永山及張婉如壓根不知道母親已經過世。鄧淑英順利安葬後，張豐華才寫信給張家兄妹，信中表示，因為叔母鄧淑英臨終前交代他，不要讓張永山兄妹倆因為她的事情飛回台灣，一方面不想耽誤他們的學業與工作，再方面擔心美國移民局不再發簽證給他們。張婉如說：「哥哥和我沒能給母親送終，是我們人生中的一大遺憾。」

事實上，鄧淑英過世時，在美國工作的張永山已經成家，當時他非常希望能請假回台到母親墳前探望，但因為老闆沒准假，所以無法成行。

張元濱的煎熬

擔心張永山兄妹回台奔喪可能遭美國移民局拒發簽證回不了美國，當年鄧淑英的擔心不是沒道理。因為就在鄧淑英與張婉如從南京到台灣前，張元濱已在新竹買了幾十畝地，投資不少錢準備開鋸木廠，沒想到這時卻傳來他保定軍官學校的老師端木傑突然投靠共產黨，由於他跟端木傑關係甚深，台灣政府也跟著懷疑他與共產黨有聯繫，以致張元濱申請到台灣的入境證遲遲發不下來。去不了台灣又不想回中國大陸的張元濱不知何去何從之際，一位在巴西的朋友勸他乾脆移民到巴西，如此，張元濱才帶著二房妻小與長子張永山到香港落腳，之後送幾個孩子到美國念書，自己最後落腳巴西。

張永山一九四八年隨父親與繼母一家到了香港後就進入高中就讀二年級，念了一年半，然後到美國念書，就讀於德州貝勒大學（Baylor University），念了一年又轉學到加州柏克萊大學就讀化學工程系，一九五四年柏克萊大學畢業後他立刻進入西雅圖華聖頓大學攻讀化學工程碩士，於一九五五年取得學位，多年後再回加州柏克萊大學攻讀博士，於一九六三年取得冶金學博士學位。

黑妞張婉如

中國傳統，女性不入族譜，從小也沒有名字，張家傳統也不為新生女娃兒取名，張婉如自然也沒有，加上丈夫不在身邊，鄧淑英無法讓張家族人認可她為張婉如起的任何一個名字，因此，皮膚黑、沒有名字的張婉如就有了個諢名「黑妞」，直到六歲跟著哥哥永山到學校念書遇到陳老師，陳老師才幫她取名為「婉如」。

張永山的父親張元濱有兩房妻小，元配鄧淑英生下兒子張永山及女兒張婉如，二房妻子韓文霞生下張愛群、張愛齡和張福群三名子女，雖然五名異母手足相處融洽，但張永山和相差約三歲的親妹妹婉如自小一塊長大，共同走過八里庄艱辛的童年歲月，情份更是不同。張婉如說，哥哥永山與她感情非常融洽，從小對她非常照顧，「我們很了解彼此，經常是無話不談。」後來張婉如在加州史丹佛大學附近工作時，張永山偶而也會在開會空檔約她共進午餐，分享彼此的近況，有時，張永山心情低落時也會打電話找這個小妹聊聊心事。

張永山（後排右 1）就讀香港嶺英中學高一義班 / 攝於 1949 年 3 月。

張永山的大弟張愛群目前住在美國紐澤西（New Jersey）；大妹張愛齡原本住在波士頓（Boston），在哈佛大學教中文，退休後搬到拉斯維加斯（Las Vegas）；小弟張福群一直住在巴西；小妹張婉如與家人長住加州。雖然是異母手足，但彼此相處融洽，張婉如說，這與母親鄧淑英常叮囑她與哥哥永山好好跟異母手足相處不無關係，鄧淑英常說：「我們上一代的恩怨與你們這些孩子無關，你們五個應該相親相愛才是。」至於繼母韓文霞晚年受糖尿病等慢性病所苦，接受截肢手術後與姪女同住於台灣多年，後來張愛群將她接到美國照顧，過世後與張元濱同葬於紐約。

山的那一邊……

張婉如從小就是個愛作夢的女孩，六歲那年，她常掛在嘴邊的問題就是：「山的那一邊有什麼？山那一邊的人是否和我們不同？」小小年紀的她已經立定志向長大後要到「山的那一邊」一探究竟，走出八里庄。

有天夜裡，張婉如再度對著家人丟出同樣的問題，當時鄧淑英對女兒婉如說：「繼續做夢吧，有夢就有希望，或許村民們認為讓女孩家上學是件壞事，但是從前我在北京的時候也有不少女孩上學，我們不需要受他人影響，我決定送妳去上學。」鄧淑英的決定改變了張婉如的一生。

張婉如說，自己剛到美國西雅圖時，哥哥永山剛從西雅圖的華聖頓大學拿到碩士學位，馬上要動身前往加州柏克萊大學攻讀博士學位，「他離開時把身邊的錢都留給了我，自己只留了買車票的錢，他當時對我說，到了柏克萊大學就會有助教薪水可拿。他的確是很愛護我的，他的去世使我感到生命中失去了很重要的一個人。」

張永山

鄧淑英的一雙兒女不論在個性上或長相上都與她極為相似，兒子張永山沉穩內斂，雖然相對來看，女兒張婉如比較活潑，但事實上，兄妹倆和母親鄧淑英一樣低調、寡言、沉穩、內斂，總是做多、說少，不過，就連張婉如也說：「我哥哥永山很沉默寡言，他總說我話太多。」可見張永山「省話」功力更勝一籌。

張婉如回憶一段過去在八里庄窯洞裡學習的往事。在上課中，陳老師要求學生們在泥地上練字，堂兄張豐傑很驕傲地宣布自己正確地寫完了陳老師要求練習的所有字，這時陳老師卻看著張永山說：「幾分鐘前永山也已經寫完了這些字。」張婉如說：「哥哥永山永遠都是這麼低調謙虛，他從不喜歡自誇。」

對於生命中老是缺席、總是選擇拋下母親的父親張元濱，張永山對他有何看法？除了在十三、四歲時因為父親決定帶他與繼母一家人到香港，拆散他與母親和妹妹時他曾做出絕食抗議的舉動，沒有人知道他心底真正的想法，至於「影子父親」在他的心裡烙下什麼印記，他如何看待艱苦的童年歲月，答案已在風中。

不過，一封張永山寫給當時女友何碧英的信中倒是透露了隻字片語：

弟弟說在巴西，RCA 一個禮拜做六天工，很累，同時說父親好久沒有收到我的信，告訴我早點寫封信給他老人家。說起來真是恐怕有二個月沒有給他寫信，我從前已告訴過妳，我對我父親有敬有愛，但是我對他沒有像對我母親那種感情，我知道這是不對的，但我就是這樣感覺，又有什麼辦法？」（1955/10/18）

張永山的感受和妹妹張婉如相同。

十歲立志扛家計

張婉如記得在八里庄時，有天夜裡，她問母親：「父親何時回來團聚？」鄧淑英回答：「我也不知道，我甚至不知道他現在人在那裡。」這時一向沉默的張永山打斷母女間的對話，質疑地說：「如果他打算拋棄我們，他可能不會再回到我們身邊了。」

鄧淑英聽了兒子的話頓時眼眶泛淚，哀傷地說：「這裡住著幾輩子張家族人，就算他不想回來看我們，他也要回來祭拜張家歷代祖先，否則，那天他死了要如何面對張家列祖列宗？」這不是鄧淑英第一次提到張元濱時掉眼淚。

聽了母親的話，張永山沒說什麼，在臨出門前他突然用一種極有自信的口吻對母親說：「別擔心，就算父親不回來我們也會好好的，我已經十歲了，過不了多久我就長大了，可以扛起家中重任。」沒等母親回答他就轉身離開。

張婉如大學畢業後，在史丹佛研究機構（Stanford Research Institute）做了四十五年癌症方面的研究，二〇一三年三月退休，四十五年的職場生涯中，她拿到十七個美國藥物專利，勤奮工作的特質與張永山如出一轍。遺憾的是，鄧淑英沒能等到兒女成家立業，自然也無法親見張永山與張婉如後來的事業成就，張婉如說：「我們對父親和母親的愛是絕對不能相提並論的。我們愛母親愛到了頂點，母親慈祥、堅強，對人謙和，她對我們的教養影響了永山和我的一生，如果永山和我有什麼成就的話，應該歸功於母親自我們幼年開始一點一滴的教誨。」

落紅本是無情物 化作春泥更護花

傳統中國，婚嫁多半憑藉媒妁之言，完全陌生甚至沒見過面的男女都在別人的安排下步入婚姻，湊和著一輩子也就過了，張元濱與鄧淑英這對夫妻也是。婚姻是一種「責任」，不管鄧淑英「愛不愛」張元濱，她任勞任怨為張家老小奉獻了一輩子，信守她對婚姻的承諾，但是到死都沒能盼到張元濱的「再回首」，對於這一切，鄧淑英認為「萬般皆是命」。

女兒張婉如跟著鄧淑英的時間最久，不論在中國大陸或台灣，她都鮮少聽到母親抱怨父親，她說：「我母親對張家的貢獻很大，她總是做的多、講的少，也許因為她篤信佛教，所以她總說『一切認命』。」

不過，張婉如說，母親鄧淑英過世後，父親張元濱從巴西到西雅圖看她，那時她已結婚生子，無意間她看見張元濱洗臉用的小包內有個非常舊的刮鬍刀，她勸他買個新的，但是張元濱卻告訴她，這個刮鬍刀是當年在北京時，鄧淑英送給他的，多年來他一直帶在身邊，捨不得丟……。

第二章　獨在異鄉身是客 夢裡花落知多少

一九四五年八月抗戰勝利，張永山的父親張元濱官拜國民黨少將，從重慶回到老家八里庄，將鄧淑英母子三人接到鄭州，不久，年約十三歲的張永山就進入中美合辦的中學就讀初中一年級，不到一年，張元濱又將鄧淑英母子三人接到南京，之後，張永山進入中央大學附屬中學就讀，很快跳級高中一年級。

苦澀「維特」 香江年餘夢一場

一九四八年，儘管百般不願甚至不惜絕食抗議，在父親張元濱的堅持及母親鄧淑英的勸說下，張永山揮別在南京的親生母親鄧淑英與親妹妹張婉如，跟著父親張元濱及繼母韓文霞、繼弟妹張愛群、張愛齡、張福群及堂兄張豐傑落腳香港，展開一段張永山自認為是一生中「最不愉快」的青少年生活，前後時間約一年半。

1948 年張永山跟隨父親及繼母一家人從南京到香港，未抵香港前張家幾個孩子在上海拍下這張照片。左至右分別是張永山、張福群、張豐傑、張愛群及張愛齡，前排男孩則是張元濱友人之子。

寄人籬下 格格不入

張永山在香港度過人生中最不快樂的一段時光。

即便歷經八年抗戰，在河南鞏縣八里庄度過艱苦童年，對張永山來說，衣食無缺、太平和樂的香港生活卻是他人生中的低潮期，原因無他，因為他必須與相依為命的親生母親鄧淑英及親妹妹張婉如分開，和感情淡薄的父親張元濱、繼母韓文霞一起生活，年少的他總有「寄人籬下」之感，而身處香港這個陌生之境，不諳粵語的他也自覺是個異鄉客，苦悶惆悵自不待言。所幸，這段期間還有三位年齡相近的異母弟妹及堂兄張豐傑陪伴，加上念的是嶺英中學，長期與宗教接觸下，心情苦悶到極點時可以向神傾訴，這多少排解了張永山的思鄉及思親之苦，讓他在數不盡的灰澀日子中隱約還能看到一點光。

寄情閱讀 寫作抒情

落腳香港一年後，張永山的父親張元濱又帶著二房妻子韓文霞及么兒張福群移居巴西，成為殷實的商人。為了方便子女就學，張元濱安排張永山、張愛群、張愛齡及姪兒張豐傑住在香港近山坡的一處三層樓公寓，張元濱的盤算是，讓幾個孩子先在香港就讀，之後轉往美國求學及發展。

一九四八至一九五〇年，張永山與堂兄張豐傑、大弟愛群、大妹愛齡就讀於嶺英中學及天主教南華中學，幾個年輕人在此共度一段難忘的學生生活。大妹張愛齡回憶，這段期間，沉默寡言的大哥張永山專注於課業之餘，還鍾情於文學及閱讀，他會和死黨小逄（編按：逄世佳）一起閱讀小說，由於張永山喜歡寫點東西，文筆了得，小逄還鼓勵他投稿，後來張永山投稿的幾篇文章還經報社採用刊登，讓弟妹及朋友們很是驕傲。

受洗成為基督徒 篤信「神不讓人失望」

年少求學時期因為先後在香港教會學校、美國德州貝勒大學（Baylor University）就讀，開啟張永山與神的緣份，讓張永山後來受洗成為虔誠的基督徒。張永山的妻子何碧英曾問他：「為什麼成為基督徒？」張永山只淡淡地說：「因為人會讓你失望，但神不會。」

事實上，張永山的母親鄧淑英是虔誠的佛教徒，為了祈求老天爺保佑唯一的獨子張永山及女兒張婉如身體健康，她發願終生茹素，而傳統中國家庭長大的孩子張永山後來卻受洗成為基督徒，原因並非只是單純因為念了教會學校。當年張永山在熱烈追求同為基督徒的妻子何碧英時曾透露，一九四八年隨父親張元濱及繼母韓文霞一家人飄洋過海到香港，度過了「生平最沒有意思的一年」，他自己的剖析是，當時年紀小，心情不好加上身體不好，他老覺得不自在、不痛快，此外他也非常掛念仍留在南京的母親鄧淑英及妹妹張婉如，因此心情很是鬱悶。張永山在一封給何碧英的信裡寫道：

> 其實家母是一個虔誠的佛教徒，後來我同弟弟、妹妹和另外母親住在香港，那一年是我平生最無意思的一年，我那時雖然住在自己家裡，但是我一點不覺得自在、痛快，那時年紀又小，一

點想不開，心情壞得很，身體不好，當時我體重只有一百三十磅，現在我有一百五十幾磅，妳可以想像我那時是多麼瘦。我覺得弟妹都很好，這個母親人還好，不過 I couldn't get along with her at all. I thought I could before I left Nanking. 我本來住在南京，我到香港去時母親仍在南京，後來她同小妹妹一起到台灣去。（1955/10/15）

上一代種的因 下一代嚐苦果

張永山的父親張元濱年輕時自保定軍官學校畢業後就跟著陳誠做事，雖然老早與同年齡的元配鄧淑英結婚，但兩人聚少離多，加上鄧淑英未曾受過教育，夫妻倆能聊的話題恐怕很有限，生活沒有交集加上無話可說，即便鄧淑英集傳統婦德於一身，照顧公婆無微不至，也難以吸引丈夫關愛的眼神，兩人過的是「婚姻狀況下的單身生活」。

一九四五年八月抗戰勝利後，張元濱官拜陸軍少將，後來又當選第一屆河南省國大代表，隨著事業平步青雲，身邊自然少不了「解語花」，由於清末民初民風仍崇尚「妻妾成群」，二房妻子韓文霞的出現適時填補了元配鄧淑英留下的空白，隨著二房三名子女的陸續出生，張元濱與二房一家子倒更像「一家人」了。

對於父親、母親及繼母的關係，張永山不是不明白，但身為子女的他對於上一代的恩怨糾葛無權置喙，至於「影子父親」張元濱長期漠視母親鄧淑英，缺席自己的人生，張永山即便心有怨懟，也被母親鄧淑英「上一代的恩怨與你們無關，你們五個孩子應該相親相愛才是」一句話給化解，但是告別相依為命十餘年的親生母親鄧淑英及親妹妹張婉如，獨自一人生活在父親與繼母建立的家庭中，任何與張永山年紀相仿的青少年恐怕都很難調適，這種有話不能說、不該說或不知怎麼說、向誰說的苦，張永山只能往肚裡吞，當然他後來找到傾訴對象-神。

造化弄人 誰也不怪

雖然心疼自己的母親不受父親愛憐，與繼母一家子同住自己也老像局外人般的格格不入，對於繼母韓文霞或異母弟妹們，張永山卻未有半點責怪之心。他曾透過書信將心事說給當時的女友何碧英聽：

> 我相信妹妹同弟弟們也看出我並不見得快樂，不過他們不管怎樣總是覺得他們的母親是對的，I can't blame them. 講實話，這個母親對我還真不錯，but I didn't have the feeling that she is my mother & consequently I didn't feel I was living at my own home. I didn't feel that I was wanted by that home and I probably wasn't any way.（1955/10/15）

人生陷低潮 宗教尋慰藉

有句話說「生命會找到出口」，在這樣的情緒低潮中，張永山開始接觸過去並無好感的宗教。他告訴何碧英：

> 人在不快樂的時候往往會想到宗教，我就在那時開始到禮拜堂去。其實我中學在教會學校讀的書，我記得我對於基督教一點沒有好感，我認為基督教對中國總是一種文化的侵略，How wrong I was then. 現在想起來，好多人放棄了一切享受到中國或其他落後國家傳教，對他們個人是很大的犧牲，Dr. Albert Schweistzer 放棄一切到非洲去做一個 medical missionary。也許我

在香港時心情不好，現在我一直對香港有很壞的印象。If I ever want to relive my life again, I would definitely omit that part of my life. But I want you to know that I like my brothers and sister very much. We have gotten along fine.（1955/10/15）

張永山離開香港後到美國教會學校貝勒大學（Baylor University）念書，他跟何碧英說：「那裡的學生都非常 religious，不到二個月我便被 converted 了。」張永山在一九五〇年的感恩節當天受洗成為基督徒。

揮別陰霾 走向美國新大陸

一九五〇年秋，張永山取得美國德州貝勒大學入學許可，堂兄張豐傑取得美國西岸大學入學許可，大弟愛群與大妹愛齡則取得華盛頓哥倫比亞特區一所私立學校的入學許可，於是，在父親張元濱的安排下，幾個年輕人便搭上二戰期間的軍用運輸艦「戈頓將軍號」，於一九五〇年八月十五日抵達舊金山。張永山就此揮別呆了一年半的香港，也告別他生命中最苦澀的時期，走向美國新大陸，那年他還不滿十八歲。

轉學柏克萊 迎接加州陽光

一九五一年，張永山自德州貝勒大學轉學至加州柏克萊大學（UC Berkeley）化學工程系就讀，當時大弟愛群與大妹愛齡已高中畢業，二弟福群也自巴西移居美國加州，於加州柏克萊高中就讀，異母手足再度聚首，他們在校區外租了一所公寓，張永山的大妹張愛齡回憶：「我

赴美求學後的張永山臉上開始出現笑容。

1951 年夏天張永山就讀於德州貝勒大學。

們在那所公寓度過一段艱辛卻充滿歡樂的時光。」提起大哥張永山，張愛齡說：「大哥永山在校園內懷抱書籍向前走的身影歷歷在目，他看起來永遠是那麼輕鬆、自信與快樂。」

以結果論來說，張永山從德州貝勒大學轉學至加州柏克萊大學是非常正確的選擇，加州陽光終於照亮他灰澀黯淡的人生。

史蒂芬 ・ 劉（L. Stephen Lau）是張永山當年柏克萊大學時期的同學，兩人的交情始於一九五〇年代，回憶這段大學生活，他說：「我們在柏克萊大學求學期間不是只知讀書而沒有玩樂，除了牌局之外，還有保齡球、看球賽、電影、音樂會等，少數人包含我及永山會玩些更有冒險性的活動 - 如早春時節在高內華達州山脈舉辦的釣魚露營（特拉基河在加州與內華達州邊界）。」

為了釣鱒魚，兩人還差點遭「蚊攻」，幸好急中生智利用「煙霧彈」逃過一劫，史蒂芬 ・ 劉說：「巴爾的摩湖支流位於美麗質樸的鄉村，那兒有純淨的空氣、乾淨的水、高聳的森林、壯麗的景色以及許多鱒魚。我們沒料到成群的蚊子會跟隨融雪而來，因此我們設法製造些煙霧而不用火驅蚊，這個小插曲所帶來的樂趣遠多於脫困後的快樂。」

華盛頓大學

由於加州柏克萊大學規定畢業校友不得繼續於該校攻讀碩士學位，雖然不想離開柏克萊，張永山仍須轉至他校取得碩士文憑，於是在一九五四年，張永山選擇到西雅圖的華盛頓大學（University of Washington）攻讀碩士學位，他在校區附近找到一所分租公寓，就此展開為期年餘的碩士生活。

張永山加州柏克萊大學畢業照 / 攝於 1954 年。

華社社長

沉默寡言又相當獨來獨往的張永山似乎與社團或群眾扯不上關係，不過，在華盛頓大學求學期間，他卻當上了華盛頓大學中國學生會（Hwa Sheh, 簡稱華社）社長，除行政事務外還得忙於社刊編輯、發行與印務，與此同時他還擔任助教工作，每週需工作十五至二十小時以賺取生活費，此外，週末假期他還抽空參與基督教會（Chinese Baptist Church）讀經班、到長老會禮拜堂做禮拜或參加相關活動，偶而還必須應付一些人事酬酢，如接機、搬家、會議及派對、聚餐等，忙得不可開交。

助教工作 訓練耐力

張永山一輩子都相當節制，生活規律，運動及飲食也相當自制，這點從他多年來照片中始終如一的頎長身型不難印證，至於飲食，張永山在學生時代就經常以二個三明治、一杯咖啡或牛奶打發午餐，偶而會多吃一個蘋果或梨，中年後的他也常以沙拉果腹，午餐後會慢跑半小時。

張永山的規律自制與忍耐功夫從老家八里庄生活時已奠下基礎，後來這些美德也融入他的工作、學習與生活中。張永山在寫給女友何碧英的書信中曾談到當年在華盛頓大學當助教時的工作內容：

> 我被派去清潔大一化學實驗後的化學瓶器，這個工作再簡單沒有，不到二個小時我便把所有的瓶子清潔好了。其實這工作根本不需要做，因為過了幾天，這些瓶子又髒了。（1955/9/23）

笨學生考驗智慧與耐心

成名後的張永山在學術界作育英才，桃李滿天下，不過，在尚未成為學界泰斗前，張永山在華盛頓大學兼任的助教工作已經讓他有機會預先練習講課，但當時的狀況顯然有點混亂。張永山給何碧英的書信中提到這段工作內容：

今天早上八點鐘前到學校，十點鐘以前有二個鐘頭實驗，十點到十一點我改幾份卷子，同時將學生做的題目及考試的分數登記在分數簿裡。我這班學生很笨，考的特別壞，我真希望他們下次月考能考好點。十一點我給大一學生上一課，大半時候告訴他們上次月考題目的solution，不過他們有點皮，講給他們聽也不好好聽，真討厭，怪不得他們考不好，不過我講書也講不好倒是真的。（1955/10/27）

擔任助教的張永山看過各類學生，當年他帶三班大一化學實驗，雖然年齡相近，在他眼中這些學生都是「毛孩子」，而且皮得很。他曾描述兩段與學生們的互動：

下午一點到五點又是大一化學實驗，我教三班大一化學實驗，一班是 for chemistry students，另外兩班是一般 engineering students，這兩班 engineering students 我不太喜歡，一來教科書不注重理論，二來這些學生對化學沒有多大興趣。我班裡有一個 G.I.（編按：當兵退役），年紀不小了，總以為他懂得很多。他第一個 quiz 考的很壞，我告訴他 one quiz wouldn't hurt him too much & don't feel too bad about it. 我說也許 you are not quite familiar with the field of chem yet. 可是他說他在軍隊裡讀 electronics，班裡總拿第一名，何況在讀 electronics 還要用到 chem，我覺得這人真糊塗，他告訴我他過去拿第一名對他現在的讀化學有什麼關係，我也沒有跟他多談。另外有一個學生也很有意思，簡直笨的很，他問我："How did I do on my last quiz?" 我說："What do you think you did on the quiz?" 他回答："Very good." 我覺得這傢伙一定考得很壞，因為平時我看出 he is not smart. And then I asked his name. 我一看我 grade book，考了四十幾分，我告訴他："I want you to have a nice weekend & I'll tell you what you made on the first quiz."He insisted me to tell him about score he got but I refused to do so simply I didn't want to disappoint him although I don't like him as a student.（1955/10/14）

下午有二個 freshman quiz section, 2:00-4:00pm。今天 they gave me a lot of trouble. I am going to be really tough from now on. 今天考 quiz，當下課鐘一打我便把他們的卷子拿過來，平常我總是給他 extra time, from now on, I will not give them an extra minute. They don't appreciate you when you are nice to them. 有時我半開玩笑半生氣說："You don't have to learn anything. I don't care." 他們笑笑，皮得很。（1955/10/24）

學生考老師 考不倒！

張永山在擔任助教時也曾碰到自以為聰明的學生想要看老師鬧笑話，沒想到詭計沒得逞：

星期四早上八點到十點照樣是大一化學實驗，十一點到十二點是大一 quiz section，這星期沒有考學生，所以我站在堂上講了五十分鐘，學生們問我幾個難題，他們本來以為一定難倒我了，其實我想了一會便做出來，不過他們大半都不懂。回想當初我讀大一化學時也是糊裡糊塗，根本不明白，尤其是那是我第一年到美，英文程度很差，大一化學真不算太容易，大半是語言的困難並不是化學。（1955/11/19）

單身宿舍風水好 張永山也沾光

張永山在華盛頓大學求學期間，和室友們住在一所「共助式宿

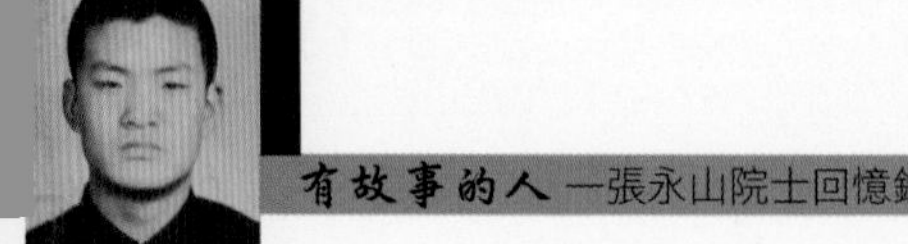

舍」，離校區很近，也因此張永山可以比其他人多睡一些時候，晚點到校，中午若有空檔還可以回宿舍吃飯、休息，晚上也可以走路到學校實驗室或教室完成手邊的工作或功課，累了再走路回宿舍休息，相當方便。

和許多學生宿舍一樣，這個男生宿舍裡也有許多年輕人的玩意兒，雖然宿舍室友來來去去，但年輕人聚在一起總少不了閒磕牙、分享得意事或糗事、參加派對、外出看電影或約會，張永山和當時同住的幾個室友 Bill、George 及 Donald 還戲稱自己是「四大金剛」，一九五五年十月前後，四大金剛都已「名草有主」，張永山自己則是在一九五五年九月勞工節後的週末假期遇上真命天女何碧英，這些大男生還很驕傲的宣稱四七三一宿舍（編按：門牌號碼）風水好，搬進來的單身漢都很快找到女朋友。張永山當年寫給何碧英的情書提到：

> 十點鐘 Don, Bill & I 在閒談，Bill 說 4731 的風水真好，每個人搬進來便找到 girl friend，這話說起來真靈，我前些時告訴妳曹先生及太太，曹先生也是搬到 4731 找到女朋友，然後搬出去，不久便結婚了。Bill 去年搬進來，不久便找到錢小姐，Don 搬進來二個月不到，現在同一位小姐弄得不錯，Austin，講到我自己不提了，我是沾了 4731 風水的光了，所以最近又搬進來一位中國同學 George Chang，希望他不久也找到女朋友。（1955/10/22）

年輕時也有壞習慣一晚睡晚起

求學時期的張永山也和同年齡的大男孩一樣，閒來無事喜歡吹吹牛、互相調侃湊個趣兒，身在美國異鄉，華人總是少些，有時大夥興起也會到唐人街酒樓聚餐，張永山說自己平均一個禮拜光顧唐人街一次，偶而，熟識的好友圈也會舉辦迎新、送舊、生日、驚喜、婚禮派對，有伴的人可能會到學校舉辦的舞會跳跳舞，或者也可能到電影院消遣。這段時期的張永山習慣晚睡晚起，當然，因為有課業壓力又身兼助教，必要時他還是得晚睡早起，每天的睡眠時間並不長。

張永山在一封書信中透露自己有晚睡晚起的壞習慣，尤其週末總是凌晨二點甚至更晚才睡：

昨晚十一點鐘便入睡了，最近一個月來這恐怕是第二次在十二點鐘前睡覺。我有這種不良習慣，晚上不早睡，早上也不早起，不過我現在每天早上八點有課，所以最遲七點鐘便起床。本來星期二及星期四早上八點到十點有大一化學實驗，但是一三五早上十點才有課，所以一三五總是八點或遲點才起來。現在系裡要我 audit 大一化學（上次已告訴過妳了），正好一二三五早上八點，不過我想每天早上早點起來也好，睡在床上不是把光陰費掉了。（1955/10/16）

另一封書信則提到：

昨天晚上十二點上床，看了一會小說，就打算熄燈睡覺。Donald 由學校跳舞歸來，跑到我房間亂吹（牛）一陣，一直到二點才走，當然我不怪他，因為我要不同他談他也不會硬同我談就是了。話又說回來，若是他不進來，我十二點半便睡了。（1955/10/1）

有時，拒絕不了的活動與外務太多，佔用到準備論文的時間，也會讓張永山小小的「抓狂」：

在學校呆到十點半才回來，我現在只有一個 chapter left，

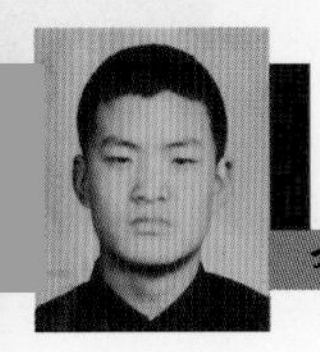

"Introduction"，我想明天下午把它寫完，星期天下午再看一遍，check 一下，星期一便交進去。明天早上十點到十二點有一個考試，因此早上沒有工夫做功課，星期天晚上我們要請 Bob 的母親吃晚飯，妳看這個週末又這樣度過去了，I really need more time to work on my thesis this weekend. I think when I come back to California, I'll be half antisocial，因為太活動對於讀書卻是有影響。（1955/10/28）

抒情張永山 聽廣播、看電影

張永山一九五五年寫給當時女友何碧英的數十封情書中雖然沒什麼肉麻兮兮的話，多半是「報流水帳」，分享每日生活點滴，但他幾次提到晚上在宿舍讀書會聽廣播，難得抒情，他在信中寫道：

此地每天 11:15pm 到 12:15am 有一個電台廣播古典音樂，所以我每天總在這個時候寫信給妳，一邊寫一邊聽音樂。我對古典音樂很愛聽，不過不懂，我覺得古典音樂比 Jazz 好聽的多，對嗎？不過妳不要笑我在 pretend to be intellectual, because I am not & I know absolutely nothing about music.（1955/10/24）

當年電台常播放的流行歌曲是一首電影主題曲 "Love is a many splendored thing"，電影描述混血兒韓素音（音譯）的故事：

現在已經快一點鐘了我才開始寫信給妳，妳一定奇怪怎麼回事。我剛剛看場電影回來，妳看我不看電影則已，一看就是一連串看好幾場。今天（每星期二）大學區一家戲院換新片（其實是舊片子，在大學區說起來是算新的）- "Love is a many splendored thing"，我便毫不猶豫去看這張片子，因為妳告訴我應該去看這張片子，不過今天是一個人去看電影。事實上我以往很多時候單獨去看影戲，另外一張片子是 "Private war of major Benson"（記不太清楚），兩張片子都很好，各有千秋，不過 "Love is a many splendored thing" is much too sad. I rather not saw that picture although it is a true & good story. 人總是人，由這張片子可以看出一般人對混血兒的看待，事實上，混血兒與平常人一點區別都沒有，這場戲我看了心裡不太舒服，韓素音（音譯）的遭遇太慘了，妳說對嗎? 自己已經是混血兒，結果愛人又被殘酷的戰爭殺死，真太慘了，還是另外一張片子好，typical Hollywood story，結局總是皆大歡喜，也許世界上真正的事實很少有皆大歡喜的結局。（1955/11/8）

戲如人生 一掬傷心淚

提到電影，悲情如 "Love is a many splendored thing" 讓張永山發感嘆之語，還有另一部電影曾讓青少年時期的他流下男兒淚 -《一江春水向東流》，那是在南京的時候。張永山的妹妹張婉如說，有天她走進張永山的房間，卻發現他一人坐在桌旁流淚，驚訝之餘問他：「有何傷心事？」沒想到張永山告訴她，自己剛和同學看完電影《一江春水向東流》，電影中的女主角和他們的母親鄧淑英遭遇一樣，這讓他聯想到母親內心的酸楚，說完兄妹倆相擁而泣。

不是書呆子 麻將、橋牌樣樣通

張永山出生於北京，八年抗戰期間則呆在河南鞏縣張家八里庄老宅，直到抗戰結束後才接受正規教育，雖然如此，他對於中國國粹「麻將」及西洋橋牌可不是一竅不通。他曾寫信告訴何碧英：

> 晚上我給在台灣及在 Wisconsin 的弟弟（編按：張福群）寫了一封信，本來還想給 Helen（編按：張愛齡）及父親寫封信，那知有一位朋友剛由外埠來，要在我們這裡過夜，我便陪他談天。後來我們又打二個 Rubber 的橋牌，大家好久沒有見面，吹吹牛，一直到一點他們才去睡覺，我便開始寫信給妳。（1955/10/1）

年輕的張永山認為，打橋牌比打麻將更有趣：

> 麻將是 very interesting game，記得我在加大時常常同幾位朋友在週末打四圈麻將，三個 rubber 橋牌，不過我們不玩錢就是了。我們四個當中，一個曾在嶺南大學讀過書的美國人，二個廣東人，一個北佬，我們在一起除了講英語，別的都不通，in spite they all talk Cantonese，說起來我在加大廣東朋友最多了。（1955/11/8）

其實，個性較嚴肅拘謹的張永山會打麻將或橋牌，主要還是因為「社交需求」，比方他會「應觀眾要求一起搓兩圈麻將」，湊個人數，偶而陪朋友的母親打麻將消磨時間，算是盡一點晚輩的心意，但與一般賭徒不同，他打橋牌與麻將不為了贏錢，而是享受打牌時的鬥智樂趣，而且他自認牌技不佳。至於橋牌與麻將相比，他愛橋牌多一些，他告訴何碧英：

> 談起打橋牌，自從上次在夏令營裡玩了二手橋牌後到現在還沒有摸過牌，I really miss that game. 話又說回來，我打得很差，我喜歡打是好玩，尤其是大家沒有事做打打 bridge 真不錯，最少我覺得比打麻將有意思的多了。打橋牌第一要用腦，第二不必要玩錢，的確比麻雀高尚點，妳說對嗎？我知道很多人跟我意見不同，我也不願辯論，仁者見仁，智者見智。（1955/10/24）

也打籃球 就不愛跳舞

張永山似乎與運動扯不上關係，有時室友從學校回來興奮地討論球類競賽戰況，他也只是聽聽而已，不太感興趣也沒有支持的球隊，但他明白運動的重要性，年輕時除了走路，他也會跟朋友打籃球：

去打籃球一共有八九個人，好久沒有打球了，一打便累了。其實我應該常常去運動一下，否則的話真要變成大胖子了，一直由八點打到九點半，洗個澡才回來。（1955/11/3）

今天下午 Baylor 在此地與 U.W. 比賽 football，兩個 teams 都非常好，在未打以前有的 predicted Baylor would win & other predicted otherwise. 我對 football 是個門外漢，根本不夠資格 predicted。結果 Baylor win. 13-7. It doesn't matter to me which team won since I have been in Baylor for one year and U.W. also for one year. I would be happy one way or the other.（1955/10/15）

跳舞？真受罪！

張永山不特別喜愛運動，打籃球還可以，不過跳舞對他來說就是「活受罪」，而生活在美國，社交場合免不了要跳跳舞，而且是跳雙人舞，對於張永山來說，跳舞超級無趣，加上自己對音樂「無感」，唱歌跳舞是「不拿手」的項目，他甚至跟擅長唱歌跳舞的何碧英說：「不明白抱著女的走來走去有什麼意思。」

前晚的跳舞會一般來說還不錯，到場的人很多，華僑小姐很多，不過我對於這個派對一點興趣都沒有，同我一路去的人都跳得很有勁，他們差不多沒有停的跳。Don 的女朋友看到我不跳問怎麼回事，我說不想跳，妳知道整個晚上我僅跳了五次，大半都

是從前認識的朋友，不好意思一次都不請她們。後來周兄問我是否沒有興趣跳舞？我說：「是。」他又問：「三番市你女朋友是否很喜歡跳舞？若是的話，你應該練習一下。」周兄是結過婚的人，我告訴他妳雖然喜歡跳舞，但並沒有上癮，對嗎？我覺得跳舞沒有多大勁，抱著女的走來走去的確沒有意思，我所以學跳舞完全為交際，我意思是在美國只要開會就是跳舞，不會跳舞簡直沒有辦法，對嗎？我認為 once a great while 出去跳一下舞很好，常常跳舞都乏味了，對嗎？前晚的音樂也壞得很，聽到那個音樂根本不想跳了，還是我們在三番市跳舞時好。前晚還是回到西雅圖後第一次跳舞，好久不跳，步子有點生啦！（1955/11/13）

一九五五年十一月二十六日，張永山在給何碧英的信中提到與朋友們一塊參加感恩節派對的小細節，參加派對的有一家人、夫妻與男女朋友，他因為女友不在身邊，所以獨自與會。晚餐吃的當然是火雞大餐，大夥吃吃喝喝又說說笑笑，氣氛融洽：

她們來後，女主人建議跳舞，六男五女還不錯，若是妳在的話不是正好嗎？話又說回來，平時同學會的（男女）比例比前晚壞得多，所以每次都有一個人坐板凳，我這次倒跳了幾個舞，Cary 也對我說我應該把妳請來不是更好嗎？好在我們就要見面了，不然妳能來一下真理想。（1955/11/26）

後來 Cary 變了一張 Rumba，只有二對人跳，我對於跳舞是外行，Rumba 我根本不會也不敢跳，後來 Margaret 問我是否可以跟她跳，那我怎好意思不跳？不過我預備聲明我不會跳。跳了一會她說教我跳，教了半天我還是跟不上音樂，後來她問："Can you hear the music, Austin?" I told her: "No." 她一定感覺到我這個子弟 hopeless，她自討苦吃，我沒有請她跳 Rumba，接著又來一

個 Rumba，我只好又跳一下，真受罪。（1955/11/26）

對於 Margaret 開口請張永山跳舞一事，當時還只是女友的何碧英曾打趣說，張永山想跳舞卻不開口邀請女方，而是等人家先開口，對此，張永山在信裡喊冤：

關於妳對我同 Urban 小姐跳舞（Rumba）的見解，我覺得非常可笑，假若我喜歡同某小姐跳舞的話，我便可以直接請她跳，不必等人家教我跳才跳，對嗎？尤其是那天在 Cary 家裡，我怎好坐在那裡不跳，那不是太不 social 而有點不正常？ I believe as long as I love you, it'll make no difference whether I dance with some other girls. Do you agree? 妳說我在三番市 Rumba 跳得很好？妳簡直在開玩笑，我那裡會 Rumba，尤其是 Rumba 的拍子我簡直聽不懂。（1955/11/30）

溫和張永山 難得「不痛快」

溫和內斂，情緒鮮少波動的張永山一向不與人為敵，許多人想到「張永山」便會和「修養好」畫上等號，甚至不少人都說從沒見過他發脾氣。事實上，學生時代的張永山仍有一些「稜角」，只是這些稜角與一般人相比顯得「小兒科」。年歲漸長後，張永山仍有自己的脾性與好惡，只不過，他以「圓中帶方」、「剛中帶柔」的方式巧妙的釋放負面情緒，加上個性中習慣出現的壓抑能量，儘管內心已激起千堆雪、萬捲浪，外表仍是一派風平浪靜。張永山曾向當時的女友何碧英提及一件讓自己「不痛快」的事：

本來下學期我不預備讀一個 organic qualitative 科目，因為這個實際 course 要花很多時候，同時我還要做論文。後來跟教授談過以後，這個科目下學年只offer一次，因為沒有選擇，非讀不可，否則要延誤一年功夫，下學期我非用功不可。I'll try my best. 更希望I'll do the best. Pray for me, I'll pray for you, too. 我現在下定決心，下學期cut down my social activities，什麼地方都不去了。Try to be a book worm（but I don't think I'll make it）.（1955/9/21）

吵架過後 冷靜分析

身為華社社長，總有許多煩心事，張永山就曾因為華社款項問題而與人發生不快，他也將此事告訴何碧英：

今天我心情不太好，中午在學校吃飯為了華社的事情同王太太吵一架，這是第二次為華社的事情同別人吵架，上次是在Wesley House開暑假聯歡會時同Cary Weng吵嘴，我絕不說都是他們錯，總之，有吵架兩方面都不對，我這人有點北方脾氣，若是發出來我自己不能控制，過後我靜下來總是分析一下到底是誰的錯。事情是這樣，上次華社開雙十節慶祝會是王太太預備的茶點，當時錢是由她自己口袋裡拿出來，開會後一個禮拜她告訴我多少錢，我便照數付她，那知這位太太年高善忘（其實她一點不老，否則的話我也不會同她吵），今天碰到第一句便說華社欠她錢，上次派對茶點錢沒有給她，我說已經還她了，她說沒有沒有，她便不停的在囉嗦，後來我真氣啦，怎麼這樣大個人，受過高深教育，一點頭腦沒有，我真想這樣說她，後來想想太刻薄點。同吃飯的人有七八個，有幾個人都在說不要算了，我更氣，我便大聲的說："Why don't you all keep quite and listen to me." 我便將一切經過說一遍，王太太說她帳上說華社欠她錢，我心想這個人真無頭腦，自己帳上寫某人欠他錢怎麼可以？最後我說："Frances, in case I deal anything with you next time, I'll ask you to give me a receipt." 這是我當時大意沒有問她要收條，我想大家同學朋友，verbal statement 已經夠了，下次我再辦事一定要小心。

過後我告訴一位朱姓的朋友，When I go down to Calif. next semester, I'll never associate anything with Chinese students association over there, I have enough troubles and sad experience here. 為了這種事得罪幾個人多划不來，好在我不記仇，同 Cary 吵過以後我們還是好朋友，因為他也不記仇，同這位王太太吵後恐怕我不會同她再度來往，當然我表面絕不會表示出來，同上海人來往別的沒有學會，這點倒學到，even if I don't like certain people，在表面上我還是很 friendly，今天這件事我也怪自己不夠成熟，修養不夠，不過她要少說二句，我絕不會動氣，老太婆們一口說不完的話，我真氣，can't stand, she really got on my nerve today.（1955/11/21）

當天稍晚，張永山到華社會計 Alfred 處看帳，帳冊紀錄，錢已經還給王太太了。這件事情讓張永山深有感觸，他認為，凡事用心很重要，人都會犯錯，但重要的是「不要讓同一顆石頭絆倒二次」，他說："Everybody makes mistake, but one has to learn by making mistakes."

有效率的「書蟲」不讀死書

為了賺取生活費，張永山在華盛頓大學以半工半讀方式兼任助教，繁瑣的助教工作還包含管理實驗室裡的一切，每週有四堂實驗課外加三節課堂測驗，還要負責批改卷子，如果加上華社社務及其他會議及活動，張永山可以說沒辦法挪出太多時間在課業上。他告訴何碧英，

自己要當個用功的「書蟲」：

> 妳想我不用功怎麼可以？不過我所謂的書蟲跟妳所想像的不同，只要週末到學校做事，我想我能做相當多的功課。（1955/9/27）

對於學業，張永山認為，自己不是那種每天花很多時間讀書的人，他通常都是在考試前一天甚至一大早才趕緊花時間準備，一方面是自己沒辦法每天勻出固定時間讀書或準備功課，再方面自己也不習慣這麼做，所以他說自己這個「書蟲」的定義與一般人不同：

> 明天化學照樣考試，平常只有半個鐘頭考試，明天是 one-hr examination，可是我還沒有開始讀，我本來預備於星期三下午開始讀，可是我這個人沒有辦法，不到明天考總不想讀，今天下午一定要讀了，今晚預備晚點睡了，真是，我最近每晚總在十二點半才上床睡覺，這習慣不很好，對嗎？（1955/11/3）

雖然知道這種不到考前不準備功課的讀書習慣不太好，甚至有時可能有風險，張永山仍無法改變這種習慣，不過老天保佑，通常考試結果都有驚無險，喜劇收場。

> 記得星期四中午曾寫封信給妳，下午我到學校讀有機化學。我從前告訴過妳每星期五考小考，每次二十分鐘到三十分鐘，上星期五期中考，一個鐘頭，比平常的小考要重要的多，本來我預備星期三開始讀，那知我這個人懶得很，不到明天考試今天不會讀書，所以星期四下午開始預備考試，晚上回來吃過飯又到學校去。我那天讀書非常專心，晚上睡得很早（around 12）。星期五早晨七點鐘便起來，到學校又讀了二個小時化學，十點鐘便騎馬上陣了。這次真有點擔心，因為去年考的題目相當難。十點十分

不到教授便到課堂，當我頭一眼看到那樣多題目便心慌起來，其實當我一步一步，一題一題的做，倒不算太難，當鐘到十一點鐘時，我剛做完，我考得相當滿意，我相信考得不錯。（1955/11/4）

超人張永山外務多

張永山因為擔任華社社長，外務自然少不了。他曾向女友何碧英提及擔任華社社長有許多「外差」，而且「西雅圖活動太多了，要做一個書蟲真不容易。」比方中國駐西雅圖總領事陸先生打電話給他，希望他抽空幫忙，他們於十月十日下午四時到六時開 cocktail party，招待各界人士，陸領事問張永山那天是否忙，若是有空的話去幫幫忙，招待來賓，張永山當然不好拒絕。後來陸領事又問：「華社是否開慶祝會？」張永山回說：「開的多半是聯歡會，使新舊同學認識一下，同時慶祝雙十節。」張永山同領事談完已十點鐘了，這時華社職員 C.H. 又來電話要他過去商量華社通訊的事，於是整個晚上就這樣過去：

這禮拜天，學校為外國學生開一個 Tea Party，既然做了華社社長，只好去應付應付。妳看我那還有時候讀書。（1955/9/27）

說起歡迎所謂一般 VIP，今天早上四點半，葉公超（編按：時任外交部長）由台灣到西雅圖來。上星期二在歡迎李先生的派對裡，陸總領事告訴我這件事，希望我能找幾位同學去迎接葉外長一下，我當時說我很贊成，不過我並沒有說一定去接。那知星期六下午一位吳先生（編按：國大代表）打電話問我是否可以跟我一路到機場迎接葉外長，我說我不能去，事實上我是沒有時候。早上四點半，意思說我三點鐘便起床，因為由此地到機場要走 45 分鐘，若是有 fog 要走一個鐘頭，接他的人很多，如領事館、華僑社等華人，讓我們學生去接他幹嘛？西雅圖的閒事太多，我在加大從來沒有這種經驗，說起來我還是喜歡加大那邊的生活，I am a student & I like to associate with students. 妳說對嗎？（1955/10/24）

自制的學生仍需教授給壓力

不過，雖然如此，張永山若平日裡沒有其他事務干擾，晚上吃完飯後或一大早沒課時，他仍會在宿舍讀書，到學校實驗室做實驗或讀書，畢竟碩士學業有一定的難度及需要準備處，也不可能一派輕鬆就能拿到學位：

今天早上七點鐘便起來，一夜過去，心情也好的多了，精神也好的多，到學校讀了兩個鐘頭的書，十點鐘有一堂課要上，Advanced Organic Chemistry，教授是個年輕小夥子，教的很快，每天有 homework，今天剛交進第一個 problem set，今天又發下第二個 prob. set，我覺得這樣也好，像我這樣的學生，教授不迫是不肯讀書的。（1955/10/3）

張永山是個對自己要求很嚴格的人，雖然自嘲是個需要教授給壓力才念書的學生，事實上，他可不是那種被動或念書毫無章法的學生，他有自己的節奏及步調，不念書則已，打定主意念書便全心投入，有效率也極具專注力，這點從他寫給何碧英的信中可見端倪。為免何碧英因為沒有收到自己的信而胡思亂想，張永山曾特別叮嚀何碧英：

明天有一個小考及一個 prob. set.，九點鐘開始讀書，現在題目還未做完，不過我想先寫信給妳，寫完信若是精神好再做題目，不然便睡覺了。星期五 Advanced Organic Chemistry 有考試，我要用心準備一下，明天一天有課，早上八點到五點，所以我得 reserve 明天晚上讀書。因此我恐怕明天只能短短寫幾句話給妳了，免得妳收不到我的信，因為我知道我收不到妳的信時是非常的失望。（1955/10/5）

儒雅有禮 謙謙君子

在華盛頓大學求學期間，張永山住在一所「共助式宿舍」，曾是他室友，後來與張永山的小妹張婉如結為連理的趙靖謙（Robert Chao）回憶，一九五四年九月中旬是他與張永山的第一次碰面，那年他到華盛頓大學攻讀土木工程碩士學位，他對張永山的印象是「形態儒雅，彬彬有禮」。

當年張永山是華社社長，趙靖謙則擔任會計，與他倆同住的室友還有李文濤及黃濤年，年輕的四人經常為了誰該下廚、打掃而爭論或推拖，當然也會嚴肅起來討論社會議題與國際趨勢，如中國、美國大未來。除了讀書、拌嘴或共議國事，幾個年輕人還會相約參加派對或旅遊。趙靖謙說，許多觀點他與張永山是相同的，唯有在「如何準備自己」上論點不同，他說：「大哥永山立志要當教授，培養賢才，後來也真的成為業界泰斗，桃李滿天下。」

學生張永山 賢慧沒話說

婚後的張永山是不下廚的，最多幫忙洗碗，不過，學生時代的張永山不僅會自己洗手作羹湯，而且還會主動打掃房間，當年住在學生宿舍裡，自己的房間最少三個禮拜打掃一次，與其他室友相比，勤勞沒話說。當年他在追求何碧英時就把「勤」字發揮得淋漓盡致，三個月內寫了七十封情書，幾乎每天一封，即便課業、助教工作及外務繁忙，他還是堅持筆耕，最後皇天不負苦心人，三個月內追到未來的妻子何碧英。

> 五點多由學校回來，Don & Bill 都未回來，我便開始做飯，做一飯一菜一湯，菜是牛肉炒青椒，湯是雞湯與白蘿蔔，我做三個人的飯。那知快要做好時，Bill 先打電話說不回來吃飯，接著 Don 來電話說也不回來，這樣糟了，三個人的飯我一個人怎麼吃得完？所以今天一個人吃飯。（1955/10/28）

不是不生氣 只是隱而不發

張永山給人的印象與妹夫趙靖謙（Robert Chao）的說法差不多：溫文儒雅，謙恭有禮，總是站在他人立場想事情，而且總是願意多做一點，少責怪一些，這樣的脾性主要是受到母親鄧淑英的影響，不過，年輕的張永山與中晚年後，經過多方歷練的張永山仍有些許不同，中晚年後的張永山懂得「理直而氣平」，年輕時的張永山雖然多半選擇隱忍，不正面衝突，遇到某些「狀況」，他仍會因為被「惹毛」而動氣，但事過境遷後他多半會自我反省及檢討，而且仍不忘站在別人立場考量，同時也會告誡自己「下次別犯相同的錯誤」。

> 今天晚上在 Dr. Irwin（編按：美國牧師）府上為了一點小事我便跟他們夫婦 argue 起來，因為意見不同，沒有得到什麼好結果。Dr. Irwin 人很好，很和氣，Mrs. Irwin 講了一句話，我很不快活，I didn't appreciate it at all. 不過表面上他們看不出我不高興，也許我太固執，不肯接受別人的意見，主要我想最近幾天 I am

not in a good mood. 由 Dr. Irwin 家裡出來，一肚子不高興。此後我決定避免跟別人辯論。（1955/9/23）

做人不能太硬 張永山選擇讓步

還有一件事情也曾讓張永山動氣。每年雙十節，華社（編按：中國同學會）都會開會慶祝國慶，由於自己是華社社長，總需要協調邀請各單位代表出席或表演。一晚，華社經理（兼會計）Robert Chao（編按：趙靖謙）轉述陸領事希望華社擬一張請帖邀請西雅圖中華會館主席到國慶慶祝會，由於第二天就要開會，當天晚上才發出邀請，張永山認為受邀者可能認為邀請方沒有誠意，因此他以「隔天（星期五）要考試」為由，說自己不能辦，此外，張永山認為，若是請他們，最多送一張 post card notice，無須另外寫請帖，他說：「Foreign students adviser-Mr. Porter 我也不過寫一張 post card，別人更不會例外。」有人認為他的回應與態度過於固執，對此，張永山在信中向何碧英訴苦：

其實，我並不是不願意請中華會館的人，而是已經太遲了（通知一個禮拜前發出），華社從來沒有請過他們，這次也不必例外，他們也不會怪我們，不過既然要請人家，最好打個電話了，他（Robert Chao）說就這樣辦。我認為領事間接干涉華社的事務，我非常的不快活。」（1955/10/7）

為了此事，大家心裡似乎各有不快，張永山後來打電話給陸領事，解釋說不是不願請他們，他也願意同華僑打成一片，因為大家都是中國人，不過，他認為華社是學生組織，按照傳統，華社的功能主要在提供學生入學後的各項協助，過去也從未邀請過其他中國社群組織。後來張永山跟前任華社社長通電話，詢問他的意見，對方認為華僑曾

幫過同學的忙，請他們來也不錯，張永山在信中寫道：

> 其實我不高興領事的做法，第一我感覺到他干涉華社的權力，第二，他為什麼不早點告訴我，我們便可以在一個禮拜前將通知給人家。同他（編按：華社前社長）談了半天，我氣比較平一點，做人不能太硬了，我覺得我只有讓步，決定請他們。（1955/10/7）

張永山的死穴：不合理的「命令」

事情還沒完，隔日是星期五，在華社未正式開會前，有一位太太在領事館擔任秘書的某先生特別把張永山拉到一邊說：「Austin，千萬要唱（台灣的）國歌。」當時張永山心想：「他在拍馬屁，過去華社雙十節從來沒有唱國歌（其實是黨歌），這次我也不想開例唱。」沒想到這位先生又說：「你請領事來不唱國歌像什麼樣子？」於是身為社長的張永山立刻同華社職員討論這個問題，結果只有國民黨軍人出身的 Robert Chao（編按：趙靖謙）主張唱，當時張永山認為還是不唱的好。

不過，因為正式開慶祝會的日期是星期一，這段期間由於壓力太大，張永山又同女性友人 Dolores 商量，Dolores 不贊成唱國歌，其他人也不太贊成，但 Dolores 又說：「唱好啦！ They are all big wheel, 你若是不唱的話，把他們都得罪了，以後需要他們辦事便麻煩了。」張永山想想也對，英雄不吃眼前虧，何況自己還是拿中國護照，於是便決定唱國歌了。張永山在寫給何碧英的信中解釋：

> 其實我不反對唱國歌，不過處在今日情勢之下，唱不唱都不

好，我認為既然華社從前開雙十節會時沒有唱，這次不必了，可是那位先生在臨開場時告訴我（簡直命令我）唱歌，我非常不高興，我生命最恨take別人的order（我這裡是指不reasonable的order），其實他對我（即華社）應該有點respect，預先應該問我們說一聲（也就說商量一下）唱國歌，看我們的意思如何，臨時命令我也未免太豈有此理了。（1955/10/8）

華社經歷 磨練出「妥協的智慧」

為了這次華社開會，張永山覺得自己受了很多氣，他認為外界給他的壓力太大了。他對何碧英說：「華社本來是個學生組織，現在卻受到外面（如領事館）的壓力，早知如此我一定不做華社社長了。」

雖然如此，華社社長的經驗也讓張永山多了許多學習機會，有助他學習領導及運作組織，在對內與對外溝通協調上更為圓融，最重要的是，他學習到用一種公正客觀的審度方式，拋開一己好惡與堅持，選擇對多數人最好或多數人最能接受的結果，但又不陷入「牆頭草兩面倒」或「西瓜效應」中，領導統馭中的「厚黑學」及「妥協的智慧」，年輕的張永山已領略箇中滋味。

張永山說自己生平最厭惡「不合理的命令」，也最不買帳，但他也明白即使不願意，有些事情還是得妥協，當年僑界與官方多少有關聯，而自己又是華社社長，與官派「大人物」有關連的活動或差事總是少不了，想推也推不掉。張永山有次在信裡對何碧英吐苦水：

在沒有離開家裡以前，Dr. Shih（one of the fellows here）打電話來，說有一位big wheel李某由台灣來（好像代表政府到某地方開原子會議，詳細情形我不太清楚），今晚他請李某吃晚餐，要我做陪，因為李先生想見見此地中國同學，我告訴他今晚有seminar，所以抱歉得很，不能奉陪，Dr. Shih 說明晚在 Dr. Irwin 家裡給李先生開個歡迎會，要我邀同學去，我說 OK。

Seminar 在九點鐘便完了，口渴得很，大概吃晚飯吃得太鹹了，喝了杯 7up 還是渴，最後我想還是回家喝點熱茶。到家後一連喝了幾杯熱茶，茶葉還是妳送的，所以味道特別不同。一邊喝茶一邊做 advanced organic chemistry 的題目，後來 Dr. Shih 打電話約我明天中午陪李先生去吃午餐，我拒絕不去，我不太願見什麼大人物，在中國他們 big wheel 都讓人拍馬屁拍慣了，我若去可不來這一套，我認為這些人除了年紀大點沒有什麼了不起的。後來 Dr. Shih insisted 我一路去，那我也不好意思拒人於千里，何況他也不是請我而完全是因為我同華社的關係。

我有一點偏見，政府的大人物們都有一派官僚架子，我最吃不消，當然見了他們只好應付客套一番，話雖這樣說，我見了這些人也絕不會表示不喜歡他們，講句 hello，談談無關重要的事。事實上，生在現代這個世界裡，這些 VIP 有時還真需要他們，得罪也不好，妳看我講多少 nonsense，若是看不懂便當我沒有寫這一段好啦！（1955/10/17）

蛻變 父親眼中內向的長子開竅了

張永山是個內向寡言的人，一點都不「社會化」，更缺乏「長袖善舞」的交際手腕，他曾告訴當年陷入熱戀的女友何碧英，父親張元濱很擔心他交不到女友：

因為在他的印象中，我是一個不擅交際，不會說話的孩子，只知讀死書，所以他想我找女朋友一定很難。從前他曾經問過我一次有無女友，我回信沒有提，做父母的總是代兒女著急。我不曉得妳對我的第一印象怎樣，我意思是我是否 sociable？我在未到美國前父親特別說：「永山，你不夠活潑，太內向了，以後應該多交際交際。」講實話，我現在真是比過去好的多了，以往看到生人總沒有話說，現在看到生人我還會講句 "Hello"，所以我真奇怪（想不到）妳怎麼會愛上像我這樣個人。（1955/10/11）

張元濱也許不是善解人意又和藹可親的父親，與兒子永山的交集也不多，但他的擔心不無道理，不過，張永山後來在華盛頓大學攻讀碩士學位時卻擔任華社社長，加上自己的好人緣、成熟的處事風格與誠懇、細心的態度，當然還有陽光般的燦爛笑容加持，他贏得許多友誼與機會，「天助自助」，二十二歲的他一步步朝理想邁進，先成家，後立業。

第三章　超越自己的浮士德

張永山性格外冷內溫，雖然一表人才，風度翩翩，卻不算是女士們心中丈夫的首選，原因是「嘴不甜」，女人是需要哄的，而且需要三不五時溫柔的嘘寒問暖，因此，張元濱擔心兒子永山交不到女友也不算是瞎操心。

事實上，張永山相當獨立自主，而且有原則，要是自己沒有感覺的女性他自然不動如山，即便當年周遭美國華人圈女性稀少，他也不會因為著急而莽撞行事，反之，如果決心追求，他比誰都積極，所以他可以用三個月時間，與身在加州的何碧英「遠距戀愛」，甚至願意為她轉往加州讀書或就業，最後選擇在柏克萊大學攻讀博士學位。

老大性格有主見 看對眼就出手

一九五五年九月秋天，二十二歲的張永山即將自西雅圖華盛頓大學化學工程系畢業，在一次加大中國同學舉辦的夏令營活動中與同年齡的何碧英相識，驚為天人之餘展開熱烈追求。為免夜長夢多，張永山決定西雅圖華盛頓大學碩士學位拿到手後便轉回加州生活，主要是希望能繼續升學念博士，萬一不成就先就業。

當年九月二十日兩人分別至十二月二十日張永山確定可以到加州與何碧英相聚，三個月期間張永山寫了七十封情書給何碧英，幾乎是一天一封信，他在信中首度透露自己想繼續攻讀博士學位，或在加州知名企業工作的念頭：

我希望我們明年能夠在一起，這樣我們見面的機會就多的多了。因此我想若是妳能到西雅圖來讀書或做事最理想不過。當然我儘量試一試是否能夠到加大來，我相信加大的入學證當無問題，fellowship 不太容易，以後申請一下再說。所以我希望妳想辦法到此地來，若是妳願意的話。（1955/9/28）

心靈潔癖 為伊不約會

張永山說自己輕易不約會，加上心裡有了何碧英，道德因素使然，心有所屬的張永山更不願背著何碧英與其他女性約會。他對何碧英說：

妳說我在 Seattle 找 date 不會有太大問題，由這句話便知道妳對我了解不夠，因為我不隨隨便便 date 女孩子，妳也許不相信我的話，妳問我妹妹（編按：愛齡）便曉得了。換句話說，像我這個樣子，出去找 date 恐怕也找不到，沒有小姐肯同我出去，因此我覺得像妳這樣 popular 的小姐肯同我好，恐怕多少委屈了妳，對不對?（1955/10/3）

他在另一封信上也自我調侃，說自己鍾情於何碧英後便對其他女性沒了興趣：

自從此次回來後，對於別的小姐真是沒有興趣了，例如說上星期天在 Dr. Irwin 家聚餐，頗有幾位新來的中國小姐，我除了給她們打個招呼外，根本沒有同她們談。飯後，Dr. Irwin 特別介紹我是華社社長，若是不同人家打招呼，恐怕說我擺架子，要不然，倒楣主席一點不 sociable。（1955/10/4）

前車之鑑 克服困難轉加大

對於張永山決定轉學到加州柏克萊大學，何碧英曾提出疑問，對此，張永山回道：

> 妳說妳不該問我轉到加大來，其實我覺得妳這樣問才對，第一證明妳喜歡我，喜歡多跟我在一起，因此使彼此有更進一步的認識，第二妳又不曉得我轉學可能有很多困難，不要說學校方面，移民局方面可能也有問題。不過我相信我們的感情（愛情）不會因隔這樣遠而冷淡，最少我希望不會。其實當我們在 S.F. 認識時，我們曉得彼此不久便要分開了，但是我們都不怕一切的困難而相愛（肉麻）。（1955/10/3）

事實上，張永山希望排除萬難到加大念書或發展，還是擔心初萌芽的戀情告吹，他告訴何碧英自己一位朋友 H（編按：化名）因為與女友分隔兩地，最後黯然分手的故事：

> 這裡我願告訴妳一個故事，當 H 在南方讀書時（第一年在美），他的女朋友在 Seattle 讀書，女朋友當時不能到南方去讀書，因為經濟的問題，H 也不能過來（同樣原因）。第二年，H 在 U.W. 拿到 fellowship，放棄了一年的 graduate study（He almost got his M.S. there）到此地來，他到 Seattle 時，女朋友剛由 honeymoon 回來，他到這裡從頭開始讀 M.S.，因為 graduate school 不能轉學的。I think you know they only accept few credits. 由我看來，他 ex- 女朋友還是很喜歡他，只是環境的逼迫她才同另外一人結婚。They are happy now. 這裡我要補充一句，我不是說女孩子意志不堅定（Boys are the same），而是有很多時候環境逼迫不得已而為之，男人大概也是一樣。（1955/10/3）

張永山對何碧英說，希望兩人可以排除萬難在一起，越快越好：

第一步我希望我能在 U.C. 拿個 teaching fellowship，要不然的話希望妳能到 Seattle 來（of course only if you are willing to），若是因為別的原因妳不能到西雅圖來，我到加大拿不到 fellowship，我決定到 S.F. 來，暫時停一陣，做一年事再讀書。最遲我們明年六月會在一起，當然 we'll see each other before then-X'mas & spring vacation.（1955/10/3）

事在人為　凡事先求盡力

張永山雖然很想馬上飛到加州與何碧英在一起，但他也不是「只愛美人不愛江山」，不切實際，在他忙著準備碩士論文時，便已開始規劃轉到加大的可行方案及退路：

關於轉到加大來一事，事實上越早損失越少，反正讀 Ph.D. 學分不能 transferred 的，若是我下期能轉過來最理想不過，只是對華大化學系的人有點不好意思。中國人都是這樣，很多時候覺得這樣做或那樣做不好意思，外國人便不談什麼不好意思了。選科的問題，我對於化工及有機化學都很有興趣，換句話說都沒有多大興趣，Interest has to be developed，這一點妳不必擔心，至於金錢方面，只要我能過得去就可以了，絕談不到什麼損失，不過我相信天無絕人之路，到時總有辦法。（1955/10/18）

為了不讓何碧英操心，張永山寫信告訴何碧英自己的計畫：

這兩天來只要有空便寫論文，我想積極的論文弄完便心靜了，論文弄完後若是到加大來也方便的多了。我現在有個計畫不知成功的希望多大，不過我相信多半會成功。從前我在加大

undergraduate 時曾跟一位教授做半年的 research，他對我印象很好，若不是加大化學及化工系不收自己學校畢業的學生（除非有特別的原因才可以），我絕不會到華大來，在此地讀了一年化工，突然對 Organic Chem 感興趣了，於是我決定由 Chem Engineer 轉到 Chem 系，後來我便同雙方教授談好，我的化工 M.S. requirements 已經讀完，考試也考過了，只有論文沒有做完，因此我現在一邊讀化學課程一邊做論文，若不是轉學的話，我根本不需要讀什麼課目了，現在是自做聰明反被聰明誤。我若是到 U.C. 讀化學時恐怕等到明年才能轉回去，不過現在我決定轉回化學工程來，假若他們（U.C.）在二月肯給我一個 research fellowship，要不然他們能幫我找到個 part time job 也可以，我想試試看，凡事在人為，也不見得沒有希望。

我從前跟他做 research 這個教授叫 Dr. Tobias 是匈牙利人，我想寫封信給他，tell him that I'll get my M.S. degree here this X'mas & like to come to U.C. next semester to work for PhD under his supervision. He is an applied electrochemist, therefore, I'll tell him that I am strongly interested in that particular field & like to work for him. May be he can get a research assistantship for me, if not, maybe he can find a part time job. All the professors have connections with the industrial people. If they really want to find a job for their students, they can always do it. But I don't know whether Prof. Tobias will do that for me or not. God bless him.（1955/10/12）

找工作 謀後路

為了實現回加大念書以及與何碧英團聚的夢想，張永山做足了籌備工作，除了請 Dr. Tobias 協助外，張永山也積極尋求備胎，他的想法是，萬一無法如願回加大念書，沒辦法取得 fellowship，就必須先找份工作餬口，要留在加州與何碧英長相廝守也不至於有後顧之憂，於是他在未取得碩士學位前已經先到 Shell Oil Company 及 Union Oil 等知名企業應徵工作：

早上七點起來，到學校 cafeteria 喝了杯 coffee 及兩個 donuts 便上課去了，本來十點鐘有課，後來因 Shell Oil Company 有 interview，便 cut class 了。Shell 公司很大，薪金很高，M.S. starting 薪金 $435.00，每六月 20.00（raise within first year），所以在第一年底便拿到 $475.00，真是不錯，Ph.D. 以上是 $550-575 一個月，不過我不是美國公民又不是永久居留者，所以 Shell 根本不 consider 像我這種人，我告訴他我預備申請 permanent residence，他說我最好到移民局同他們談談，然後再寫信給他。事實上我曉得，申請永久居留證根本無希望，不必跟移民局打交道。既然 Shell 不要咱，只好到別的公司碰碰運氣。明天 Union Oil 到學校 interview，我預備去看他們是否同 Shell 的 policy 一樣。

找事情真不容易，尤其是限定 locality，我還是希望能在加大下期拿到 fellowship 最理想，當然能做半年事省下幾個錢也不錯。上次告訴妳寫信給加大教授，到現在還沒有寫，主要原因我想先同 Union interview 一下看有無希望，我怕後來加大有 fellowship，Union 也有 job，不是很不好嗎？就拿華大的 fellowship，若是我在 X'mas 離開這裡，真不好意思，系裡也不知給他說什麼理由好，當然我不能說想到加大去讀書，不過管不了那麼多了，最重要的還是同妳在一起（I mean living in the same city），妳說對嗎？（1955/10/17）

另一封信他寫道：

今天早上同 Union Oil 代表人 interview，這個人非常 nice，他們公司好像對於 non-citizens 也要，當然他們最理想是美國公民了，最後他讓我寫一封申請書寄給他們，They'll let me know by Dec-15, one way or the other. 他們的薪水也很不錯，$440.00 for M.S.，$580.00 for Ph.D. & $400.00 for B.S.，看樣子，拿到 Ph.D. 並沒有多大好處，當然世界上一切事情不能拿金錢做標準。（1955/10/18）

當年張永山想要在聖誕節前拿到碩士學位以便到加州與何碧英相聚的心情是非常堅定的，對他來說，西雅圖「沒有什麼值得留戀的」，他心心念念的只是趕緊確定可以取得助教職或找到工作，以便在加州展開新生活，也許他那時已有與何碧英結為連理的想法，只等時機成熟。他在碩士論文還未完成前就告訴何碧英：

另外一件事，我決定下期到加大來，我意思是 even if I can't get a fellowship, I'll come down anyway. I think I can find a part time job or rooming & boarding job the worst. 能早點同妳在一起，生活上苦點也值得。As long as you are sure yourself that you want me to come down, if anything happens again, I would probably never trust anybody anymore.（1955/10/30）

東方人念 Ph.D. 西方社會贏尊重

如果萬事順利，張永山希望在灣區（Bay Area）附近找到工作，暫時做半年，等九月再到加大繼續讀書，至於想繼續深造取得博士學位的原因，張永山信中說：

But I like to tell you that to quit getting my Ph.D. will be the last thing I shall ever do unless I can't make it, e.g. failing of Ph.D. examination & so on. 家父來過很多次信勸我不要讀 Ph.D.，他認為 getting another degree doesn't mean anything, 最好拿到 Master，做二年事有點實際經驗好得多，後來我寫信給家裡也沒有提這件事。

Anyway, my father will not change my mind. I think I am old enough to decide what I should do. I believe to get a Ph.D. nowadays is the least anybody can do. 尤其是黃面孔人在美國受人歧視，人家總認為我們不成，沒有受到教育，當然一般華僑給他們的印象不太好，若是有個博士學位，有好的事情，在社會上有點地位，他們會看得起我們，這樣讓他們看看 we are just as smart as they are. 妳看我又發牢騷了，I sincerely hope you don't mind what I have said. You probably will laugh at me later on when I am not able to achieve my goal. This is why I never told anybody that I want a Ph.D. I am afraid that I may not succeed. I am telling you now because I know you can be trusted & you are my best friend. Believe me or not, I never told anybody that I really want a Ph.D. I told most of them the only reason I am working for my degree is because I can't find anything better to do.（1955/10/21）

學習重方法 讀書秘訣傳小妹

雖然張永山外務繁多，但該念書或做功課時他也不會馬虎，學生時代的他考試成績不俗，這要歸功於他讀書有方。在台灣的小妹張婉如一九五五年十二月從台灣飛抵西雅圖求學，當時張永山已確定拿到西雅圖華盛頓大學碩士學位，三天後就要揮別西雅圖，到加州展開新

生活。闊別七年餘的兄妹倆終於再度重逢，當天西雅圖下大雪，張永山還是跟室友 Bill, George 一起開車去機場接妹妹：

> 飛機於四點鐘到，四點四十五分妹妹才將一切手續辦好。七年未見面，我已經不太 recognize 她，若不是她先同我招呼，我真認她不出。（1955/12/19）

短短三天的相聚，張婉如印象最深刻的是哥哥永山教她的學習方法。張永山告訴她，在課堂上要百分之百地細聽教授講解，不能有一絲分心，更不必忙著做筆記，因為英文對華人學生來說是外國語，尤其剛來美國，一定沒有美國學生寫得快，忙著寫筆記反而容易忽略教授所講的重點，最好能一心不二地細聽教授講解，牢記所聽到的一切，回家後重溫內容，再把重點紀錄下來，這個方法張婉如至今仍覺受用。

張永山論文卡卡 問題出在菜英文

當年為了早日取得碩士文憑，張永山可是卯足全力寫論文，不過，最初交給教授的論文章節不僅石沉大海，而且還被「退件」，因為教授說張永山寫的英文「不流利」：

> 十一點半我開始同他討論我的 thesis，他根本沒有看過我的論文，although he didn't admit that. 不過我可以看得出來。他打開我的論文開始讀 introduction，他說英文寫得不好。"Why don't you write this sentence this way & so on ?" He's a nut, no kidding. 最後他說："Chang, re-write the introduction & let me have the thesis this afternoon. And I'll read the discussion over the weekend." He is crazy. How could I re-write the introduction within one hour since I had lab from 1-5 in the afternoon. I told him I couldn't possibly finish the

rewriting that afternoon. And then I asked him if it was possible for me to turn in my thesis on Saturday morning. He said OK.（1955/11/19）

這件事情讓張永山食不下嚥，後來找到主修政治科學（Political Science）的 Dr. Shih 幫忙修改英文才過關：

今晚一個人呆在家裡 worked on my thesis. The chapter on "theory" was rewritten to-nite. I am going to ask Dr. Shih to correct my English tomorrow. Dr. Shih is majoring Political Science（Pol. Sci.）. I understand his English is very good. I hope Dr. Babb will approve my thesis this time.（1955/11/26）

對於英文功力的欠缺，張永山深感慚愧，他告訴念過英文系的何碧英：

今天早上鬧鐘響的聲音沒有聽見，所以八點鐘才起來，到學校吃過早點已九點鐘，早上到下午除了上課及吃午飯的時候，我一直在想我的論文，我難怪教授不好，大概是我寫的是不太好，尤其是英文恐怕很差，第一章（Introduction）又從頭開始寫一遍，之後我請一位美國同學修改一遍，他也說我英文不流利。我自己真覺得慚愧，到美國這樣久，英文還是寫不好，等有工夫時我真要到夜校把英文補習一下。我認為自己既然到人家這裡讀書就應該 up to their standard，絕不能拿外國人身份來原諒自己，不過當初在讀 undergraduate 時一來沒有功夫讀英文，二來又怕讀了讀不好，我相信妳的英文一定很好，到三番市後真要妳教我英文了。（1955/11/23）

也許因為自己求學時曾吃過英文的虧，多年後張永山成為知名教授，他會花很多時間修改學生寫的英文論文或報告，而且不只幫忙小改內容，有些簡直是重寫。

自我要求高標準 考試高分不意外

張永山天資聰穎加上學習有方，定力夠，在學習的過程中如魚得水，事半功倍，就算偶而臨時抱佛腳，也能高標過關。對此，何碧英也覺得驚奇，她說:「沒看他花很多時間在功課上，就輕鬆拿到學位。」

事實上，張永山不需要別人的叮嚀與督促，就算忙碌異常，也總會找出時間做功課或做研究，他是自我鞭策很徹底的人，凡事一定有準備，準備後才出手，也因此，不論是考試成績或研究成果都出奇的好。他曾在數封信中提到自己的在校成績與對分數的自我要求：

> 上星期五的卷子發回來，真是拿了個 full mark，相當高興。其實這沒有什麼了不起，每次都應該拿滿分才對，我因近來 concentrated 做論文，所以總是等到星期四才預備有機的考試，因此有時不小心便要考壞了。（1955/10/19）

> 十點鐘 Advanced Organic Chemistry 考的不錯，若是教授客氣點，應拿 full mark（I have checked my answers with professor's ans），若是嚴格一點也有 90%. I am quite satisfied although I rather have another perfect paper. I was a little too careless about one minor point which I shouldn't have done.（1955/10/21）

> 十點鐘上有機化學，上次考的卷子已發回來，考得不錯，同時這半學期的 grade 他已經給我們，我僥倖拿了個 A（月考小考一起算），我相信只要以後好好讀書，這一課拿 A 大概沒有太大的問題。（1955/11/7）

考壞就算 船過水無痕

雖然頂在意自己的成績表現，但張永山也不會因為那次成績考壞了而鬱悶：

> 今天的 quiz 可考壞了，最多拿到百分之八十，大概拿不到八十，算了，考過了，擔心也沒有辦法。（1955/10/28）
>
> 今天卷子拿回來，考得不太好（77%），Avg. 是 below 60%，所以還不算太差，研究院課程拿 Avg. 就是 B 了，17% above average 就是 A-，反正拿 A 或 B 對我都沒有太大影響。（1955/10/31）

轉學加大 張永山打「父母牌」

對於加大之行，張永山除了請 Dr. Tobias 幫忙寫推薦信外，能否獲得助教職也很重要，若是沒能獲得助教職，繁重的生活開銷單憑剛拿到碩士文憑的張永山是無法支應的，因為沒有向家裡報備自己想繼續深造取得博士學位，父親張元濱也表達過不贊同有了碩士文憑後再拿博士文憑，張永山只能靠自己想辦法解決錢的問題。

事實上，當年決定轉到加大讀書完全是張永山自己做的決定，沒有事先同家人商議，他只跟在加州當護士的妹妹愛齡提到過自己聖誕節會到三番市過而且下學期準備轉到加大讀書：

> 今天在電話裡說的話妳一定要笑我了，事實上，家裡不是不關心我的事情，而是我感覺到如轉學等小事不必告訴他們，反正讀那個學校都一樣，若是預先告訴他們轉學的計畫，家裡總有點異見，還要寫信說服他們轉學的原因，Don't you think we are old

enough to decide what's best for us in most cases?（1955/11/26）

當年，熟識張永山的長輩及朋友們都知道，張永山轉到加大的主要原因是為了與當時的女友何碧英在一起，他自己也對此事毫不隱瞞，雖然不想扯謊，但為了順利取得推薦信，他還是以「父母想到美國並定居三番市」為由，懇請 Dr. Tobias 寫推薦信：

還有一件事沒有告訴妳，本來我想過些時等得到一定回答時再對妳說，又怕妳著急，事情是這樣，上星期三收到 Prof. Tobias 的來信，他說加大化工系已經 review my undergraduate & graduate records，不過需要一封 letter of recommendation from this university. Prof. Tobias said in his letter "such a letter is a matter of routine." 意思是說只要有一封信便可以，最後 in his letter he also said: "In case you are accepted to do graduate work with us, you'll probably be offered a teaching assistantship. I was overjoyed to receive that letter last Wednesday. 星期四下午我便請 Dr. Babb to write a letter of recommendation for me. 我起初怕他不肯寫，後來他說 "he would be very glad to write such a letter for me."

我告訴他我所以要轉學的原因是家父母想到美國來，若是來的話他們喜歡住在三番市附近，因為那邊有幾家以往老朋友，說了一個大謊，反正他不曉得，不過，不找出一個 excuse 也不好，對嗎？ 我希望 Dr. Babb would write a good letter & hope everything'll work out all right for both of us. 今天 Dr. Babb 告訴我下午寫這封信，不知他有沒有寫，我看多半沒有問題，本來我想等 California 給我一個 definite answer 時才給妳一個 surprise，又怕妳著急怎麼這樣久加大還沒有回音，還是早點告訴妳，我相信妳聽到這件消息應該相當高興。（1955/11/7）

後來，張永山的確順利取得加大入學許可，不過因為他提出申請的時間稍晚，能不能拿到助教職（Teaching Fellowship）尚在未定之天。張永山告訴何碧英：

> 加大化工系上星期二有信來 accepted 我讀 Ph.D.，不過系主任說申請太晚，Teaching Fellowship 不一定有，他說我申請試試看，也許還有希望，不管怎樣，我決定於聖誕節前下來，除非這邊 Dr. Babb 不讓我走。我相信 I should finish my thesis by then, at least I hope. 我打算若是 fellowship 便讀書（spring semester），不然找個事情做。Anyway I'll come to S.F. around X'mas.（1955/11/23）

人生的另一個轉折

一九五五年聖誕節前，剛從西雅圖華盛頓大學取得碩士學位的張永山風塵僕僕地趕到舊金山與女友何碧英相聚，當年的聖誕夜恰巧是張永山的農曆生日，那晚，相識才三個多月的張永山與何碧英便已決定長相廝守，一九五六年九月十五日完婚。

不過，後來張永山倒沒有先到加大就讀，而是找事情做。一九五六年至一九五九年近四年裡，張永山任職於史塔佛化學公司（Stauffer Chemical）擔任化學工程師，這段期間，他不僅完成終身大事，還當了爸爸，長子張道旭（Vincent）一九五七年呱呱墜地。

一九六〇年，張永山決定回加州柏克萊大學攻讀博士學位，同年感恩節前後，次子張道維（Lawrence）出生，一九六三年春天順利取得加州柏克萊大學冶金學博士學位，六個月後完成博士後研究。

貳 凡夫俗子

張永山絕少談論自己的私事，很大的原因是個性使然，他是個相當低調寡言的人，即便學生時代的他，最多也只是談論「現在進行事」而非「往事」，因此，鮮少人知曉他的過去、出生與家庭背景，自然，張永山許多內心的想法與感觸旁人多半無從得知。

不過，張永山曾公開表示，一生當中，他認為對自己影響最大的有三人：母親鄧淑英、妻子何碧英（Jean）與么兒張道崙（Theodore）。如果中年之前的張永山仍有難以察覺的「稜角」，張道崙無疑是最後一張沙紙，輕輕擦去他身上最後的一絲「粗糙」。

何碧英與張永山都曾在柏克萊大學就讀，但時間並未重疊。張永山於一九五一年到柏克萊大學就讀，一九五四年畢業，何碧英則於一九五二年自台赴美到堪薩斯州念書，一九五四年畢業，當何碧英到柏克萊大學念 MBA 時，張永山正好前往西雅圖華盛頓大學念碩士。他倆於一九五五年九月相遇，近五十六年相知相守的情緣就此揭開序幕……

第一章　執子之手 與子偕老

> 雖然這樣遲了，我還是決定寫信給妳，使妳知道我今天非常高興收到妳的大相片及二十六號的來信。我現在便把妳的照片擺在我面前，一邊看一邊寫信給妳，這樣會使我感覺同妳對面談話一樣……。（Love, Austin）

張永山一生作育英才，桃李滿天下，許多曾受教於他的學生回想起當年在威斯康辛大學求學的點滴，都會不約而同的提到感恩節與聖誕節，因為在這幾個特殊的節日裡，張永山會邀請學生與家眷到家裡聚餐，學生們得以品嚐到師母的好手藝，同時也一解思鄉之苦。

北京來的姑娘何碧英

師母何碧英在許多學生的印象中是能幹、俐落與健談的，尤其和沉默寡言又帶著威嚴感的老師張永山相比，何碧英顯得和藹可親多了。多數學生的印象是「師母會幫老師打點好所有事情，夫妻倆相敬如賓，感情很好，常常同進同出甚至結伴出遊，倆人很有互補性」。

張永山與何碧英堪稱「鄉下窮小子與城市富家女」的結合，前者來自中國河南省一個窮苦鄉下八里庄，從小要下田耕作、自製鹽巴，一年只有兩頓飯有肉可吃，連念書也只能克難式地拿根竹棍子在泥地上練字，後者則是來自於北京的大戶人家，家裡有奶媽、門房、廚子，餐餐有肉吃不說，念的還是外國學校，何碧英笑說：「永山生前總愛自我調侃，說自己是『鄉下人』。」

何碧英生於一九三二年，與張永山同年。說話帶點北京腔的何碧英說，自己和先生張永山雖然都是在中國出生，但出生背景卻天差地別，二十歲之前的人生際遇可以說「一個在天，一個在地」。

何碧英在家排行老大，母親高寶鏞每隔兩年生一胎，後頭緊跟著三個弟弟 - 何景賢、何景陶及何景雲。據說母親在生她前一日夢到自己生下女兒，這個夢境讓她非常歡喜，認為是祥瑞之兆，在那個重男輕女的年代，何碧英母親的想法倒也特別。後來果真夢境應驗，生下個漂亮的女兒，所以取名「碧英」，有「庇蔭」、「應驗」之意。

父母留日 家境優渥

何碧英祖籍廣東省中山縣，與國父孫中山同鄉，由於外祖父母在日本做生意，母親高寶鏞因此在日本橫濱出生，長大後到日本華僑學校念書，十八歲後才回到中國，是個同時接受中國、日本與西方教育的新潮女性。

何碧英的父親何健民當年因為到日本東京大學念書而結識了後來的妻子高寶鏞，原來習醫的他因戰亂，家中經濟狀況不許可而改念農村經濟史，因為高寶鏞回到中國，他也尾隨佳人腳步落腳廣州，後來如願娶得美嬌娘。當時高寶鏞年約十九歲，隔年便生下第一個孩子何碧英。

何碧英五、六個月大時，何健民便到南京工作，於商務印書館擔任編輯，由於在日本東京大學念的是農學史，何健民之後的工作多半與文學、歷史、教育相關，後來也曾在嶺南大學、北京大學當教授。由於父母皆受高等教育，社經地位相對較高，加上母親家族的經商背

景，何碧英的母親婚後根本無需外出工作，只要專心在家相夫教子，閒暇時約三五好友串串門子、打打牌，其他事情都有傭人打理。

動亂不斷 舉家逃難到杭州

一九三七年七月蘆溝橋事變爆發前，中國已經處於極端動盪與危險之中。一九三六年，何健民在心裡盤算，日軍的侵略行動越加肆無忌憚，眼看南京岌岌可危，他決定帶著一家人搬到杭州，希望可以躲過災難。何碧英說：「我父親精通文史又熟知日本文化，當時逃難到杭州，主要是考量到杭州為佛教勝地，存在不少廟宇，依他的了解，日本人對佛教聖地有一定的敬畏之心，應該不至於大肆轟炸，所以杭州相對安全。」

對於當年在杭州黃龍洞內的太湖石防空洞躲避日軍轟炸的驚險一幕，何碧英記憶猶新：「我到現在還記得爸爸媽媽叮囑我們不許哭的嚴肅神情。」後來果真如何父所想，當時的杭州非常幸運地並未遭日軍毒手，他們成功躲過一劫。

父親腿傷延誤 落腳北京

因為受過日本教育，通日語也熟諳日本人的行事風格，當時的教育部長朱家驊便力邀何健民到重慶工作，於是何家人又準備動身前往重慶。

遷徙途中，何家人落腳在一個不知名的小村莊裡。一天，何健民正在公車上打行李，不想公車司機壓根沒注意到車頂上的他就發動引擎上路，何健民從車頂摔下，摔斷了腿，需要一個多月時間才能恢復，

何家人便因此被困在小村子裡。

當時何碧英才四歲，二歲的大弟何景賢留在廣州由外婆照顧，母親高寶鏞當時懷了第三胎，何健民這一摔添了亂子，讓全家人進退失據。正當一家人不知如何是好之際，何碧英的姨母對高寶鏞說，自己的先生是塘沽公安局局長，她推估北京應該還算安全，力薦何家人動身前往北京避難，去不了重慶的何家人於是轉而逃到北京，何健民之後便在北京大學任教，何碧英則在此度過人生中最無憂無慮的十年，也盼到了一九四五年抗戰勝利。

天資聰穎 語言天份佳

年約五、六歲的何碧英相當聰明，而且很有語言天份，她到了北京後又跟著大她四歲的表姊到法國天主教學校念幼稚園，加上母系親友說廣東話，小小年紀的何碧英已經可以說中、英、法語及廣東話，她笑說：「後來我爸爸擔心我將來跟外國人交往或嫁給外國人，就趕緊把我轉到中國學校。」

何碧英從小功課不錯，小學一至六年級都是第一名，功課不勞大人費心。當年何家人住在北京東四牌樓附近的東四六條，何碧英在東四五條的普育中學念到六年級，後來順利考上北京最早的西式女子學校貝滿女子中學，在那裡求學直到十四歲離開中國，她離開北京那年是一九四七年。

對於自己的童年生活，何碧英說：「我們在北京算是中上家庭，不像永山他們當年在河南八里庄那樣受苦，一年只有兩餐有肉可以吃，我們家每天都吃肉，週末還會全家一起到東安市場、東亞樓、東來順

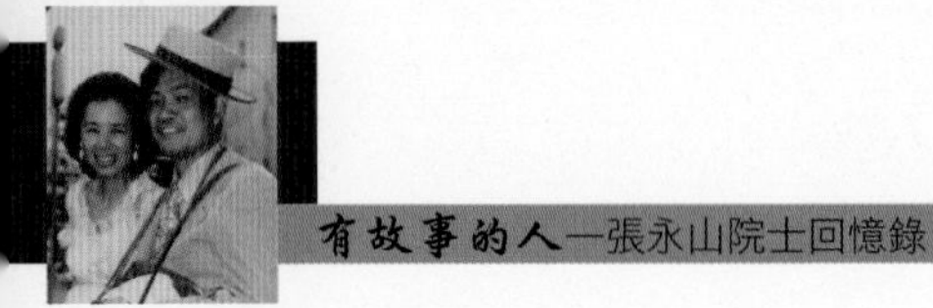

羊肉鍋或廣東樓吃飯、喝茶。雖然當年日本軍隊也攻打北京，但我們很幸運的逃過一劫，沒挨過餓也沒受過凍，和永山的童年生活截然不同。」

婆婆與媽媽 傳統與現代

張永山與何碧英同年，同樣出生在中國大陸，同樣遭逢八年抗戰與饑荒歲月，不同的是，張永山的母親鄧淑英由於出生在貧窮的河南鄉下，沒有受過教育，加上較不受寵，遭丈夫張元濱長期冷落，連帶地對於兩人的親骨肉張永山、張婉如也較不上心，以致夫妻長期離散、骨肉分離，母兼父職過著宛如單親家庭的生活。不過，對於這一切，出生於傳統中國農村的鄧淑英選擇隱忍、認命與原諒。

何碧英的母親高寶鏞與張永山的母親鄧淑英則是天淵地別，相較於鄧淑英的傳統與認命，受過高等教育又喝過洋墨水的高寶鏞儼然是另一個世界的女性。何碧英說，她母親的思想與觀念和婆婆非常不同，她的母親不但念華僑學校，還在日本念家政專科學校，通日語，會寫日本字，針線功夫還相當了得，「她會自己設計衣服款式，幫孩子做衣裳、帽子，我穿的衣裳完全是外國的一件式裙裝，平日上學時穿旗袍，假日就穿媽媽做的衣服。」

誠然，張永山的母親鄧淑英也親手縫製孩子們的衣裳，只不過，在貧窮的河南省地界內，連吃飯都成問題，鄧淑英必須先將棉花拉成線，用老式的織布機織成布，然後才能縫成衣裳，而張永山與妹妹婉如也只有在每年過年時才有新衣可穿。

心高氣傲 婚姻裡容不下一粒沙

當年，何碧英的父親何健民到日本留學遇見了高寶鏞便驚為天人，高寶鏞十八歲回到中國後，何父不惜放下日本的學業追隨佳人腳步回到中國，之後倆人很快就步入禮堂，接連生下四個孩子。原以為這樁門當戶對的婚姻可以天長地久，可惜何健民中年時與離婚的女書記一場短暫的婚外戀情摧毀了得之不易的美滿婚姻，這段意外的插曲讓心高氣傲、直來直往又滿腦子現代思維的高寶鏞永難釋懷，即使何健民認錯回頭與求和而且再沒出軌犯錯，都無法挽回高寶鏞的心，後來的幾十年裡，倆人貌合神離，相敬如「冰」。何碧英說：「我們曾經試圖要拉攏他們倆人，也製造不少破冰機會，但可惜母親始終無法原諒父親的背叛，直到父親去世，他們倆人的關係再沒能回到從前，最後的十幾二十年裡，父親住在台灣，母親則到美國和我們同住。」對父母的這段婚姻走到如此地步，何碧英有著無限感慨。

何碧英說，當年公公張元濱另結新歡，婆婆鄧淑英很宿命地以「男人沒個三妻四妾會遭人恥笑無能」、「蔣介石娶了宋美齡後不也把元配丟在鄉下老家」自我寬慰，認命退讓，雖然夫妻關係終其一生只落個名多於實，但鄧淑英心裡並沒有恨，反觀自己的母親雖然仍對父親有愛，但因為無法釋懷於父親的感情出軌而決絕地選擇「不原諒」，折磨了父親也苦了自己，很難說她母親與婆婆處理婚姻的態度孰優孰劣，但是，父母經營婚姻的態度與婚姻關係勢必影響家庭所有成員，何碧英不諱言，「永山父母的婚姻和我自己父母的婚姻都多少影響了我們對婚姻的看法及態度，我有個姨母也是遇人不淑，婚姻不幸，這些前車之鑑著實讓年輕的我對婚姻卻步，根本沒有想婚的念頭。」

中國出嚴父 親子關係有距離

談到父親何健民，何碧英說，傳統東方社會的親子關係與西方社會是很不相同的，所以，東方社會也比較容易出現「嚴父慈母」，好比她的父親跟幾個孩子們就不常在一塊，與母親的互動較多，「我爸爸跟永山的爸爸很像，很少講話，對孩子比較嚴肅一點，也很少陪在孩子身邊。」雖然如此，何碧英姊弟幾人與父親的互動仍多過當年張永山及張婉如兄妹倆與父親的互動。

何健民有個哥哥學醫，是名藥劑師，自己也開了家藥局，而他原來在中國念的也是醫學，只不過後來因為家中經濟狀況不許可，到日本留學後反而改念農經史。張永山與妻子何碧英育有三子，三人各差三歲，長子張道旭（Vincent Chang）與次子張道維（Lawrence Chang）都是外科醫生，並未跟隨父親的腳步成為學者，對於這點，何碧英說：「我自己後來也曾在醫院服務，而我們老大跟老二也是醫生，我想兩個兒子沒跟著父親的腳步成為學者而是行醫救人，這部份可能跟我這邊的家族遺傳有關？當然我父親後來也跟永山一樣成為學者就是了。」

何碧英回憶，「父親每個禮拜都會帶幾個孩子到郊外或公園玩，或者帶家人上館子吃飯、喝茶。」她記得自己曾偷偷到租書店租圖畫書看，比方漫畫版《西遊記》等，只要手頭上有零錢她就會「貢獻」給租書店，不過，這件事情後來讓何健民知道了，他頗為不悅，倒不是因為女兒將錢跟時間花在圖畫書上，而是中國疫病頻傳，他擔心租書店書籍因長期傳閱沾染不少細菌，萬一女兒因此染病就不好了，畢竟中國在那個年代裡醫藥與衛生知識尚不普及，何父的擔心不無道理，所以後來何碧英也就斷了租書念頭，不再往租書店裡跑。

何碧英是家中老大又是獨生女，受寵自不待言，她也形容自己是「天之驕女」，聰明、功課好、生活優渥，年少的她什麼都不需要操心，只要盡情享受人生。她還記得小時候幾個弟弟要靠她帶他們出去看電影，冬天到北海公園溜冰，夏天到游泳池玩水，姊弟幾個在北京度過愉快的童年時光。

北京姑娘到台灣 際遇改變

一九四七年，國共對決戰事不斷，眼見國民黨守得辛苦，共產黨節節進逼，擔心北京不保，何碧英的父親何健民決定離開北京，他推估，台灣應該相對安全，於是選擇舉家遷台。由於何家沒有軍事、政治背景，何父只好花錢買船票渡台，何碧英回想當年渡海來台的過程：「當年除了母親，我們全家人都暈船，來台後落腳在台北市的忠孝東路，那是在一九四七年一月。」何家人抵台後的次月就發生「二二八事件」，因為她們恰好住在警察局旁，受到保護，所以沒受事件波及。

當年，何碧英在北京貝滿女子中學只念到初二就中斷學業跟著家人到台灣，來台後不巧碰上「二二八事件」又耽擱了大半年，直到一九四七年秋天，透過當時教育廳廳長的居間協助與自己在貝滿女子中學優異的成績加持，何碧英順利進入師範學院附屬中學（編按：師大附中）就讀一年級，等於從初中二年級直接跳級到高中一年級，畢業後又順利考上台灣大學。

當年台灣只有三所大學可以報考 - 台灣大學、師範大學及台南工學院（編按：成功大學），「我成績不錯，國語比較吃香，比本省人好，

那時候考大學，本省人可以加分百分之十五，我只能選台灣大學及師範大學，加上兩個學校的考試時間重疊，最後只能二擇一，所以我選擇考台灣大學。」何碧英說。

何碧英考大學的時候，和她競爭的對手約有七、八千人，兩天共考四科 - 數學、英文、國文、公民與憲法，很多人連考了二、三次都沒辦法考上，但何碧英卻是一試中的，用毛筆寫的榜單上她還名列前茅，後來她在台灣大學念了二年半的外文系。

揮別台灣五年情

當年，何碧英就讀台大外文系後只念到三年級上學期就放棄學業隻身赴美讀大學，到美國念大學完全是她自己的主張，「因為我學的是外文，母親也希望我早點出國，也許將來還可以帶著弟弟們一起到國外，加上我拿到全額獎學金，所以就決定早點出國念書。」何碧英說。

就這樣，何碧英在一九五一年十一月底搭乘總統輪，花了三個星期的時間一路從香港、日本、夏威夷飄洋到美國舊金山，結束在台灣的五年求學生活。這時的張永山剛從美國德州貝勒大學轉學至加州柏克萊大學就讀。

赴美求學遇風浪 放下身段求生存

從小吃穿不愁的何碧英隻身赴美後，人生進入另一個階段。過去的她「食指不沾陽春水」，到那都有人伺候，但自從「逃難」到台灣後，家裡的經濟狀況就不若以往，到了美國，她得靠全額獎學金、工讀合作獎學金及課餘兼差教中文及廣東話自食其力。

美國的求學過程對何碧英來說不算順利，她原來念的是中部一所天主教女校Mount Saint Scholastica College，主修有機化學，副修數學，念了一年後轉回英文系。何碧英說：「當年到美國念書的中國學生不多，班上有二、三十個學生，我是學校收的第二個中國女學生，我在台灣雖然念過幾年外文系，英文程度仍比不上外國人，學習過程有些辛苦，同樣的時間裡，別的同學可以念好幾本書，我要是可以念上幾十頁就不錯了。」

在那個種族歧視明顯的年代裡，黃皮膚的東方人自然也必須承受某些人際壓力。還好，個性活潑的何碧英人緣不錯，愛唱歌又會彈琴的她在學校也參加話劇社，很能融入學生團體，所以比較沒有人際方面的困擾。

一九五四年，何碧英大學畢業，為了在美國繼續念書，她申請到加州柏克萊大學念 MBA，柏克萊大學除了提供入學許可外，還提供吃住免費的 Co-Op（Operative）工讀合作，也就是說，何碧英每個禮拜要工作十五至二十個鐘頭，做洗碗、清潔廚房等工作以換取吃住免費，一學期只要支付一百五十美元的學費。

除了要應付課業壓力，何碧英還必須想辦法開源節流，為五斗米折腰。何碧英說：「那時出國家裡已經先為我支付六百美元的保證金，為了減少家裡負擔，我在下課後要搭巴士到加州中華文化院教華僑小孩說廣東話及寫中國字，每堂課教二個鐘頭，加上當時念商業法、會計等課程，課業很重，一學期下來真的很累。」

何碧英大學畢業便服照 / 攝於 1954 年。

1955 年張永山於西雅圖拍的一張照片，在他與何碧英情書往返時曾將照片送給她。

大病一場 人生陷入黑暗期

何碧英大學畢業後申請到加州柏克萊大學念 MBA，有部份原因是出於非留在美國不可的壓力，另外也考量到校方提供的工讀合作可以為她省下一筆可觀的吃住開銷，至於對商業課程是否感興趣，何碧英心裡有很多的不確定，但她必須硬著頭皮念下去。

一九五四年冬天，在加州柏克萊大學念 MBA 的何碧英生了一場大病，感冒引起肺炎，何碧英說：「我當時很害怕，以為是肺病，擔心自己跟姨母一樣死於肺病，後來醫生告訴我，我得的是肺炎不是肺病，開了些盤尼西林抗生素給我，住院十幾天才痊癒。」

獨自在異鄉生活及求學，想起自己過去幾年的遭遇與面對不確定的未來，年輕的何碧英在病中也不覺落寞了起來，心情抑鬱。不過，住院期間，一位女性醫檢師（Medical Technician/Med-Tech）的出現讓何碧英找到生命中的希望。

出於對數理化學的喜愛與興趣，何碧英對醫學化驗工作相當感興趣，女性醫檢師告訴何碧英，除了化驗工作外，醫檢師還要學習驗血、細菌學跟生物化學等十幾項課程，何碧英越聽越覺得跟自己的志趣相合，於是細問如何取得這類工作機會。醫檢師建議何碧英到大醫院接受訓練，未來參加州考就可以取得證照，不過，何碧英過去雖然修過數學跟化學，但主修還是英文，對她來說，起步就是個問題，想到此，她心中好不容易燃起的希望火花又硬生生被澆熄了。

那年冬天大病一場的何碧英經過十餘天住院休養，病情已好轉，但醫院中與醫檢師的邂逅卻又讓她心中煩悶，自己可能無法如願成為醫檢師在她心裡蒙上一層陰影，揮之不去。

有緣千里來相會 遇見 Mr. Right

一九五五年九月勞工節的週末假期，加州柏克萊大學跟西雅圖華盛頓大學學生在舊金山金門大橋附近的希爾茲堡（Healdsburg）舉辦基督教中國學生夏令營活動，算是另一種中國學生的聯誼，大病初癒又心情不佳的何碧英在朋友鼓吹下也到夏令營散心，只是沒想到，命運的安排，讓陷入人生低潮的她遇見未來的終生伴侶 - 張永山（Austin Chang）。

回想倆人初相識的經過，年逾八十的何碧英眉眼含笑地說：「第一天我因為要上家教課來晚了，所以也沒碰到永山。」不過就在隔天，正當何碧英與朋友在山坡上閒聊時，有位穿白襯衫的大男孩笑咪咪地從遠處走向她們，他自我介紹，自己叫 Austin Chang，雖然沒有多聊什麼，但男孩一口白牙及迷人的笑容，讓何碧英留下深刻印象，「他

笑起來的時候看起來很迷人，讓人感覺很舒服。」何碧英說。

夏令營在週六的夜晚安排了話劇表演，演出劇碼是《灰姑娘》，有副好歌喉的何碧英大方上台獻唱，博得滿堂彩，不過，直到夏令營結束的前一晚為止，何碧英與張永山倆人並沒有更多的互動。

積極主動 抱得美人歸

隔天，夏令營活動結束，何碧英趁著等車空檔寫家信，沒想到這時張永山卻走過來和她攀談。張永山告訴何碧英，自己去年才從加州柏克萊大學畢業，因為學校規定學士升碩士必須到他校就讀，所以他

1955 年 9 月，張永山（左 1）與何碧英（左 5）相識於夏令營活動，彼此留下美好印象。

選擇到西雅圖華盛頓大學念碩士，至於何碧英則因為剛到美國時念化學與數學多耽擱了一年，一九五四年才到柏克萊大學攻讀 MBA，因此倆人沒機會在柏克萊大學碰面。

閒談中，生性寡言的張永山頻頻詢問何碧英的生活現況、工作與居住地點，「當時碰到永山，我以為他可能跟別人有約，算是巧遇，不過後來回想，他應該是特意來找我的。」何碧英莞爾地說。

對於這段與張永山邂逅的小插曲，何碧英當時並沒有多想，直到二天後，她在任教的學校裡再次碰到張永山，才確定張永山的追求意圖。她回憶：「那天，在我準備下班前，看見有個人探頭進來，一看是永山，我當下就明白他是來找我的，我當然不可能天真的裝傻問他『你找誰』是吧？！」何碧英隨口問了一句：「我以為你回西雅圖了。」張永山回說：「沒有，還想多呆幾天。」之後倆人一塊吃了頓飯，當時，何碧英心想：「吃完這頓飯之後我們應該就不會再聯絡了吧？！」沒想到後面還有續集。

又是張永山！

何碧英回想當年先生追求她的點滴，不覺好笑又有趣，她說：「之前的夏令營活動，永山的妹妹愛齡（編按：Helen）也去了，後來我們約好一塊吃飯或逛街，沒想到約好見面的那天，從公共汽車上下來的不是愛齡，又是永山！我們前兩天才一塊吃飯的！」接下來的近十天裡，張永山每天都到何碧英那兒「報到」。

面對張永山積極的追求攻勢，不乏追求者的何碧英當時是怎麼想的？對此，何碧英笑說：「永山是極為含蓄的人，他雖然每天都出現，

夏令營過後的十天內，張永山每天都與何碧英見面 / 攝於 1955 年 9 月。

1955 年聖誕節過後，陷入熱戀的張永山與何碧英於金門公園甜蜜合影。

但做得倒不很明顯，這樣對他來說已經很不容易了，而且我也不討厭他，所以倆人就自然而然地繼續交往下去。」

七十封書信表情意 字字用心

張永山與何碧英分別後回到西雅圖華盛頓大學，為了拴住佳人的心，不讓這段剛萌芽的戀情因為「遠距離」而夭折，張永山在接下來的三個月內，以平均一天一封書信的方式，緊緊抓住遠在醫院實習的何碧英的心，他前後寫了七十封中英夾雜情書，短則一、二張，長則十一、二張信紙。

讓人感動的是，當年在河南八里庄靠竹棍子在泥地上學寫中文，不到十八歲到美國後就鮮少開口說中文、寫中文的張永山在寫給何碧英的七十封書信裡用的多半是中文，「他寫得相當不錯，文筆很好。」何碧英說。至於書信內容是否如外人想的一般，滿紙情話？何碧英說，「永山這人不會說甜話的，他寫給我的信有很多都是讓我知道他當天做了什麼事，或有些什麼想法在信裡與我分享，他認為，男女倆人在交往時就要儘量以『真面目』示人，讓對方了解自己的為人跟想法。」張永山曾在信裡對何碧英說：「妳要知道我對妳非常坦白，自離開妳以後，每一樣 personal affairs 我都告訴妳了，也許有些事情 it's better not telling you，不過我還是告訴了妳。」

透過七十封中英夾雜情書，低調含蓄的張永山以他的仔細與誠心讓何碧英了解自己是什麼樣的人，至今何碧英仍用心珍藏著這七十封書信。張永山在二〇一一年八月二日因病過世後，這些書信與過往照片就成了何碧英排遣相思的良藥，何碧英說：「我跟兒子說過，那天要是我走了，永山寫的這些書信一定要和我埋在一起。」

#1（1955/9/20）

自汽車離開三番市，我便感覺到說不出的難過。這一分別又要等三個月才能跟妳再見面，在平常三個月是多麼的短促，然而這三個月是多麼的漫長。在車上我不時回想我們分別前的一幕，

張永山 1955 年 12 月 3 日寫給何碧英的第 60 封情書。

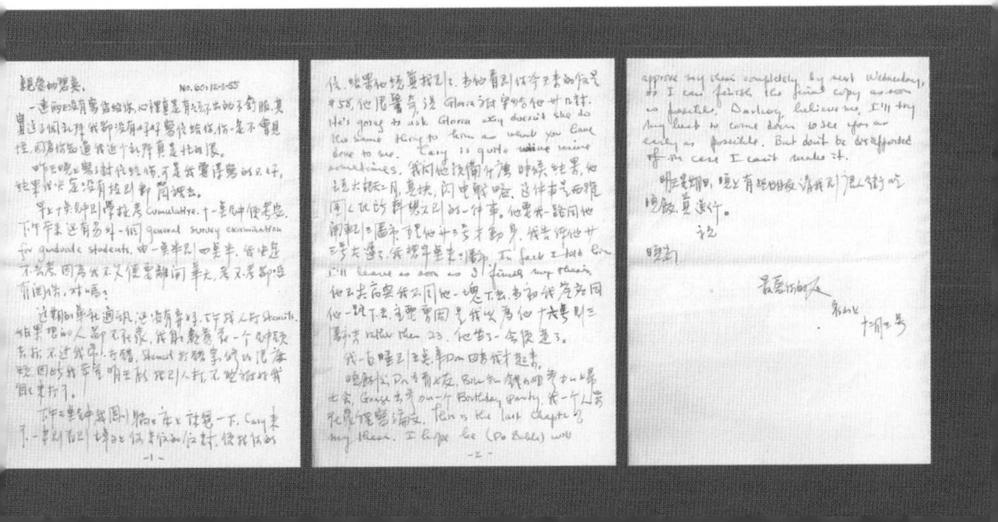

妳難過的哭了，事實上我的眼淚也流出來了，只是妳沒有看到而已。妳感覺到分離的難過，難道我又會例外嗎？（Love, Austin）

學習有道 如魚得水

當年張永山在西雅圖華盛頓大學攻讀碩士學位時是相當忙碌的，除了學業外，他還要擔任助教、做實驗、寫論文，他同時也擔任「華社」社長，常要開會討論《華社通訊》出刊內容，何碧英說：「永山是做事的人，生活忙碌而且很充實，很多人會找他幫忙，有時候連教授搬家也會找他幫忙。」

不過，雖然行程滿檔，張永山仍不忘提筆寫信給何碧英，他跟何碧英說：「我只有星期四晚上不能給妳寫信，因為我要準備功課。」何碧英說：「我看他每次都是到考試前一天才念書，他要念書、當助教、做實驗、寫論文，他又是華社社長，每天多忙啊。不過，他在念書與做研究這方面是相當沒問題的，所以沒看他怎麼念書，學業仍能兼顧得很好。」

在倆人交往一個月後，張永山告訴何碧英，自己打算到加州柏克萊大學攻讀博士學位，但因為擔心拿不到入學許可太丟人，所以請何碧英暫時保守這個秘密。何碧英解釋：「永山說在當時的社會裡，黃種人要做得好一點才不會被看不起，所以書要念得更好才行，因此他希望繼續攻讀博士學位。」

緣份 緣份 緣來是你 / 妳

張永山與何碧英一九五五年在夏令營活動相遇時倆人都是二十二

歲，那時，何碧英有許多追求者，但並沒有真正交往的對象，而張永山當時在西雅圖則有個「友達以上，戀人未滿」的女性友人 Mary，倆人約會過但關係不是很親近。後來張永山向何碧英坦誠這件事，他告訴她，因為她的出現，讓他決定及早斬斷這段「早想分手」的戀情，何碧英記得自己當時還曾糗他「喜新厭舊」。

#2（1955/9/21）

昨天下午汽車一時左右到西雅圖，我把行李取出乘公共汽車回來，因為公共汽車不經過我住的地方，下車後我要走一段路，正好碰到 Dr. Irwin（編按：美國牧師）。他看我手裡拿兩個小箱，一定要送我回家。路上他請我下下星期五到他家裡吃晚餐，同時請 Mary 一路去，為了不再跟 Mary 一路出去，我拒絕他的邀請，我告訴他最好請別人去。Jean，我已經下定決心跟她斷絕關係，我希望妳相信我的話。（Love, Austin）

#18（1955/10/12）

其實自從此次回來後我見過她幾次（在公共場所如華大雙十節慶祝會），談些普通話，我們還是朋友，我不願在 break up 以後兩人拿仇人看待，我覺得這都不需要。有件事我預先告訴妳，Mary 的生日就要到了，I am going to send a greeting card & probably a birthday present（I don't know what yet）to her. I hope you don't mind it. But I want to reassure you that nothing will happen between Mary and me. I will love you just as much as you love me. I never told her before that I loved her. In fact, you were the first one I ever said that "I love you". Of course, She never told me she loved me either.（Love, Austin）

何碧英是個活潑、聰明又能幹的現代女性，追求者眾，從張永山在夏令營第一次相見到後來的「巧遇」，再到後來十天的「緊迫盯人」，三個月內七十封情書，不難看出張永山的「用心」與「用情」，雖然個性低調內斂，口拙不會說甜言蜜語，但張永山倒是用「行動力」向何碧英表達愛慕之意與追求之心，而且極有效率地在一年之內抱得美人歸。

一見傾心 再見生情

何碧英說，在山坡上初見張永山時對他那一口白牙與大大的笑容留下極好的印象，那麼，張永山初見何碧英時又有何想法？是什麼原因促使他在這麼短的時間之內決定追求何碧英，甚至直奔何碧英的工作地點找她？如此的主動積極似乎與張永山嚴肅、含蓄、內斂不多言的形象大相逕庭？事實上，張永山在第一次見到她後曾向其他同學打聽過她，得到的評價都相當正面，而張永山在倆人交往後也禁不起何碧英的追問，只好老實招供自己對她的第一印象，張永山說：「我覺得妳很漂亮，妳是我見過最漂亮的女孩，越看越喜歡，而且很有內涵。」雖然聽到這樣的回答心裡挺受用的，不過，何碧英還是忍不住酸了張永山幾句：「原來是以貌取人，不過，你都還沒跟我說上幾句話就知道我有內涵了？」自信的何碧英也透露，當時她嘴上雖然這麼問，但心裡想的其實是：「你見到我怎麼會不喜歡我呢？」

#19（1955/10/14）

Helen（編按：張愛齡）對妳印象很好，上次來還告訴我應該加點油追妳（這是她用的詞句），否則的話也許我沒有多大希

望，由此可知，第一她很喜歡我們能好起來，第二她尚不知我們好到什麼程度，否則她絕不會這樣說。這封信我收到已有二個禮拜了，也許她現在已經知道我們好的程度了。老實說 Helen 鼓勵我追求的小姐很少，可以說沒有，在 Berkeley 那樣多小姐，她覺得沒有值得我追（這是她的話），其實她把她哥哥看得太高了，我應該這樣說，知道自己追也追不上，還是安份守己的好，所以在 Berkeley 三年之久，我很少 date 女孩子，可是當我在 conference 認識了妳後，我便覺得妳對我有很大的 attraction，不過為了不使妳感到 I was after you（at that time），我儘量隨便同妳談談，一點不 serious。回想我們在 conference 相識那一剎那，不是也很有味道嗎？妳有無同感？天下事巧得很，我在 Berkeley 呆了三年沒有碰到任何小姐，在 conference 只呆了二天便同妳好起來，真奇怪。（Love, Austin）

還好何碧英不是個忸怩作態，小家碧玉型的傳統女性，在張永山「含蓄又不明顯」的追求下也大方地「順水推舟」，讓倆人的交往順利跳過曖昧期，正式成為男女朋友。

#4（1955/9/23）

晚飯後我打電話給 Cary Weng（編按：張永山的同學） just to say hello。他說 conference 裡照片的 sample 已經在 Dr. Irwin 家裡，問我是否想去看看。當然我馬上去了。到底職業攝影師技巧不同，大半都很好，我把凡是有妳在內的相片全部洗一份，若是 Dr. Irwin 仔細看看我所要的相片，他一定會大大驚奇，不過我才不管那些，我既然喜歡妳，當然也喜歡妳的相片，我想 Dr. Irwin 以後會曉得我們現在是很好的朋友，因為此地我的好朋友都知道我們是要好朋友。I'm proud that you are my friend（or should I say, sweetheart-this is really what I mean, you knew that of course）. I hope you wouldn't mind that I have told some of my good friends（all male） here you are my girl friend. 他們看了妳的照片都說比 Mary charming 多了，也漂亮多了。I feel exactly the same way, as I always told you that you are the prettiest girl I have ever known. I want you to believe that, and I love you.（Love, Austin）

何碧英對於當年倆人相戀時她送給張永山的東西如數家珍：「交往三個月，我做了不少東西給他，認識一個月的紀念日我送他一條領帶，上面繡了一條龍，他後來常戴這條領帶；交往二個月，我為他織了一雙毛襪。大家都知道他有交往中的女友，他在我們交往三個月後就向我求婚，所以我們當年等於花三個月的時間就決定情訂一生。」

#13（1955/10/5）

謝謝妳寄來的領帶，雖然上封信裡我說不客氣的收下來，但是聽到妳花了一個禮拜多的工夫來繡花，真是不好意思的很，其實一條 plain 的領帶已經夠了。話又說回來，一條 plain 的領帶那有現在的好，只是苦了妳，妳對我這樣好，真是我無以報答妳。我很喜歡妳繡的花，我看了半天，我看像條龍，不知對不對，也許這條龍含有深意，可惜猜不出來，不過妳可能隨便繡點東西。Any way, it doesn't make much difference. I like it very much, thank you. 這條領帶顏色很好，在我所有的領帶裡只差一條藍顏色，我每次穿 blue suit 時不是借 Bill（編按：室友）的便是 Donald（編按：室友）的，下次我不需向他們借了。星期五開會時我把這條領帶打上，使我的朋友看看。今天晚上來了幾位朋友，他們都看到了，我沒有告訴他們，他們便猜到是妳送的。（Love, Austin）

張永山求婚含糊其詞

女人對「紀念日」總是有超強的記憶力，這點何碧英也不例外。她說，「我和永山是在一九五五年九月初認識的，一九五六年九月中旬我們就結婚了，從認識到結婚剛好滿一年，結婚那年我們倆人都是二十三歲。」

張永山是個安靜不多話的人，從妹妹張婉如對他的形容－低調不喜自誇不難看出他「安靜」的性格是打娘胎裡帶出來的，張婉如曾說：「哥哥常說我話太多。」沒想到何碧英婚後也常聽到張永山對她說:「話別說太多（Don't talk too much）。」不過，不擅說甜言蜜語又「省話」的張永山是如何開口向妻子何碧英求婚的？回想這段往事，何碧英也不得不抱怨：「有點含糊。」

#18（1955/10/12）

說實話，我現在就想到加省來跟妳在一起，這樣兩個人分開真不是味道，話又說回來，這樣的分離也許給我們一個試驗，看我們彼此相愛到什麼程度，我們會不會因為時間與空間的隔離，情感便冷淡下來。

當我離開三番市那天，我還沒有真正感到離別的滋味，在 bus 上，我一直在想念妳，當我第一步由 bus 出來再次看到 Seattle，好像一切都變了，我感覺到我是多麼的 miss you，我真希望那時妳能同我一起上來，那是多麼的好，可是事實上這是不可能的。妳總還記得我第一次打電話給妳時我還準備到明年才到加大來，現在我簡直不願等那樣久，當然若是二月不能到加大來那也只好再苦半年了，只要我們彼此真誠的相愛就夠了，不過妳的環境也許比我的 tough 一點，例如說我不願有 date 也不會有小

姐打電話來麻煩我，妳的情形便不同了。自我回來以後好像已有很多人打電話請妳出去，妳不是很為難的嗎？碰到一個識相的男子，妳不答應出去就算了，若不巧碰到一個比較 aggressive 的男孩子，妳便很難回答他們，不過妳若是喜歡同他們出去就出去好了。（Love, Austin）

說到求婚，何碧英記得那天是聖誕夜，那天正好也是張永山的農曆生日。何碧英回憶，那天倆人相約晚餐，張永山當時突然說了一些很含糊的話，她覺得奇怪，問他：「你是什麼意思？這是求婚嗎？」沒想到他乾脆地回答：「是。」個性大方直爽的何碧英這時倒沒忘了女性矜持，她回答：「讓我想想。」她那時腦袋中一會兒想著「應該要和家人商量」，一會兒又想到「母親對北方人有成見，永山就是北方人，要怎麼跟母親說呢？」不過，雖然腦袋裡轉過許多念頭，女性矜持也不容許她太快答應，但何碧英卻在不到一分鐘的時間裡就說出「好」這個字，女性矜持維持不到六十秒就宣告破功。

張永山與何碧英於 1956 年 6 月 10 日訂婚。

#20（1955/10/15）

妳說愛情是個抽象的名詞，我也有同樣的感覺，有時候愛某個人常常

說不出所以然來，為什麼會愛他或她，不過我非常高興聽到（再次）妳說妳愛我，我也在這裡再說一遍，我也很愛妳。（Love, Austin）

何碧英：碰到好男人不用太矜持

對於當年自己不到一分鐘的時間就馬上說「好」答應先生的求婚，何碧英自己想來也覺得好笑，不過，她倒是有好理由，她認為，張永山是她認識的人中最合她心意的人，「他跟我的個性有點相反，這應該就是互補吧，我外向，他內向，我容易交朋友，他比較內斂，不太一樣的兩個人才容易互相吸引。有時候我會想，自己應該像他一樣少講一些話，哈哈！而且，要是跟我個性一樣的人我可能不會喜歡，永山也是一樣，如果他碰到跟他一樣安靜不多話的女性，他們要如何交談呢？」何碧英的「互補論」似乎不無道理。

當然，聰明如何碧英在擇偶時也不會太不切實際，她說：「我當時也想到了，若永山在柏克萊大學念博士，未來應該會有前途，可能跟我爸爸一樣當教授，是個『教書的』。」當年何碧英的父母在台灣，張永山的父親在巴西，母親則在台灣，所以，他們也沒特別知會雙方父母就自己決定了倆人的未來。何碧英認為，當時倆人都已經大學畢業，年紀夠大也夠成熟了，所以決定共組家庭是深思熟慮的結果，「一九五六年春永山才有錢買戒指，於是我們就結婚了。」

男人的自尊心女人懂

坦率的何碧英不諱言，如果當時讓張永山碰個軟釘子或有任何回絕的表示，「按照永山的個性，他可能以後都不會再提這件事了，他是個自尊心很強的人。」的確，何碧英很了解張永山的個性，他曾在信裡告訴她，他不輕易約會女性，而萬一開口被拒，絕沒有下一次。事實證明，何碧英只「思考」不到一分鐘的時間就答應張永山的求婚是正確的選擇，他們結褵超過半個世紀，近五十五年。

#32（1955/10/28）

在妳 #24 信裡，妳說不三不四的人請妳出去，妳拒絕他們，我很高興（自私），不過妳怎麼說人家不三不四，當初我 date 妳時是否也是不三不四的人？不過我可以保證，我絕不會對小姐說 "save me a rain check" 的話，當我請小姐出去時 "either yes or no"，絕不囉嗦，不過我第一次 refused 的話差不多可以說 100% 不會再有第二次再請她，妳看我多麼驕氣，事實上並不是這樣，而是我第一次被 refused 後便沒有勇氣再問第二次了，不過 fortunately，我第一次被拒絕的 case 還真少（可以說沒有），算了，不說啦，再說妳該想我在吹牛了。（Love, Austin）

對於自己終究選擇走入婚姻，而且在二十三歲就步入禮堂這件事，何碧英坦言：「根本沒想到。」事實上，年輕的何碧英認為自己不會結婚，她說：「我父親中年時的外遇還有我姨母遇人不淑這些事情，讓我對婚姻有『陰影』。」而張永山自己父母的婚姻狀況聽在何碧英耳裡也不見得是個「成功典範」，甚至她對後來的婆婆鄧淑英的遭遇很是同情與不捨。

某個角度來看，何碧英與張永山的家庭背景有些相似。張永山有兩位母親，他的親生母親鄧淑英是保守派，認為中國男人沒有三妻四妾就沒出息，但何碧英的母親高寶鏞就不這麼想，她的思想很洋化，在感情上不會像中國女人那般認命。何碧英說：「當我媽媽知道爸爸和離婚的女書記有段婚外戀後，媽媽雖然很愛爸爸但卻不能原諒他，所以跟爸爸感情不好，這事對我打擊很大，所以我本來不想結婚的。我要媽媽原諒爸爸，但是很難，他們自此貌合神離。」

何碧英的父母後來曾相偕到美國居住，但倆人始終無法破鏡重圓，何碧英說:「我都不敢問父親這件事情。我父親受日本教育，英文不好，他後來在台灣跟在美國沒做什麼事，婚姻也不理想，是個悲劇，這點跟永山家裡很像，但永山的媽媽認命。」

姨母遇人不淑 何母對「北方人」有意見

至於姨母的婚姻為她帶來何種陰影？原來何碧英的母親家中有七個兄弟姊妹，當年，高寶鏞的二姊在日本認識來自河北，自稱家裡是「大財主」的先生，高寶鏞的父親認為對方條件不錯，就答應了這門婚事。

高寶鏞的二姊婚後與先生回到河北老家，沒想一到家門口就看見幾個孩子奔出門外喊「爸爸」，高寶鏞的二姊這才恍然大悟自己遭到欺騙，她不願意繼續這樁婚姻，堅持要分開，於是這樁短命的婚姻以悲劇收場。何碧英說：「因為我這位姨父是河北人，這件事情之後我媽媽就對北方人很有意見，她常說：『北方人不能嫁。』所以，我根本不敢跟家人講永山向我求婚的事。」

對於母親的剛烈與決絕，何碧英認為，「我媽媽個性是很強，有時候甚至有些口無遮攔，心裡有話或不高興她就會說出來，這樣反而有助健康，不會有心臟病或情緒方面的問題，她後來活到近九十歲就是個證明。反觀永山的媽媽個性就比較壓抑，很多事情她都是選擇『忍下來』，所以永山也受到她的影響，很多事情都忍下來或藏在心裡，加上永山的媽媽長年吃素，肉、蛋都不吃，只吃豆子，營養不良，所以五十五歲就早逝。」

張永山：和妻子的相遇是天意

倆人父母的婚姻狀況有點相似又不盡相同，一個從小在城裡長大，一個在貧困的鄉下長大，何碧英說：「倆人的父母都分開，所以後來我不想也怕結婚，但是最後碰到永山，還是選擇了婚姻，而且考慮不到一分鐘就答應了，我想，也不能說是我選擇了永山，這就是所謂的『緣份』吧，永山也常說，我們的相遇是天意（God's will），當年我們倆人其實都不想參加夏令營活動但最後都還是去了，所以才會遇見彼此。」

#45（1955/11/12）

讀了妳 #42 來信，知道妳著涼傷風。三番市的氣候同此地很一樣，一不小心便傷風，很討厭。這位 Lernard 先生簡直跟 Robbin 一樣的討厭，怎麼一點 hint 都不 take？這樣真苦了妳，不過給妳一個機會 find out 妳是否真正愛（與喜歡）我，最少這二個月來的時間使我越來越發覺 I love you more everyday although we are not together. 妳們那裡是 big-game dance，我們這裡有 homecoming dance。Alfred 同小李問我是否去，我告訴他當然不去，他們很想去，Don 大概同 Jing 去。我很喜歡聽到妳不同別人出去的事情，我認為同不喜歡的人出去不是白費精力嗎？還不如自己在家裡玩或去找知己的朋友玩，that's why I usually don't date much. 我絕不會同一個我不喜歡的小姐出去 to waste my time & energy.

讀了妳的信，我也發現我們相識整二個月，這二個月的時間好像很長又像很短。I am also very happy that I went to the conference. I would be regret for rest of the life if I didn't attend the conference.（Love, Austin）

至於父親的外遇事件是否讓何碧英擔心張永山未來也可能出軌？何碧英很有自信地說：「我父母親都是個性很強的人，不過，永山跟我爸爸完全不一樣，我們認識時都是基督徒，他比我早一個月受洗，但是更重要的是他的人品與個性好，有人說結婚後會發現對方很多缺點，但我認為他的優點多過缺點，我這麼說並不是因為他是我先生，永山對我來說是天下唯一無二的人，他的確是個好人，他打從心裡面就好，說的話都是真話，比較直，所以他老說自己是『鄉下出來的』，事實上，他也是唯一讓我打從心裡佩服的人，從前也有不少人追求我，但我都看不上眼。」

婚姻是生命的新開始

何碧英堅信，和張永山的相遇到結婚，是她一輩子所做最對的選擇，對於當年正面臨人生低潮與大病初癒的她來說，戀愛與婚姻也是她人生的轉捩點，何碧英說：「我當時想念醫檢（Med-Tech），永山也很鼓勵我，一年後我拿到執照，那時我們已經結婚了。對我們倆人來說，婚姻是生命的新開始。我們結婚只差一個月就滿五十五年，五十五年我還嫌太短，因為再沒有比他更好的人了，我認為自己非常幸運，這輩子能碰到永山。」

1956 年 9 月 15 日，相識滿一年的張永山及何碧英步入禮堂。

張永山 聖人也

張永山與何碧英婚後六個月就傳出喜訊，老大張道旭（Vincent Chang）於一九五七年出生。

何碧英的母親高寶鏞是在一九五八年二月到美國與張永山一家人同住。因為對北方人有成見，所以高寶鏞一直不怎麼喜歡張永山這個女婿，加上他不會說廣東話，還跟著孩子叫岳母「婆婆（Po-Po）」，種種原因讓高寶鏞對張永山「看不順眼」，甚至她覺得女婿張永山對她「不尊敬」。

對此，何碧英也頗為無奈地說，她母親個性很強，說話直來直往，心裡有事藏不住，有時甚至到了「口無遮攔」的地步，所以非常容易得罪人或讓別人難受。尤其高寶鏞是廣東人，說的是廣東話，張永山當年離開上海後也曾在香港住過一年半，廣東話雖然不會說但卻是聽得懂的。何碧英坦言：「我媽媽一開始對永山不太好，當然也因為他是『北方人』，她老說永山很驕傲，有時候，她跟永山講話時永山會一聲不響地走開。後來永山告訴我，我媽媽老是以為他不會說也聽不懂廣東話，其實他是聽得懂的，

張永山抱得美人歸，得意之情溢於言表。

高寶鏞（中）與張永山、何碧英一家四口拍的全家福，高寶鏞右手摟的是不滿 4 歲的張家老大張道旭，左手抱的是年約 1 歲的張家老二張道維／攝於 1961 年。

只是有時候我媽媽講話讓人受不了，永山也不會反駁或回應她，他只會選擇默默離開，永山說他不要和我媽媽計較。我三個弟弟都說永山是『聖人』，只有他沒有和我媽媽吵過架。其實，永山是很尊敬我母親的，他也常私下跟我說，對弟弟們要大方一點，不要算得太清楚，而且我們應該要主動幫弟弟們，但是不要讓他們知道。他對我的家人是真的很不錯的。」

岳母好福氣 張永山當母親看待

高寶鏞後來是否改變對女婿張永山的觀感？何碧英說，她母親快八十歲時被醫生檢查出罹患子宮頸癌，需要開刀治療，當時她自己剛結束在麥迪遜分校擔任醫藥圖書館館員的工作，開了一家印刷店Printing Plus，店裡只雇了一個人，忙得不可開交，根本沒時間多照顧母親，「永山當時在麥迪遜分校擔任系主任，非常忙碌，但是他還是抽空帶我媽媽去做電療，前後治療了一年多的時間才治好，這件事情之後，我媽媽就對永山非常好。」

威斯康辛大學麥迪遜分校材料科學暨工程學系教授柯伸道一九七二年成為張永山的學生，他證實了高寶鏞對女婿態度的轉變，柯伸道說，高寶鏞曾對他說女婿張永山對她非常好，而且還「救了她一命」，「她說要不是永山，她可能就沒命了，不過當時我不清楚她指的是什麼。」柯伸道說。

一九八二年成為張永山在麥迪遜分校第一批學生的林正淳說，印象所及，張永山對岳母的關心似乎超過妻子何碧英，「因為張教授的岳母住在他們家，身體不太好，當時師母經營一家印刷公司，白天不在家，張教授擔心岳母一個人在家有危險，時常會去看她，我們住得很近，他如果沒有時間會叫我們去問候一下。」

事實上，相較於與親生母親鄧淑英分開後無緣承歡膝下，岳母高寶鏞與張永山的相處時間算是長的。張永山婚後雖然曾想接遠在台灣的母親到美國相聚，不過，因為鄧淑英身體不好，搭飛機或汽車都會頭暈，因此無法成行。何碧英說：「我們好幾次要接永山的媽媽過來，但她媽媽說自己的身體沒有辦法到美國，所以永山將對母親的愛移轉到岳母身上，我媽媽來來去去都跟我們住，近四十年。」

學問好 人品更好

眾所周知，張永山的修養是一等一的好，不止學生、同事、故舊這麼說，就連親妹妹張婉如、妻子何碧英也這麼說，難怪張永山的小舅子們誇他是「聖人」。的確，年輕時的張永山總不喜與人衝突，心裡縱有不快也很少顯露出來，就算偶有零星火花，如他在當華社社長時為了付款問題或溝通上出現問題與人發生言語上的不快，但事過境遷，不論孰是孰非，張永山都會自我檢討一番。隨著年歲漸長，他的自我修煉工夫也越發精進，就算心裡不痛快，也不顯山，不顯水。因此，對於張永山的眾多親友故舊與學生來說，要想像他吹鬍子瞪眼、拍桌子發脾氣的模樣還真難，就連重話都沒聽他說過。

不過，人是感情的動物，對於家人，張永山是不是會有更「發乎情」的言行舉止？對此，結褵五十五載的妻子何碧英說：「永山發脾氣時最多就是不說話，他的個性比較壓抑，不太講不快樂的事，我認為他是個性使然，加上見多識廣，所以心胸寬大。」

張永山：在家時就應該是快樂時光

張永山的小妹張婉如曾提到，從小跟哥哥永山與父親張元濱沒有什麼機會相處，唯一一家子團聚的一年是抗戰勝利回到南京後，不過，父親在吃飯時嚴肅地訓話讓小兄妹倆食不下嚥，本該一家子快樂相聚，愉快用餐的時光反而成為痛苦的折磨，因此張永山兄妹倆發誓，未來要是有了自己的孩子要加倍疼愛，而且絕不在用餐時說不快樂的事，這點，成家後的張永山倒是貫徹的頗為徹底。

何碧英說，張永山從不把工作上不愉快的事情帶回家，所以也很少聽他提起在外邊有什麼不愉快的事情，也很少提到學校的事，他總是說：「在家裡就應該是快樂時光。」何碧英說：「也許是受到父親的影響，所以永山不願意回憶不愉快的事情，尤其是在香港的那一年半的時間，是他人生中最不快樂的一段時光。」

如果說父母對孩子一定得有一人扮黑臉，一人扮白臉，何碧英顯然是那個「黑臉」，她說：「孩子們不怕永山，也許怕我多一點，不過永山在家也不多話就是，反而是我說的比較多。」對她與孩子們，張永山從未顯出不耐，他反而會在晚餐時制止她數落孩子們，也許因為這樣的畫面會勾起他對兒時父親餐桌前訓話的回憶。張永山曾對何碧英說：「希望孩子透過實例學習，而非屈服於言語苛責或體罰。」這點，他果真身體力行，也因此，張家孩子才會說：「爸爸在家不會說教，說教的都是媽媽。」

#38（1955/11/3）

由妳 #37 來信知道妳對於我同別的朋友應酬，妳是有點 jealous, I don't blame you. 不過有些時候這些事情很難避免。But one thing I want to reassure you that I love you only. 雖然我同別的小姐（example Donna, Rhoda etc.）在一起，我無時不在想妳，何況這些小姐都知道 I am going down to California by X'mas & have a girl friend down there. 同時我從來沒有同 any of these girls 單獨在一起，總是三五成群大家在一起玩。我講這樣多是怕妳誤解我在 Seattle 照樣出去 dating. Actually, since I came back to Seattle, I haven't had a date yet, I believe you realize that I have spent quite a few lonely weekends while both Don & Bill were having a wonderful time with their girl friends. Of course, I am not complaining about because I don't enjoy to go out with some other girls.（Love, Austin）

誤會冰釋 前嫌盡釋

張永山一九五五年在西雅圖華盛頓大學攻讀碩士學位，順利取得文憑的前三個月邂逅在加州柏克萊大學念書的何碧英，就此展開三個月的遠距戀情，談戀愛只靠書信往返及零星的幾通電話。由於當年張永山老早心中認定「非卿不娶」，也擔心剛萌芽的戀情因距離而告吹，除了積極取得碩士學位外，還決定轉到柏克萊大學攻讀博士學位。因為擔心申請不到加大助教職，張永山提早在西雅圖展開求職計畫，到公司在灣區（Bay Area）的 Shell Oil Company 及 Union Oil 面試，若能順利謀得工作，就算申請柏克萊大學博士入學許可失敗，他還有退路，先就業再說。不過，求職之舉讓遠在加州的何碧英誤會了，以為張永山表面上說要到加州同她在一起，實際上卻是對西雅圖有所留戀。

何碧英得知張永山到石油公司應徵工作後，回了一封信給他，坦白指出「我不知道你想做什麼，念 Ph.D. 是最重要的，我們的感情是

比較不重要的，人各有志，如果西雅圖比較容易找到工作或者有什麼『值得留戀』的地方，我可以理解。」意即「倆人可以不要交往」。

若為愛情故 學位事業皆可拋

何碧英的這封看似「分手宣言」的信倒讓張永山急了，他收信後馬上打電話給她，並急於再修書一封澄清這個「誤會」。他信中解釋，每年各大公司都會到大學裡找適合該公司的學生，而他如果要找工作應該在柏克萊那一帶，他對何碧英說：「我們的感情是最重要的，如果魚與熊掌不可得兼，我不會把我們的感情擺在第二順位。」由此不難看出，張永山的確非常重視與何碧英的這段感情。也因為張永山明快又有誠意地在第一時間澄清這個誤會，因此順利化解這個分手危機，兩三天後倆人又重修舊好。

#26（1955/10/22）

剛剛打個電話給妳，知道妳對我的誤解完全消失，我的心才靜下來。說實話，當我收到妳 #24 來信便有點奇怪，當我今天讀過妳 #25 來信，我非常的 upset，我發覺妳誤解我「找事情做」一事。我本來預備在 Bay Area 附近找個事情做，所以才找 Shell & Union 的代表人 interview，後來看找事情沒有希望我才寫信給 Prof. Tobias，希望他能代我弄到一個 fellowship. Shell & Union 公司都在 Bay Area 附近，美國大公司每年最少二次到各地大學 interview 畢業的學生。

昨天寫的信妳讀了可能又誤解了，這裡我要加一句話，我說我絕不輕易放棄讀博士的願望，不過為了愛情，真是把讀博士一事犧牲也是值得，何況我認為讀書與愛情根本沒有衝突，妳說對嗎？研究院的學生三分之二都結過婚了，尤其是美國孩子，單身又讀 graduate school 簡直太少了，我昨天寫那封信的意思是 prove to you that I wouldn't take a job in Seattle while I can go to school. 換句話說，為了做事多賺幾個錢把讀書的機會放棄了，我不會做的，那麼我要找事的主要原因是想到 Bay Area 來，這樣便可以同妳在一起，我當時這樣想，若是能在 Bay Area 做半年事省幾個錢，到明年九月再繼續讀書也不錯，事實上，最理想是二月能到加大來讀書，這樣可以提早畢業時期，對嗎？ Anyway, I'll see you soon.（Love, Austin）

#27（1955/10/23）

昨晚給妳打電話時，好像妳們家裡有客人，妳也非常高興，同妳寫的信完全不同。我感覺到妳最近幾封信裡 revealed 妳不太開心，大概妳還是不太相信我，我難怪妳，世界上有多少人是完全可靠的，不過我再次的告訴妳，我很愛妳，我寧願得到妳的愛而放棄別的一切。我上次（#25）不是說我把讀書看得很重嗎？但是比起我們的事那太不重要了，我說我把讀書當第一，那是說除了我們的事情以外，那讀書應該是第一對嗎？妳說我把我們的事情當做 secondary consideration，那妳是大錯而特錯了，好了，不說了，越說越不明白。Let me reassure you that I love you very much, just as much as you love me, sweetheart.（Love, Austin）

婚姻靠經營 經營靠智慧

傳統中國人的婚姻不脫媒妁之言，喜的是親上加親，走入現代，婚姻靠緣份，素昧平生的男女得靠月老的那條紅線牽引，才能找到有緣人，一拍即合。如果將婚姻形容成「兩人三腳」的遊戲，如何在過程中培養出夫妻雙方的默契，同心協力跑完全程，縱然歷經百轉千迴仍能不離不棄，考驗的不只是夫妻雙方的體力、耐力、意志力，還有倆人的智慧。

張永山與何碧英結縭近五十五載，共同經歷過人生的許多階段，對於倆人來說，雙方父母的婚姻都不算完滿，尤其張永山十七歲之前宛如單親家庭的生活型態以及長年缺乏父親在身邊，是否影響其對於婚姻、家庭的看法？對於愛情、婚姻與家庭，五十五年的婚姻修煉為倆人的人生帶來何種影響？張永山的妻子何碧英說：「五十五年的婚姻生活太短，我們倆人堪稱『天作之合』，再找不到像永山這麼好的人了。」

婚姻是妥協的藝術

有主見的女人多半讓男人感到有壓力，對於這點，何碧英認為，「我的個性稍微有主見，也許是比較強勢，但我沒有意識到這一點，不過，在我們相處的過程中，很多時候永山總是會讓著我，尤其永山特別尊重女性，這點可能跟他從小生活的環境中都是女性有關，所以永山有時候會說：『我總是要妥協。』。」

張永山曾說他與何碧英有很多地方不一樣，「所以我要是不妥協要怎麼辦呢？」他問何碧英。對於這點，何碧英也有話要說：「我相信我不是這麼不懂事的人，我是老大，在中國長大，總是有家庭的影響，我在永山面前沒有說一定要這樣就這樣，你可以講講你的意見，我會思考，我要認為不錯就照你的意思做，我認為我應該不會過份才是。」

張永山常對何碧英說：「我應該生氣的時候反而不生氣，我不輕易生氣，真有需要時才如此。」很多人都說沒見過張永山動怒，何碧英也說：「他不高興最多就是不講話，我看到他不講話就知道他不高興，我就會走開讓他獨處，不會打擾他，也許有其他事情正困擾著他，我也不會刨根問底，有事他總是會跟我說，但學校方面的困擾他就不會跟我說，這就像醫生不會跟家人提病人的事情一樣吧。」

夫妻爭執 一天之內和好如初

何碧英說，有時候聽到先生永山說「自己要妥協」時她還會反過來責怪他，個性直爽，有話直說的她認為「在家裡不需要『妥協』，我希望他當自己，跟外面的人事物妥協沒關係，但在家裡完全沒必要如此，有什麼想法要說出來，別老憋在心裡。」不過，何碧英也坦言，張永山從小受母親鄧淑英影響，什麼事情都是「忍」，所以很多事情他都是「忍下來」而不是「說出來」，「而且，永山不喜歡爭執或吵架，他認為夫妻吵架不好，會影響生活，所以我們結婚這麼多年，也沒什麼吵過。萬一真有爭執或意見不合，也只是不高興或不講話，一下就好了，最多不超過一天就恢復正常，所以，我們的婚姻一直都維持的很好。」

你退我進 相處中摸索婚姻的「平衡感」

萬一夫妻倆真有意見不合怎麼辦？何碧英說：「要提出來討論。」何碧英常想方設法讓張永山多說話，「逼」他說說話，「但他這個人是不能逼的，他最不喜歡人家逼他、命令他或告訴他怎麼做，所以你要讓他自己慢慢體會，最多我會告訴他『我怎麼想』，你要不講的話我怎麼會知道？」

何碧英也常跟先生永山說：「不要讓我猜。」她認為：「雖然倆人結婚那麼久應該有些默契，但我們不可能知道人心底的所有想法。我要是不高興臉上就看得出來，永山不一樣，他不高興的時候最多不講話，他不講話誰知道他不高興呢？」因此，何碧英常在夫妻間說說笑笑時提醒張永山：「我要你有話說出來。」不過，何碧英觀察，「平常的事他會說出來，但敏感的事情他不會說出來，要真有意見不合，我們也會儘量在晚上睡覺前解決所有的事情，不會超過一天。」

何碧英認為，沒有兩個人的個性是一模一樣的，來自不同家庭的倆人有很多地方會不一樣，「但他都不說我怎麼會知道呢？」還好，經過不斷地溝通、理解與修正，倆人也逐漸找到相處的模式與平衡點。何碧英說，「我們兩人個性不太一樣，我相信我的優點可能是他的缺點，我們是互補的，比方他不愛說話，我比較愛說話之類的，我們是很有互補性的，這也是一種好的平衡。」

張永山看婚姻：信仰與人生目標要相同

張永山父母的婚姻狀況似乎並未成為他追求幸福婚姻的絆腳石，當他遇見「真命天女」何碧英時，他一點都不浪費時間，極有效率的在二個禮拜之內拿到追求何碧英的「許可證」，交往三個多月後就向何碧英求婚。當年，張永山認識何碧英時才二十二歲，倆人結婚時也不過二十三歲，對於愛情與婚姻，他抱持何種看法？

張永山在認識何碧英後約一個月，寫了一封情書給她，內容提到他對婚姻的看法。信中寫道，自己住的地方住著一對新婚夫妻曹先生與曹太太，他們在新婚不久便鬧意見，同住的兩名單身漢張永山及室友 George 便不知如何是好，幫誰都不是。他對何碧英說：「男女在結婚前一定要讓對方了解自己，在婚前，倆人的假面具一定要除去，否則婚後才發現彼此的短處就有點遲了，後悔也來不及了。」

#50（1955/11/20）

曹先生與曹太太最近吵嘴，昨天吃飯時曹太太一句話都沒有講，平常她又說又笑很好玩，妳看他們剛剛結婚不久（They got married in Sep't, just before I went down to San Francisco to attend the conference）便鬧意見，真可怕，據我知道是男女興趣不同。曹先生在外邊打牌，太太知道不高興，二人便吵起來，因此 George 與 I 都阿 Q 起來，Bachelors 有單身的好處。本來人與人不可能完全相同，二個人結婚後很多地方都要 adjust，因此我認為，男女未婚以前一定要儘量讓對方能了解自己，假面具一定要除去，否則等婚後才 find out 彼此的 faults，不但有點遲，後悔都來不及了。星期一晚 Cary 曾經說過一句話我很 agree，他說 "Sometimes I think marriage is such a serious problem, so serious that I don't dare to face it."How true. 我拉拉雜雜寫這樣多，妳會不會讀起來討厭?

這樣看來，有時同 girl friend or boy friend broke up 並不是一件傷心的事而是件應該高興的事，因為等婚後再 broke up 不是更討厭了? 我認為天下人的興趣沒有完全相同的，只要二個人肯真心相愛相處，彼此相讓，互相了解，結婚是件世界上最幸福的事，對嗎? 幸福與快樂不是天上掉下來而是人們去找來的，對嗎? 我覺得最重要一件事是夫婦信仰要相同，人生目的也要一樣，不然二人不會有快樂。（Love, Austin）

心口如一 認定就是一輩子

後來，張永山華盛頓大學畢業後要回到加州柏克萊大學攻讀博士，原來用的車要變賣，他跟何碧英說：「到加州後我們不會用到車，我在學校念書不用車，所以也不用馬上買車，我相信我們也不會用到車，而且我相信妳也不會在意我們有沒有車子。」何碧英說：「他已經用到『我們』了，也沒問我的意思。其實我們也常搭巴士，他這麼對我說就好像表明我們已經在一起了，也讓我感覺他已經把我納入他的人生中，我認為這是好的開始。」

#66（1955/12/11）

後來他們問起我的汽車賣掉沒有，我說還沒有，這真是件頭疼的事，我告訴他們若是車子賣掉，我到三番市（加大）目前絕不會買車子，我經濟狀況並不好，of course it will be much nicer if I can afford one. I told them it shouldn't make any difference whether I have a car or not as long as Jean and I like each other. Isn't that right? I may tell you now that I don't think I'll buy a car when I go down to California. I believe we will get along fine without one, at least I think we should if we love each other enough. 若是我們的愛情建築在物質上，我們的愛情是不夠真誠，不會 last，妳說對嗎？雖然沒有車子很不方便，不過很多人沒有汽車也過得很快活。（Love, Austin）

第一印象看外表 化學反應很重要

張永山二○一一年去世迄今匆匆數年，他婚前寫給妻子何碧英的七十封信至今還被好好保存著，何碧英說，張永山在給她的信裡常講，

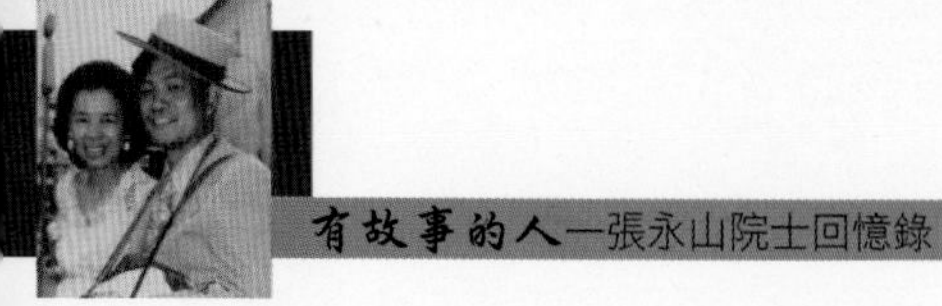

倆人的相遇是「上帝的旨意（God's will）」，本來都不想去夏令營但後來都去了。「他在夏令營裡其實也碰到好多女孩子，夏令營結束前參加活動的學生一起拍照留念，永山後來告訴我，他當時很想坐在我旁邊，但又不好意思，直到離開那天我們在等車時再次碰面，我們是『萬里姻緣一線牽』，假如我們那天沒去夏令營就沒有這段緣份了，這就是上帝的旨意，當然，我們之間的吸引力也很重要，我們就有這種來電的感覺。」

中國人說「姻緣天注定」，有緣份的男女縱然百轉千迴，最後也會聚在一起，至於倆人碰面後是「一見鍾情」還是「再見生情」，就看彼此之間能否燃燒出愛的火花，而愛的火花所需要的催化劑就是只能意會不能言傳的「化學反應」。

何碧英說，自己在第一次見到張永山時根本沒想到倆人會在一起，當時她只覺得眼前的張永山很可愛，自己很喜歡他，「永山笑起來很甜，牙齒很漂亮，我後來跟他說，他從前多愛笑，就是因為他的笑容我才墜入愛河，沒想到老了反而變嚴肅，不愛笑了。也許是學校事情多，太忙碌，他一個人要做多少事情？所以他老是顯得心事重重，這點我們的大兒子道旭（Vincent）就跟他爸爸很像。」

對於倆人碰面時是否有「來電」的化學反應？張永山年輕時寫給妻子何碧英的信裡就說，何碧英不但漂亮，還有無窮的內在美，何碧英打趣說：「他看出我什麼內在美？不過看到我的臉而已。我想應該是他墜入愛河，什麼事情都美好吧。所以我說，第一眼還是看外表，外表要看得順眼才行，但有沒有吸引力就很難說，有很多女孩雖然漂亮，但他不一定會愛她，我們在一起是天時、地利、人和。」

#50（1955/11/20）

昨天下午在 Wesley 碰到 Jing Ling，她第一句話便說 "You look so funny in sweater. You are always in suit." 這倒是真的，我只要有什麼 occasion 總是穿 suit，很少穿 sport coat 。I like to wear suit myself except during summer time when the weather is too warm. Also I like girls dressed neat & nice. You certainly do. 我認為男孩子隨便點無所謂，女孩子太 sloppy 我是看不慣。（Love, Austin）

快狠準 相識十天就說「我愛妳」

何碧英認為，張永山是個不太善於用言語溝通的人，「主要是他從小沒機會表達自己，比方說像唱歌、說話，雖然唱歌可以自己一個人唱但是他不會看譜，一定要跟別人一起唱；說話也一樣，如果缺少互動的對象，也不會有常表達意見的機會，他沒有這樣的環境，不管是在學習上或在家裡都一樣，所以我很佩服他，如果我在他那種環境生活不知道會如何？但他後來卻能拿到很多獎，表現很傑出，那非常不容易。」

既然如此，內斂如張永山如何對妻子何碧英表達愛意？熱戀時的七十封書信裡張永山就曾向何碧英說他從沒有對其他女孩說「我愛妳」，何碧英說：「他說的話我百分之百相信。」那麼，除了在書信中以文字表達「我愛妳」外，張永山是否曾親口對何碧英說過這三個字？率直的何碧英毫不猶豫地回答：「當然有！他當然要表示一下，否則我怎麼相信他是認真的？！」

何碧英對張永山的愛自然是表達無礙的，她在退休後常對張永山說：「有人一早起來就祈禱，但我是怎麼？我每天早上起床首先想到的就是你。」

#51（1955/11/21）

碧英，妳曉得我是非常的愛妳，自從分別後，我對妳的愛一天深似一天，本來我想明年到加大來，後來我天天都在想妳，所以決定早期過來，早點同妳在一起，何況在華大多讀一年對我並沒有太大好處，不同妳在一起我簡直不想 date。上週末華大有一個盛大的 homecoming 跳舞會，他們都要我去，最後我還是決定不去，因為同別人去我不會 enjoy，同時時刻想著你，我希望妳在這裡，好在時間不久了，聖誕節轉眼即到，我們見面的時間一分一分的縮短了，我再說一次「我愛妳」。

真沒有想到老宋對妳一片癡心，可惜落花有意流水無情，妳也太狠心了，哈哈！他中文程度好像很不錯，字用得很好，對於老宋這樣人真沒有辦法，不過我認為，若是妳有勇氣的話，妳告訴他妳已有了男朋友，也許他便死心了，尤其是他若知道我們好他一定不好意思再麻煩妳，因為他同我還有數面之交，妳會不會想我太自私啦！當然我只是隨便的說說，妳不必這樣做。我感覺到他這樣不死心對妳對他都沒有好處，等我到三番市後再讓他知道還不如早點告訴他，要不然是證明妳對我還不夠有信心，不敢使別人曉得我們是很好的朋友，我絕不會怪妳。在西雅圖不但我所有的男朋友知道我在三番市有女朋友，我所認得的小姐都曉得妳是我的朋友，不但如此，照片他們也看過，所以他們（尤其是幾位小姐如 Martha etc.）見我總是 tease 我，告訴我到三番市有好消息不要忘記告訴他們，我絕不是向妳 complain，而是告訴妳事實，也許我太坦白了，我覺得只有這樣才能使妳更了解我，若是妳不真正喜歡我這種人，我寧願妳早點知道。（Love, Austin）

個性謙和忍讓 心疼他受委屈

許多人形容張永山是「謙謙君子」，有「君子風範」，對此，何碧英深表贊同：「他不會碎嘴或說人家的小話，在家裡反倒是我說同事或公司的事情比較多，但永山比較少這樣，他通常是在事過境遷後才可能提到一些負面的事。」此外，張永山當系主任的時候，曾經有個在系上做事的學生給他帶來一些麻煩，他必須想辦法幫學生收拾善後，但他也只會輕描淡寫地說：「他給我很多麻煩。」其他細節他也不願多提；也曾有學生在執行計畫時超支了，學生的秘書問張永山該怎麼辦？是不是要跟學生說說？張永山也只對秘書說：「算了，用了就用了。」然後自己想辦法平衡或調整預算。

張永山把學生當自己的孩子看待，所以對於學生犯的錯或帶來的麻煩，他不會太計較，而且因為他很關心學生，學生也都對他非常好，何碧英說：「永山說他不需要別人感激他，只希望他們把事情做好。」

不過，何碧英有時擔心張永山的個性會受委屈，她說：「我覺得他的長處比短處多太多了，如果硬要說什麼缺點，就是太過不表示意見，因為他忍太多，這點可能是受媽媽影響，從小到大媽媽都要他容忍，所以雖然他有自己的意見跟想法，但是他什麼事都不太表達意見，這好像也變成了一種習慣。」

不求人 凡事自己想辦法

從小在八里庄鄉下度過艱辛歲月，養成張永山「求人不如求己」的性格，很多事情他都想辦法自己解決，尤其是工作上的事。也或許是因為從小不受父親重視，加上身處白人社會必須更加努力才不會被

看不起，張永山一輩子都非常努力於證明自己的價值，「證明自己」似乎也成為鞭策他不斷向前的動力。

對此，何碧英認為，張永山頭一個不能讓他母親失望，因為他的母親鄧淑英為他犧牲很多，而鄧淑英從小到大也不斷告誡兒子永山「要靠自己，不要靠別人，連爸爸都不要靠」，所以他必須爭氣也要獨立，畢竟從小看到母親的辛苦，加上父親長期漠視，「這些對他心裡的影響是很大的。所以對於爸爸張元濱，永山對他有的是父子親情的責任感，但是他不知道怎麼愛爸爸，因為他根本不認識他爸爸。」何碧英說。

張永山在孩子眼中是不會說教的父親 /1961 年攝於舊金山。

聽多說少 張永山：我是好的聆聽者

張永山常對何碧英說自己是個很好的傾聽者，反觀她就不算是好的聆聽者，因為她「說太多、一再重複」。對此，何碧英不免有些小抱怨，她反問：「女人不就是這樣子的嗎？」不過，何碧英也不得不說，張永山的確是好的聆聽者，「但說太少、不會表達自己這點有時也是個缺點，當然，他要是說太多也不會是好的聆聽者就是了。」

何碧英透露，張永山當年在柏克萊大學念書的時候有個大他三、四歲的同學，一遇到什麼問題或感情方面的困擾就會說給張永山聽，要他幫他拿個主意，這位同學就曾說張永山是他的「諸葛亮」。

何碧英了解張永山的行事風格，因此，對於他的事業與工作，她也不便多問或多說什麼。她說：「我只能從另一個角度看，比方我會說：『你要當心這個人。』他後來會跟我說：『妳是對的。』但我也不會講太多或干預太多就是了，我相信他的判斷力不會太差。」

低調寡言 真人不露相

何碧英說：「永山有一套自己的想法，遇到問題他習慣自己思考，他想得很深入、很敏感，他認為很多事情自己想就會了解，就算當下不明白，有一天可能自己想到或聽到別人說也就會知道。他這人不太願意問別人問題，也許這跟從小媽媽教他們『不求人』有關，他媽媽總是說就連自己的父母都不要求、連丈夫都不要靠。」

至於夫妻間是否會給彼此意見？何碧英說：「永山不太表示意見，除非你問問題。」何碧英的個性是喜歡回答跟說話的，比方她會舉手

問及回答問題，但張永山很少這樣做，即使他知道答案也不會特別表現出來，「他就是這麼低調、不愛出風頭的人，就像中國人說的『真人不露相』，他的個性就是這樣。」

另一方面，何碧英分析，張永山不太說話，尤其是不太用中文表達可能跟他自己有河南口音有關，加上他認為在外國人面前一定要說英文，他常說，在外國人面前講中文是不禮貌的，既然到美國來就要說英文，否則英文不會進步，「不少學生到美國後也常說中文，永山認為這樣不好，英文不會學得好，所以他自己也很少說中文，像我在外面工作的時候也很少說中文，不過學生感恩節或聖誕節到家裡來過節時他會說中文，這倒沒問題。」

張永山婚後就很少寫中文，以至於後來完全不會寫，他婚前寫給何碧英的七十封中英文情書也就成了「絕響」。

妻子唯一的抱怨：出門就失聯

何碧英說，張永山是個「再好不過的人」，她唯一的抱怨就是他事業心重，工作至上，「他出去後就失聯了，出去就是一整天，連電話都不會打來。」何碧英曾對張永山抱怨，別人的先生都還會打個電話給太太，他要沒事就連電話也不會打，只除了偶而要問「晚餐準備好了嗎？」會打電話之外。何碧英有一次忍不住向張永山抱怨：「真不敢相信，我說你要是不吃飯就不打電話了？！」

張永山不會凡事都跟太太報告，這是他的個性，「我知道他也很忙，所以我也放手讓他工作，不會煩他。」何碧英說。夫妻倆晚上回到家的相處模式很簡單，「就是看電視，無聲勝有聲，要不然他就到

書房工作了。」顯而易見，張永山絕不是「聊天掛」的人，在夫妻倆一同吃飯、看電視的時間裡，多半也都是何碧英說，張永山聽。

張永山做事不僅專注、投入，也很願意花時間，所以他呆在學校的時間很長，連週六也到學校，對此，何碧英難免抱怨：「週末我們會到教堂做禮拜，但永山有時連週日也到學校，想跟他一起做點事，比如看看秋天的楓葉什麼的他都沒時間，所以後來週日就變成我們的家庭日。」

早年張永山在華盛頓大學念書時養成晚睡晚起的習慣，中年後這個習慣有了改變，通常他每天早上六、七點起床，晚上約十二點睡覺，他後來對何碧英說：「妳要跟我講話要在十一點前，因為我大概那時就累了。」張永山後來在麥迪遜分校任教時養成運動習慣，每天中午會慢跑半小時，鍛鍊身體。

先生以事業為重 何碧英無怨無悔

張永山曾說，一生中有三人影響自己最大，其中一位就是妻子何碧英，對此，何碧英說：「他知道我把他的事業當作第一優先，我從沒考慮自己的事業， 我認為我的事業就是那麼多了，我已經達到自己的目標跟極限，我工作了二十六、七年已經不錯了。」

張永山與何碧英在一九五六年九月中成婚，距離他們在舊金山第一次邂逅整整一年。何碧英說，當年在柏克萊時她已經在接受醫檢師訓練，婚後約一年半順利考上州考，拿到執照，於是在一九五六年至一九六三年的八年時間裡，她成為職業婦女，在全職工作與兼職工作中打轉，也因為必須兼顧家庭，所以她必須視情況調整自己的工作型態。

新手爸媽張永山與何碧英，何碧英手上抱的是剛滿月的張家老大張道旭 / 攝於 1958 年。

一九五六年至一九五九年，張永山任職於加州瑞奇蒙的史塔佛化學公司（Stauffer Chemical），擔任化學工程師，長子張道旭（Vincent Chang）於一九五七出生後則由何碧英的母親高寶鏞及保姆照料。一九六〇年感恩節前後，次子張道維（Lawrence Chang）出生，雖然也是委由保姆照顧，但這時何碧英的工作型態已轉為兼職，直到一九六四年生下罹患唐氏症的老三張道崙（Theodore Chang）後，何碧英才停止工作，成為全職家庭主婦。

業界轉學界 張永山邁向人生高峰

一九六三年至一九六七年，張永山到噴射飛機公司（Aerojet General Corp.）工作了四年，後來才轉到大學任教，從而展開他精彩的學術生涯。何碧英說，當年因為加大中國人太多，張永山無法如願在加大教書，後來才到威斯康辛大學密爾瓦基分校教書，一呆就是十三、四年。

一九六七年，張永山到威斯康辛大學密爾瓦基分校材料系擔任副教授，一九七〇年成為正教授，一九七一年擔任系主任，一九七八年至一九八〇年任研究院副院長。一九八〇年，張永山申請到麥迪遜分校冶金與礦物工程學系任職，一九八二年至一九九一年一共做了九年系主任，直到二〇〇六年退休，他與威斯康辛大學近四十四年的緣份才暫告一個段落，二〇一一年張永山過世前，他仍是威斯康辛大學麥迪遜分校的傑出退休教授。

第二章 虎父無犬子

一九六七年至二〇〇六年是張永山人生中最顛峰的四十年，在一九七一年當上威斯康辛大學密爾瓦基分校材料工程系系主任時，他還不到四十歲，他在工作方面的成就與背景讓許多人稱羨，身為系主任、教授或一名學者，張永山以嚴謹的治學態度與孜孜不倦的學習態度贏得學界及學生們的肯定，他的付出與努力為他贏得掌聲，也為他贏得許多獎項與榮耀，然而，忙於事業的他可以貢獻多少時間給家庭？！對於家人來說，張永山算不算得上是「成功」或「稱職」的丈夫及父親?

幸運張永山 家人都愛他

對此，張永山的妻子何碧英表示，雖然自己也有碩士學位，當時也是全職職業婦女，但她一直都以先生的事業發展為第一優先，為了成全張永山的事業發展，她可以放棄與放下自己的事業或興趣；長子張道旭表示，父親雖然從不曾開口說「我愛你」，但是他已用行動傾注所有的愛與關懷在家人身上，他以父親為榮；次子

1973 年張永山一家五口於密爾瓦基家中合影。

張道維則認為，早年的美籍中國人如張永山一般必須花比較多的時間在工作上是可以理解的，雖然父親話不多，但是他努力工作、安靜、無私、善良又有條理的處事風格已發揮潛移默化的效果，也成為他與哥哥道旭奉行不悖的處事原則，他是一位「以身作則」的父親，他以擁有這樣偉大的父親而感到驕傲。

最佳後盾 為愛遷徙無怨尤

婚姻生活中，夫妻雙方很容易為了誰該遷就誰或誰該犧牲而產生嫌隙，如果將孩子這項因素考量在內，問題就更複雜了。所幸何碧英不是太過事業型的女性，而且她願意為了成全另一半的事業而機動性地調整自己的角色，她可以是全職職業婦女、兼職職業婦女，也可以是全職家庭主婦，她也可以隨著先生事業版圖的改變遷徙到任何地方，同時肩負照顧家庭的重任，這樣的何碧英無疑是張永山的最佳後盾，因為她的成全與包容，他得以無後顧之憂的在學術殿堂裡展翅高飛。

一九六七年以前，張永山尚未轉入學界發展，先後在加州瑞奇蒙史塔佛化學公司（Stauffer Chemical）及噴射飛機公司（Aerojet General Corp.）任職，一九六七年他轉入學界發展，成為威斯康辛大學密爾瓦基分校材料系副教授。

何碧英說：「永山一九五九年以前都在史塔佛化學公司工作，我則在奧克蘭的奧塔貝茲醫院（Alta Bates Hospital）臨床實驗室工作，一九六〇年到一九六三年永山取得博士後研究期間，我則以兼職方式工作以便照顧道旭與道維。永山決定到密爾瓦基分校當副教授時，我們舉家移居至密爾瓦基，因為我只考了加州執照，所以到密爾瓦基就

1976 年 5 月何碧英攝於密爾瓦基家門口。

張永山與何碧英結婚 30 週年紀念照 /1986 年攝於麥迪遜。

沒辦法在醫院工作，後來永山鼓勵我回學校讀碩士，我就回威斯康辛大學密爾瓦基分校攻讀圖書與資訊科學碩士學位，畢業後在威斯康辛大學密爾瓦基分校圖書館系擔任圖書館管理員，之後在密爾瓦基的威斯康辛醫學院擔任醫學圖書管理員，負責採購與選書，也算是個小主管，前後約七年時間。」

一九八〇年，張永山轉任威斯康辛大學麥迪遜分校冶金與礦物工程學系教授，何碧英再次選擇放棄自己的事業，到麥迪遜重新開始，她後來在麥迪遜開了一家印刷小舖 Printing Plus。何碧英說：「當年我在威斯康辛大學密爾瓦基分校圖書與資訊科學系就讀期間，永山曾多次協助我讀完報告。一九八二至一九九一年，當時永山已經是威斯康辛大學麥迪遜分校的系主任，但為了我的印刷小舖，他仍會抽出時間幫忙印刷、整理或包裝，有時他的學生也會來幫忙。」

家人支持 造就學界泰斗張永山

表面上看來，張永山一家人的生活是以孩子為中心，但何碧英卻說：「其實我們是以永山為重，因為他才是這個家的核心動力。」也因此，隨著張永山在事業上開始發光發熱，一九六七年，張家人才會從加州搬到威斯康辛。何碧英說：「我一路陪伴著永山，看著年輕的他努力向上，從西雅圖華盛頓大學研究生到獲得加州柏克萊大學博士學位，當他決定從業界轉到學界發展，我也全心地支持他，因為我知道，他會成為優秀的老師。」成功男人的背後多半有一雙默默相挺的手，如果何碧英沒有給張永山寬廣的空間飛翔，世人眼中的張永山也許不會有如許的高度及成就。

一九九〇年，隨著印刷小舖的結束營業，何碧英等於正式退休，退休後的她開始陪著先生到處參加會議，出席各類頒獎、演講與研討會，夫妻倆也時常相偕到世界各地旅遊，享受二人世界。

張永山與何碧英婚後仍時常相偕出遊，受二人世界。（上）1975 年 8 月遊西班 Seville。（下）1979 年 6 月希臘看日落。

張道旭眼中的父親

張永山與何碧英育有三子，對於這幾個孩子，何碧英說：「他們是永山帶給我最好的禮物。」老大張道旭（Vincent Chang）出生於一九五七年，張永山到威斯康辛大學密爾瓦基分校當副教授時他才九歲，老二張道維（Lawrence Chang）出生於一九六〇年，老三張道崙（Theodore Chang）出生於一九六四年。

張道旭回憶：「我五歲時，我們搬到加州首府山克拉門都，父親在那裡的噴射飛機公司（Aerojet）謀得一職，這是一家防務公司。我還記得有許多次我們回到灣區，看見老朋友及親戚。父親雖然忙於新工作，他仍然花不少時間在我和弟弟們－道維與道崙身上。」對於童年，張道旭記得全家出遊的歡樂回憶：「到密爾瓦基的最初幾年，雖然家中經濟不寬裕，但父親和母親會帶我們三兄弟到動物園、博物館或植物園遊玩，許多假日都在公園度過。」

張道旭說：「還記得在我十歲大時，父親建構了我們的第一個十加侖大熱帶魚水族箱，在密爾瓦基的家中常常會舉辦小型聚餐，每逢感恩節，父母會邀請父親的學生們到家裡過節。聖誕節時父母總會準備許多禮物，小時候我對父親的印象是，父親為我們一家帶來庇護、衣物與安全。」

張道旭高中畢業 / 攝於 1974 年。

因為張永山連假日都到學校工作，無法像美國父母那樣陪著孩子出去玩，雖然如此，夫妻倆仍會儘量在每個禮拜帶孩子們去公園玩、到唐人街吃飯。

（張道旭給父母的一封信）

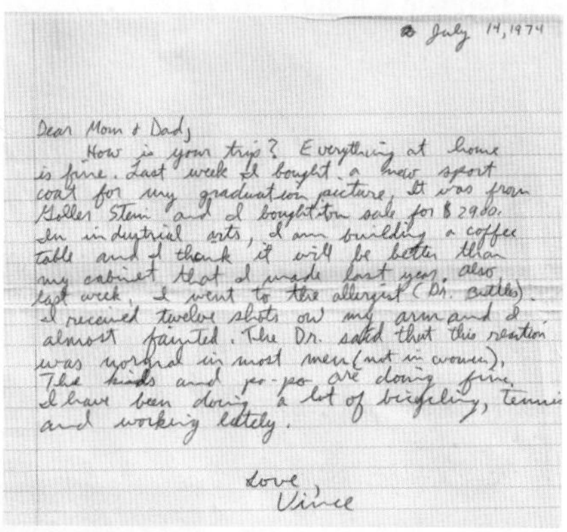

July 14, 1974

Dear Mom & Dad,
How is your trip? Everything at home is fine. Last week I bought a new sport coat for my graduation picture. It was from Goller Stein and I bought it on sale for $29.00. In industrial arts, I am building a coffee table and I think it will be better than my cabinet that I made last year. Also last week, I went to the allergist (Dr. [illegible]). I received twelve shots on my arm and I almost fainted. The Dr. said that this reaction was normal in most men (not in women). The kids and po-po are doing fine. I have been doing a lot of bicycling, tennis and working lately.

Love
Vince

July 14, 1974

Dear Mom & Dad,

How is your trip? Everything at home is fine. Last week I bought a new sport coat for my graduation picture. It was from Goller Stein and I bought it on sale for $29.00. In industrial arts, I am building a coffee table and I think it will be better than my cabinet that I made last year. Also last week, I went to the allergist. I received twelve shots on my arm and I almost fainted. The Dr. said that this reaction was normal in most men（not in women）. The kids and Po-Po are doing fine. I have been doing a lot of bicycling, tennis, and working lately.

Love, Vince

馭管教於無形 沒壓力表現反而好

傳統中國父母多是「虎爸」、「虎媽」，對於孩子的教育自有一套遊戲規則，中國父母對於孩子的教養方式也多見「鐵腕」作風，不過，張永山這位父親倒沒有給孩子們壓力，完全的「無為而治」，沒想到這樣的方式反而讓張道旭及張道維兄弟倆更獨立自主，更懂得對自己負責。張道旭說：「我不記得父親曾要求我在學校要努力念書或表現得好，成績不好時他也不會責備我。他總是說之以理，對我來說，他是好老師，但卻從未催促或強迫我在課業上要有所成就。」

何碧英認為，老大道旭活潑、頑皮又聰明，遺傳了她的音樂與藝術天份，喜歡彈琴，數學很好，而且很喜歡動物。張道旭的數學好到什麼程度？據說，當年他在麥迪遜念書時選了一門數學科，他的助教有數學問題都要問他，老二道維的數學也很不錯，但就連他的兒子有數學問題，道維也會說：「可能要去問伯父。」

不在父母規畫中，當年張道旭自己在學校學了小提琴，小學八年級時（編按：即初中二年級）被選為小提琴首席（First Chair），他從六歲起至高中階段也學了鋼琴，到現在還會彈，至於他在大學的成績也相當優秀，拿到 3.93（編按：最高是 4），何碧英說：「讀書對道旭來說不是件太有壓力的事。」

在美國考醫學院不容易，因為成績優異加上興趣使然，張道旭後來選擇到離家近的芝加哥大學念醫學院，何碧英透露，因為道旭認為自己是老大，不宜離家太遠，所以選擇到芝加哥大學就讀，後來他又花了五年時間在外科實習上，一九八五年當他完成外科實習時已經三十一歲，前後念了二十八年書，連張道旭自己也說：「夠了，不要再念了。」後來他成為羅徹斯特當地享有盛名的腸胃外科醫師，迄今行醫超過二十五年。

張永山的勤奮與努力無人不知，大兒子張道旭也對父親的認真工作印象深刻，他說：「我印象中的父親工作努力、勤奮而且樂在工作。他時常將工作帶回家，這個習慣也感染了我們，我和大弟道維也成為工時長的外科醫師。」

大學 自己決定念那科

張道旭說，當年自己在申請大學時，父親給予相當多的協助與鼓勵，「但是他不會告訴我該上那所學校，而是讓我自己做決定。」事實上，也許是受到西方教育的影響，張道旭在高中時，張永山就放手讓孩子自己思考及決定未來的方向，「放手」的結果，張道旭先是在高中畢業後進入威斯康辛大學主修分子生物學，後來決定進入芝加哥大學攻讀醫學學位，一九八三年在羅徹斯特大學開始外科醫師實習教育，最後成為腸胃外科醫師，張道旭說:「這樣的教育方式讓我更成熟，這跟三十年後我們這一代對孩子緊迫盯人的教養方式很不相同。」

獨身主義者走入婚姻

張永山對於孩子們的學業可以說採取信任及放任政策，他給他們極大的自主空間，不過，這位開明的父親竟然會出手干預兒子的終身大事！張道旭說，一九八三年，他在羅徹斯特大學時開始成為外科實習醫師，那段期間，他遇到了當時的女友，也是後來的妻子蘇珊妮

張道旭與妻子蘇珊妮、大女兒克麗斯汀娜、小女兒晶晶全家福 / 攝於 2000 年。

（Suzanne Benzoni）。在倆人交往七、八年後，父親鼓勵他娶蘇珊妮，張永山告訴兒子：「趁你還沒有全禿之前趕快娶她，晚了她就不要你了。」這種「討老婆手腳要快」的「過來人」論調也許跟張永山年輕時以三個月時間追到妻子何碧英，一年後步入禮堂而且婚姻幸福美滿有直接關係。

當年張道旭是在實習時碰到後來的妻子蘇珊妮（Suzanne Benzoni），她那時在手術房工作，因為張道旭的活潑風趣，很快吸引蘇珊妮的注意，蘇珊妮是土生土長的美國人，為了張道旭，她還很有心的選修中文及中式烹飪課。不過，抱獨身主義的張道旭當時仍認為自己是外科醫師，根本沒時間呆在家，所以遲遲不敢婚，也因此，癡心的蘇珊妮前後等了他十二年才盼到遲來的婚禮，「女人的青春不能等」，興許這才是張永山當年勸兒子娶媳婦蘇珊妮的主因?

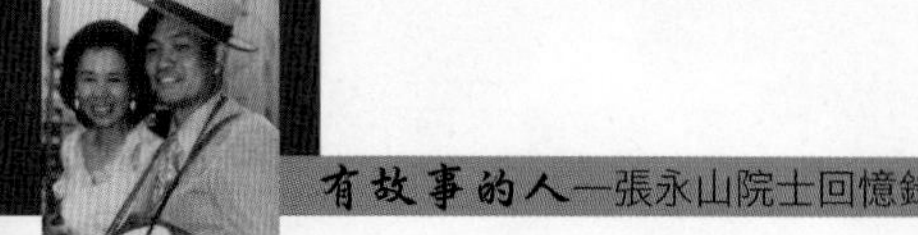

不論張永山當年勸兒子步入婚姻的原因為何，張道旭不得不承認，自己的確找到適合的另一半，他說：「因為當年我是獨身主義者，對我而言，要打破這樣的想法非常困難，但父親知道什麼對我最好，因此鼓勵我走入婚姻。」多年後，張道旭和妻子蘇珊妮擁有兩個漂亮的女兒 - 克麗斯汀娜（Kristina）與晶晶（Elizabeth），家裡還有不少動物，蘇珊妮除了照顧女兒及「毛小孩」外，還抽空學騎馬與跆拳道，就連兩個女兒也是功夫高手，一家生活頗為愜意。

長子的責任感 張道旭懂

相較於老二張道維，老大張道旭小時候與父親張永山的相處時間多了不少。何碧英說：「老大出生時永山在念 Ph.D.，在家時間少，但

張永山與長子張道旭在麥迪遜分校辦公室合影，當時張永山已是系主任 / 攝於 1986 年。

每天晚上大約六點多鐘回來，回來就跟孩子在一塊，但他很少幫忙換尿布之類的，我也不讓他做，老三出生後就不同了，永山幫忙很多。」

張道旭雖然在美國長大，受西方教育薰陶，但骨子裡他還是有著傳統東方思想，所以他在念大學時會因為自己是老大，求學不宜離家太遠而選擇在芝加哥大學就讀，面對父母年歲漸長，眼見小自己六歲、罹患唐氏症的小弟道崙未來可能需要照料，也是父母最放心不下的牽掛，因此他告訴父母，自己願意承擔照顧弟弟道崙的責任，也因此，張永山夫婦才會在晚年搬離熟悉的麥迪遜，在羅徹斯特展開新生活，這麼做一方面是因為離道旭家近些，彼此方便照應，也為了提早讓道崙適應羅徹斯特的生活。

有其父必有其子

張道旭多年前告訴父母：「爸爸媽媽七十幾歲，現在還很好，但您們遲早要考慮退休跟年老的問題。」他告訴父母會照顧小弟道崙的承諾讓人不禁想起當年在河南八里庄張家老宅度過艱苦童年的十歲張永山，他對母親鄧淑英說：「別擔心，就算父親不回來我們也會好好的，我已經十歲了，過不了多久我就長大了，可以扛起家中重任。」說完轉身走出大門的身影……。雖然相差二十五歲，東方家庭「長子的責任感」，張永山與張道旭這對父子都懂。

有句話說「有其父必有其子」，張道旭與張道維兄弟雖然都是外科醫生，與「學院派」的父親行業別不同，但個性與行事風格倒很有乃父之風。何碧英說，「老二道維長得跟永山最像，他跟爸爸也比較親近，至於老大像永山的地方則是在念書方面，他跟永山一樣，總在

考試前才念幾個鐘頭，不是傳統的『啃書本』，老二就會花時間念書跟做學校的事，如寫作文，不過兩人的功課都很好，不需要我們操心。」至於在脾氣上，何碧英說：「老大個性像我，有什麼就發出來，老二像他爸爸，比較隱忍。」

因為是雙薪家庭，孩子還小時，張氏夫婦只能找保姆帶，為了幫忙帶孩子，何碧英有段時間都是晚上或週末上課，直到孩子們念高中。何碧英說：「我很忙，晚上要看孩子做功課什麼的，但兩個孩子都在學校做完功課，念書一點都不用我們操心。我們不會給孩子零用錢，孩子們有需要時我們會給，他們沒有什麼大的要求，不會要買這買那的，沒讓我們擔心。學校有 PTA（Parents -Teachers Association）開會，我們也去了，學校也說我們的孩子很好，沒問題。」

張永山、何碧英與 3 個月大的老二張道維合影 / 攝於 1961 年 2 月。

不到 4 歲的張道旭（左）與 8 個月大的弟弟張道
1961 年攝於加州柏克萊公園。

不打不成器？！「零星火花」而已！

對於教養，中國人有「不打不成器」的「鐵律」，對此，何碧英說，他們不打孩子，但是如果孩子太皮可能會受點教訓，比方有一年張家人到迪士尼樂園玩，孩子到處亂跑讓張家父母擔心不已，張永山曾拿鞋子對孩子略施薄懲，至於為什麼用鞋子？張永山的回答是：「用手打會疼。」還有一次「擦槍走火」發生在老二道維身上，何碧英回憶，老二道維喜歡把鄰居孩子帶到家裡玩，「他大概五歲時就有辦法把車庫冰箱打開招待孩子，但有一次卻粗心忘了把冰箱關好，東西都融化了，我們氣死了，當然他會挨打，但也只是教訓，這算是『小小的意外』。」

打工學經驗 兒子都有乃父之風

和多數美國青少年相同，張道旭及張道維兄弟倆暑假期間也會參加各類暑期課程或夏令營活動，兩兄弟也各有不同的打工經驗。張道旭曾在藥房打工，擔任銷售員，每天工作時間約二、三個鐘頭，算是課外兼差，老二張道維則一大清早起床送報，還兼差做點整理花園的事，何碧英說：「我們沒要他們做，是他們自己要做。」

張氏兄弟不僅工作態度與父親張永山雷同，老二張道維寫信的方式也像極了年輕時的張永山 - 有條不紊、鉅細靡遺。何碧英說：「我們家老大不愛寫信，老二好多了，而且他寫信的方式跟他爸爸很像。」像是一九七五年七月，張氏夫婦到歐洲度假三星期，張家三兄弟在家，老二道維寫了幾封信向爸媽「報告」家中近況，當時何碧英的母親高寶鏞和他們住在一起，信中多半描繪自己及其他兄弟近日的生活狀況，

(July 1975)

Dear Mom and Dad,

How are you? Are you enjoying yourselves? It has been pretty boring around here, but I am trying to keep busy within the three weeks. I heard our relatives are going to come to visit us for awhile. This will be the first time I've seen my cousins for over six years.

Last Friday (July 5), after we dropped you off at the airport, Vince and I had no trouble getting back home. I went to summer school class this morning at 11:00 a.m. This afternoon I stayed home most of the time, except I returned my library books to the library. We ate dinner early at 6:15 p.m. Po-Po heated up the fried won-ton. After dinner I collected money for the Milwaukee Journa[l] route since Bill had to baby-sit that night. I received a 65¢ tip while collecting for the journal. With the mon[ey] I collected, I filled out a bill for the journ[al] office. After doing this, I went over to watch the softball games at the high scho[ol]. I got back at 9:15 p.m. and I stayed in the front yard to watch some of the neig[h]borhood kids shoot off some fireworks. When I came in, I made some butter popcorn with the new popcorn maker you [...]

Saturday morning, I woke up late, around 9:30 a.m. and I ate breakfast at 10:30 a.m. After breakfast, Vince and I cleaned out the garage you wouldn't believe how much extra room we have in the garage now!!! We threw away a lot of extra junk. I did the newspaper route for Bill this afternoon. I rode my bike down to the journal station where I gave the man the bill and collected the right amount of newspapers (62). I took the newspapers home and delivered them. Altogether it took 1½ hour to finish and I earned $2.70. I stayed around the house at night playing with Bill and Mike.

Sunday morning (July 7) I woke up with the worst neckache and I could hardly move it all morning and afternoon. It felt better at night. We went to church and attended the service. For the communion offering we didn't have anything to give, so I gave an empty money envelope instead. I watched television all afternoon. We went out to eat at Captain[...]. We left 5:00 and we got a table right away. We ordered the usual steaks and we got home around 6:30 p.m. The bill was around $13.00. Today Bill's parakeet died for some unknown reason. Their mother gave us the birdcage and its food for free!!! After dinner, I played football with some friends.

Monday was a hot and sunny day. It got up into the mid 90's. I went to class in the morning and had a water fight in the afternoon. I stayed around the house all night.

Tuesday was another hot and sunn[y] day temperatures getting up into the 90's. I went to class in the morning, had another water fight and watched the softball games at the high school during the night.

Wednesday, it poured out around 2-3 inches of rain. Boy, it really cool[ed] off Whitefish Bay!!! I am almost fini[shed] with my project in class. (telephone stand) Vince drove me to piano lesso[n] this afternoon. While I had classes, Vinc[e] and Bill went to Coast to Coast to bu[y] things for Vince's coffee table. The guy who worked there didn't allow Vinc[e] to use his master charge unless one of you were there to sign it. Vince was so mad he called them names, li[ke] "you dumb nigger", "ah coon" etc. So after piano lessons, we all went to Coast to Coast where I bought w[hat] Vince needed. Mr. Lee (the one in Whitefish Bay) came over to see if ev[ery]thing was okay. It rained most [of] the day so I stayed home at night.

Thursday was a cool day! I went t[o] class as usual. Then I had tennis cl[ass] until 1:30 p.m. I played football wi[th] some other friends after tennis. Before dinner, I had to buy flour and cornstarch so that Po-Po could make sweet and sour pork. The World Football League (a new football group) began on t.v. tonight at 8 p.m. Bill and Mike came over to watch. They wanted New York to win but I wanted Jacksonville to win. Well We popped popcorn and had lemonade. The Jacksonville Sharks won 14-7!

Friday, I went to class and I us[ed] my own $4.06 to pay for the wood. I found out that dad forgot to pay the State Farm Insurance man so he came over today and I gave him $36. and he gave me a receipt. I mowed the lawn this afternoon and I clea[ned] up the basement after daddy made a [...] mess. This morning there was a bad accident up the block. While a man was fixing the balcony, the whole porch fell off the house with the ma[n] on it! The man had his ear cut o[ff] so far as I know, that was the only damage done.

Saturday morning we had a baseball game. We had to forfeit it because we did not have enough players. For di[nner] we barbecued hamburgers.

We went to church Sunday morni[ng].

Well, I guess I've said as much as I can so I will write another letter if I have more to tell.

Love,
Larry

（張道維給父母的一封信）

寫作風格讓人想起一九五五年張永山寫給何碧英的七十封情書，果真「有其父必有其子」。

（Original）

July, 1975

Dear Mom and Dad,

How are you? Are you enjoying yourselves? It has been pretty boring around here but I am trying to keep busy within the three weeks. I heard our relatives are going to come to visit us for awhile. This will be the first time I've seen my cousins for over six years.

Last Friday（July 5）, after we dropped you off at the airport, Vince and I had no trouble getting back home. I went to summer school class this morning at 11:00am. This afternoon I stayed home most of the time, except I returned my library books to the library. We ate dinner early at 6:15pm. Po-Po heated up the fried won-ton, after dinner, I collected money for the Milwaukee journal route since Bill had to babysit that night. I received 65 cents tip while collecting for the journal. With the money I collected, I filled out a bill for the journal office. After doing this, I went over to watch the softball games at the high school. I got back at 9:15pm and I stayed in the front yard to watch some of the neighborhood kids shoot off some fireworks. When I came in, I made some butter popcorn with the new popcorn maker you bought.

Saturday morning, I woke up late, around 9:30am. and I ate breakfast at 10:00am. After breakfast, Vince and I cleaned out the garage you wouldn't believe how much extra room we have in the

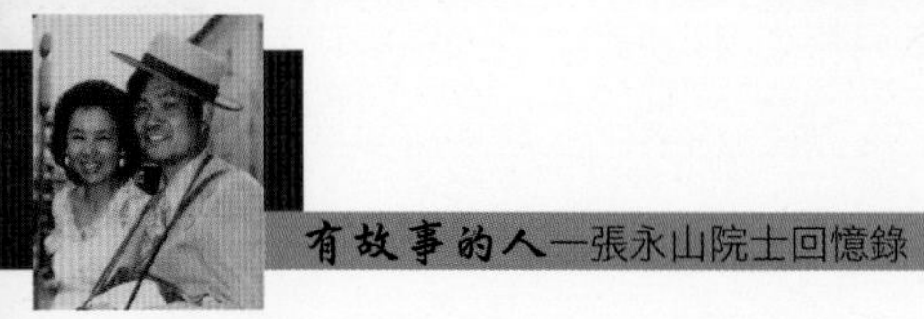

garage now!!! We threw away lots of extra junk. I did the newspaper route for Bill this afternoon. I rode my bike down to the journal station where I gave the man the bill and collected the right amount of newspapers（62）I took the newspapers home and delivered them. Altogether it took 1 1/2 hours to finish and I earned $2.70. I stayed around the house at night played with Bill and Mike.

Sunday morning（July 7） I woke up with the worst neck ache and I could hardly move it all morning and afternoon. I felt better at night. We went to church and attended the service for the communion offering we didn't have anything to give, so I gave an empty money envelope instead. I watched television all afternoon. We went out to eat at Captains. We left 5:00 and we got a table right away. We ordered the usual steaks and the bill was around $13.00. Today Bill's parakeet died for some unknown reason. Their mother gave us the birdcage and its food for free!!! After dinner, I played football with some friends.

Monday was a hot and sunny day. It got up into the mid 90's. I went to class in the morning and had a water fight in the afternoon. I stayed around the house all night.

Tuesday was another hot and sunny day. Temperature's getting up into the 90's. I went to class in the morning, had another water fight and watched the softball games at the high school during the night.

Wednesday, it poured out around 2-3 inches of rain. Boy, it really cooled off Whitefish Bay!!! I am almost finished with my project in class（telephone stand）. Vince drove me to piano lesson this afternoon while I had classes, Vince and Bill went to Coast to Coast to buy things for Vince's coffee table. The guy who worked there didn't allow Vince to use his master charge unless one of you were there to sign it. So after piano lessons, we all went to Coast to Coast where I bought what Vince needed. Mr. Lee（the one in Whitefish Bay）came over to see if everything is okay. It rained most of the day, so I stayed home at night.

Thursday was a cool day! I went to class as usual. Then I had tennis club until 1:30pm. I played football with some other friends after tennis. Before dinner, I had to buy flour and cornstarch so that Po-Po could make sweet and sour pork. The world football league（a new football group）began on T.V. tonight at 8pm. Bill and Mike came over to watch. They wanted New York to win but I wanted Jacksonville to win. We popped popcorn and had lemonade. The Jacksonville sharks won 14-7!!

Friday, I went to class and I used my own $4.00 to pay for the wood. I found out that dad forgot to pay the State Farm Insurance man so he came over today and I gave him $36 and he gave me a receipt. I mowed the lawn this afternoon and I cleaned up the basement after Teddy made a big mess. This morning, there was a bad accident up the block while a man was fixing the balcony, the whole porch fell off the house with the man on it! The man had his ear cut open as far as I know, that was the only damage done.

Saturday morning, we had a baseball game. We had to forfeit it because we did not have enough players. For dinner, we barbecued hamburgers.

We went to church Sunday morning. Well, I guess I've said as much as I can, so I will write another letter if I have more to tell.

Love, Larry

張家老大與老二

張永山與何碧英的二兒子張道維遺傳了父親張永山的仔細與認真，而且長得跟張永山最像，何碧英說：「尤其道維年輕時瘦高的模樣與父親非常相像，我們都叫他『小 Austin』。」最特別的是，道維非常喜歡運動，他打網球、籃球、棒球與足球，還經常到比賽現場看球賽，這與不擅長運動，甚至連舞都跳不好的父親張永山很不相同。

何碧英說，老二道維的個性比哥哥更外向，「他小時候常摔跤，頭上老是東一個包，西一個包，他總是跑來跑去，跳來跳去，而且非常喜歡交朋友。」張家老大跟老二小時候曾經歷過一段特別的「生死

頑皮的張家兩兄弟長大後都成了外科醫師 /1962 年攝於密爾瓦基。

張道旭（右）當年就是在身後的魚池裡撈起弟弟張道維（左）。

一瞬間」故事，那時張道維年約二歲半，張永山一家人還住在加州，何碧英說：「我們家後院有個魚池，老二愛玩，他忘了魚池很深，一不小心就掉下去了，還好當時道旭及時伸手拉他一把，他才免於滅頂，所以，後來老二不聽話的時候，老大就會說：『別忘了我救了你一命（Don't forget I saved your life）。』。」

不知是因為感念哥哥的「救命之恩」還是骨子裡東方人「長幼有序」、「長兄如父」的倫理觀念作祟，張道維很尊敬哥哥張道旭，何碧英打趣說：「道維對哥哥簡直是唯命是從。」後來張道維也選擇到威斯康辛大學麥迪遜分校念書，理由跟哥哥一樣是「離家近」，每個禮拜可以回家。張道維也是天資聰穎的學生，他大學畢業時成績跟哥哥一樣也是 3.93，而且他跟哥哥道旭一樣對醫學產生興趣。後來他到賓州大學醫學院念書，主修外科，專長為創傷重建及美容整型，不過，何碧英說：「道維比哥哥道旭更有生意頭腦，這點跟永山很像，所以他後來自己開業，老大就不愛管人事問題，所以他選擇為人作嫁，在醫院工作。」

張道維高中畢業 / 攝於 1978 年。

張道維眼中的父親

張家老二張道維有記憶開始，父親張永山已經取得加州柏克萊大學冶金學博士學位，張永山自業界轉戰學界時，張道維才約莫六歲。隨著父親

張永山事業的開展，父子間的相處時間自然不多。張道維認為，他們兄弟與父親之間是相當典型的東方家庭父子關係，他說：「我明白父親令人感到驕傲，為了家人，他也非常努力工作。我未曾花太多時間與他面對面接觸，自然不會有記憶的累積。」

小 Austin 會自己給壓力

張家老大與老二，老大道旭感性多一點，老二道維理性多一些。何碧英說，老大道旭跟老二道維功課都很好，也都很獨立，但相較於哥哥道旭，弟弟道維在學習的道路上更努力，花更多時間，他不是天才，但他是那種聰明又努力的人。對此，張道維說：「基於不可言傳的個人動機與期望，打從青年時期開始，我便儘可能努力讀書以求拿到好成績，這麼拚命並非來自父母或非做不可的壓力，純粹是因為自己想要這麼做。」如此的自我鞭策與期許，與年輕時的張永山著實很像。

1965 年聖誕節張家三兄弟於加州家中合影。

由於張永山忙於事業，只有在張家老大跟老二十歲前父子間有較多互動，後來因為罹患唐氏症的老三道崙出生及忙碌的工作，以致於張永山無法抽出太多時間與老大、老二相處，某種程度來說，在二個孩子成長階段，張永山也跟自己的父親張元濱一樣「缺席」了。對此，張道維跟哥哥張道旭一樣選擇體諒：「有時父親無法將時間花在家庭或家人身上，卻必須把較多時間投入在工作上是可以理解的，對於那個年代的美籍中國人來說，青少年時期在缺乏父親的引領下移民到美國，壓力之大可想而知，在事業發展初期，他必須儘可能地取得冶金工程學領域的最高學歷，也因此後來才有機會在該領域中佔有一席之地。」

雖然父親非常忙碌，張道維仍以務實的角度肯定父親對家庭的貢獻：「他對家人的愛反映在買下價格不斐的白魚灣區（Whitefish Bay）近郊屋舍，此區擁有該州最好的學制系統。為此，我相信父親必須想辦法超時工作以取得收支平衡，進而提供孩子們好的生活品質，並為美好的將來預做準備。」

張家人外冷內熱 骨子裡像透了

張永山是個好父親嗎? 何碧英說：「他是，尤其從他對罹患唐氏症老三道崙的無私奉獻與關懷不難看出他是偉大的父親，他做得比我更好，不過，因為童年時父親長期不在身邊，永山從來沒有一個父親的『榜樣』可以學習，因此，他不像很多美國父親那樣，會陪著孩子打球、釣魚或一起做些戶外活動，加上工作忙碌，在家的時間不多，後來因為罹患唐氏症老三的教養問題更瓜分了永山與老大、老二的相處時間，雖然老大跟老二沒有說過什麼，但對此，我跟永山對他們都感到抱歉。」

雖然父親不常陪在自己身邊，父子間的互動也不多，張道維與母

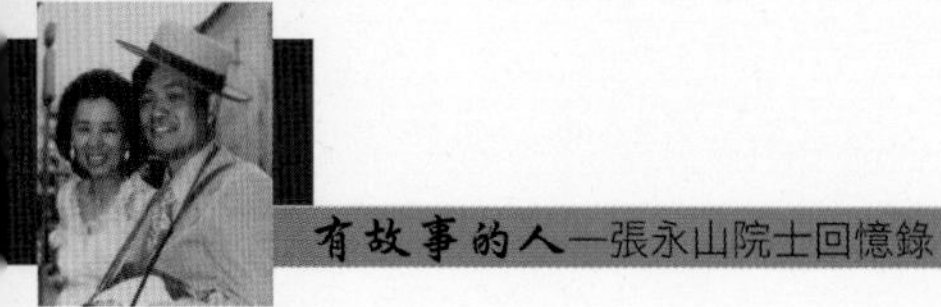

親何碧英、哥哥張道旭一樣選擇體諒與包容，他說：「父親雖然話不多，但我認為，他身體力行地努力工作、不抱怨、正面積極的態度與不造作的良善特質早已潛移默化，即便年少時的我未曾與他有太多機會相處，仍能從他身上學習到這些特質，成為今天的我。而父親幼年時的艱苦遭遇讓我更了解父親，我感到非常幸運，能有一位以身作則的偉大父親。」

何碧英說：「道維雖然比老大道旭小了約三歲，但比老大結婚早八、九年。」張道維當年在還未完成醫學院學業時就認識後來的妻子黛安娜（Diana），黛安娜是美籍華僑，也是賢內助，她專心打理家中一切與照顧孩子，讓張道維沒有後顧之憂，同時她也是張道維事業上的好幫手。夫妻倆育有四名子女，老大布萊恩（Brian）、老二愛麗莎（Alyssa），老三、老四是雙胞胎兄弟史提夫（Steven）與麥可（Michael）。

再忙也要陪家人

和父親張永山、哥哥張道旭一樣，張道維也是每天早出晚歸，勤奮工作的人，他每天早上四點多鐘起床，工作到晚上六點多鐘，之後就是他堅持的「家庭時間」，無論如何忙碌，他每天一定會回家跟孩子們一起過，張道維的堅持，也許和童年時父母沒有時間多陪他們有關。

張道維是那種一定會陪著孩子成長、互動的父親，他說：「我非常喜歡運動，這點跟我父親很不相同，我會去看棒球賽、籃球賽、排球賽，甚至曾組過一支棒球隊、排球與網球校園代表隊……，但我的

張永山與家人同遊迪士尼。後排左至右分別為次媳黛安娜、次子張道維、張永山、妻子何碧英、長媳蘇珊妮、長子張道旭，前排左至右分別為岳母高寶鏞、孫女愛麗莎、孫女克麗斯汀娜及孫兒布萊恩 / 攝於 1999 年 1 月。

父母從未參加過我的球類活動。不過，他們的缺席並未困擾我，因為我樂在其中，但我猜想，這可能也是我之所以花很多時間陪四個孩子玩不同運動或參加課外活動如童子軍的原因，我的工作並未剝奪我享受這些活動的樂趣。」

難忘與父親一起看過的那場球賽

因為無法時常陪伴孩子，加上張永山對運動不甚在行，張道維相當珍惜自己與父親之間少數的幾次父子間互動，他特別記得一九七五年七月十五日父親帶十五歲的他到密爾瓦基郡體育館觀看明星棒球賽的往事。他說：「儘管父親對運動項目不擅長，與現場數以千計尖叫不休的球迷們格格不入，我認為他明白運動對我的重要性，因此他帶我到那裡。直到今天，我仍能清楚地告訴我的孩子們，一九七五年溫暖夏日午後的那場球賽，我甚至保存了那場球賽的冠軍紀念旗。」

張道維重視與家人的互動，他非常享受與家人創造共同回憶，也將此視為「家庭目標」，他說：「我會多花時間在妻子與孩子身上，一塊兒做點什麼，比方說安排家庭旅遊。此外，我也儘可能地出席大兒子從初高中以來的籃球賽事，我甚至將布萊恩在高中校際棒球隊中第一次揮棒的畫面錄影存檔，我也儘可能的出席女兒在學校的網球比賽，同時協助她籌備高中微笑慈善活動。」

張道維對自己孩子們的關注及時間的投入，也許某種程度上反應了年少時希望父母可以參與自己各類活動的想望，雖然他可以體諒父母的忙碌也沒有任何怨言，但內心深處仍希望可以累積多一些與父母的互動回憶。一如父親張永山及姑姑張婉如小時候因為父親張元濱吃飯時總愛說教，以致兄妹倆膽顫心驚、食不下嚥，因此倆人對自己承諾「有孩子後決不在吃飯時講不快樂的事」、「在家就應該是快樂時光」，張道維也用自己的方式不讓父母缺席的童年遺憾在自己孩子身上舊事重演。

為了籃球框 張永山摔傷

父母總是心疼孩子，就算力有未逮，也總希望多為孩子們做點什麼。一九七四年，那年張家老大張道旭十七歲，老二張道旭十四歲，老三張道崙十歲，許久未曾打籃球也鮮少接觸球類運動的張永山為了給兒子們一個驚喜，打算在車道上架個籃球框，沒想到梯腳鎖有問題，張永山就這麼從梯子上摔下來，導致內臟器官重傷，何碧英說：「所幸後來外科手術相當成功，永山也完全康復。」這是身體狀況一向還不錯的張永山生平第二次發生危及生命的意外，第一次是當年在南京時感染了傷寒，幸賴母親鄧淑英悉心照料才挽回生命。

最好的禮物—三個孩子

談到三個兒子，何碧英言談中盡是驕傲與滿足，她說：「儘管老三道崙無法像兩個哥哥一樣到普通學校就讀，養育這三個兒子仍然是我最感驕傲的一件事。道旭與道維都畢業於威斯康辛大學麥迪遜分校，兩人都是美國大學優等生榮譽學會會員（Phi Beta Kappa members），後來道旭選擇到芝加哥大學醫學院就讀，道維則到賓州大學醫學院就讀。實習結束後，道旭仍留在羅徹斯特，成為頗負盛名的腸胃外科醫師，至於道維則到約翰霍普金斯醫院（Johns Hopkins Hospital）進行為

張家 4 個男人在張道旭的婚禮上帥氣合影。左至右張永山、老大張道旭、老二張道維與老三張道崙 / 攝於 1997 年。

期三年的整型重建外科團體訓練，如今他在特拉華州（Delaware）開設自己的外科整型診所。」

住在羅徹斯特的張道旭是當地知名的腸胃外科醫師，執業超過二十五年，除了週末假期外，每天工作十五至十七小時，自從父親張永山於二〇一一年過世後，他幾乎每晚八點前後會趁著手術空檔打電話給母親何碧英，確定她一切安好。至於老二張道維也是名成功的整型外科醫師，雖然住在費城（Philadelphia），每週仍會打電話問候母親何碧英，也常讓自己的雙胞胎兒子史提夫與麥可在電話中和奶奶何碧英說說話，讓老人家開心。

不說「我愛你」 愛孩子以行動表示

張道旭說，父親張永山從未對他們幾個孩子說過「我愛你」，但他傾注了所有的愛在家人身上，用行動表現他對家人無私的愛與奉獻，尤其為了弟弟張道崙，父親選擇提早自麥迪遜分校退休，放下花了幾十年建構的事業成果，對於父親這種「人生奮戰到最後一刻」的人來說實屬不易。「即使年過七十，我的父親仍然忙碌且活躍於學術圈，後來我的父母決定從威斯康辛州搬到紐約州的羅徹斯特，因為唯有如此，我的弟弟道崙才能住得離我們其他兄弟近一些，對於父親來說，這是一大犧牲，因為當時他仍活躍於威斯康辛大學的學術圈中，這又是一個他願意付出與無私天性的明證，凡事以孩子為優先！」張道旭說。

第三章 他不笨 他是我兒子

張永山說，一生中影響他最深的三個人分別是母親鄧淑英、妻子何碧英及三兒子張道崙。如果說母親鄧淑英影響的是童年及青少年時期的張永山，妻子何碧英影響的應該是青壯年時期的張永山，至於三子道崙影響的則是中晚年後的張永山。

張永山與何碧英的大兒子張道旭說：「在我六歲時弟弟道崙出生了，他患有唐氏症（Down Syndrome），那段時間對我父母來說非常難熬，但他們挺過來了。養育一位唐氏症兒童，讓我父親變得超乎想像地有耐心，我確信這也因此使他成為後來眾人口中偉大的、有耐心的、無私的領導者，直到二〇一一年去世。」老二張道維則說：「有個兒子罹患唐氏症這件事，只是更添加父親的傳奇色彩。」

唐寶寶張道崙是張永山認為影響自己一生很重要的三個人之一。

張道崙投下震撼彈

一九六四年，三十二歲的張永山已取得加州柏克萊大學冶金學博士學位，任職於噴射飛機公司（Aerojet General Corp.），那年二月妻子何碧英生下張家老三張道崙（Theodore Chang），不過，與大哥張道旭（Vincent Chang）及二哥張道維（Lawrence Chang）完全不同，張道崙因為先天基因上的缺陷，生下來就是「唐寶寶」（編按：唐氏症兒童）。張道崙好比一顆超級震撼彈，打亂了張家人的生活秩序，也改變了張家人的人生觀。

唐氏症（Down Syndrome）俗稱「蒙古症」，屬於罕見疾病的一種，多屬中度智能不足，隨著年歲漸長，智商有下降趨勢，但在十歲以前，患者的心理、運動及社交仍持續成長，成長期約在十至十五歲之間，十五歲後智力比較穩定，壽命約五十至六十歲，容易有先天性心臟病、肺炎、其他傳染病、惡性腫瘤、老化或腦部血管疾病，還有經常性的呼吸道感染，同時也有注意力不易集中、容易衝動和睡眠困難等現象，需要額外的照顧及更多注意，但是如果可以接受特殊教育，患者可以做到自我照顧並擁有獨立生活的能力。

何碧英說，老三道崙出生時因為是東方人，以為他的眼睛有點吊是正常的，觀察兩個禮拜後才確定他有唐氏症，「我跟永山兩邊的家庭都沒有這種病例。照統計，每六百個孩子中有一個是這樣，六百分之一，這是機率、運氣，當年因為老大跟老二都是健康的孩子，我們也沒想到要做產前檢查（編按：羊膜穿刺），而且我不是高齡產婦，誰想到會發生這種事。」

張道崙出生時只有五磅，加上確診罹患唐氏症，因此還留在醫院裡多觀察三個禮拜。何碧英回憶當年的狀況和自己的震驚，「那時我很震驚，完全沒想到這孩子會這樣，我以前看過這種案例，覺得很可怕也很可憐，根本沒想到自己會生出這樣的小孩，那時他吃東西也吃得少，醫院說這種孩子壽命不會太長，我們就想『聽天由命』了。」事實上，身為基督徒的張氏夫婦雖然震驚於這樣的意外，卻也認為這是「上帝的旨意」。

Theodore 受上帝喜愛

何碧英找不到為何生下唐寶寶的原因，她唯一想得到的原因是自己在懷孕二個月時照顧在學校感染德國痲疹（German measles）的老大、老二，前後約一個多禮拜，但她自己倒沒有遭到感染。「有醫生說德國痲疹可能傳染給胎兒，導致失明，但老三沒有，他還能做點事。」何碧英說。

老三道崙的英文名字原來是希歐多（Theodore），意思是「受上帝喜愛」，小名叫泰迪（Teddy），後來改成希歐（Theo），何碧英說：「道崙被診斷出患有唐氏症，自此，我們的生活陷入混亂中，直到我們抓到與唐氏症共處的訣竅。我們終於明白，道崙（Theo）的出現對家人來說是一大挑戰，但我們認為他是來自上帝的禮物，我們必須用加倍的關心與耐心對待道崙。」

老三誕生 家中氣氛丕變

何碧英回想當年這段意外的插曲為家中帶來的影響，「永山的反

應是沉默的，不像我一天到晚傷心或哭，他有時眼眶也紅紅的，或許也有流淚，但他說『這是上帝的旨意』，我們老大的智商比一般人高很多，老二也不錯。」張家老三道崙出生後，原來不太插手幫忙家務事的張永山也開始幫忙照顧孩子。

至於當年六歲的張家老大張道旭則告訴母親：「家裡的氣氛怪怪的。」何碧英回想這段往事難免感觸良多，她說：「生了道崙後生命就改變了，記得我從醫院回家時眼睛紅紅的，我們老大道旭那時才六歲就陪著我哭，因為他知道弟弟不正常， 不是 "Happy Child"，道崙的出現，讓家庭氣氛也變了。」

事實上，不僅六歲的道旭知道家庭氣氛「不一樣」，三歲的道維也有感覺，何碧英說：「他們知道弟弟不像其他孩子，不怎麼哭也不怎麼鬧，我儘量讓他們出去找朋友，也沒讓他們幫忙照顧弟弟。我跟永山都沒有跟他們解釋弟弟為什麼不正常，何苦給他們負擔? 但老大講過，自從有了老三後，他們感到家裡不再像以前了，比方愛唱歌的媽媽後來不太唱了……。」

陷入低潮 張家人自己找出路

對於這段往事，張永山的小妹張婉如記憶深刻，當時她住在西雅圖，接到這個消息後她就儘快飛到加州，希望給哥哥、嫂嫂精神上的支持。她說：「當時他們的心情很差，吃不下也睡不着，不知該如何面對這個事實，為了此事，他們把自己關在家裡數月之久，不和任何人來往，但慢慢地他們接受了這個事實。」

當時有人建議張永山夫婦把道崙送到專收這類孩子的機構，但看

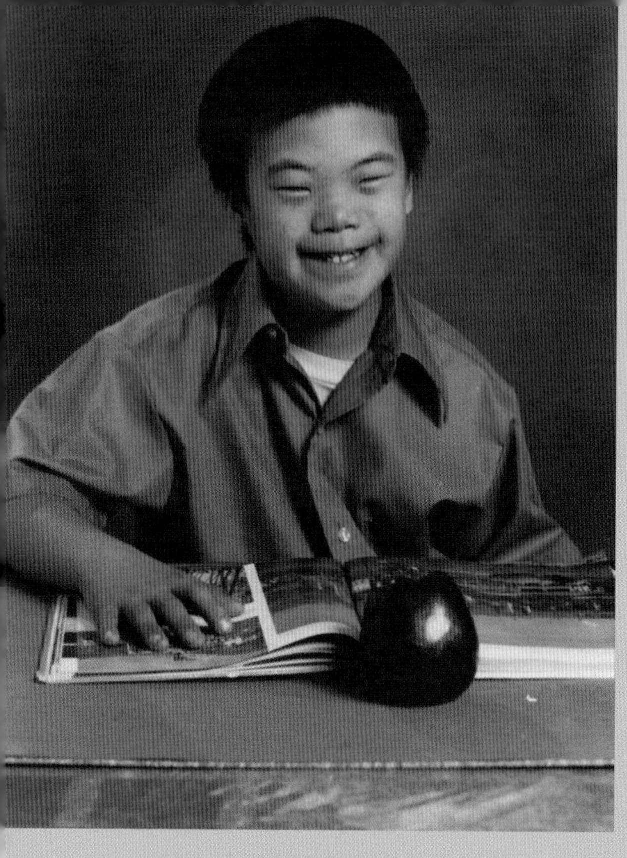

張道崙在特殊教育學校念書，下課後父親張永山則發揮無比耐心教導他吃飯、穿衣及讀書、寫字。

了這個地方後他們覺得不妥，因為看到有些孩子會撞牆或打自己，所以他們決定自己帶這個孩子。於是張永山開始找跟唐氏症有關的組織或機構，也積極尋找有關教養這種孩子的資料，後來他發現，原來還有不少家庭也有這樣的孩子，他決定以最大的努力教養道崙，從吃飯、穿衣等小事開始到讀書識字，張永山發揮無比的耐心教導這個生下來就有殘缺的孩子。

唐氏症患者多半有情緒不穩定的問題，隨時可能發脾氣或亂丟東西，張婉如說：「遇到這樣的情況，哥哥都會把道崙抱起來，用足夠的耐心去愛他，這樣他就會及早平靜下來，每次我看到哥哥一家，都是哥哥背着道崙。」

Dear Y. AusTin ChanG
I will miss You.
Father Son
I GoinG To WeiGhT watcher
I am Volunteer
I GoinG To Inn Tower
I Got To Pay cheack
2 Pay cheack.
my bother call You
Dad sav Plece call for vincent D. Larry chanG
N.Y.
ST. Sister Charlone made jauzi
P.S. Take mY bus mYself
I GoinGto October 9 Dance Firday
Love You
Theodore D. ChanG

（張道崙給父親的一封信）

Dear Y. Austin Chang,

I will miss you.

Father son

I Going To Weight Watcher

I Going To Inn Tower

I Got To Pay cheack（編按：check）

2 Pay cheack（編按：check）.

my bother（編按：brother） call you

Dad say please call for Vincent D. Larry Chang

N.Y.

ST. Sister Charlene made jauzi（編按：餃子）

P.S. Take my bus myself

I Going To October 9 Dance Firday（編按：Friday）

Love you

Theodore D. Chang

慢飛天使 考驗全家人

為了照顧老三張道崙，何碧英完全拋開工作，全職照顧他，碩士學位課程也安排在晚間或週六上課。何碧英說：「我們儘量當他是正常人，我們帶他到四歲或五歲左右就送他到蒙特梭利私立學校念一年書，然後送到公立學校受特殊教育，我們會儘量找保姆送他去學校。」三年多後何碧英順利拿到碩士學位，比一般人多用了一半時間。

張道崙白天到公立學校受特殊教育，晚上回到家後，就換父親張永山不斷地教他複習當天的功課，一九八二年張道崙完成特殊教育並取得文憑。張婉如說，道崙十餘歲時他們到哥哥家作客，道崙的進步讓她大吃一驚，「道崙竟然拿着當天的報紙大聲地唸給我聽，而且全對。這對有唐氏症的人來說是很不容易的，我覺得哥哥對他的教養真是絕頂的成功。」

張氏夫妻 心有千千結

的確，為了照顧患有唐氏症的張道崙，張永山與何碧英花了很多精神、體力與時間，也因此，夫妻倆能「分配」給老大道旭跟老二道維的時間就更少得可憐。何碧英說：「我們不是故意要忽略其他兩個孩子，照顧老三就等於照顧三至五個孩子，不過這樣的情況尤其對老大有影響，那時他剛懂事。看到永山特別花心思照顧老三，對老大老二的心理多少有影響，那時我們沒有選擇，不過道旭跟道維兩兄弟也很懂事就是了。」

維也納大學材料化學系教授賀伯・伊柏瑟（Herbert Ipser）一九七四年與張永山相識，兩人交情超過三十年，常有書信往來，提

張永山全家福，1973 年 2 月攝於密爾瓦基。後排右至左：張永山、何碧英、長子張道旭與次子張道維；前排：三子張道崙。這張照片拍攝時張永山剛滿 40 歲，甫升任威斯康辛大學密爾瓦基分校材料系系主任，同時慶祝老三張道崙 9 歲生日，當年老大張道旭剛滿 15 歲，老二張道維剛滿 12 歲。

21 歲的張道崙特殊教育學校畢業 / 攝於 1985 年。

起張道崙，他說：「張教授對於道崙不是女兒有點失望，但是對於道崙罹患唐氏症一事，他從未試圖隱瞞，也不曾想過將道崙『藏起來』。張教授很愛他的家人，對妻子很溫柔，對於大兒子道旭（Vincent）與二兒子道維（Lawrence）成為外科醫師很是驕傲。他很擔心罹患唐氏症的小兒子道崙（Theodore），隨著道崙年歲漸長，他的擔心與日俱增。即便道崙對父母有些粗暴，永山與夫人碧英仍接受原來的他，後來他們一家人搬遷至紐約州的菲爾波特（Fairport），很大的原因是他們希望住得離兩位兒子近一些，因為他們的兒子承諾，張教授夫婦雙雙辭世後，他們會負起照顧弟弟道崙的責任。當然另一個原因也是希望離他們的孫兒們近一些。」

對張永山與何碧英來說，生下患有唐氏症的道崙是很大的打擊，面對正常健康的老大、老二與異常的老三，夫妻倆內心都有虧欠。何碧英說：「因為老大跟老二都非常好（編按：健康），我們覺得很對不起老三，但是因為照顧老三而剝奪我們對老大跟老二的關注，我們也覺得對他們很抱歉。」

（張永山給張道崙的一封信）

9-21-87

THEODORE D. CHANG

Dear Theo:

Dad came Japan late last night safely.

I went to Tohoku University to-day to get my office.

I miss you and Mom.

Be a good man. A good disher washer.

Dad will see you in October.

Bye.

Love

Dad

9/21/87

Theodore D. Chang

Dear Theo:

Dad came Japan late last night safely.

I went to Tohoku University to-day to get my office.

I miss you and Mom.

Be a good man. A good dish washer.

Dad will see you in October.

Bye.

Love Dad

轉念 心情更開闊

多年後，張家人從張道崙投下的震撼中逐漸找到新的生活秩序，對於老三的先天殘缺與既成事實，他們學會轉念與感恩。何碧英說：「感謝上帝，還好道崙是第三個孩子，如果是第一個孩子，我怎麼敢生第二個？」張永山則常說：「老三不是我們碰到最糟的事，如果是像老大老二這樣正常的孩子，但將來變成不好的人或做壞事，狀況都可能比老三這樣還糟。」也因為張道崙的異常，往後他做任何事都很容易讓張家夫婦驕傲與滿足，就算是一張簡單的圖畫，張永山跟何碧英都會如獲至寶般珍惜萬分，反而是兩位哥哥道旭與道維，就算表現再傑出，也顯得「稀鬆平常」了。

何碧英也承認這樣的小小「偏心」，她笑說：「老三已經這樣了，他做任何事都讓我們高興，尤其後來他到學校學習，會做簡單的家事等等就讓我們很高興，老大老二的獎狀、圖畫我們都『隨便放』，但老三的東西我們都很珍惜。」

Sunday, 10/11/87
SENDAI, JAPAN

DEAR THEO:
DAD enjoyed reading your letter. It was a very good letter.
DAD is very proud of you. You work hard and get two checks!
Get up early everyday to catch bus.
We go to restaurant when DAD gets home.
LOVE DAD

（張永山給張道崙的一封信）

Sunday 10/11/87

Sendai, Japan

Dear Theo,

Dad enjoyed reading your letter. It was a very good letter.

Dad is very proud of you. You work hard and get two checks!

Get up early everyday to catch bus.

We go to restaurant when Dad gets home.

Love Dad

長期照顧不容易 過來人有體會

對於任何家庭來說，要長期照顧一位老人、病人或特殊兒童並非容易的事，尤其是不假手他人照顧或攬下許多照顧責任，除了意願、體力、耐力與家人的支持外，財務是否健全也很重要，只要其中一個環節無法配合，照顧者與被照顧者都很難走長遠的路。這些狀況，何碧英很有感觸，她說：「照顧特殊小孩要很有耐心，我們老三是連話都不說的，而且講話非常慢，講話也不是完整句，只是幾個字，我們要自己猜，很難。」這種時候，張永山就會說：「我們有這麼好的孩子就更要有耐心，不能像對老大老二那樣的態度。」

帶著一名唐氏症孩子在公共場合遊逛是嚴酷的考驗，因為狀況不斷，臉皮薄一點或耐性差一些的照顧者可能隨時變臉或發火。何碧英說：「老三出外時常常很固執，他可以自己走路但卻不願意自己走，要我們抱他，他要是不高興就躺在地上『罷工』了，永山很有耐心也對他很好，他會特別關心他。」

張道崙（右）與友人在聖誕節表演戲劇 / 1980 年前後攝於麥迪遜。

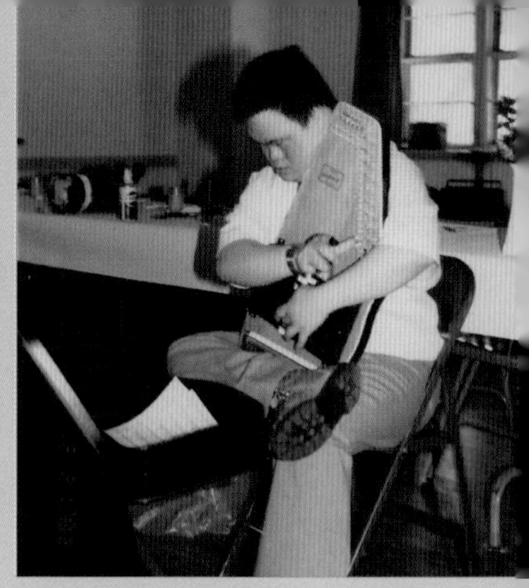

愛表演的張道崙在聖誕派對中獨奏 / 攝於 1986 年。

張道崙身高約五呎四吋，年逾五十的他看來仍像個孩子，跟所有唐氏症患者一樣，身型較矮小，也有體重超重及心臟病等問題。因為張氏夫婦年歲漸長，無法再好好照顧他，兩個哥哥也各有家庭與事業，為了讓他學習獨立，也為顧全家人們的生活品質，張道崙於一九八八年起離開家，住在宿舍裡，學校有巴士接送，由專人照顧他，家人也得以獲得喘息。

張永山對道崙的愛，他的另一位好友，威斯康辛大學麥迪遜分校教授麥克斯 · 雷葛禮（Max G. Lagally）也非常明瞭。他說，無意間發現張永山車牌上寫的是 "Theo"，一問之下才知道，"Theo" 是張永山罹患唐氏症的小兒子，「他告訴我有關三兒子道崙（Theo）罹患唐氏症一事，而這件事情對於他的妻子碧英（Jean）來說有多麼煎熬。無疑地，永山愛這個有時會從宿舍回來看他的三兒子道崙。因為我小兒子也有學習障礙，我們偶而會聊到該如何解決、道崙在做什麼以及他如何處理事情。」

張永山在麥迪遜任教時指導的博士班學生陳双林說，老師張永山讓他明白愛的真諦，他與道崙的父子互動尤其激勵人心。「他鼓勵道崙參加地方性的特殊奧運，同時邀請我們到場觀戰，此外，當研究團隊舉行晚宴時，他也會帶著道崙前來，親自照顧他。許多晚宴的場合中，張教授也會帶著道崙的自動豎琴，用餐過後，幫道崙調整和弦及琴架，以便讓現場所有人欣賞他的獨奏表演。」

孩子 有一天我會老……

對於罕病兒童的父母來說，他們不只要擔心孩子的現在，更要擔心孩子的將來，尤其無法想像萬一自己老了、病了或不在人世了，孩子能依靠誰？！天下父母心，張永山與何碧英也有同樣的擔心。「孩子是父母一輩子的牽掛」，像張道崙這樣的孩子更是！不過張永山與何碧英也明白，自己無法照顧張道崙一輩子，因此，除了訓練道崙基本的生活技能，張永山還費盡心思教道崙讀寫，儘量當他是「正常人」，也希望他像正常人一般自己工作、賺錢。張氏夫婦還想方設法幫他找了幾個簡單的工作，如洗碗、打掃等。在麥迪遜居住時，張道崙曾創下同一時間內做三份工作的紀錄，其中，在貝斯特西部旅館的工作他還一做就是十八年，受旅館表揚為「最資深員工」。

受過特殊教育與父親張永山「特訓」的張道崙後來不僅有工作能力，還會自己搭巴士上班、自己到銀行存錢、自己烹調簡單的三餐……，非常不容易。

一九七九年，來自巴基斯坦的納吉爾・艾哈默德（Nazeer Ahmad）與家人落腳威斯康辛大學，展開為期三年的博士後研究，一九八○年他也隨著張永山從密爾瓦基分校轉戰麥迪遜分校。納吉爾一家人與張永山一家人常有互動，「我和內人常邀請他們到家裡共進晚餐，張教授造訪時多半有夫人及么兒道崙陪伴。那時，罹患唐氏症

張永山送老三張道崙參加夏令營活動／攝於 1994 年。

1994 年張道崙在一場婚宴中與新娘共舞，架式十足。

的道崙是青少年而且需要受到特別的照顧。吃飯時，道崙偶而會任意丟棄食物於桌上或地上，這時，張教授會慈愛地安撫道崙，他通常會起身走到道崙身旁，告訴他他有多棒，大家有多愛他。對於道崙的行為與帶來的混亂，我們相當同情也表示無須擔心這些混亂，但張教授仍會向我們致歉並收拾妥當，他對道崙的愛與耐心更加證明他有一副好心腸。」納吉爾說。

納吉爾一家人於一九八三年回到巴基斯坦，雖然相隔遙遠，他們與張永山一家人仍偶有聯繫，納吉爾記得收到一張張永山寄來的卡片，他高興地與納吉爾分享兒子道崙的工作進展，納吉爾說：「大約在二〇〇二年，他寄來一張卡片與我們分享令他無比歡喜的好消息：道崙在麥當勞獲得全職洗碗工作，他的驕傲字裡行間展露無遺。他非常高興道崙能在『真實世界中』擁有一份專職工作。我真的認為張教授用無比的耐心與愛引導道崙，讓他的人生可以像正常人一般。」

慢飛天使也懂自尊與自我實現

張道崙的小姑姑張婉如認為，道崙做的工作雖然簡單，他卻做得津津有味，而且他對自己很有信心。張婉如說：「有一次我去看他們，道崙拉我到一旁對我 ：『姑姑，妳知道嗎？我的兩個哥哥都是醫生，但我卻擁有三份不同的工作。』看得出來他很為自己感到驕傲。」對此，何碧英也很是驕傲地說：「我們老三在麥迪遜還做過三個兼差，一個地方一天做兩個鐘頭，有些工作做一天，有些工作每週做三天，他賺不少錢，還繳稅給政府，他肯做事，不是光靠社會救濟金過活。」

後來，張永山特別找到幾個家中也有唐氏症孩童的家長，集資買了一幢公寓，讓幾個唐氏症孩子一起生活，還請一位管家同住，以便在必要時照顧這些孩子。特別的是，在這幢公寓居住的孩子一定要學習獨立，比方每天自己坐公車上班，自己做吃的東西，自己到銀行儲存薪水，管家只在一旁觀看，有問題再幫忙。張婉如看到張道崙的進步與改變，對於哥哥永山的敬佩更深了，她說：「把一個有唐氏症的孩子訓練到這種地步，要花多少精神、愛心，下多少忍耐功夫？這一點，我要給哥哥一百分。」

二〇〇五年隨父母搬到羅徹斯特後，張道崙從事的工作與藝術製作有關，偏娛樂方面的訓練，不過何碧英認為，道崙變得比較懶散，不像從前在餐館或洗衣店工作，有工作一做就是七八年。他也學樂器，住在 Assisted Living，離何碧英家約半個多鐘頭。她說：「老三年輕時常給我打電話，現在年紀大了，反而退步了。他老化更快一點，已經有鬍子了，他兩個哥哥還沒有。他過得還不錯，就是常偷吃東西，有心臟及體重過重的問題。」

張道崙教會我們的事

對於出生即是唐氏症患者的張道崙來說，即便年過半百，可能仍無法明白父親張永山、母親何碧英為他付出多少心血，父母及兩位哥哥張道旭、張道維又因為他而體會多少人生，身為唐氏症患者，他是不幸而值得同情的，但能擁有張永山一家人的呵護照料、無私奉獻，他又何其有幸！

張永山與何碧英總認為，生下先天殘缺的道崙，讓他無法像兩位哥哥一樣聰明、健康甚至擁有正常的家庭生活，自己非常對不起他，於是他們付出加倍的耐心與時間教養這個孩子，從某個角度來說，張永山是有了老三道崙這個「不正常」的孩子後才真正學會當一個「爸爸」。無須自己親生父親張元濱的教導，張永山自己摸索出父子間「愛與信任」、「愛與奉獻」的真諦，如果說張永山的母親鄧淑英教會他「犧牲與成全」，妻子何碧英教會他「分享與信賴」，兒子張道崙則是教會他「無私與奉獻」。

張永山的小妹張婉如說：「道崙對哥哥的最大影響應該是一個『愛』字，他學會無條件去愛自己的孩子，教養道崙使哥哥變得更有忍耐精神，而且做任何事或任何研究，一次不成功他會再繼續做下去，只要有決心，成功的希望就很大，就像教養一個唐氏症孩子，任何事情都可能『逆轉勝』。」

說起老三道崙對自己的影響，張永山對妻子何碧英說：「老三給我最大的影響是更有耐心、更了解人、更能為其他人著想，別人一定有不得已的苦衷才有這樣的結果，所以我們應該多幫忙，把自己放在別人的立場去著想。本來我們不會對其他人的不幸多注意，自從有了

老三後，我們會多留意社會上其他人的不幸，多留意社會關懷面及人道問題，不會再『自掃門前雪』。」

能捨才能得 化小愛為大愛

二〇〇五年十一月，當時張永山仍在威斯康辛大學麥迪遜分校任教，距離正式退休不到一年，因為張家老大張道旭夫婦對父母承諾照顧道崙，也為了讓道崙及早適應紐約州的生活，七十三歲的張永山夫婦帶著道崙從麥迪遜搬到羅徹斯特的菲爾波特（Fairport）。

當張家人住在麥迪遜時，由於當地有麥迪遜 ARC 低能協會，張道崙在此可以受教育並且被妥適的照料，為了嘉惠更多弱勢者，張永山夫婦在一九八八年還主動捐了一萬美金給協會。張永山對何碧英說：「錢我們是花不完的，能夠幫弱勢的人就幫，別人幫我們，我們也幫別人。」後來張道崙隨父母搬到紐約州後，張永山夫婦於二〇一〇年也捐了一萬餘美金給蒙特梭利私立學校（Trinity Montessori School）做為教育基金。

張道崙隨父母搬到羅徹斯特後，住在 Assisted Living，與其他三位男性室友同住，暫時還不需要哥哥張道旭一家人照顧，母親何碧英有空會去看他，他也是該處唯一的一名唐氏症患者。

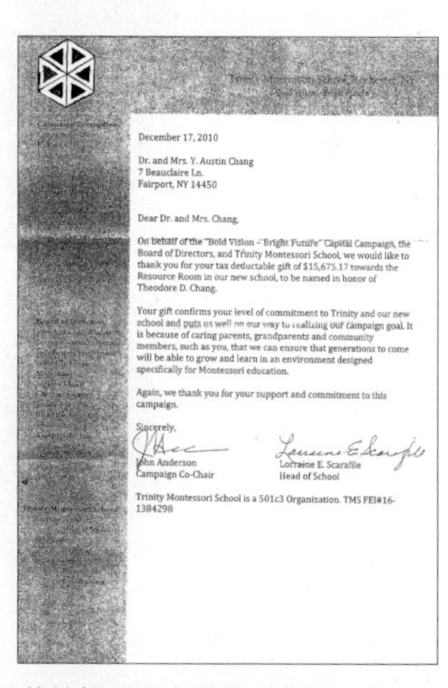

December 17, 2010

Dr. and Mrs. Y. Austin Chang
7 Beauclaire Ln.
Fairport, NY 14450

Dear Dr. and Mrs. Chang,

On behalf of the "Bold Vision – Bright Future" Capital Campaign, the Board of Directors, and Trinity Montessori School, we would like to thank you for your tax deductable gift of $15,675.17 towards the Resource Room in our new school, to be named in honor of Theodore D. Chang.

Your gift confirms your level of commitment to Trinity and our new school and puts us well on our way to realizing our campaign goal. It is because of caring parents, grandparents and community members, such as you, that we can ensure that generations to come will be able to grow and learn in an environment designed specifically for Montessori education.

Again, we thank you for your support and commitment to this campaign.

Sincerely,

John Anderson
Campaign Co-Chair

Lorraine E. Scarafile
Head of School

Trinity Montessori School is a 501c3 Organization. TMS FEI#16-1384298

蒙特梭利私立學校（Trinity Montessori School）給張永山夫婦的感謝函。

叄 崛起

沒有人可以預先知道自己的人生劇本，下一秒會遇見誰、往那裡去，際遇好壞無從選擇，所有功過只能「蓋棺論定」，我們能做的只是勇敢面對每一天，過好每個當下，只希望人生畫上句點的時候有個「完滿」的結局。

一九五〇年以前的張永山，身如迎風柳，萬事「不能由我」，只能讓命運選擇他；一九五〇年後，與其說是父親張元濱逼使他離鄉背井、遠離中國、與相依為命的家人生別離，不如說是命運之神帶他走向美國這個充滿無限夢想與可能的「希望與自由之境」，命運之神為張永山的人生劇本添加顛沛流離、苦澀灰暗之外的其他元素，讓他在淬煉後宛如大鵬鳥展翅，盤旋在美利堅的天空，伺機而動。

雖然孤單，張永山順利飛過萬重山，於一九五四年取得美國加州柏克萊大學化學工程系學士學位，一九五五年取得西雅圖華盛頓大學化學工程系碩士學位，一九五六年建立家庭，一九五七年之後的七年間成為三個孩子的父親，婚後，一九六三年取得加州柏克萊大學冶金學博士學位及博士後研究。

一九五六年至一九五九年，擁有碩士學位的張永山進入職場，開始人生中的第一份正職工作，成為一名朝九晚五的上班族，他在加州瑞奇蒙史塔佛化學公司（Stauffer Chemical）擔任化學工程師；一九六三年至一九六七年，擁有博士學位的張永山開始人生中的第二份正職工作，他在加州噴射飛機公司（Aerojet General Corp.）擔任冶金研究員，不過，前後約八年的職場生涯並未讓張永山發光發熱，他努力工作求表現，但是沒有人注意到他，直到張永山一九六七年轉戰學界，到威斯康辛大學密爾瓦基分校任材料系副教授，他才開始如魚得水，一展長才，至此，張永山的人生劇本正一步步地邁入高潮……

第一章 鎂光燈下的獨白

一九五五年十二月中旬，未滿二十三歲的張永山拿到西雅圖華盛頓大學化學工程系碩士學位後就轉往加州發展，一方面是因為他想和當時在舊金山的女友何碧英共組家庭，再方面他也想回到加州柏克萊大學攻讀博士學位。當年聖誕夜，張永山向何碧英求婚成功，落腳加州再無改變的可能，這時的張永山已經不是孤家寡人，他的所有人生規畫都不能少了何碧英及未來的可能家人 - 孩子，於是生性務實也不想靠家裡資助的他選擇先就業再說。

求職初體驗 張永山吃閉門羹

在學術界闖出成績的張永山在外人眼中是「人生勝利組」，要風得風，要雨得雨，殊不知，在轉戰學界以前，優秀如他也曾求職被拒，那是張永山人生中的求職初體驗。

一九五五年十月，仍在西雅圖華盛頓大學攻讀碩士學位的張永山特地蹺了一堂課到校區徵才處面試，第一個面試的公司是全球知名企業 Shell Oil Company，沒想到成績優異的他竟完全不在公司考量之列，只因為他不是美國公民又沒有永久居留權，這個結果，張永山也只能接受。當年 Shell Oil Company 提供的薪金很誘人，碩士畢業起薪四百三十五美元，第一年每六個月調薪二十美元，等於第一年年底就可以拿到四百七十五美元，若是博士以上學歷月薪則是五百五十至五百七十五美元，沒希望被錄取的張永山只好再到其他公司面試。

1960-1963 年期間，張永山在柏克萊大學攻讀博士學位 /1961 年攝於密爾瓦基。

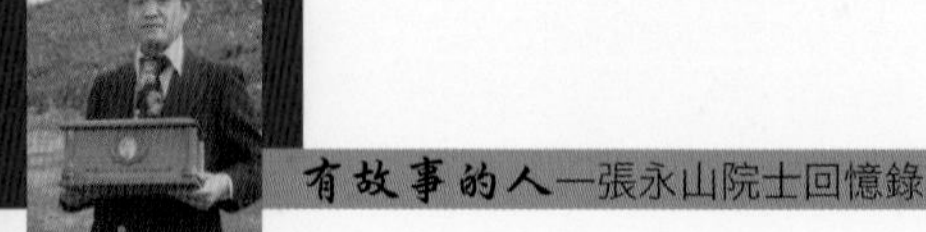

隔天張永山又到 Union Oil 公司面試，他希望這家公司跟 Shell Oil 的政策不同。他當時碰到還不錯的面試官，面試官表示，非美國公民也有機會錄取，於是他寄了一封申請書給他們。這家公司的待遇也不錯，大學畢業起薪四百美元，碩士畢業起薪四百四十美元，博士畢業起薪五百八十美元，不過這家公司最後也沒給張永山機會。

落腳加州的張永山後來終於找到工作，在史塔佛化學公司（Stauffer Chemical）擔任化學工程師，這也是他生平第一份正職工作。在此期間，他租了與何碧英同一區的房子棲身，等存夠錢買結婚戒指後就結束單身生活，一九五六年九月中，張永山與何碧英終於順利成婚，張永山的小妹張婉如還是他們的伴娘。

職場菜鳥與新手爸爸 張永山挑戰多

在史塔佛工作約三年後，一九六〇年，張永山決定回柏克萊大學攻讀博士學位，那時張永山的大兒子張道旭（Vincent Chang）約三歲，次子張道維（Lawrence Chang）於同年感恩節前後出生。這段時期的張永山比較像是朝九晚五，勤勉工作的上班族，一名為家人溫飽付出，仍在職場摸索學習的「菜鳥」。

張永山在一九六〇年至一九六三年攻讀博士及博士後學位期間，妻子何碧英則在奧克蘭的奧塔貝茲醫院（Alta Bates Hospital）臨床實驗室做兼職工作，靠何碧英及張永山攻讀博士學位期間兼任助教賺得的薪水，夫妻倆省吃儉用的捱過過渡期，一九六三年，張永山取得冶金學博士學位後到噴射飛機公司（Aerojet General Corp.）擔任冶金研究員，工作時間長達四年半，為此，張家舉家遷往山克拉門督

（Sacramento）居住，這段期間，張家又添了一名新成員，老三張道崙（Theodore Chang）。

丟出百多封履歷 二封回覆

張永山一九八〇年在麥迪遜分校時期收的第一批博士生林正淳回憶，張永山曾親口告訴他，當年自己在取得博士學位後的求職甘苦，沒想到「材料界第一把交椅」張永山丟了百多封履歷表，只有二封回覆！

在張永山研究團隊呆了七年的林正淳成績不錯，當年他在念完博士後想在美國找工作，他寄出許多封履歷表都石沉大海，本想應該一、二個月就會收到回覆，沒想到等了四、五個月也沒有任何消息。「我之前在美國沒有找過工作，丟了很多履歷表但沒什麼回應，我等了超過四、五個月，張教授可能認為我有些氣餒，他告訴我，這是很正常的，他說他畢業時寄了一百多封履歷表，只收到二個面試通知，他說自己還是在美國念的大學，他要我不要氣餒，『這是正常的』。」張永山也告訴他，當年自己畢業時沒有名氣，「找工作完全要靠運氣，有人看到你是你運氣好，不見得能力好的人就找得快，能力不好的人就找得慢，要看有沒有適合的位置、時機對不對。」林正淳說：「他對每個學生都很好，都會鼓勵，他還會幫你打聽那裡有工作機會，他對學生真的是沒話講。」

八年職場生涯 龍困淺灘？！

每個人都有強弱項、優缺點，有人一年換二十四個老闆，最後還

是感嘆「找不到伯樂」；有人十八般武藝樣樣通，「鶴立雞群」卻苦無表現機會；有人才智平庸，戲棚下等久了照樣平步青雲。「千里馬遇伯樂」總需要天時、地利、人和，否則「龍困淺灘」或「無可用之兵」遺憾難免。

從結果論來說，張永山無疑是匹「千里馬」，但他人生中近八年的「唯二」業界職場生涯卻沒能讓他成為後來享譽國際的張永山，他還是那個擁有博士後學位、有能力、肯努力、很用心的張永山，但他距離「成功」頗為遙遠。有句話說「對的人要放在對的地方」，但這段期間的張永山似乎沒有擺對地方，顯然也欠缺好的際遇，如果說張永山是「學院派」，他顯然走錯路，杵在「市場派」裡格格不入。

林正淳目前服務於美國鋁業公司技術中心，在美鋁服務超過二十五年的他說，張永山曾說自己「不喜歡」或「不適合」在業界發展，他認為自己喜歡做的是基礎研究，「張教授說他還是比較喜歡學界，他教書很認真，他不認為教書是很辛苦的工作，他認為把知識傳遞給想要學的學生是很愉快的事，他想把自己的知識傳遞出去。」

張永山對林正淳說，工業界做研究比較有限制，公司可能有範圍限制，但他喜歡開放式地做研究，他希望在學術領域中可以鑽研自己有興趣的東西，他做得很廣、很細（details），在工業界比較不吃香，張永山說：「工業界是那裡有應用價值就做那裡，他不希望你什麼都做，做的深度也不深。」所以張永山認為自己比較適合呆在學校，可以在研究領域上有所發揮、自由發揮。林正淳說：「張教授說自己喜歡教書，他認為教書與研究可以相輔相成，研究上遇到的可以用來當教材，所以他的教材常常會更新，他做新的領域也會更新教材，不是一成不變，教書與研究結合在一起，他覺得這樣是很有意思的。」

知己知彼 創造自己的優勢

張永山任職於噴射飛機公司（Aerojet General Corp.）後認識了好友喬治 ‧ 貝克（George Baker），喬治認為，張永山是那種深知自己優勢與目標的人，而且他知道如何創造優勢，這點讓人印象深刻，他們的交情超過四十年，他對張永山的看法從未改變。後來張永山轉戰學術領域，透過張永山的大力推薦，喬治也在威斯康辛大學密爾瓦基分校取得教職，兩人再度成為同事。隨著張永山一九八〇年轉戰麥迪遜分校，他的學術生涯也到達巔峰，喬治說：「從密爾瓦基就看出他會有這一天。」

雖然張永山在業界八年沒有繳出漂亮的成績單，但透過這八年的歷練，他體悟到自己適合的舞台不在業界而在學界，也算不虛此行，尤其後來他雖然身在學術界，但仍有許多機會與業界攜手合作，業界八年，張永山懂得他們的運作方式及語言，尤有甚者，一九九六年張永山創立了CompuTherm LLC公司，總結他在學界與業界的經驗大成，以結果論來說，八年的職場生涯也不是沒有收獲。

第二章　和時間賽跑的人

轉戰威斯康辛大學後，張永山的事業逐步邁向巔峰。

人生的際遇很難說，前一秒意氣風發，下一秒可能豬羊變色，行到水窮處也可能坐看雲起時，但是，不論身處順境或逆境，都不可以忘卻自己的「本心」。張永山的母親鄧淑英就從未違背自己的「本心」，對於家人，她永遠不會忘了自己一生奉獻的「初衷」，對於人生際遇與人情冷暖，她自有領悟。

張永山的妹妹張婉如說：「從有記憶開始，母親就叮嚀我們要不斷地努力，希望有一天我們能出人頭地，而且她總是灌輸我們一個觀念 - 不要有一絲一毫想要靠父親的念頭，她總是告訴我們做任何事一定要有耐心，而且要堅持下去，就算失敗了也要有勇氣再爬起來，繼續努力。」鄧淑英雖然從未受過教育，但她絕對是位有智慧的女性。

如果張永山童年時期歷經的是生活與物質上的谷底，青少年時期在香港的一年半是生活與精神上的谷底，但是，最壞的已經過去，一九五〇年八月十五日，張永山跟弟妹們搭乘「戈頓將軍號」抵達美國舊金山後，他的人生就此改變。從一九五四年順利取得加州柏克萊大學化學工程系學士學位後，張永山一路過關斬將，短短九年間取得西雅圖華盛頓大學化學工程系碩士學位及加州柏克萊大學冶金學博士學位，同時成為丈夫與父親。

當年張永山認為自己做基礎研究應該比在業界貢獻大，所以他後來選擇到學界發展。一九六七年，張永山從業界轉戰學界，這次的職涯轉換讓張永山找到發揮的舞台，迎向人生中最輝煌的四十年，盤旋在美利堅上空的大鵬鳥終於找到了棲息地。

張永山的「師承」

張永山花了四十年的時間成為全球冶金材料熱力學的第一把交椅，除了自身的修煉外，他的老師們也功不可沒，特別是張永山在柏克萊大學（UC-Berkeley）攻讀博士的指導教授羅夫・哈特格蘭（Ralph R. Hultgren），他是諾貝爾化學獎得主萊納斯・鮑林（Linus Pauling）在加州理工學院（Caltech）最早期的學生之一。張永山札實的物理化學基礎、嚴謹的治學方法及認真的教學態度不難看出「師承」的重要與影響，他的老師如何影響他，他也如何影響他的學生。

張永山對學術研究的興趣與熱情，從當年他的博士論文《脹縮對於金屬與合金熱容的影響》（Dilation Contribution to Heat Capacity of Metals and Alloys）中不難看出。張永山在威斯康辛大學密爾瓦基分校任教時的碩士班學生蔣天鴻說：「從老師張永山的博士論文可以感受到老師對多元素合金的結構以及各原子間的交互作用有極其深入的興趣與瞭解。」

和時間賽跑 超越極限

從一九六七年轉換跑道開始到二〇一一年去世之前，張永山一步一腳印，如苦行僧般建立自己的學界人脈、累積自己在學術領域中的實力，他不只忙於系務、教學，他還持續不斷地吸收新知，不讓自己原地踏步，更不間斷地發表新的研究成果，他所發表的論文、研究報告超過五百七十篇。張永山是拚命燃燒自己的那種人，他用一輩子的時間完成了別人幾輩子才可能完成的事，張永山如此拚搏，除了異於常人的成就動機與自我實踐的期許，背後的驅策力也許跟童年脫不了關係。

從小到大，張永山一直都很勤勞，不浪費時間，不浪費生命，個性很務實，他時時刻刻都在鞭策自己「向前走」，這與母親鄧淑英從小給孩子們的教誨「做任何事一定要有耐心並且堅持下去」不無關係，而不受父親張元濱重視的童年陰影也許更是鞭策張永山「一定要出人頭地」的另一個重要因素，換言之，張永山有很強的「成就動機」。張永山的妹妹張婉如說：「我相信哥哥永山有一部份是要向父親證明自己。」多年後，張永山的父親張元濱的確以長子的成就

1961 年張元濱（後排左）赴美探望張永山（後排右）一家人，祖孫三代合影。張永山手上抱的是老二張道維，立於前排的是老大張道旭。

為榮，「自從哥哥拿到博士學位後，父親對他的看法似乎有所改變，他後來給親友寫信時總會提起長子永山讓他感到驕傲。」張婉如說。

對此，張永山的好友麥克斯 ‧ 雷葛禮（Max G. Lagally）有近距離的觀察，他說：「有人沉溺於成就感的取得，因為他們必須透過成就感不斷地肯定自己，我認為永山也屬於這種人，之所以會如此，也許導因於他的童年，也或許這是天性使然。他是我所知得過最多榮耀與肯定的學者，但對他來說，這些永遠不夠，縱使某個獎項與他之前拿到的相比遜色許多，他仍會努力爭取提名。到最後，我必須勸阻他別參與某個專業社團，唯有如此，他才能成為頂尖人物。對某些人來說，成就的取得就像個遊戲，每件事都要贏，因為挑戰就在那裡；對某些人來說，成就感的取得是一種心理需求，我認為永山屬於後者。」

轉戰學界 找到舞台

張永山的研究專長主要是熱力學模型與相圖計算。一九六七年，他從噴射飛機公司（Aerojet General Corp.）轉任威斯康辛大學密爾瓦基分校工程系副教授，成為一名學者，一九七一年他便坐上材料工程系系主任的位子，那年他三十九歲，他在這個位子上一呆就是六年，期間

1976 年張永山攝於威斯康辛大學密爾瓦基分校辦公室，張永山當時為材料系系主任。（照片提供 /Herbert Ipser）

他除了負責系務等行政職外，還要教課，他帶的是碩士班學生。

當年，威斯康辛大學密爾瓦基分校（University of Wisconsin at Milwaukee, UWM）華裔教授非常少，除了張永山外，還有賴義雄及曹克誠。一九七〇年起在密爾瓦基分校工學院力學系任教的賴義雄說，當年威斯康辛大學密爾瓦基分校工學院剛成立沒幾年，他倆認識時，張永山已是資深教授。賴義雄說:「雖然我們不同系，但永山平易近人，個性開朗又健談，永山的太太碧英還是我附中中學（編按：師大附中）的學姊。」

賴義雄說，張永山很受同事尊敬，人緣很好，他的好人緣並未隨著他在學術界越來越有名望而改變。不過，密爾瓦基分校也免不了有人事複雜的問題：「尤其工學院更複雜，讓年輕尚未拿到終身職（Tenure）的助理教授們相當為難。我偶爾會去找永山，請教他如何應付這些人事問題，他很關心我，常給我一些忠告。我在 UWM 教書十年，永山給我的幫助很大，我終身感激。」

一九八〇年賴義雄到約翰霍普金斯大學應用物理實驗室（Johns Hopkins University Applied Physics Laboratory）當研究員，但他與張永山一家人仍常有往來。

密爾瓦基分校

隨著威斯康辛大學密爾瓦基分校的知名度漸增，台灣留學生到工學院攻讀碩士的人數也越來越多。在此期間，張永山開始成為獨具慧眼的「伯樂」，收了幾位優秀的碩士生，如 John Franks（1968）、柯伸道（1972）、蔣天鴻（1973）、林瑞陽（1974）、胡迪群（1976）、

1976 年張永山（左）與學生趙崇堯合影。（照片提供 /Herbert Ipser）

蔡文達（1977）與謝克昌（1979）等。那時密爾瓦基分校沒有博士班，所以很多師承張永山的碩士生都被推薦到麻省理工學院（MIT）念博士班，如柯伸道、林瑞陽、蔣天鴻、胡迪群等，巧的是，這些學生有不少來自台灣大學或清華大學，不論在美國、台灣學界或業界，這些畢業學生都有優秀的表現，一直到張永山轉到麥迪遜分校任教後，才開始收博士生。

當時在密爾瓦基分校與張永山並肩作戰的同事喬治・貝克（George Baker）回憶，他跟張永山共同發展了一門課程，讓材料系的地位變得更重要，「永山貢獻所能在未成氣候的大學系所，讓它成長茁壯，達成許多任務。但他並未忽略教學與研究，雖然蠟燭兩頭燒，他仍可以兼顧兩者，他也是唯一一位實驗室搬到新工程學系大樓卻不會因此而讓研究受干擾的工程系教授。」

張永山在威斯康辛大學密爾瓦基分校服務約十三年，一九六七至一九七〇年成為工程系副教授，一九七一至一九七七年成為材料工程系系主任，一九七八至一九八〇年當上研究院副院長。

良師 不只教你做學問

四十餘年前蔣天鴻師承張永山時，威斯康辛大學密爾瓦基分校（UW-Milwaukee）的材料工程系研究所師生加起來不超過三十人，而且只有碩士班，研究生也只有十來位，其中有一半是張永山的學

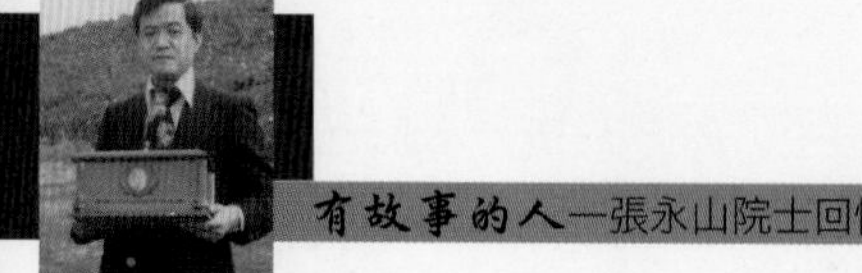

生。蔣天鴻說，當年在張教授實驗室做碩士論文研究的學生除了他自己是台大化工系畢業外，蕭優仁、林瑞陽也是，另外還包括成大冶金系的趙崇堯和幾位白人學生麥克・巴沙（Mike Baxa）、多納・貝克（Donald Baker）及查克・漢瑞契（Chuck Heindrich）等。

張永山那時剛在學術界嶄露頭角又身兼系主任，所以相當忙碌，但他完全沒有因此忽略教學工作與對學生的栽培，他不只收碩士生，也收了幾個博士後研究生（Postdoctor）做不同的研究計畫，如丹尼爾・格伯（Daniel Goldberg）、賀伯・伊柏瑟（Herbert Ipser）、阿道夫・米庫拉（Adolf Mikula）、納吉爾・艾哈默德（Nazeer Ahmad）、克利斯多佛・菲茲納（Krzysztof Fitzner）及萊納・施密德費瑟（Rainer Schimd-Fetzer）等。

一九七四年至一九七六年，維也納大學材料化學系教授賀伯・伊柏瑟（Herbert Ipser）在威斯康辛大學密爾瓦基分校展開為期二年的博士後研究生涯，張永山對他來說不僅是博士後指導教授，也是交情超過數十年的好朋友。賀伯說：「張教授最讓我印象深刻的就是他的博學，而且他不吝於和學生及同事分享這些知識。他的授課內容相當地有系統而且簡潔，他可以用簡單的方式解說複雜的事情，以便讓每一個人都了解他的意思。我從他那裡學到許多統計熱力學知識，特別是有序非化學計量的金屬間化合物論述，我發表的許多論文泰半奠基於當年博士後研究師事張教授所得。」

賀伯也分享張永山早期對材料科學界的貢獻，如早期他對統計熱力學非化學計量的有序金屬間相論述（特別是 B2 或 L10 結構）、過渡金屬硫系統的熱力學性質及系統中的第一 CALPHAD 型評估實驗測定（鐵硫、鈷硫、鎳硫等）、INCRA 項目，如三元銅系統的評估和彙編以及 III / V 族化合物半導體接觸材料（特別是界面相應的相平衡）。

一九七七年到威斯康辛大學密爾瓦基分校展開博士後研究的阿道夫・米庫拉（Adolf Mikula）說，張永山不僅關心學生，也非常關心學生的家人，回想當年與張永山的第一次碰面情景，他說：「密爾瓦基氣候嚴寒，但我抵達時卻覺得溫暖。張教授見到我後問的第一件事就是我的家人，因為內人及三名孩子都留在維也納，他們打算七月到密爾瓦基與我團聚。張教授對此事非常上心。」

一九七七年加入張永山研究團隊的碩士生蔡文達目前任教於國立成功大學，他說：「在學習與研究的過程中，張教授循循善誘，耐心指導，使我對於科學研究的態度與方法獲得啟蒙。除了學識淵博讓我景仰之外，張教授對於學生的照顧以及謙謙君子的儒者風采，更是我日後成為人師的典範。」

來自波蘭，一九七九年已經拿到博士學位的克利斯多佛・菲茲納（Krzysztof Fitzner）於隔年加入張永山在密爾瓦基分校的研究團隊，展開博士後研究，來自歐洲的他，對於美國學院與教學體制仍不熟稔，但在張永山的帶領下，他不僅完成博士後研究，也找到一生的志趣 - 教書。他回憶當年的學習之旅：「在麥迪遜分校，張教授的研究團隊是系所內最大的，其中有許多優秀的台灣學生，張教授認為自己對他們有責任。張教授盡其所能的幫助學生，但他不會鼓勵學生學成後非要留在美國不可，反之，他多半建議學生們回國。有一天我接到來自波蘭的噩耗，說我母親身患絕症，我想回去看她，於是我問張教授是否可以回波蘭一趟，短暫的沉默後他說：『聽著，克利斯，過去我自己也有過類似的經驗，那時我的老闆不讓我回去，我至今仍記得這件事，我勸你回家看你母親。』這就是張教授，他從來都是極為寬容的人，若有人向他求助，他永遠準備好伸出援手，他是溫暖而有愛心的人。」

克利斯多佛也許當時不明白張永山沉默的原因以及他說「自己也有過類似的經驗」指的是什麼，顯然張永山想起一九五九年母親鄧淑英孤單地於台灣新竹過世，他和妹妹張婉如當時都在美國，無法為母親送終的遺憾。

練功 馬步要蹲好

張永山在一九七九年至一九八九年間，跟幾位學生合編了四本工具書[1]，其中三本與銅合金相有關。張永山的學生謝克昌當年也曾參與其中一本書籍的編著，學成後回到台灣，任教於國立中山大學材料與光電科學學系的謝克昌說：「那是比較無趣的工作，就是整理一些資料，做一些評估工作，有點像在編字典，有系統的將資料整理好，張教授願意耐住性子做完一個系統又一個系統，方便後來的人查詢資料，他很有耐性，從這點小事就能看出他對很多事都很仔細、很嚴謹。」

註 1：四本工具書

1. Chang, Y.A., Neumann, J. P., Mikula, A., and Goldberg, D., INCRA Monograph VI. Phase Diagrams and Thermodynamic Properties of Ternary Copper-Metal-Systems, The International Copper Research Association, Inc., New York（1979）
2. Chang, Y.A., Neumann, J. P., and Choudary, U. V., INCRA Monograph VII. Phase Diagrams and Thermodynamic Properties of Ternary Copper-Sulfur-Metal Systems, The International Copper Research Association, Inc., New York（1979）
3. Chang, Y. A. and Ahmad, N., Thermodynamic Data on Metal Carbonates and Related Oxides, The Metallurgical Society of AIME, Warrendale Pennsylvania（1982）
4. Y. Austin Chang and Ker-Chang Hsieh, Phase Diagrams of Ternary Copper-Oxygen-Metal Systems, ASM International, Metals Park, Ohio（1989）

謝克昌認為，除了學問之外，張永山給他一個做學問或治學的態度，「他給我的啟示是，許多基礎的部份還是要好好著力，比方有些無名英雄做的事，雖然花很多時間整理的東西有人會說查書就好，但這些東西還是要有人來做，才不會讓使用者出大錯，沒有人會在意這件事，但張教授就會認為這是他應該做的。」

行政能力無人能及

張永山在西雅圖華盛頓大學攻讀碩士期間曾擔任學生組織「華社」社長，當年才二十二歲的他已具有極佳的統籌、執行與溝通能力，展現超強的執行力，他具有天生的行政能力。後來他在擔任威斯康辛大學密爾瓦基分校材料工程系系主任時，雖然人事更複雜，行程滿檔，他仍有辦法將天生的行政長才發揮得淋漓盡致。

謝克昌對於老師張永山的行政能力萬分佩服，他說：「美國系主任是要投票的，權力也很大，比方某個學院或系所年度預算有多少，這些預算或薪水是院長或系主任決定如何使用，因此院長或系主任都要經過投票才能當選，有些資源他要做合理、公正的使用，大家才會信服他。張教授先在密爾瓦基分校當了六年系主任，後來又在麥迪遜分校當了九年系主任，這在國外是很不容易的。」

好的行政能力包含對各種事務的「運作」能力，謝克昌說：「我認為張教授完全了解如何『運作』，也知道那些人重要或不重要，但是他不會只跟人家拍馬屁，該走的步驟他會一個一個走，比如說他希望人家提名他，他會設法找到適合的人幫忙，這些人脈關係當然是他慢慢建立起來的。」

一九七四年拿到材料工程學碩士學位的柯伸道說，張永山是他的碩士指導教授，也是他多年後在威斯康辛大學麥迪遜分校的好同事。一九七一年畢業於台大化工系的柯伸道與張永山相遇於一九七二年，當時張永山是威斯康辛大學密爾瓦基分校材料工程學系系主任，他提供柯伸道一個研究助理的工作，後來還熱心地推薦柯伸道到麻省理工學院（MIT）攻讀材料科學暨工程學系博士學位。柯伸道跟在張永山身邊學習二年，兩人一起研究張永山最熱中的材料熱力學，在麥迪遜分校任教的他也曾任系主任。

柯伸道對張永山的行政與處事能力讚譽有加，他說：「張教授很有交際手腕，但不是長袖善舞或走旁門左道那種，他會讓大家很喜歡他，很願意幫他忙，當然在適當的時候張教授一定先主動幫助其他人，在我看來，張教授是中國人在材料界中成就最大的，他拿過多少獎項與榮譽？我們系裡沒有人能破他的紀錄，他的人際關係非常好，他總是有辦法運用他獨特的魅力建立好的人脈關係。」

至於張永山用什麼方法搞定繁瑣的系務與人事？柯伸道說，張永山知道問題出在那，他會先把問題處理好，「張教授很有手腕，他當系主任時在系務會議上要決定一些事情，如果大家意見不一樣，可能會一直吵，但是張教授在開系務會議前會先跟這些人談好幾次，先把問題處理好，讓會議進行得比較順暢，有些系主任不是這麼做的，一開始就卡住了，張教授是先做功課的。」

風雲際會 十年磨一劍

一九六七年至一九七七年約十年時間，張永山除了致力於教學研究，也努力改造當時力圖轉型的系所，尤其一九七一年他從正教授升格為系主任後更是蠟燭兩頭燒，教學與行政工作一手抓，十年的磨練，張永山的教學與行政「功力」與日俱增，奠定張永山後來在麥迪遜分校的成就基礎。

到麥迪遜分校任教後，張永山讓材料系徹底脫胎換骨。

張永山一九八〇年到麥迪遜分校任職後，陸續認識了幾位志同道合的學者，因為一九八二年起成為系主任，跟在密爾瓦基分校時一樣，他必須兼顧繁瑣的行政工作、處理系務，還要花時間講課，同時他還得擔任博士班學生的指導教授，身兼數職，忙碌依舊。

麥迪遜分校

威斯康辛大學麥迪遜分校收碩士生也收博士生，因此，張永山一九八〇年轉任冶金與礦物工程學系教授後收了不少學生，如莊英裕（1981）、林正淳（1982）、艾倫・蕭茲（Allan Schultz）（1982）、張民憲（1983）、陳信文（1985）、凱文・蕭茲（Kevin Schulz）（1985）、簡嘉宏（1986）、蕭復元（1986）、道格拉斯・史文生（Douglas J. Swenson）（1987）、陳嘉平（1990）、陳双林（1990）、高振宏（1990）、蘇珊・莫妮（Suzanne Mohney）（1990）、梁海燕（1994）、克里斯多夫・佩圖（Christopher M. Pelto）（1997）、嚴新炎（1997）、彼得・拉威格（Peter F. Ladwig）（1999）、楊瑩

（1999）、楊建華（2000）、杜勇（2000）、曹洪波（2003）等。

張永山指導的學生後來在業界及學界都有優異的表現，與其說張永山運氣好收到的學生都很優秀，倒不如說張永山教導有方，而且在挑選學生上有獨到的眼光，他總有辦法看出學生的真正潛質。

與張永山交情超過三十年的好友，威斯康辛大學麥迪遜分校材料科學暨工程學系教授麥克斯 · 雷葛禮（Max G. Lagally）回憶當年他與張永山身處的系所環境：「我記得永山當時想到以學術研究為主的大學，當然他不知道這個系所會越來越好。我相信多數教職員都希望有一位頂尖的熱力學專家到當時的冶金工程學系。」

麥克斯一九七一年到麥迪遜分校任教時，冶金與礦物工程學系尚未轉變成後來享有盛名的材料科學暨工程學系，麥克斯說：「當年該校較為知名的系所是冶金及礦物工程學系，但並非大家口中的『好科系』，可能是大學中最差的一個，由於七〇年代晚期及八〇年代初期系所聘用了約翰 · 皮若佩茲科（John Perepezko）、張永山（Austin Chang）及大衛 · 拉波斯提爾（David Larbalestier）幾位重量級學者，

張永山難得搞笑扮鬼臉（左）並與秘書們開心合影（右）/ 攝於 1986 年 10 月 31 日萬聖節。

他們都是美國國家工程學院院士，在學界或業界各執牛耳，這些重量級學者的加入，讓排名後段班的材料科學暨工程學系鹹魚翻身。」

當時冶金與礦物工程學系系所內部瀰漫爭執及派系，有些人甚至建議不管或淘汰該系所，不過，眾多雜音中大家唯一的共識是認同熱力學對材料科學與工程學系來說是很重要的，而張永山正好是箇中翹楚，因此他到麥迪遜分校後，眾人都樂於向他求救，他也很快贏得尊敬。麥克斯說：「永山很快就成為系主任。我很肯定他到麥迪遜分校時並未想到要當系主任，在聘用他之時也沒人有這樣的想法，它就這麼發生了，因為永山可以跟各派系成員溝通，更重要的是，他懂得聆聽及問對問題。」

搞定麥迪遜的「潛規則」

當年麥迪遜分校冶金與礦物工程學系可謂「一人一把號，各吹各的調」，學院內派系林立，想要在此生存，一定要搞懂「麥迪遜潛規則」。比張永山早了九年到麥迪遜分校任教的麥克斯深諳此道，兩人相熟後，因為都希望系所改革，除了研究領域的討論外，兩人還花很多時間討論改革系所的可能策略。

麥克斯說，當年麥迪遜分校的低薪政策導致學校無法聘雇除資深教職員以外的新血，低薪也重創教職員士氣，「永山發揮影響力說服資深教職員聽他的，我們也運用了一些我從卡邦教授那裡學到的靈活技巧見機而為，透過非政府基金的資金來源提高薪資，也就是不受基金限制的規範，可以提撥較高百分比的加薪幅度給州政府教職員，這筆資金讓系所得以支付有意願到校任職者較高的薪資，我們也可以靈活運用。不少系所仍無法擺脫舊制的束縛，但永山和我決定一試，雖然永山有點擔心，但我說服他要大膽一點。」後來，提高薪資的作為為張永山贏得威斯康辛大學傑出教授榮銜。

改革派的麥克斯與張永山成為好友，兩人不論是公私領域話題都能聊，他說：「永山是個傾聽者，如果有必要，他不會怯於取得職務，即使這件事讓他不安。朋友來來去去，敵人只會越來越多，沒有『永遠的系主任』，永山深諳其理，某個角度來看，我認為永山為了某些原則跟立場失去了院長的信賴，但在我四十年終身教職生涯中，他是我看過在位最久的系主任。」

材料科學暨工程學系誕生

對於張永山的行政能力，學生林正淳也相當佩服，他說：「我念博士時張教授在這個領域已經很有名了，研究案子不缺，他又是系主任，所以他很忙，他不止在學術上地位很高，他的行政能力也很強，一個中國背景的人在美國行政能力強的不多，張教授是少數例外，衰敗的威斯康辛大學冶金與礦物工程學系幾乎是他把它建立起來。」

惠普實驗室材料科學研究員張民憲是當年系所內第一位中國碩士生，一九八三年他到麥迪遜分校念書時，張永山已經是系主任，張永山對系所的改變，張民憲很有感，他說：「在我進入系所就讀時，系所一如其名，專注於冶金與礦物工程學，系所辦公室老舊，實驗室幾乎都在一樓，系所規定的課綱也有些過時。張教授告訴我們，系所必須重整才能吸引學生。在他的帶領下，我目睹了系所一點一滴地朝正確的方向邁進。張教授將礦物工程學系獨立出來，招聘年輕的教職員，建立新的課綱內容，重新裝修了硬體設備與實驗室，也招募了一批新學生，將系所正名為『材料科學暨工程學系』。所有的改變都在張教授任系主任時架構完成，他徹底地改變了系所，為系所奠下長遠發展的基礎。」

張永山對麥迪遜分校材料系的改革，除了林正淳與張民憲相當佩服外，幾名外國學生也對此事大表讚賞。一九八五年加入張永山研究團隊的博士生凱文・蕭茲（Kevin Schulz）是希捷科技機械研發中心首席管理工程師（Seagate RHO Mechanical R&D），當年他加入時，團隊成員大約有二十位，是個相當大的研究團隊，「張教授當時身兼系主任，他成功地讓冶金工程系教職員處於合作氣氛中，於此同時他也著手整頓系所與教職員，調整課程內容並改善實驗室設備。將傳統的冶金與礦物工程學系改造成符合多元潮流的材料科學暨工程學系，陣痛期難免，改變總是困難的，但張教授做到了，而且成果卓著。」

一九八八年冬，威斯康辛大學麥迪遜分校正式公告「冶金與礦物工程學系（Dept. Metallurgical and Mineral Engineering）」更名為「材料科學暨工程學系（Dept. Materials Science and Engineering）」。

張永山一九八二年成為麥迪遜分校冶金與礦物工程學系系主任，直到一九九一年卸任，前後約九年的時間。張永山的妻子何碧英說，當年張永山希望讓出系主任位子，給其他人機會，若非如此，事業與聲望如日中天的張永山要連任系主任並非難事。

在位最久的系主任

美國威斯康斯大學麥迪遜分校材料科學暨工程學系教授唐・史東

（Don Stone）說，張永山對麥迪遜分校的貢獻，他深表感謝，「我們系所能有今日的一切，永山扮演一個關鍵角色，尤其近年來他聘用了許多優秀教職員，這些生力軍將系所帶向不同的材料學領域。尤有甚者，永山的影響力透過我們彼此互動的過程，一點一滴地深入到我們的個人研究領域，即便是看似不重要的小事，永山都能發揮影響力。」

唐認為，張永山也許曾犯下些小錯，但他認為最後張永山總是對的，「永山對自己與對教職員總有很高的期待，對待教職員，他一向公正、慷慨而且真誠。永山最大的優點就是他知道自己的極限，他從不害怕向外尋求自己或團隊所缺乏的專業技術，許多人因此有機會與他合作。」

張永山與唐曾共同參與有關鎂合金的最新研究計畫，張永山利用相圖技術大幅改善鎂合金設計與執行效能，有助改善其延展性與韌性，他所提出來的方法也加速了合金在汽車行駛時的引擎效能。

對威斯康辛大學麥迪遜分校材料科學暨工程學系教授丹 ‧ 摩根（Dane Morgan）來說，張永山是良師益友、合作夥伴及學習榜樣，他說：「永山讓我印象最深刻的是他能同時面對並處理看似不同事物的傑出能力，比方說，他一方面具有開放的好奇心，又具有強大的說服力；全然的謙遜，卻有著極佳的理解力及領導力；舉止溫暖祥和但節奏緊湊，而且研究產量驚人；絕對的慷慨大方，卻也不忘達成新目標。」

丹曾與張永山一起合作，他負責的是第一原理模擬計算，這是過去十至二十年用來預測動能的強大方法，有助張永山所研究的相穩定與合金動力學。他說：「永山看出這些方法對於他所建立的相圖預測

1984 年張永山獲威斯康辛大學麥迪遜分校頒發拜倫・柏德獎（Byron Bird Award）。

來說極具潛力與價值，他總是問許多問題並準備好從我這裡吸取我知道的任何資訊，他也總是用極佳的理解力剖析我們的討論內容，將這些不同性質的方法導向科學進展。此外，他還非常慷慨、毫無拘束地分享他的時間、智慧、學生與學術著作，三年內，我們合作了九個論文研究。」

威斯康辛大學麥迪遜分校材料科學暨工程學系教授約翰・皮若佩茲柯（John Perepezko）與張永山也曾合作幾個研究計畫，對於相圖，他與張永山都有同樣的研究熱情，他說：「永山對提升相平衡的瞭解做出許多貢獻，尤其是具工程重要性的多元合金系統，他是推動電腦分析相平衡的先驅，他提出相合金模型的許多具發展性論點廣為人知，身為同事的我非常感激他對於技術分析的無私分享。」

千里馬變身伯樂

中國人常說「有關係就沒關係」，有些事情是「前門」不通「後門」通，關係經營如果得當，「人脈存摺」一本萬利，但是「人脈存摺」有時候是虛胖，多是錦上添花的人脈多，雪中送炭的人脈少，到頭來，用得上的人脈屈指可數。與「人脈存摺」有異曲同工之妙的是「貴人」，貴人可能是給機會、給挫折的人，也可能是影響自己最深、幫助最多的人，貴人也許是父母、夫妻、親友，也可能是素昧平生的陌生人。

所謂「天助自助」，張永山從小到大一路走來，除了自身付出的努力，也有許多貴人幫忙，隨著事業平步青雲，張永山也開始當別人的貴人，他以一種開放、無私的態度，分享自己的智慧、時間與心力，他不只重視自我修煉，也不忘提攜他人。

一九七九年八月加入張永山研究團隊的博士後學生納吉爾・艾哈默德（Nazeer Ahmad）是巴基斯坦塔克希拉工程科技大學冶金及材料工程學系客座教授，當年他剛從英國伯明罕大學取得博士學位，希望爭取到張永山研究團隊助理一職。張永山打電話告訴他被錄取的消息，納吉爾回憶：「張教授在電話中告訴我工作內容，並建議我最好先單獨到密爾瓦基而不要攜家帶眷，等我找到適合的居所並安頓下來後再接他們過來。」

一九七九年八月，納吉爾在張永山的辦公室裡見到了他，在短暫的歡迎與寒暄後，張永山向他說明未來的工作內容與範疇，「在此之前，張教授也傳授了幾個在密爾瓦基找合適寓所的實用方法，包含那一區有最好的租屋、那裡可以買到最好的傢俱等，他甚至指派一位學生協助我尋找近校區的平房。會面結束前，他再次歡迎我到密爾瓦基，陪我走到我的辦公桌前，同時介紹新同事。他是個非常有禮、周到的人。」納吉爾說。

張永山一九八〇年轉往麥迪遜分校任教，林正淳是張永山在麥迪遜任教後收的第一批博士生之一，一九八二年他第一次見到指導教授張永山時是在張永山的辦公室，他說：「我就像第一次會見指導教授的緊張學生，當時我以為會聽到與學校有關的嚴肅問題，但張教授卻對我的個人問題更感興趣，同時好心地詢問是否需要協助。那時我理解到，我選對了指導教授。」

慧眼獨具 挑對學生

張永山數十年的教學生涯，帶了不少學生，多數學生都說，張永山比較嚴肅，所有時間都投注在工作上，他的腳步很快，可以同時執行不同的事情卻面面俱到，而且，張永山似乎總能挑選到優秀的學生加入研究團隊，他是如何挑選學生的？對此，一九九〇年加入張永山研究團隊的博士生陳嘉平說：「張教授選學生很特別，他會先從農家子弟開始選，這是我跟陳信文討論的結果。」換言之，張永山會挑選「吃苦耐勞」的人。

陳嘉平說，張永山如果知道學生家裡務農或是農夫出身，第一個就會加分，「因為所有人都可以念博士，但與聰明才智無關，博士之路是很漫長的，就像馬拉松，要看有沒有體力、耐力跟毅力，念書是很漫長與孤單的路，有的人吃不了苦就走不下去了。比方我在念博士的時候是天還沒亮就到實驗室，天很黑才會回去，很少看到白天，有

時晚上九點、十點都還在做實驗。」對於外國學生，張永山也是用同樣的挑選標準，「像我同期畢業的一位外國男同學與女同學，兩人都是農夫出身，個性都非常好，也都很能吃苦，張教授畢竟是中國人，他會選比較能打拚的學生，透過口碑或學生的背景，找到具有這些特質的學生。」

如果陳嘉平與陳信文的論點不錯，挑選「農夫出身的學生」可能與張永山童年在八里庄的生活經驗有關，換句話說，張永山會挑選那些與自己特質比較相近的學生。一九九〇年到張永山研究團隊攻讀博士學位的高振宏說：「張教授是工作很認真的學者，他也期許自己的學生工作要很認真，他是以帶頭以身作則的方式，激勵學生全力投入。」

對台大化工系情有獨鍾？！

林正淳說：「我到麥迪遜分校念書的時候張教授已經是系主任了，那時在威斯康辛大學不僅有材料冶金系，也有材料科學的一個計畫（program），學生可以直攻博士，我跟晚幾年的陳信文、簡嘉宏都在這個計畫，這個計畫不屬於系上。」巧的是，林正淳、陳信文、簡嘉宏、高振宏都是台大化工系畢業，連同密爾瓦基分校時期的學生柯伸道、蔣天鴻、蕭優仁、林瑞陽……，張永山的確與台大化工系學生有緣。

對此，林正淳提出解釋，「因為張教授跟當時的台大化工系系主任呂維明相熟，由於張教授當年在加州柏克萊大學念大學時就是化學工程系學生，念研究所時才改念材料冶金系，所以他很相信化學工程系學生的素質，因此他每年都會透過呂維明教授找學生。」事實上，不只台大，當年張永山的台灣學生也有不少來自清華大學與成功大學，後期則收了不少中國學生。

林瑞陽一九七四年在台灣服完預官役後到威斯康辛大學密爾瓦基分校攻讀碩士學位，他也是台大化工系畢業，後來張永山也推薦他到麻省理工學院（MIT）攻讀博士學位。學成後的他同時有學界與業界資歷，不僅任教於美國辛辛那提大學，同時也是晶泰國際科技股份有限公司創辦人兼董事長。當年在張永山研究團隊的學習經驗他認為十分受用，他說：「張老師是十分有創意的學者，在課堂上，在研究室，常常看到他隨時採用新技術，新方法。在老師身邊耳濡目染，竟然也養成了自己不守舊因循的做事準則。有了張老師打下的雄厚基礎，讓我在 MIT 的博士學程上十分得心應手。四十年來，我常常問自己：『還有其他的做法嗎？』顯然張老師創新的治學方法無形中深植在我的習慣中。」

大材小用 耐得住煩

於此同時，謝克昌也跟著張永山從密爾瓦基分校到麥迪遜分校，謝克昌從碩士到博士後都師承張永山，也曾以訪問學者身份回到麥迪遜分校做學術交流，師生相處的時間前後約十年。謝克昌說，早期他們幾個學生跟老師張永山做的研究內容都是很基礎的，「如熱力學數據、相圖之類的，不是熱門的題目，但是張教授對研究內容滿嚴謹的，他有懷疑的時候會說『你可能要去問問誰』，我們拿研究內容或結果給他看，好他會說『好』，如果他說 "I don't think so, but you may be right." 跟他久了，我們就會知道，這可能有問題，回去要仔細一點，

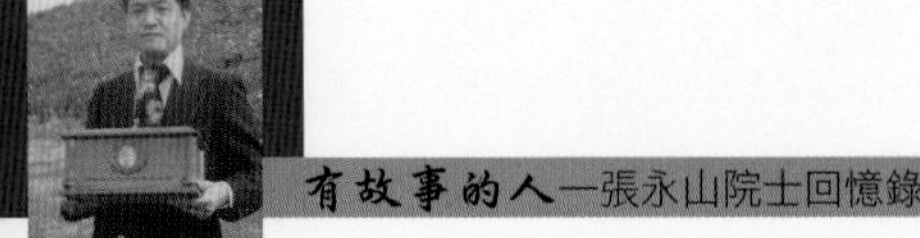

或者我們根本是錯的，不過，張教授講話總是很客氣，他不會說『你這個是錯的』，他總是留有餘地。」

近年來與張永山最親近的學生陳信文一九八五年加入張永山的研究團隊，他認為，張永山是屬於老一輩的學者，他們謹守非常簡單的事情，問簡單的話，對新的題目接受度很高但不會踩線，他們很堅持自己的專長，「在實驗室裡，幾個學生都自認為是最聰明的，我們常信心滿滿的認為研究沒問題，但跟張教授報告後，他還是能點出某些問題。張教授對熱力學基礎非常扎實，他沒有用非常多科技的東西，但在做人方面他卻很西式。」

和謝克昌的說法雷同，陳信文說：「張教授從不動怒，但如果我們在向他報告時沒有得到 "Good" 或 "Excellent" 的回應，可能要想想是不是那裡有問題了，因為這代表他不贊同。」

上課無冷場 但是沒有笑話

張永山在華盛頓大學念碩士時曾當過助教，也有機會在課堂上講課，不過他當時認為自己講課講得不好，成為學者與業界知名教授的他功力是否更為精進？對此，他的學生有話說。

一九九〇年成為張永山學生的高振宏說，上課時的張永山總會穿西裝，很正式，他不會像某些邋遢或隨興的教授「隨便穿」，上課時一定全英文，不過，名師張永山上課時精彩度如何？張永山在密爾瓦基分校時的學生，智仁科技開發股份有限公司高級科技顧問蔣天鴻說：「張教授是個非常認真的老師，我覺得他很清楚科學的精髓，掌握度很好，對問題的重點也抓得很清楚，他把熱力學理論與實務結合得非常好。」

不過，謝克昌笑說，張永山上課非常「無趣」，他從來不講題外話或笑話，但他要講什麼章節都清清楚楚的，他很嚴謹，也很在乎授課品質，上課前不論再怎麼忙，他仍會花時間準備。謝克昌說：「張教授辦公室的門永遠是開著的，當我們敲他辦公室門三下沒有回應時，我們就知道他在準備教材，不要人打擾，只有這時他會把門鎖起來，有時候跟他談事情時，他會說："I have to prepare my class." 理論上那是他的專業，他也教過很多次了，但他還是要花時間準備，這表示他在乎，不過，真的沒有聽他講過笑話就是了。」

一九八六年到張永山研究團隊攻讀博士學位的簡嘉宏說：「我上過張教授熱力學的課，他那時是系主任，他上課不太會講笑話，但也不是很嚴肅，他比較紳士一點，他當時已經是很有名的材料界相圖教授，像化學元素週期表、那種元素有多少種材料結構等他都可以侃侃而談，他做學問融會貫通，記憶力很好。」

與簡嘉宏同期的博士生蕭復元說，張永山是很用心教書的老師，「他是熱力學（相圖）專家，像他這樣的教授都會很努力教書，他上課時在台上很努力的講，沒時間講笑話的，通常四、五十分鐘一堂課，一週只有二、三堂課，大家都在趕進度，所以不會有冷場。他的課是很基礎性質的科目，但還是有很多學生選修而非只選修比較熱門或科技類的科目。」

和許多西方人一樣，張永山對學生的表現都是用「很好奇、很期待、驚嘆的眼神跟口氣」對待，不一定是因為學生優秀，但他向來都

是如此，「他不會下指導棋，他會給你很大的自主空間跟一些方向，其實我們都在念博士了，應該自己有一些研究方向。」蕭復元說。

一九九〇年加入張永山研究團隊的博士生陳双林認為，張永山是只要認為學生有不錯的想法，就會放手讓學生發揮的老師。

以考試為手段 張永山用心良苦

身為授業解惑的人師，張永山在授課的過程中總是傾囊相授，滔滔不絕，但如何確認學生真的「聽進去」而且知道如何活用？張永山有妙招－考試！

東南大學材料科學與工程學院教授孫國雄於一九八〇年以訪問學者身份到威斯康辛大學麥迪遜分校進行為期二年的學術交流，那年張永山剛從密爾瓦基分校轉到麥迪遜分校任教，兩人後來成為知交。孫國雄說：「我曾經旁聽過他的『熱力學』課程，這門課程對於從事材料領域學習、工作、創新研究及開發的人員都是十分重要的，是材料領域的一門重要的基礎及原理性課程。這門課在大學生的課程中已經有安排，有關的定律、公式及原理好像也並不太複雜，但是要真正理解，特別是在研究和開發過程中如何很好的應用熱力學原理卻並不容易。」

孫國雄在旁聽的過程中見識到張永山獨到的教學方法，至今難忘，他說：「張教授授課時除了佈置習題外，每隔二星期左右就考試一次。在美國的學生對於這樣的考試是十分重視的，因為它會影響課程的最後成績。第一次考試的成績讓學生們完全出乎意料，我也感到驚奇。因為按百分制評分，全部學生都不及格，考得最好的學生成績只有五十分左右，差的只有二十多分。張教授在考試後的課上，詳細講解了每一個考題的原理及如何分析及應用熱力學的相關原理去解決問題，其實這是學習熱力學最重要的方面。張教授的考題並不是學生簡單的套一套公式就能解決的，題目的重點在於如何應用學過的基本原理去分析解題，考題的講解使學生們都感到得益匪淺。」

至於第二次考試的成績也讓人吃驚，孫國雄說：「最好的成績已經及格了，但也低於七十分，不過總體上成績都有所提高，可是學生們的擔憂之心仍然放不下，因為已經考了兩次了還是這樣的低分。第三次考試的成績又有提高，張教授在詳細講解後宣佈，前三次的考試成績不作為平時成績，也不做成績記錄，此後的考試成績才作為平時成績記分。學生們普遍感到放心了，同時也感到上課內容及平時考試題目的講解是熱力學學習中兩個重要的環節，是不可或缺的。」

張永山後來對孫國雄解釋，他用平時考試來督促學生的學習，而講解考題可以充實和補充上課時難以講解透徹有關熱力學原理如何應用的問題。「這在正常上課時是難以講解清楚的，至於每次的考題也是張教授做了細緻的考慮的。張教授在熱力學課程講授上的精心設計與準備，對於學生能更好的學好這一重要的材料基礎課程創造了極好的條件。」孫國雄說。

活用知識 同中求變

張永山比較晚期的學生曹洪波二〇〇三年到麥迪遜念碩士，當時的張永山已是世界級大師，主要講授兩門材料系核心基礎課：MSE530 材料熱力學和 MSE445 多元相平衡。即便對課程內容可以倒背如流，他還是在每次上課前認真備課，一絲不苟的態度一如既往。曹洪波說：「出於好奇，我把當年的教學大綱和過去一兩年學長們的比較一下，我發現教學大綱幾乎每年都有修改與更新。張教授把自己實際科研中怎樣應用熱力學理論來解決科研難題的實際例子深入淺出的教授給學生。這樣把本來相對枯燥乏味的理論講得活靈活現，學生們的興趣被完全調動起來了。」

張永山在材料熱力學的基礎研究上功力相當扎實，他從未忘卻「基本功」的重要性。曹洪波回憶一次期末考試經驗，「出乎大家意料，張教授獨具匠心的取消了傳統的筆試，取而代之的是每個學生自己在實驗室裡搭建三元立體相圖。這一下大家的興趣可來了。具體的工作包括選擇體系、查閱文獻資料、應用課堂所學的知識、理清所有相關的截面和投影圖，搭建假想的三元相圖，然後在實驗室用電焊和銅線焊接三維立體的相圖模型。最後每位同學要在全班同學面前講清自己搭建的相圖模型的主要特徵。整個過程下來，我們每個學生不僅將課堂學到的理論知識有效的應用，對於多元相圖的三維立體感有了更加深入與直觀的理解，同時在查閱資料、與人合作與交流、做學術報告等各個方面的能力都得到鍛煉。這種考試的效果遠遠超過了傳統筆試。」

哈欽森科技公司技術研發部總監彼得 ‧ 拉威格（Peter F. Ladwig）一九九九年加入張永山的研究團隊，對於這堂課程，他不僅印象深刻，而且獲益匪淺，他表示：「張教授對學生的最大影響就是對科學的認知，透過課堂學習與無數次和他面對面討論，我對於原子移動、互動及連結方面的知識有長足的進步。他如一名父親教導孩子般，簡潔而親切地解說議題。他教導我的深度知識讓我得以自信地運用所學。張教授最有名的多元相平衡課程中包含以銅條製作三元相圖模型，這樣的教學方式強化了我對相關議題的了解，至今我仍難忘那些擺放在研究團隊辦公區的三元相圖模型，這些我從研究團隊中習得的科學方法被證實可以運用在包含我研究論文以外的研究範圍。」

張永山的學生梁海燕與她當年做的三元相圖金屬模型 / 攝於 2006 年 9 月 16 日張永山退休派對。

威斯康斯大學麥迪遜分校材料科學暨工程學系教授唐・史東（Don Stone）說：「不少教職員收藏過去修過永山多元系相平衡課學生所做的三元相圖金屬模型，不只一位畢業多年的學生告訴我，這堂課是他們修過最重要的一門課。」

節儉是美德 錢要花在刀口上

張永山雖然是個聲望如日中天的知名學者，身兼系主任職，研究經費也不缺，但在經費的拿捏上，他絕對是「勤儉持家」，錢要花在刀口上。

對於這點，張永山的幾名學生有不同的觀察，陳信文認為，「主要因為美國學費很貴，張教授養研究團隊壓力很大，養一個學生每年大概要十萬美金，所以老師對研究生的壓力是有的，不過他不會因為

壓力大就動輒拍桌暴怒，或者威脅要炒某人魷魚等。張教授比較沒有經費方面的問題，但是他很節儉，不只是自己節儉，也希望學生們『比照辦理』，比方實驗室要買耗材，他會問為什麼要花這些錢，他鼓勵學生要常出去開會報告，但外出開會他會要求我們同住一間房間以節省費用。」

高振宏則認為，張永山不僅對學生，對自己也是相同的標準，「他錢會花在刀口上，我們到不同地方開會他會有不同的要求，比如波士頓地鐵很發達，他就會要我們搭價廉物美的地鐵，加州沒有地鐵就可以花錢租車，若是開會地點治安有疑慮，他也會毫無猶豫的要我們住好一點、貴一點的旅館比較安全，張教授的審慎也是對計畫資助者、納稅人一個交代。」

陳双林常跟著張永山出去開會，他說，張永山很節儉，出去開會幾乎不坐頭等艙，除非別人幫他升等，「他幾乎不會去買頭等艙的票，有了網路買票更便宜了，當然張教授會善用網路訂票以節省經費。」

張永山花很多時間在學術研究上，沒什麼玩樂時間 /1986 年攝於麥迪遜分校辦公室。

沒嗜好的老師 學生超怕軟釘子

嚴格來說，張永山碩士畢業後就沒了「學生氣息」，因為他很快就走入婚姻，當上爸爸，為五斗米折腰，半工半讀念完博士，又繼續為五斗米折腰，轉入學界後事業快速起飛，忙碌的他連週六都到學校工作。如果說大學、碩士生時代的張永山仍偶而讀小說、看電影、聽廣播、參加派對、打籃球、玩橋牌、搓麻將、跳跳舞，他的玩樂時光恐怕早已終結，以致於他的學生都頗為困擾，不知道要跟老師「聊什麼」。

謝克昌笑說：「張教授這個人沒什麼嗜好，他不會跟你聊球賽，有些人會打高爾夫球什麼的，但他頂多每天中午跑跑步，他唯一執著的就是學術研究。」

陳信文說：「張教授有些事情相當保守，比方有些研究生想修體育課，玩帆船、打高爾夫球等，但老師從來不同意，他認為『很浪費時間』。像我認為自己英文不好，跟他說我想修英文課，但老師說不用修，他說：『你不如買台電視看新聞就好了。』又比方說他認為研究生白天時就要讀論文、做實驗、寫論文結果，修課要在晚上做，晚上就要用自己的時間讀書。」

歸納整理功夫強 圖書館藏在腦子裡

張永山年輕時跟妻子何碧英說自己要當「書蟲」，那時他在華盛頓大學讀碩士，但他可不是書呆子，只知道讀死書，他有一套自己的讀書方法與技巧，懂得活用死知識，先天的聰明資質加上後天的學習方法與技巧，讓張永山得以在知識的海洋裡自在悠游。他將整理歸納的工夫運用在生活上，就連辦公室裡的檔案整理與資料收納，他也能做到系統化管理。

簡嘉宏當年第一次與指導教授張永山碰面是在他的辦公室，那時張永山已經是麥迪遜分校的系主任，簡嘉宏對張永山辦公室儼然像個小型圖書館讚嘆不已，他說：「十幾二十坪的辦公室裡全都是資料或檔案，十幾排書架上都是他念過的報告，以前電腦尚未普及，他每次念過什麼報告就會收起來，按照名字擺放，每次談論誰的事情時他就會說『這個人出過什麼研究報告』， 他會去書架找，我很少看到有人可以把研究資料弄得井然有序，他把論文影印之後，按照那個人、那一年寫的報告整理出來，他很有系統。」

張永山早期的學生蔣天鴻對老師的資料整理工夫也印象深刻，他說：「他治學很嚴謹，很有條理，到他辦公室可以看到資料整理得井然有序，這是細節，張教授不管是行政或治學都很有系統，他是身教重於言教的人，這也影響我做事的態度與方式。」

魔鬼藏在細節裡

事實上，張永山真是那種「只有工作，沒有玩樂」的人。任教於國立台灣大學的高振宏說：「張教授每天早上八點到辦公室，下午六點離開，週六也會到學校工作，只有週日會把時間留給家人或上教堂，我們都感受到，老師這麼認真，學生也要自我要求，那時他年紀滿大的，可以想像他年輕時工作時間更久、更投入。」

任教於國立清華大學的陳信文說，張永山對學生非常好，非常客氣，「但他對研究等進度的要求非常嚴格，這對我有很大的影響，我覺得這是很合理的做法，要求學生多開會我也覺得這是很好的做法。」

對於每件事情都認真對待已經成為張永山的習慣，待人處事如此，做學問更是。不過，這樣的態度有時也讓學生大喊吃不消。曾經有幾個學生在做報告時做得不好，有些是程度問題，有些是技巧問題，張永山幾次教訓後，有學生當場哭了出來，也有學生因為報告內容做得不夠扎實讓張永山退件三、四次。

高振宏說：「當年張教授對我們做投影片的品質要求很嚴格，如果他建議修改，我們就知道沒有達到標準，張教授願意花很多時間多次修改學生的口頭報告，這樣的過程對我來說收穫很多，我現在做投影片有些獨特的地方，就是跟張教授學來的。」高振宏認為，張永山是那種身教多於言教的老師，誰願意花時間跟他一起工作，就會在他那裡學到比較多東西，誰比較在意學習，就可以跟在他身邊學到更多。

一九九四年加入張永山研究團隊的博士生梁海燕回憶，張永山的研究小組陣容龐大，當時研究生和博士後有十五人，除美國學生外，還有來自中國內地、台灣和韓國的學生，研究小組的學習和研究氣氛很濃厚，同學之間主動分享和互相幫助，她說：「教授研究工作異常繁忙，但每週開兩次團隊會議，雷打不動，一次討論研究項目進展，一次是組員的輪流項目報告，每次兩小時，教授通常都親自主持。我到美國後的第二週，就領教了教授小組會議的厲害。」

不合理的要求是磨練

簡報功力一流的陳嘉平回憶張永山當年「訓練」學生的過程，張永山對他的栽培，他點滴在心。他說：「張教授的簡報與溝通能力是很好的。好的簡報能力一定包含溝通能力，首先要知道溝通對象與聽眾是誰，是那個層面的人，接受程度在那裡，了解辭彙是什麼，才能用對的辭彙深入淺出。張教授在爭取經費的時候可以告訴別人這個計畫為什麼重要，對未來的影響是什麼，他很容易去打動別人，他是很有遠見的人，他可以告訴別人這個影響有多大、要多少預算。」以理服人，張永山贏得許多人的信任，也因此他的研究團隊規模總是比別的教授大，主要是因為他可以得到更多人的肯定。

陳嘉平說：「我第一次做博士論文口試時，張教授說我的簡報『非常差』，要我回去再準備。因為有另外一位印尼學生，他英文不好，表現也比較差，卻被張教授讚美，這點，我跟同學們都不太了解為什麼。第二次我做簡報時他說『還是很差』，要我再準備，他要我下次說給他聽。第三次我私底下說給張教授聽，沒想到他還是說『很差』、『更差』，我不會覺得丟臉或有什麼不滿。之後我努力練習，找同領域同學、不同領域同學、文學院同學、同住的老先生及老太太聽我簡報。後來我第四次做簡報時，有幾位評審也在場，其中一位評審告訴張教授，我的簡報是他聽過最好的博士論文簡報。張教授把這件事情告訴我，也給予我讚美。這說明，張教授認為我可以表現得更好，所以對我要求更多，也激發我不同的潛力，他是懂得因材施教的人。」

張永山的震撼教育

張永山認為，研究報告要做得好，「換位思考」很重要。梁海燕對於張永山的這段話記憶猶新：「如何換位思考，如何將複雜的研究項目講得簡單易懂，而不是不管聽眾感受，自說自話，甚至讓聽眾完全迷失。不管研究項目本身多麼複雜，讓人聽不懂的報告就不是好的學術報告，完全無價值。」

雖然張永山沒有嚴詞抨擊，看到其他學生站在台上面紅耳赤甚至哭出來，所有張永山的學生們都感覺很震撼。梁海燕說：「中國內地的學生大多缺少這樣的訓練，第一次小組項目報告幾乎沒有一位是通過的，站在台上尷尬萬分，差點掉下眼淚，包括我。奇妙的是經歷過一次這樣的體驗後，你就再也不會草率對待自己的任何一次研究項目報告了，我至今受益匪淺。」

張永山對簡報能力要求的高標準，一九九九年加入張永山研究團隊的楊瑩也印象深刻，她說：「除了學業學術問題，張教授還注重培養學生的綜合能力，特別是作學術報告的能力。他說一個好的學術報告，就像是講述一個有趣的故事，聽眾聽完之後，會留下深刻的印象。所以他要求他所有的學生選修如何做好專業報告的課程，而且每個學生去外面作報告之前，都要在組內反覆地演練。」

美國賓州州立大學材料科學暨工程學系教授蘇珊・莫尼（Suzanne Mohney）一九九〇年加入張永山的研究團隊，她說：「張教授必須進行好幾個研究專案，他通常會要求學生重新檢視研究計畫並提供意見，他提出來的意見有助我們改進計畫撰寫技巧甚至讓我們的計畫內容變得更棒。偶而他會請其他單位的好友重讀他的研究內容，他總是努力找方法讓工作成果變得更好。此外，他總是樂於投注心力於符合大眾利益的事情上，也時常掛心學校是否已培養足夠的優秀學生。」

嚴師面對混學生 攻心為上！

隨著張永山知名度越來越高，手邊的研究計畫與經費逐年增加，他收的學生也越來越多，面對各種不同種類的學生，縱然張永山再有慧眼，也可能挑選到比較偷懶的學生，面對混水摸魚的學生，修養好的張永山是什麼態度？在張永山研究團隊呆了五年的高振宏說：「他如果發現一個學生比較偷懶，他會嘗試改變他，但他不會說出去，比方某個學生比較少出現在實驗室，他會多提醒，但也不會刁難，他知道這些學生來自中國大陸、台灣等，若是沒有拿到學位會有困難，所以他會想辦法讓學生畢業，他會儘量鼓勵學生。」但不論如何，張永山絕不口出惡言或讓學生難堪，「我沒看過他罵過人，發過火，他頂多會說『你要加把勁』但不會說『你怎麼這麼懶』或『不夠認真』，他是修養很好的人。」

簡嘉宏則分享他看過張永山最接近「生氣」的往事，「當時有位同學，喜歡打橋牌，比較懶散一點，張教授覺得他可以更努力一點，學生可以做得更好，他有時會搖搖頭（生氣），認為這件事可以做得更好，年輕人浪費了這麼好的機會。」

梁海燕當年在博士研究生第一年時研究項目很不順，雖然認為自己已經非常努力，但進展緩慢。第一學年結束時，張永山微笑地說：「Helen，妳知道嗎，妳讓我有點著急，不知如何幫妳？妳知道妳的問題在那裡嗎？妳夠聰明，但不夠用功！（You are smart enough, but not working hard enough!）」張永山也指出梁海燕週末會找藉口做作業不到實驗室，早上還經常比教授晚到實驗室，偶爾還會睡懶覺。梁海燕說：「我聽了異常羞愧，沒錯，我在找藉口，為自己的放鬆找藉口，這麼難得的學習機會，我沒有理由不做到最好。你要想成為最優秀的那一個，首先必須是最努力的那一個。」

一九九七年加入研究團隊的博士生嚴新炎目前是美國鋁業公司技術中心冶金工程師，他記得張永山對他說：「工作一定要努力。」這句話對他影響很大，他說：「在我記憶中，只要不出差，張教授每個週六和週日都會到學校辦公室辦公或指導學生。記得是一九九七年十二月份的一個週六，因為我女兒剛到美國，所以我沒有一早就去學校實驗室。十點鐘，張教授從學校辦公室給我打電話，因為他有些計算機方面的事需要我幫忙。趕到學校，和張教授一起將事情解決後，這才在入學四個月後第一次有機會聆聽張教授超出學術範疇的諄諄教導。張教授以他親身經歷為例，教導我：『作為一個中國人在美國，如果工作不努力的話，你就永遠無法和美國人競爭，因為無論是語言或社會背景，你都比不過美國人。』所以，『工作一定要努力！』事實證明，這句話，至少對我，是非常有效的。」多年後，嚴新炎的妻子丁玲也成為張永山的學生。

殘酷舞台 老師也要受「公審」

張永山自己擁有極好的簡報能力，他也希望儘可能地傳授一身所學，除了陳嘉平、梁海燕等學生曾站在講台上面紅耳赤、尷尬萬分或涕泗縱橫，張永山自己也會站在舞台上接受學生「公審」。

二〇〇三年加入張永山研究團隊的學生曹洪波表示，張永山對學生的培養有自己獨到的方法。「張教授常常對我們講，無論你們將來打算在學術界還是工業界發展，做報告的能力都至關重要。這方面他

從來都是以身作則。每次被邀請做學術報告，張教授都要提前在學生面前試講，要求大家給他提修改意見，有時候還要反覆試講幾遍，精益求精，直到滿意為止。因此，我們學生在做學術報告前都要在組裡試講多遍，張教授經常能很快的提出修改建議，這樣的訓練讓我們學術報告的能力明顯提升。」

張永山早期在密爾瓦基分校的學生胡迪群說：「張教授在相圖領域上是國際專家， 也在國際季刊上發表許多論文，他讓我到紐奧良的國際會議上發表論文，他會訓練學生在國際會議上發表論文，他是一個很好的指導老師。」

中南大學粉末冶金國家重點實驗室教授杜勇是二〇〇〇年加入張永山研究團隊的博士後學生，他認為張永山不只是一位和藹可親的老師，也是一位長者與智者，做事嚴謹卻鼓勵學生大膽創新，「張永山院士能包容不同的思想。每次開討論會的時候，他都積極引導學生進行思想的碰撞，鼓勵大膽設想、創新。張永山院士做事嚴謹，他非常強調見微知大。」張永山曾對他說：「科研的成功是通過一個個小小的細節的順利完成而達到的。」學成回國後仍與張永山往來頻繁的杜勇說：「雖然張永山院士已年逾七十，但他還是經常到實驗室和學生一起分析實驗結果，一絲不苟地修改學生的論文。」

張永山二〇〇六年九月於麥迪遜分校退休，那年他已經七十三歲，退休前幾個月，東南大學材料科學與工程學院教授潘冶曾到他的研究團隊進行學術交流，對張永山自己上台試講並聽取學生意見的過程印象深刻，潘冶說：「第一次參加此會，我以為就是常規的組會，加上張教授是國際知名院士，學界公認的大家，我豈敢隨意發言。但令我驚訝的是，參會者對他的 PPT 提出了各種建議，包括學術上的和版式上的，張教授認真記錄，一一回答，解釋不同問題，對一時不能確定的疑問，則表示會後弄清楚，我為一位大家如此嚴謹的治學態度而折服，也為我的職業生涯終身受用。」

張永山也懂心理學

張永山是嚴格的老師，而且他也很懂心理學。美國威斯康斯大學麥迪遜分校材料科學暨工程學系教授唐 ‧ 史東（Don Stone）從側面觀察張永山的教學方式，他說：「永山做為指導者的一個強項就是他有能力讓學生適性地成長、成熟，他容許學生實現創意並讓他們為自己的研究負全責，但這不意味著永山放任他的學生，他尊重學生卻也不容許學生有所懈怠。」此外，他也分享一則小故事，故事中不難看出，原來張永山也很懂心理學。

唐說：「不少學生告訴我，在他們畢業之前，永山會約他們到辦公室，他們坐下後，永山會嚴肅地搖搖頭說，自己很擔心他們的研究進度。這樣的簡單對話吸引了學生們的注意，讓他們專注於取得博士學位上，之後順利進入職場。沒有任何一位學生對永山的這段話感到憤怒。這些重複上演的橋段並非裝腔作勢，永山用一種真誠的、率直的策略達到他的目的，這就是永山的風格。」

週六的麥當勞之約

張永山的學生都知道他很忙，每週工作六天，每天工作超過十小時，而且精力過人，就算前一天長途飛行，隔天他仍能照常工作，絲

毫不顯疲態。嚴肅的張永山讓學生們又敬又畏，有時跟他一起到外地參加會議，為了省錢，張永山會要求學生們和他同房，但學生們都不太願意跟張永山同住一個房間，除非張永山點名，否則這些學生能閃就閃。林正淳說，跟張永山同住一房「太拘束」，通常他們會把這個「重責大任」推給資深學長謝克昌。

中國人的勤勞世界知名，對張永山和學生們在週六甚至週日還會到學校工作，外國人覺得很不可思議。謝克昌說：「我們反正沒事，所以會去學校做實驗，那時我們會去學校附近的麥當勞吃中飯，張教授也會去，我們會談一些研究以外的其他事情。」有時張永山興之所至會在餐巾紙上塗塗寫寫，師生共享一段特別的週末時光。

對於週六的麥當勞午餐，張永山的幾個學生至今難以忘懷。英特爾院士簡嘉宏對於當年師生共聚麥當勞用餐有生動的描述：「多數時候，張教授都相當忙碌，但我們仍有機會和他共進午餐，我們最常造訪的地點就是系所對街的麥當勞。張教授一向會點沙拉，而我們這些學生多半會點牛肉起司堡或大麥克。那個年代，起司堡售價大約是每個十五至二十美分，在一些特別的日子裡，比方說美國隊獲得奧運金牌，四個漢堡只要四十美分呢。我們會坐在麥當勞聊很多事情，這種時候也是我們得知跟實驗無關的其他資訊的時候。張教授有時會和我們說說當年他在中國大陸或柏克萊大學時的往事，有時他也會為我們分析未來趨勢。」

英雄總是寂寞的

世人總是看到成功者功成名就後的光鮮亮麗，但在掌聲的背後，

外人看不見張永山成功的背後付出多少心血與努力／攝於 1988 年 6 月 5 日次子張道維婚禮。

這些成功者可不是什麼都不做，當世人將焦點放在他們手上的斗大鑽戒時，別忘了拉近距離，細看他們掌心裡的老繭與粗糙。

張永山的學生林正淳說，只要看張永山一九六〇年到一九八〇年期間發表的報告及論文就知道他付出多少努力，「他就是這樣打下基礎，一個人成功不是沒有道理的，張教授的每篇論文都很有內容、很扎實，美國有很多教授同樣的東西就發表了三、四篇，但是張教授每篇論文都是自己很努力做出來的，他是很實在、很認真在做研究與教學工作。」

梁海燕當年博士畢業後希望尋找美國大學研究生院助理教授的職務，當她開始面試後才了解到教授的工作意味著什麼，「我清楚地體會高校科研和教學的辛苦和所需的奉獻精神，也讓我看清自己的發展興趣更多在工業界和產品開發。我在告訴張教授我的感受時，張教授笑著說：『沒錯，高校研究和教學在外面看上去似乎很光鮮，很輕鬆，人們不知道這條路其實是很難走的，要耐得寂寞，要靜得下來，必須有奉獻精神，才會有一番成就。』。」因此梁海燕後來決定到業界發展，多年後創辦 Lead Mind Ltd. 並兼任執行長。

精益求精 張永山力圖轉型

張永山的專長在冶金、熱力學與動力學方面，早期他對固相與氣相平衡、金屬氧化物、金屬硫化物、高溫金屬的腐蝕、金屬提煉等有很大的貢獻，同時也鞏固了自己的學術地位，後來，張永山試圖將研究觸角延伸至電子材料、半導體等領域。

中研院院士杜經寧目前任教於加州大學洛杉磯分校（UCLA），

他與張永山結識於一九七〇年的一場 TMS 年會，兩人交情長達四十年，當年，張永山任教於威斯康辛大學，杜經寧則服務於國際商業機器股份有限公司的華生研究中心（T. J. Watson Research Center, IBM），工作內容與矽元件中的矽化物接觸電極有關。杜經寧說：「當時，三元相圖不多見，金屬和化合物半導體間的反應動力學路徑和反應產物也諱莫如深，這是個大挑戰。」十年之後，兩人對此議題有較深入的討論，杜經寧回憶：「永山從中看到機會並決定成立研究專案，尋求解決之道。他有能力如此做，而且很快地，他在化合物半導體上系統性的研究結果獲得國際認可，如當時任教於加州大學洛杉磯分校（UCLA）化學系的史坦 · 威廉斯教授（Stan Williams）即盛讚張教授在電子材料方面的研究成果。之後，永山更將觸角延伸至熱力學計算及二元與三元相圖模擬，如此的演進導因於現代電腦的先進計算能力，而永山在計算熱力學方面的貢獻同樣獲得國際認同。」

成功轉型後的張永山也收了不少擅長此一領域的學生，如陳信文、高振宏及蕭復元，前二位回到台灣學術界發展，蕭復元則到業界發展，他們發展的內容將張永山轉型後的研究成果更發揚光大。

林正淳對於指導教授張永山當年試圖轉型的經過知之甚詳，他說，一九七〇年代，美國金屬與鋼鐵工業衰敗，基礎工業環境改變，但張永山有龐大的研究團隊要運作，所以張永山在一九八〇年前後希望調整自己的研究方向，偏重於電子工業領域如航太與半導體、高溫複合材料及半導體界面的研究。林正淳說：「那是很重要的一個里程，從一九九〇年到二〇〇〇年的十年間，張教授在電子材料跟高溫複合材料方面的貢獻對美國來說是滿大的，包含張教授的學生陳信文、簡嘉

宏、蕭復元、高振宏等對電子材料方面及電子材料工業的研究也都很有貢獻，當然張教授還有很多美國學生也在半導體產業發展。」

當年半導體、電子工業比較熱門，不論在美國或台灣都是如此，比較容易招到好學生，學生畢業後也比較容易找到工作。林正淳說：「其實張教授不需要轉型也可以運作他的研究團隊，只要這個團隊不要太大，而且當時他的地位仍很高，但他對這方面很有興趣，所以他選擇轉型。一九八四年起我跟張教授開很多會，參加很多會議，因為轉型要認識很多人，寫很多計畫，所以他後期約有百分之八十的學生專長都與電子材料有關。」

燃燒 永不止息

一九九〇年加入張永山研究團隊的博士生陳双林可以說是跟著張永山最久的學生，一九九六年張永山創立 CompuTherm LLC 公司後，

張永山（左 2）、何碧英（右 2）與林正淳父子（右 1）、陳信文父子（左 1）合影 / 攝於 1991 年 9 月。

兩人從師生變成僱傭關係。陳双林說，張永山做人非常誠懇，而且很重細節，他沒有娛樂，而且不浪費時間，做任何事一定有準備，「我們出差，搭飛機要等很久，我從沒看過他看報紙，他大部份時間是看報告或寫企畫案，有時看他要演講的東西。」

張永山的戰鬥力與拚勁，從年輕到老，一路走來始終如一，二〇〇〇年加入張永山研究團隊的楊建華就見識過張永山的功力。楊建華說：「印象中他身體很好，也非常自律。他午飯總是非常簡單，一個蘋果和一個小麵包之類的，而且飯後總是到體育館去慢跑，日復一日，從不間斷。聽說他很愛吃堅果，尤其是花生，但是從不多用，每天只是十幾粒，而且數目固定。有一次他帶同門師姊楊瑩和我去資助我們研究的 Seagate 作簡報，五個小時的車程，他以七十多歲的年紀一個人開下來，中間沒有停下休息過，這給我留下了很深的印象。」

與張永山有師生及同事情誼的柯伸道轉述聽到某位同事對張永山的評論：「他說張永山永遠不會停的，他會做到死在位子上，這是讚美，張教授是永遠在衝的，他永遠不會停的。」的確，張永山一九九一年卸下威斯康辛大學麥迪遜分校材料科學暨工程學系系主任時，他還不到六十歲，但他已於一九八八年取得麥迪遜分校傑出教授職。

眾人原以為張永山的學術生涯已經到達巔峰，沒想到，他繼續挑戰自己，挑戰極限，一九九六年創立 CompuTherm LLC 公司，二〇〇〇年榮任美國礦物金屬與材料學會（TMS）會長，成為該會第一位華人會長。

第三章 機會 留給準備好的人

張永山自一九六七年到二〇一一年八月病逝，近四十四年的時間裡，他全心奉獻自己的精力、時間與熱情在他醉心的學術研究上，其中有三十九年的青春都貢獻給威斯康辛大學。威斯康辛大學成就張永山，張永山彰顯了威斯康辛大學。

一九六七年至一九九一年，張永山用二十四年的時間從工程系副教授爬到威斯康辛大學二所分校的系主任位子上，而且是任期最久的系主任，在此期間，他不忘講學、作育英才、發表論文、著作與研究報告，逐漸邁向「材料界第一把交椅」的寶座。此外，獲獎無數的他也開始將觸角延伸至美國以外的學術圈，一九八七年，他曾到中國北京科技大學任兼任教授，也到日本仙台東北大學任客座教授，一九八七至一九八八年，他是台灣行政院國家科學委員會材料科學特聘講師，一九九一年秋天他到麻塞諸塞州麻省理工學院擔任客座教授。

張永山參加北京科技大學 50 週年校慶時做學術報告 / 攝於 2002 年。（照片提供 / 周國治）

一九九一年至二〇〇六年，雖然不再是系主任，張永山仍是威斯康辛大學麥迪遜分校傑出教授，來自國內外的學術交流或演講邀約不斷，除了持續獲得學術單位獎項肯定外，一九九五年張永山再度前往中國大陸擔任中國北京科技大學榮譽教授，一九九六年任中國湖南長沙中南工業大學榮譽教授，一九九七年任中國南京東南大學名譽教授，一九九八年任中國瀋陽東北大學名譽教授，此外，一九九九年張永山也曾在惠普實驗室擔任顧問。

少小離家老大回 鄉音無改鬢毛衰

張永山一九四八年離開中國大陸後輾轉到美國求學，落地生根，一直到一九八三年六月十三日他才應邀訪中，參加為期六天的「北京科技政策討論會」，那時的中共中央顧問委員會主任為鄧小平。為發展學術科技，中國方面邀請一批優秀的美加學者進行訪問交流，張永山也在受邀之列，當年中國黨媒《人民日報》也報導了此一消息，文中轉述鄧小平對與會外籍學者專家的談話內容，鄧小平說：「搞四個現代化的關鍵是知識問題，智力開發是我們投資的重點之一。」

張永山在密爾瓦基分校的博士後學生阿道夫・米庫拉（Adolf Mikula）對這段往事仍有記憶：「我記得有一次張教授收到中國大陸的邀請函，對方邀他參訪當地大學與演講。他將以美國學者的身份回到他非常思念的祖國，但

（資料來源 / 中央檔案館）

張永山（第三排左 4）以美國學者身份受邀到中國大陸訪問，當時中共中央顧問委員會主任為鄧小平（第一排中）/ 攝於 1983 年 6 月。

當時他有些不確定是否該接受這個邀請，我和他的朋友紐曼教授鼓勵他前往。後來他接受邀請前往中國大陸，回來時他非常高興，此後，他幾乎每年都會回中國大陸，而且多半有夫人陪同。」

對於這段訪中之行，一九八〇年加入張永山研究團隊的克利斯多佛・菲茲納（Krzysztof Fitzner）印象深刻，他說：「在我呆在麥迪遜期間，美國政府與中國處於所謂的『乒乓外交』（Ping Pong Diplomacy），過去緊閉的雙邊交流大門此時輕輕開啟，張教授接到中國方面的參訪邀請。就我所知，當時他想去但猶豫良久，或許他對中國方面不信任，也或許是因為他不想記起過往傷心的回憶。最後他接受了邀約。啟程訪中前他告訴我，也許有機會可以見到他在中國大陸還在世的親人。他回來後我問他結果如何，他神采飛揚地說：『克利斯，

機場有幾十個人迎接我！』我那時才了解到中國是個相當大的國家。」

當年張永山為了留在中國大陸與母親鄧淑英、妹妹張婉如在一起，曾絕食抗議三天，沒想到時隔近四十年，他會以美國學者身份受邀訪中，也算是衣錦榮歸。也因為與中國大陸學界的頻繁交流，張永山後來也收了不少來自中國大陸的學生，人數與台灣學生差不多。

張永山後來也曾帶著妻子何碧英兩度回到河南鞏縣八里庄張家老宅探望堂姊張恨一家人。

張永山回河南八里庄老家探望 / 攝於 1992 年 10 月。

1977 年 4 月鄧淑英遷葬至美國舊金山灣區的史凱隆紀念公園（Skylawn Memorial Park）。（左）張永山手捧母親鄧淑英骨灰甕。（右上）鄧淑英墓碑；（右下）張永山到母親鄧淑英墓前致敬 / 攝於 1989 年 5 月 31 日。

母親長眠之地 張永山對台灣有眷戀

張永山與母親鄧淑英及妹妹張婉如一九四八年於南京分別後，就沒機會再見到母親一面，鄧淑英與張婉如一九四八從南京來台後則是跟著張永山的堂兄張豐華一家子從台北再到新竹落腳，一九五五年張婉如到西雅圖找張永山後不到三年，鄧淑英也在一九五九年病逝，葬在新竹青草湖，一九七七年張永山與張婉如兄妹將鄧淑英的骨灰甕遷葬舊金山灣區半月灣（Half Moon Bay）的史凱隆紀念公園（Skylawn Memorial Park）。

張永山（後排右 3）與何碧英（後排右 2）探望新竹堂兄張豐華（後排左 3）一家人 / 攝於 1988 年 4 月 17 日。

對張永山來說，母親有生之年沒能再見她一面是終生的遺憾，對於台灣這個母親人生最後的避風港，他有特別的情感，此外，他有許多學生來自台灣，回國後在學界發展的不在少數，如蔡文達於成功大學任教、謝克昌於中山大學任教、陳信文於清華大學任教、高振宏於台灣大學任教，加上他熟識台灣一些學術界菁英，因此，每隔一、二年，張永山會帶著妻子何碧英到台灣走走。因為何碧英的父親何健民也葬在新竹靈隱寺，有幾次在學生蕭復元、陳信文的陪同下，他們還特意到新竹探訪堂兄張豐華，並南下看望另一位堂兄張豐藻。

久別重逢 一切盡在不言中

取得博士學位後就回台工作的蕭復元說：「我曾帶著張教授夫婦繞了台灣大半圈，到新竹拜訪陳力俊教授、到中山大學找謝克昌，還到新竹靈隱寺參拜，到新竹中學附近尋找親戚，當時只知道張教授他們想為親友上香，不過不太清楚親戚的背景。後來還帶張教授與師母到阿里山走走。」

蕭復元帶著張永山夫婦到阿里山一遊的時候，陳信文還在美國。陳信文是近年來與張永山互動較多的學生，每每張永山夫婦到台灣都是透過他與其他學生聯繫，回顧幾段尋親過程，他說：「當年我開車帶著張教授與師母到新竹拜訪張教授久未相見的堂兄張豐華並南下探望另一位堂兄張豐藻，堂兄弟相見，沒有特別激動，一切盡在不言中；師母回台見到父親的牌位時則感慨萬千，流下眼淚，她說：『幾個孩子都沒有看過外公的牌位。』。」

何碧英到新竹靈隱寺祭拜父親何健民／攝於 1988 年 4 月 17 日。

張永山（左 1）、何碧英（左 2）與學生蕭復元（右 1）、蘇珮珊（右 2）夫婦同遊阿里山／攝於 1990 年 11 月 23 日。（照片提供／蕭復元

清華大學開講座

由於張永山在業界享有盛名，台灣學界也希望能邀請張永山到校開課或演講。在中山大學任教的謝克昌曾透過國科會的名義請張永山來台演講，在成功大學任教的蔡文達也曾邀請張永山到台灣訪問指導。

至於在清華大學任教的陳信文與前校長陳力俊則力邀張永山到清華大學開《國聯光電講座》[2]，二○○一年至二○○五年，張永山任清華大學榮譽講座教授，二○一○年任清華大學材料工程學系特聘講座教授。

陳力俊回憶這段往事：「Austin 任清華大學榮譽講座教授，並分別於 2002 與 2004 年，任清華大學《國聯光電講座》講座教授，該講座要求主持人須駐校至少一週並發表三場演講；同時 Austin 也曾在中山大學與成功大學講學，並受邀在國內舉辦的國際會議中擔任邀請講席。」

註 2：清華大學《國聯光電講座》

2002/3/25
第一場演講　My Current Research Interests at the University of Wisconsin-Madison, USA

2002/3/26
第二場演講　Contact Formation to III-V Compound semiconductors: Thermodynamic and Kinetic Considerations
第三場演講　Phase Diagram Calculation: Past, Present and Future

2004/2/24
Talk I　Phase Diagram Calculations in Teaching, Research, and Industry
Talk II　Thermally Activated Processes in Thin-Film Magnetoresistive Sensors

2004/2/25
Talk III　The Role of TiAl3 in n-GaN Technology

2005/3/23
Talk 1　Growth of Rare Earth Based Ternary Silicide Nanowires: A Thermodynamic Approach
Talk 2　Multiphase Equilibria of Mo-Ti-Si-B: Thermodynamic Prediction and Experimental Validation

張永山（中）應邀到台灣國立中山大學材料所演講，與該校教授何扭今（左1）、甘德新教授（左2）及學生蔡文達（右1）、謝克昌（右2）合影留念 / 攝於 1988 年台灣中山大學。

張永山應邀到清華大學化學工程學系演講 / 攝於 2002 年 3 月 28 日。（照片提供 / 陳力俊）

張永山（左）從清華大學前校長陳力俊手中接下榮譽講座教授聘書。（照片提供 / 陳力俊）

陳力俊與張永山的交情近三十年，兩人在學界各有擅長，陳力俊擅長電子顯微鏡、材料分析、金屬與半導體介面研究，張永山則擅長基礎熱力學、相平衡與動力學。回憶當年與張永山相識的經過，陳力俊說：「一九八六年至一九八七年我在美國矽谷的全錄研究中心（Xerox-PARC）當訪問學者，張教授當時也在矽谷的 HP（Hewlett-Packard）當顧問，因為我是蕭復元在清大時的碩士指導教授，當時蕭復元正好在張教授的研究團隊，所以張教授到研究中心跟我見面。後來我們三個人還一起發表過一篇論文 -《鈷薄膜與砷化鎵介面反應研究》，爾後我到美國開會時也會到麥迪遜分校演講，張教授到台灣時也會訪問清華大學，我們雙方參加的學會也會互邀演講，互動頻繁。」

任教於台灣大學的高振宏則說，前幾年台灣大學也希望聘請張永山當特聘講座教授，「學校聘書都發了，但張教授不久就過世了。」

1996 年張永山獲選美國國家工程學院院士。

意外驚喜 第二十八屆台灣中研院院士

隨著張永山在業界的地位逐年攀升，一九九六年他拿到他認為最重要的榮耀之一 - 美國國家工程學院（National Academy of Engineering）院士，四年之後，即二〇〇〇年，他拿到第二個重要榮耀 - 中國科學院（Chinese Academy of Sciences）外籍院士，但是第三個他認為重要的榮耀 - 台灣中央研究院（Academia Sinica）院士卻始終沒有緣份。

張永山曾對妻子何碧英說，因為自己是美國學者，在美國學術界深耕多年，獎項與榮耀雖多，但可惜與台灣這片土地交集不多，除了栽培不少來自台灣的學生外，對台灣學術界的貢獻不算多，「這個榮

在二OOO年六月八日中国科学院第十次院士大会上当选为中国科学院外籍院士

Dr. Y. Austin Chang

2000 年張永山獲選中國科學院外籍院士。

院士證書

中央研究院院士會議於中華民國八十九年七月八日選舉第二十八屆院士張永山先生依法當選中央研究院院士　此證

院長 翁啟惠

第 28 屆台灣中央研究院院士證書。

耀應該沒有可能拿到了。」張永山如是說。沒想到，這個遲來的榮耀在二〇一〇年意外降臨，張永山當選第二十八屆台灣中央研究院院士。

對此，已榮任第二十六屆中研院院士的陳力俊說：「張教授是直接到美國念書的，等於不是從台灣成長的，跟台灣的淵源原來不是那麼深。中研院院士除了學問很好外，要有足夠的學術地位，對台灣要有一定的熟悉度，此外，中央研究院偏理科，張教授屬工科，台灣學界對他了解不是很多也有關係。」

提起張永山被提名的經過，陳力俊說，當選院士也要有點運氣：「中研院院士材料科學界學者非常少，張教授原本被提名，碰巧那一屆有三位同屬材料科學領域的美國國家工程學院院士被提名，票數分散了，所以第一次提名他沒有當選，後來因為他又獲得不少傑出獎項，台灣學界對他漸漸有所認識，所以他在第二次提名時如願當選，以他的學識與學術地位，應該早就當選才對。」

對於這個遲來的大獎，張永山個人很是高興與安慰，可惜他沒能回台灣參加院士會議，因為二〇一一年二月他突然中風，八月即過世。對於台灣好不容易選到這樣的學者卻無法有所貢獻，陳力俊也表示「相當遺憾」。

TMS 第一位華人會長

張永山在一九六二年成為礦物金屬與材料學會（The Minerals, Metals, and Materials Society ,TMS）會員，後來成為委員會成員，一九九九年榮任副會長，二〇〇〇年榮任會長，成為第一位華人會長。張永山貢獻四十餘年的時間於礦物金屬與材料學會（TMS）所屬各委

2000 年張永山榮任 TMS 會長。

員會及相關活動，他能以華裔美人身份當選 TMS 會長是相當不容易的成就。

當年曾推薦張永山任 TMS 副會長職的美國鋁業公司技術中心院士朱門說，一九七八年他在台灣中鋼公司服務時便已從同事口中聽說美國材料界有位很有名氣的教授張永山，一九八四年他取得麻省理工學院材料科學博士學位後便到美國鋁業公司從事研究工作。一九八九年，因為業務上的需要，他與張永山有了第一次的接觸。

朱門說：「美鋁雖有世界最大的輕金屬研究中心，但有關鋁鋰合金的相圖卻是從缺。那時，航空用鋁鋰合金材料的研製還在初步階段，鋁鋰合金的相圖是研發過程中一個很重要的一環，於是我便邀請在威斯康辛大學任教的張教授到美鋁技術研究中心訪問。在張教授的指導下有了很重要的成果。回想起來，張教授和陳信文博士的研究成果間接幫助了美鋁公司解決不少研製過程中的困難。」

一九九八年十二月中，朱門寫了封推薦信給美國礦物金屬與材料學會（TMS），推薦張永山擔任 TMS 副會長，不負眾望，張永山在一九九九年當選副會長，二○○○年更成為第一位華人會長。

推薦信原文。（資料提供 / 朱門）

ALUMINUM COMPANY OF AMERICA
ALCOA TECHNICAL CENTER
100 TECHNICAL DRIVE
ALCOA CENTER, PENNSYLVANIA 15069-0001
(412) 339-6651

December 9, 1996

The Chairperson
TMS NOM-Nominating Committee
TMS
420 Commonwealth Drive
Warrendale, PA 15086

Dear Chairperson:

I am very honored to write this letter in support of Professor Y. Austin Chang's nomination for the position of Vice President of TMS. Professor Chang is not only among the world's top materials scientist, an accomplished administrator in both academic departments and professional societies, but also a well recognized contributor to the materials industries.

I have known Professor Chang for more than a decade since I joined the Molten Metal Processing Division, Alcoa Technical Center as a Senior Scientist. I met him personally for the first time when he was invited to Alcoa to consult with several of materials scientists and engineers on the phase equilibria in the Al-Li-Cu systems. With Professor Chang's contribution , we have significantly improved our understanding of castability of commercial size direct-chilled aluminum-lithium alloy ingots. Because of the excellent success of the initial collaboration, we have expended our relationship and are working very closely to develop the data base and fundamental understanding of the casting process development for 7XXX alloys. Over these years, Professor Chang's insight has helped our thinking and allowed us to make progress on specific problems in countless situations.

Professor Chang is notable also for his marvelous collaborations with other materials industries including electronic packaging and superalloy. He has been very enthusiastic to find a way to apply his knowledge and expertise to help industry's practical problems. His recent research efforts on phase diagram calculations with kinetic models to predict the solidification path and phase separation in multi-component systems, sponsored by the NSF, is of great importance to the materials industries. The computer programs and the thermodynamic database will be powerful tools not only to reduce manufacturing costs but also time needed for product development in the materials industries.

Undoubtedly, Professor Chang, who understands the needs of the materials community and constantly provides valuable advise to professional people in the broad field of metals and materials, is an excellent choice for the position of Vice President of TMS.

On a personal side, I have found Professor Chang to be warm, sincere, and a great mentor to me and many of my associates at Alcoa. He has inspired young scientists and engineers to take on challenges, when one faces a major re-engineering effort throughout the company, and focus on the research which can make the company more globally competitive. Professor Chang is truly a great motivator and has had a major impact on many individuals including those from academia, industry, and government laboratories. Another distinguished service he has constantly provided to the professional societies is to identify and nominate those individuals who truly deserve recognition for their professional accomplishment, leadership or service to the communities.

It is with great honor that I am able to recommend my mentor and life long teacher for the position of Vice President of TMS. His experience, vision and leadership will enable him to be an exceptional leader for our professional society.

Sincerely,

Men G. Chu, Sc.D.
Technical Specialist, Solidification Technology
Molten Metal Processing Center
Alcoa Technical Center

親愛的主席先生 / 女士：

非常榮幸寫這封信推薦張永山教授爭取礦物金屬與材料學會副會長一職。張永山教授不僅是全球頂尖的材料科學家，在推動校務與專業社團的運作上堪稱實踐型管理者，對於材料工程界的貢獻也有目共睹。

自我進入美國鋁業公司（以下簡稱美鋁）技術中心熔融金屬製程部門擔任資深科學家後結識張永山教授已逾十年，我第一次見到他時，他應美鋁之請協助工程師和科學家們研究有關鋁 - 鋰 - 銅三元合金的相平衡，因為張教授的協助，大幅提升了我們對商用直接冷卻型鋁鋰合金鑄錠可鑄性的瞭解。第一次合作的出色成果擴大了我們的合作範疇，後來我們共同致力於七千系列的高強度合金技術鑄造流程的基礎研究並建置資料庫。多年來，張教授的洞察和思考方法，成了日後我們對技術難題的解決模式，在歷經無數次問題後促使我們在專業上更精進。

張永山教授與電子構裝工業及超合金工業的合作成果也相當值得推崇。對於業界實物方面的問題，他一向相當熱忱，而且不吝於貢獻個人知識與專業。近期他獲得美國國家科學基金會（NSF）贊助，結合相圖計算與動力學模型，預測多元系統合金凝固路徑及相分離現象，此研究成果對材料工業界十分重要。

電腦程式與熱力學資料庫將成為強大的工具，對於材料界而言，其功能不僅在於降低製造成本，還能節省研發時間。

張永山教授了解材料界的需求，對於金屬與材料界的同業們，他也時常提供有價值的建議，毫無疑問，他是礦物金屬與材料學會副會長最佳人選。

私領域上，對我及美鋁的許多同事而言，張永山教授是一位溫暖、真誠的良師益友。在面對攸關公司重要的再造工程及有助公司成為具國際競爭力的相關研究上，他鼓勵年輕科學家與工程師接受挑戰。張教授著實是一位很能激勵別人向上的學者，對於學界、業界與公部門研究單位的影響力無遠弗屆。張教授另一項偉大的貢獻是他的適才適任，他常舉薦具有專業成就、領導能力或服務熱忱的人才到各學會組織任職。

我相當榮幸能推薦我的良師益友與終生導師張永山教授爭取礦物金屬與材料學會副會長一職，他的經驗值、遠見與領導力使他必然會是一位優秀的學會領導者。

朱門 / 美國鋁業公司技術中心院士

張永山難得在乎

張永山當年獲知榮任第二十八屆台灣中央研究院院士時相當高興，當選前一年曾陪著他積極拜訪其他中研院院士的學生陳信文說，張永山得知自己當選時非常興奮，對於平時看來總是很高興但喜怒不輕易形於色的張永山來說，要看到他充滿「興奮」之情不太容易，另一次則是他在當選 TMS 副會長時。陳信文說，一九九九年 TMS 開年會，他和幾個學生也去了，他們接到張永山主動邀他們「出去聊聊」的電話，感覺頗不尋常，「他跟我們說他選上 TMS 副會長，副會長順理成章會成為會長，所以他看來很高興，這是我第一次看到他有比較在乎或興奮的表情，他想跟別人分享這件重要的事。」

雖然並非張永山的學生，但一段時間的互動後，朱門認為，張永山是值得信賴的人，「他說他要做的，他都做得到。」一九八九年起他與張永山展開長達二十餘年的公私情誼，他甚至也跟著學生叫張永山的妻子何碧英「師母」，他說：「張教授待人溫和誠懇。他是我和我在美鋁技術中心許多同仁的 mentor。他經常鼓勵年輕的科學家和工程師要勇於面對挑戰和專注於能夠使公司在全球競爭下能得以永續經營的創新技術，受他影響的人遍及學術界、工業界和美國的國家實驗室。」

二○○○年張永山擔任 TMS 會長時，加利福尼亞大學聖塔芭芭拉分校耐蝕鋁合金教授兼材料系系主任德瑞莎・波拉（Tresa M. Pollock）則在 TMS 董事會任職，她說：「張教授在二○○○年時很自然地選擇擔任會長一職，不止因為他長期在委員會推動高品質科學，培育年輕業內，也因為他能和眾人一起工作，不論問題大小、困難與否、是否曠日廢時、付出與回報是否呈正比，他都具有解決問題的能力。他的精力過人讓人印象深刻，他甚至在長途飛行後仍不顯疲態！」

張永山在擔任 TMS 會長時對材料界有許多貢獻，朱門說：「他是第一位積極和世界各地包括中國和日本的材料學會進行合作的會長。這種交流，成功地替美國材料界吸引了更多來自世界各地的研究者參加年會和參與對未來會議的規畫。」

獲獎無數 TMS 向張永山致意

二〇一一年九月號的礦物金屬與材料學會會刊刊登一篇對張永山的哀悼文，文中提到，「張永山發表過逾五百篇著作，業界咸認，在固態溶液熱力學領域以及其在相平衡與固體缺陷能量分析方面的應用上，張永山居於領導地位。」

對於張永山於一九九六年所創立的 CompuTherm LLC 公司，TMS 會刊寫道：「CompuTherm LLC 公司衍生自麥迪遜分校，以他所發展出具劃時代意義的原理為基礎，該公司成功研發出方便使用的熱力學計算電腦軟體與資料庫。即便在他去世之前，身為威斯康辛大學傑出教授的張永山仍堅守在麥迪遜分校的工作崗位上。」

學用合一 張永山創立 CompuTherm LLC

張永山將畢生心力奉獻於他所熱愛的熱力學與材料學領域，他在學術上的貢獻與成就無人能及，為了讓更多不同領域的專家學者都能運用自己在熱力學及材料學研究上的成果，將熱力學研究發揚光大，張永山一九九六年創立 CompuTherm LLC 公司，這家公司的成立讓學

界與業界有了連結，也是學用合一的典範，CompuTherm LLC 公司所研發計算相圖的 Pandat 軟體也是現今全球通用的重要軟體，早年公司員工最多時有六至七人，這個公司是一個以研發為主的團隊。

CompuTherm LLC 初期營運聚焦於發展熱力學、相圖計算軟體及資料庫，之後將觸角延伸至相圖以外的領域。全球使用者愛用 CompuTherm LLC 針對多種合金系統所設計出的 Pandat 軟體及熱力學資料庫。在 Pandat 軟體架構下已發展出相圖計算與優化模組、析出模組及擴散模組，CompuTherm LLC 熱力學資料庫含括鋁、鎳、鈦、鎂、鐵合金。由於張永山在學術界與業界有豐沛的人脈，加上他在業界無可取代的領導地位，產、官、學、研界很快就注意到這家公司，讓公司的營運贏在起跑點。

CompuTherm LLC 近二十年來與美國政府及業界夥伴們合作過許多政府投資專案，針對特殊應用軟體發展出客製化軟體與資料庫，提供材料界諮詢服務，同時也與其他機構共同發展具挑戰性與商業潛力的研究計畫。

皇冠上的最後一顆寶石

張永山早年曾在業界呆了八年餘，轉戰學界後嶄露頭角，他所發表的出版品，包含原始論文、審查論文、書籍、會議論文和其他非學術性論文超過五百七十篇，取得四項專利，獲獎無數，也是同時獲得美國國家工程學院院士、中國科學院外籍院士及台灣中央研究院院士三大殊榮的少數學者之一。對於榮耀匯集一身的張永山來說，CompuTherm LLC 無疑是「皇冠上的最後一顆寶石」，為他精彩的學術生涯畫下完美的句點。

萊納 ‧ 施密德費瑟（Rainer Schmid-Fetzer）一九八二年加入張永山的研究團隊，任教於德國克萊斯塔爾工業大學冶金研究所的他迄今仍活躍於學術圈，當年張永山創立 CompuTherm LLC 時他也參與其中，他說：「這家公司成功發展第二代熱力學計算軟體 Pandat，1997 年我與家人第二次以訪問學者身份造訪麥迪遜分校時有幸參與此一軟體的開發。Computherm LLC 發展得很好，並將觸角延伸至動力學模擬軟體與資料庫的建立，主要的合作對象包含瑞典的 Thermocalc（Thermo-Calc Software）公司、Factsage 加拿大公司（Thermfact/CRCT）及 Factsage 德國公司（GTT-Technologies）。」

對於 CompuTherm LLC 的創立與貢獻，張永山的另一位好友，中研院院士劉錦川說：「Austin 在材料的熱力學和相圖的推廣上，堪稱國內外泰斗，在創業上，他也十分有成就。他創立了 CompuTherm LLC 公司，推廣各種材料的相圖和熱力學演變，CompuTherm LLC 的軟體和資料庫不但可以和歷史悠久、世界著名的相圖公司 Thermo-Calc 分庭抗禮，而且在某些材料上的計算已超越了 Thermo-Calc，可以說他對材料計算方面做出了重大貢獻。」

英國索伏特大學材料物理研究中心客座教授亞倫 ‧ 奧提斯（Alan Oates）表示：「永山為合金相圖計算所創立的軟體及資料庫公司 CompuTherm LLC，我們也有緊密的合作。」

加利福尼亞大學聖塔芭芭拉分校耐蝕鋁合金教授兼材料系系主任德瑞莎 ‧ 波拉（Tresa M. Pollock）說：「張教授創立了 CompuTherm LLC 公司，心力投注於將重要的熱力學資訊變成可利用工具，讓精密的動力學有了新設計與輪廓，影響至今。不管在學術研究或商業版圖上，張教授都投注了相當多的心力，他的動力不只來自於他的聰明才智，眾所周知，張教授總希望在能力範圍內讓每個問題都能找到對的答案，不論問題有多棘手。」

張永山過去的學生，美國威斯康辛大學麥迪遜分校材料科學暨工程學系教授柯伸道進行的學術研究更直接與 Pandat 軟體有關，他表示：「在這些工具的協助下，二〇〇四年我得以發展出理論說明沿著熔區邊緣破裂之現象。事實上，這套軟體與資料庫功能非常強大，有助於預測熔接時鋁熔區是否容易破裂，以及破裂之可能性如何消除。今天，我仍然使用 CompuTherm LLC 研發的軟體與資料庫解決更多的熔接問題，而且不只用於鋁合金，也用於鎂合金、鋼鐵與不銹鋼。」

柯伸道認為自己學術生涯中最重要的代表論文之一 "A Simple Index for Predicting the Susceptibility to Solidification Cracking" 二〇一五年十二月刊登於 The Welding Journal 期刊，研究成果就是運用 CompuTherm LLC 研發的計算軟體及資料庫，他在文中除了向張永山及該公司致意外，也特別表示將此文獻給張永山。藉由這套新方法，只要將合金成份輸入軟體資料庫就能預測鋁合金或鎂合金銲接及鑄造時的爆裂程度為何，此一發現影響至鉅，「即使是一位普通工程師也能輕易找到改變合金成份以減少裂紋產生的方法。」柯伸道說。

張永山麥迪遜時期的博士生，美國橡樹嶺國家實驗室材料科學技術分部副研究員楊瑩表示：「張教授培養學生注意將基礎研究聯繫實際應用。他把材料熱力學和合金相圖這門基礎的學科用在許多應用性很強的領域，比如說半導體材料的界面反應對電性能的影響，大塊非晶材料的設計，材料凝固過程的偏析等等。在他的倡導下，他和他的弟子開發的材料設計軟體 Pandat，已經廣泛地應用到航天航空、汽車和計算機微電子行業。」

「相圖之王」張永山

張永山在學術上的貢獻，翻開他的顯赫經歷便一目了然，業界有人稱他為「相圖之王」（King of Phase Diagram）。積極促成張永山到清華大學開設《國聯光電講座》的清華大學教授陳信文是國內少數鎖定相圖發展領域的學者，師承張永山的陳信文說：「張教授確實在相圖領域上是位階最高的，相圖發展時間很短，是很窄的領域，但對基本材料科學很重要，看相圖是基本訓練。從古老冶金系統到後來的電子系統，張教授的主要貢獻是在實驗跟計算方面，包含他一九九六年創立的 CompuTherm LLC 公司。他跟中研院院士劉錦川教授認識也是因為玻璃金屬或液態金屬發展，張教授認為從相圖上可以預測那個區塊比較容易得到玻璃金屬，實驗結果也跟他的預測很接近。」

對於相圖運用的可能範圍研判，張永山有極佳的判斷力。陳信文說：「隨著時代演變，張教授可以與時俱進，切入不同領域的運用，一方面守住核心基礎又能從中切入不同領域，將兩者連結，他不用知道如何應用，但他能找出相圖可以應用在何處，這是很厲害的。」透過《國聯光電講座》，清華大學師生得以汲取張永山扎實的相圖基礎理論，同時在他身上也學習到「在不斷求新求變的同時，不可以忘卻自己的核心能力與價值」， 不論是做學問或做人，張永山都是眾人學習的典範。

肆 影響力

自古以來「文人相輕」，身份地位、學術表現、事業成就相近之人，總是誰都不服誰，先伏軟低頭就是有損顏面，更別說「不恥下問」了，藏拙也藏私，東方社會這套迂腐觀念只徒然讓自己成為「夜郎國」的井底之蛙，所以五千年中國文化，不少精華都被帶到墳墓裡去了。

張永山生於中國，青年時期開始到美國落地生根，西方文化與教育薰陶下，在他身上看不見東方文人的迂腐與驕氣，他以一種開放與分享的態度貢獻一己所學，即便已是聲譽卓著的「材料界第一把交椅」，張永山仍展現大師風範，伸出友誼的雙手擁抱所有人，更不忘提攜後進，幫助別人成長的同時也讓自己成長，讓前人與自己累積的智慧得以傳承，所以，張永山沒有敵人，只有朋友。

張永山生前曾說，自己雖然是美國名校畢業，而且擁有博士學位，但在求職之路上他也不是一帆風順，甚至曾經找不到工作，不過他並未因此而放棄自己的興趣和研究，因為不放棄，他等到了轉換學界發展的機會，為自己創造不朽的傳說。張永山「永不放棄」的理念似乎成了他人生的中心思想，他說：「研究之路不好走，重要的是要有眼光和目標，遇到困難也不輕言放棄。」

從河南鞏縣八里庄走來，張永山的母親鄧淑英教會他「犧牲與成全」，凡事堅持到底，失敗了也要再站起來；來到美國，走入家庭後，妻子何碧英教會他「信賴與分享」，體會基督教義中「信望愛」的真諦；患有唐氏症的三兒子張道崙教會他「無私與奉獻」，讓他在教養孩子的過程中培養出極佳的耐性、容忍力與同理心，化小愛為大愛。

張永山用生命所寫的奮鬥故事，每個章節都精彩，反映出幾經淬鍊後成熟圓融的人生智慧，而且影響了許多人……

第一章 有容乃大 近悅遠來

張永山不論在做人或做事上都堪稱典範 / 攝於1996年。

中研院院士吳茂昆說，張永山對台灣最大的貢獻就是造就很多的「學生老師」。的確，除了學術貢獻外，張永山自一九六七年任教於威斯康辛大學密爾瓦基分校起至二〇〇六年自麥迪遜分校退休，收了許多碩士、博士及博士後學生，其中又有不少學生經過他的推薦到麻省理工學院（MIT）攻讀博士。師承張永山的學生人數無從估算，他們不只來自台灣、中國大陸，而是各大洲，這些學生學成後在學界或業界都有優異的表現，不少學生後來也成為張永山在學術領域上的夥伴。

張永山的親人愛他、敬他、崇拜他，這點無庸置疑，但他的故舊及學生們對他同樣是無限崇敬與感念，張永山是「做事的人」，但是他「做人」一樣成功，張永山不只傳授及分享學術專長，他的人品、性格、操守及處世風格也深深影響著他周邊所有人。

吉布斯之後最棒的熱力學家

世人眼中的張永山在學業上無疑是大家口中的「資優生」，四十餘年的學術生涯獲獎無數，他的成就堪稱「前無古人，後無來者」，惠普研究室資深院士史坦 ‧ 威廉斯（Stan Williams）轉述當年他拜訪自己最崇拜的熱力學專家，任教於柏克萊大學化學系的李奧 ‧ 布沃教授（Prof. Leo Brewer）對張永山的評價，當時李奧已屆退休，研究室即將關閉，他建議史坦可以找張永山一起研究，李奧說：「自吉布斯之後，張永山是最棒的熱力學家，現代熱力學的奠基者。」吉布斯（Josiah Willard Gibbs）被譽為「物理化學之父」，史坦說：「這句話出自於以熱力學家自居的李奧 ‧ 布沃之口，絕對是強而有力的推薦。」

後來史坦果真找到張永山，兩人也成為好友。史坦說：「多年來，我們都保持聯絡，我們常在不同的研討會中碰面，只要舉辦講習會或研討會，我都會邀永山參加。他一向都可以提出具有見地的看法，就算在某些他比較不擅長的領域亦然。他也許安靜而害羞，但一旦有話要說，決對擲地有聲。他的言論具有權威性，就算沒有見過他的人也會記得他所有易於理解的新觀念，從他每一次的談話中，我學到許多重要的新觀點。」

多年後，張永山的學生楊建華任職於惠普（HP）實驗室，他聽到自己的頂頭上司 - 惠普公司副總裁說：「張永山是繼吉布斯以來最偉大的熱力學家，沒有之一。」說這話的不是別人，正是史坦 ‧ 威廉斯（Stan Williams）。

張永山：家人與學生使我成為更好的人

熟識張永山的人都知道他與學生的互動很好，因為他不只關心學生的學習狀況，也關心他們的家人與生活，他總是願意花時間為學生寫推薦信，甚至幫學生找工作，而家人對他來說更是重要的精神支柱，尤其患有唐氏症的小兒子張道崙，張永山為了他的教養問題耗費心力，甚至為了他而選擇提前退休，離開自己熟悉的麥迪遜。

史坦曾對張永山說，這些人可能成為他事業發展的牽絆，對此，張永山卻回答：「他們使我成為更好的人。」史坦說：「他是一位優秀的科學家，更是一個偉大的人，我從未聽過有誰說過這樣的話，更不用說是出自一位如此活躍又優秀的科學家之口。他讓我明白一位優秀的科學家同時也可以是偉大的人，我能做的只是以他為師。」

張永山是凱文 · 蕭茲（Kevin Schulz）在大學時期的指導教授，同時也是他後來的博士指導教授，任職於希捷科技（Seagate）的他回想一堂公司內訓的管理課程，課程中希望學員形容一位對自己影響最大的人，他毫不猶豫地與眾人分享指導教授張永山對他的影響，他說：「張教授具有我希望在專業管理上能達到的罕見特質，這樣的特質也展現於社群組織及他與三個孩子的互動上。這些特質包含正直的美德、高度的責任感、對事業的企圖心及對團隊成員的公平性，此外，還包括誠實、信任、幽默感及絕對的樂觀。」

凱文也認為，張永山多方面的影響力與成功來自於他的充份授權及對人的信任，而非事必躬親，「張教授讓我高度自主管理的同時也提供必要的支援與聯繫，我學會如何建立合作關係，透過合作關係的

張永山與何碧英結婚 35 週年紀念照，左起張道旭、張永山、高寶鏞、何碧英、張道崙與張道維 / 攝於 1991 年劍橋麻省理工學院。

張永山全家遊迪士尼，前排左起妻子何碧英、孫兒布萊恩、岳母高寶鏞、張永山及孫女克麗斯汀娜，後排左起三子張道崙、次媳黛安娜、次子張道維與孫女愛麗莎、長子張道旭、長媳蘇珊妮 / 攝於 1999 年 1 月。

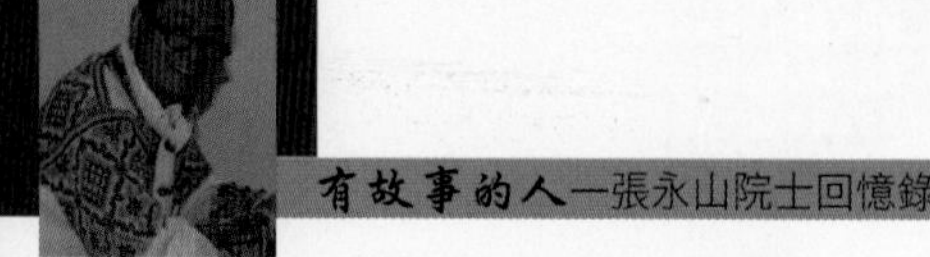

建立與張教授的人際網絡，我得以獲取來自於材料科學暨工程學系及電子工程學系教職員的協助，他們似乎都很樂意幫助張教授的學生。」

中研院院士劉錦川說：「他為了幫助國內學生在美國就業而創立了 CompuTherm LLC 公司。Austin 是一個十分受人尊敬的傑出學者，也是一個心胸寬大、熱心助人的好朋友。他每每把自己在學術上的成就用來幫助別人，尤其是國內外的中國學者，我和許多朋友都曾受過他的鼎力支持。對學生，他更是不遺餘力的幫助他們在學術界出人頭地，更上層樓。在做人方面，他真可說是個可親可佩的良師益友。」

辦公室不關門 歡迎光臨

不論是同事或學生，幾乎每個人都會提到張永山辦公室不關門的習慣，只要有人需要他，他總是「敞開大門」貢獻自己的智慧與時間。維也納大學材料化學系教授阿道夫 ‧ 米庫拉（Adolf Mikula）曾是張永山的博士後學生，後來他們也變成非常好的朋友，來自歐洲的他對於張永山辦公室不關門這件事印象深刻：「張教授的系所辦公室永遠都是開著門，每個想要跟他談話的人都可以見他，對於來自古老歐洲的我來說，這個經驗相當新奇。學院裡的環境讓人感到很輕鬆，每個人都覺得自在。張教授對學生及博士後學生都很有耐性，在我學習的二年裡，我從沒聽到張教授提高音調說話或者動怒，這點是我要向他學習的，希望我真的學到他的優點於萬一。」

一九八七年加入張永山研究團隊的道格拉斯 ‧ 史文生（Douglas J. Swenson）目前任教於美國密西根科技大學材料科學暨工程學系，他回憶自己與指導教授張永山初次見面的情景：「我第一次見到張教授時他已是系主任，當我走進滿是期刊與文件櫃的辦公室時，見到的是一臉和藹、認真，聰慧雙眼正專注閱覽文件的張教授。他顯然系務繁忙，但他仍歡迎我的到來，讓我覺得自己並不唐突。他簡潔的說明目前與未來的研究計畫，點出那些計畫開放新研究生加入，同時也建議我與麥迪遜分校其他優秀教授談談，以便了解他們的研究內容。」成為張永山的學生後，道格拉斯也常需要與張永山討論研究進度，忙碌的張永山從不拒絕他的造訪，「因為張教授一向忙於指導龐大的研究團隊與處理系務，但當我去找他談話時，他從不會催促我離開以便處理其他公務。」

惜福感恩 笑看人生

面對人生中的幾番風雨，張永山不僅沒有怨懟，他還學到感恩與惜福。惠普實驗室首席研究科學家楊建華回憶老師張永山對失敗與成功的態度：「我經常聽到他說：『我很幸運……』只要好的事情發生在他身上，那怕很小很小，他都會很感恩地這麼說。我發現當我也這麼想這麼說的時候，我似乎開始覺得我真的是世上最幸運的人之一，四周的人看起來都非常可親起來，心情也會大好；實驗不成功或是研究進展不順時，我總是聽張教授說：『嗯，這就是人生。』這句話現在也慢慢變成我的口頭禪了，在遇到挫折失敗時，我也總是聳聳肩對自己這麼說，然後很快地忘掉挫折，馬上重新開始。」

有張永山這般勤勞工作的老師，學生自然也不能太偷懶，養成習慣後，勤勞也變成學生們的習慣。楊建華說：「我起初想偷懶時便是觀察張教授辦公室的燈，在燈滅時，便可以放縱一下了。但是，幾年

下來，也逐漸養成了勤奮工作的習慣。這使得我在博士畢業時有了相當數量的研究結果，也因此有了畢業後進入國際大公司科研所的基礎。後來我發現，我所遇到所有成功的科研人士都有一個共同點：工作異常勤奮。對於一個在異國他鄉渴望成功的人來說，勤奮努力的重要性自不待言，這種品質也自然使我們受益終生。」

苦幹實幹 永不放棄

美國威斯康辛大學麥迪遜分校材料科學暨工程學系教授柯伸道說，張永山有圓融的處事技巧與手腕，但並非長袖善舞，「張教授對不好的事情他是不願意做的，他做的東西一定是在合理的範圍之內。他不是工於心計的人，他知道一個人對別人好，總有一天別人也會對他好，尤其有人有麻煩時請他幫忙。比如曾有個教授做了一個計畫，其他人要搶他的計畫，這名教授請張教授幫他講講話，張教授的確出手相助，讓這個計畫不被搶走。」

柯伸道認為，張永山對他最大的影響應該是他的苦幹與堅持精神，他說：「在台灣做學生，一般來說不會特別苦幹，我來的時候覺得他英文非常好，他很苦幹，連他以前畢業的美國學生都跟我說："Austin will never give up." 他會一直苦幹下去，很堅持。」

觀人識人 張永山有天生的敏銳度

張永山一向與人為善，廣結善緣，他與人交往皆是出於真心，他不是「利己」而是「利他」的人，但他也會用自己的方式「篩選」朋友。柯伸道說：「我認為任何人要跟張教授做朋友都是很容易的，他都不

1985 年前後張永山在麥迪遜分校當系主任時期的照片。

會拒絕，但他會看出那些人有權力（影響力），他會有更進一步的做朋友方式，他是很聰明，但他跟你做朋友時是真誠的，他不會因為你不行就不跟你做朋友。材料界裡已經過世的許多華人，只有張教授成就最大，這點是肯定的，就算是現在還活著的華人教授也無法與他的成就相比，無法超越他，有幾個美國國家科學院院士也是張教授幫忙推薦的。」

張永山對柯伸道說過一句頗富深意的話："You have to be good, but it's not enough. You have to know the people." 換句話說就是「你要知道如何控制這些人」。柯伸道說：「比方說張教授拿過很多獎，他拿獎的紀錄可能沒有人可以破，但這些獎都由許多委員會控制，好的人才太多了，但首先你必須讓別人知道你，你才有希望拿獎，你光是好是不夠的。」柯伸道認為，張永山成功的原因是他很聰明、很努力、肯苦幹，但光是這樣還不夠，他還要有識人之明，「這種功力與特質，除非天生就有，否則是學不來的。」

柯伸道的學生藍崇文目前是國立台灣大學化工系特聘教授，他提及一段張永山讚美柯伸道的談話內容：「張教授在學術圈的朋友很多，為人謙遜，對人溫暖，總是看到別人的好處。他是老柯（編按：柯伸道）碩士論文的指導教授，有一次跟他聊起老柯，他就說老柯真厲害，組織力強，一個暑假就可以寫一本書，他是萬萬不能；我知道他是真的欣賞老柯，而老柯出了兩本知名的教科書。」

同樣為人師表的藍崇文對於張永山及柯伸道兩位老師的教學風格有精闢的評論：「教書這幾年，我難免也會比較老柯跟張教授的教育風格。老柯鋒芒外露，持學嚴謹，組織力強，細心努力，對研究要求

龜毛，早些年是比較沒有耐性，學生的壓力很大，而張教授多半站在鼓勵的角度，不曾聽過他罵學生，但笑聲倒是不少，給學生的自由度高，態度開放，所以後來簡嘉宏學長的許多半導體電性的課題，都是學生自己發展的。我想要像張教授一樣對學生有耐性，總是站在鼓勵的立場，並不是一件容易的事，除了懂得方法外，或許這跟他的人格特質有關。」

關心不是說說而已

雖然張永山有很好的識人能力與交際手腕，他也很能夠在最短時間內找到 "key person"（關鍵人物），但這並不代表他交朋友都有特殊目的。柯伸道指出，張永山有個在柏克萊時就認識的老友，也是名教授，這位教授很有學問，人也很好，但就是太安靜了，一直懷才不遇，後來張永山推薦他到密爾瓦基分校當教授，「張教授只要對你有感情，他就會幫你。」柯伸道說。

國立中山大學材料與光電科學學系教授謝克昌說，張永山總是儘可能幫助別人，只要在他能力範圍內。當年謝克昌的某位學弟需要錢（編按：獎學金）用，但他的指導教授不給，這名學弟說可能要轉到哥倫比亞大學，謝克昌於是跟張永山提起這件事，張永山聽了說，自己手邊還有一點獎學金額度可以資助這個學生幾個月。謝克昌說：「張教授雖然資助這名學生，但也沒有要他做什麼事，張教授說，哥倫比亞大學的某教授可能不是學生想的那樣，就算過去也不一定拿得到錢（編按：獎學金），建議他不要去。」張永山無條件幫助學生的做法，讓謝克昌印象深刻，後來這個學弟找到另外一個指導教授，沒有去哥大。

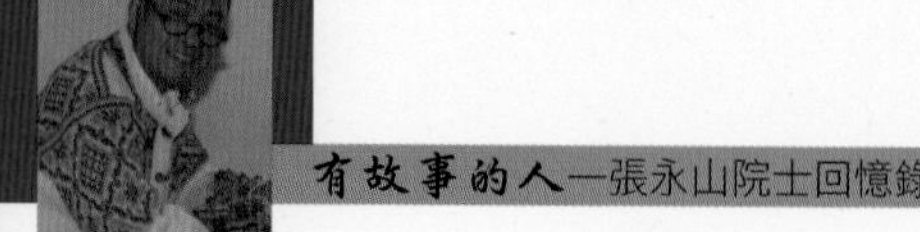

已經退休的艾倫・蕭茲（Allan Schultz）笑稱自己應該是張永山收過「最老」的學生，一九八八年取得博士學位的他加入張永山研究團隊時已年逾四十，他也算是張永山轉任麥迪遜分校教授後的第一批學生，與他同期的學生包含莊英裕、林正淳與張民憲等人，由於他跟張永山都是三個孩子的父親，兩人常聊「爸爸經」。取得博士學位後先後在霍尼韋爾（Honeywell）及希捷科技公司（Seagate）工作的他說：「張教授給我的訓練及因他而來的人脈讓我得以在未來超過十六年的職涯發展上從坐冷板凳到成為資深總監。」

事實上，當年攻讀博士學位的艾倫因為要負擔家計還要忙於課業，肩上的擔子非常沉重，張永山看出他的窘迫，於是出手相助。艾倫說：「張教授注意到我兼顧博士學位與維持家計的窘境。當時我寫了進階的三維電腦圖形程式分析相圖，張教授鼓勵我繼續朝此方向發展。他不用美國國家基金會的資金而是改用威斯康辛大學轄下研究機構 - 威斯康辛大學校友研究基金會（Wisconsin Alumni Research Foundation, WARF）支援我，他會這麼做主要是因為他看出這個計算程式有『錢』景。威斯康辛大學校友研究基金會（Wisconsin Alumni Research Foundation, WARF）支援我的研究也代表著程式所有權歸我所有而非公有財。這件事情顯示張教授具有敏銳的洞察力，不到一年後，聯信公司（Allied Signal）以巨額價金買下程式原始碼。對一位努力掙扎維持家計的博士生來說，這無疑是『天上掉下來的禮物』。」

多數張永山的學生都會認為他是老式的中國教授，雖然到美國生活很久，但與西方教授還是很不同。謝克昌說：「張教授是很老式的中國人跟老師，跟台灣的父母或老師很像。外國老師跟中國老師的思

維比較不同，我覺得張教授是用台灣式的態度對待學生，外國老師與學生會是平輩的感覺，但我們在跟張教授應對進退時會尊敬他，把他當長輩看，他也是比較含蓄的中國老師，比方學生需要錢，要主動開口跟外國老師要他才會給，但張教授會主動給。如果我們有事請他幫忙他也會幫，請他寫推薦信他也會寫，他會主動觀察學生的需求。」

能幫就幫 有求必應

對於學生，張永山都當他們是自己的孩子般關心，與他們相處像朋友一般，而且他的關心不是說說而已。有些學生畢業後工作找得不太順利，張永山會鼓勵他們別氣餒，甚至主動幫忙找工作機會，任職於美國鋁業公司的林正淳對張永山這樣的老師就非常感佩，他說：「他對學生真的是沒話講，我覺得很幸運可以碰到這樣的老師。很多教授對學生有不合理的要求，有些學生甚至不敢把自己教授的名字寫在個人資料上，他們反而想寫『系主任張永山教授』，當然張教授也教過這些學生，他會說：『好，如果你認為這樣比較好，我願意幫忙。』不管是他指導的學生或別人來拜託，他幾乎沒有拒絕的。」

林正淳分享了另一則故事。張永山有個很優秀的美國學生，跟了他十年，從密爾瓦基到麥迪遜分校，但這名學生自信心不夠，很害羞，他喜歡呆在學校裡，早就可以畢業但他遲遲不畢業，學校有畢業年限限制，因此不能贊助他金錢，後來學校要趕學生走，張永山幫這個學生向校方求情，校方的回應是，只要這名學生在一年內畢業，學校還是給他贊助。後來張永山還幫這名學生在加州找到博士後研究工作，那邊的教授很喜歡這名學生，他說這個學生做事很認真。「張教授不

止培養學生到畢業，他也很照顧每個學生的未來。」林正淳說。

道格拉斯・史文生（Douglas J. Swenson）也相當感念指導教授張永山對他的協助：「如今我成為密西根科技大學教師，我才真正感受到自己過去能和他一起工作有多幸運，我也相信無法找到比他更好的指導教授及良師益友。對於幫助學生們成功，張教授做的遠超過他應該做的，他總是將研究成果歸功於學生而淡化自己的功勞。在他的教學生涯中，他總是向外人讚美自己的學生，以便幫助學生獲得第一份工作。由於張教授所帶領的研究團隊相當龐大，他多數時間花在與團隊有關的事務上，他也協助我完成事業上的目標，成為一名學者。因為張教授，我才能拿到在勞倫斯利佛莫爾國家實驗室的第一份博士後研究工作；在我尋求教職工作的過程中，他幫忙寫了許多推薦信；在我的研究生涯中，他給予許多忠告，包含在我成為助理教授後的前幾年。」

事實上，不論是不是自己的學生，張永山一向都是能幫就幫，廣結善緣。對於張永山的熱心助人，藍崇文也很有感。一九八七年到威斯康辛大學冶金系攻讀博士學位的藍崇文回憶，那時系所內只有兩位華人教授，一位是張永山，另一位是柯伸道，他當年投入柯伸道門下，而柯伸道攻讀碩士學位時的指導教授則是張永山，所以藍崇文與張永山有「徒孫」關係，此外，藍崇文與張永山研究團隊中的陳信文、簡嘉宏等學生有學長、學弟情誼，不論是為了借筆記還是串門子，他跑張永山的研究室也算相當勤快，他笑說：「我應該也算張教授的半個學生。」後來他也果真修了張永山熱力學與界面反應的課。

藍崇文說：「我在威大五年都專注在研究工作，認識的教授不多，後來找工作時也多半得麻煩張教授幫我寫推薦信。另外，張教授的學生高振宏過去申請中央大學化工系時，我已在中大任教，我看了張教授給振宏的推薦信，如數家珍的寫了兩三頁，真是讓人感動！也因為這樣，張教授雖不是我的論文指導老師，但我也樂於當他的學生，畢竟他有很多地方值得我學習。」也因此，後來張永山與何碧英夫婦幾次到台灣時與學生聚餐，多半也能看到藍崇文的身影。

EQ 高 不正面衝突

柯伸道說，張永山情緒控制能力很好，他從沒見過他與別人正面衝突或吵架。曾有位年輕助理教授為討好大教授而批評張永山某位學生的博士論文口試內容「沒什麼了不起」，張永山那時非常生氣，他認為學生的論文內容並非不好，那位助理教授只是純粹為拍馬屁而非為學術理由而提出批評，後來他也為此事向張永山道歉。柯伸道說：「張教授不會與人衝突，他不會發作但他會記在心裡，他可以非常生氣，但他非常生氣也只是不講話。」

謝克昌說，張永山通常不會當面有所批評，但他也有不高興的時候，不過他不會很生氣，「他對某些事情不高興或對某人不高興，他會說："I am really upset." 但他不會很生氣，這也是我聽過比較重的話。如果他認為自己遭到不好的待遇也會生氣，但他不會說重話，了不起只是小小的抱怨，提一下這件事情，他是比較委婉的人。」

就連張永山的幾任秘書都說，張永山就算對學生講話也沒有「大聲」過。林正淳提到，張永山雖然不會以言語責備學生，但他失望時的表情是看得出來的，「他會對學生說希望學生什麼時候做到什麼進

度之類的，但他從來沒有因為自己位置比較高就叫我們做什麼事。他對我們說，要拿 Ph.D. 的話就要自己獨立做實驗，遇到瓶頸就要趕快找他討論，有問題要想辦法自己解決。他雖然不會言語責備，但是如果他認為我們的研究或報告做得沒有他想像得好，會有失望的表情。」可以申請獎學金到張永山研究團隊的學生都是菁英，對這些學界菁英來說，張永山「失望的表情」比言語責備更有殺傷力。

跟在張永山身邊五年半的學生陳信文也說，張永山是 EQ 很高的人，情緒平和，很自制，談話時看他都是高高興興，但是當他安靜下來清楚地說事情，學生就知道他是不高興的，「他不高興時語調是平和而非爽朗的，但我沒有看過他動怒，曾有某教授與張教授共同研究發表論文，但論文卻沒有掛張教授的名字，我們最多也只是聽他說：『不會再與某某人合作。』這就是很大的反應了。」陳信文曾聽到張永山說「某某人不是基督徒」，意思是「某人心胸狹窄」或「某人是基督徒但行為不像」，陳信文笑說：「張教授是虔誠的基督徒，對他來說，這句話已經是很大的貶損了。」

維也納大學教授賀伯 · 伊柏瑟（Herbert Ipser）說：「我不知道張教授有任何敵人。我唯一一次見過他大聲『發飆』是在和威斯康辛大學麥迪遜分校的另一位教授陶德 · 伯特拿（Ted Bratanow）討論時，否則，我的印象中，他和許多人都能相處得很好。誠然，也許有些同事或科學家嫉妒他所獲得的多項研究成就，但那也是人之常情，我不會認為他們是張教授的『敵人』。」

德國克萊斯塔爾工業大學教授萊納 · 施密德費瑟（Rainer Schmid-Fetzer）與賀伯 · 伊柏瑟（Herbert Ipser）都是張永山在學術領域中的

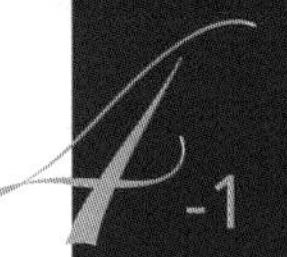

長期戰友，萊納說：「在永山重新架構麥迪遜分校『冶金與礦物工程學系』為『材料科學暨工程學系』期間是最容易樹敵的時候，但他卻沒有敵人，因為他總是清楚且公平地對待系上每一個人。我絕對地信任他，他是我在科學研究上的學習榜樣，他非常專注、樂於分享新知而且是名偉大的『實踐者』，他帶領並鼓勵他所指導的博士後學生們跳脫框架但同時謹守分際。」

誠實是美德

在學生眼裡，張永山不僅做學問態度嚴謹，做人也是，而且他不急功近利，不走捷徑。陳信文說，張永山不是那種求「速效」的人，對於研究成果，他不會要求學生趕快有結果，「因為他計畫多，所以他的容忍度比較高，不會急於要很快有成果，這跟年輕教授很不同，因為他們會有成果壓力，也就是有財務壓力，研究結果事關『生死存亡』，但張教授不是，如果我們有研究成果就去找他，發表成果，沒結果他也不理你，但這樣的話就是在浪費我們自己的時間。」

誠實與扎實是張永山做學問與研究的基本要求，簡嘉宏說：「張教授本身的研究及他訓練學生的方式是很有貢獻的，有些教授有很多學生，但他們比較膚淺，可能出了很多報告或研究但還是不知所云，沒有中心思想，像張教授出的東西就擲地有聲，那個年代的教授一年只出一個報告，但擲地有聲。」

鼓勵學生走出去 別閉門造車

張永山發表過無數研究報告，但他認為，做研究埋起頭來閉門造

張永山（前排左 2）與何碧英（前排右 2）在台灣的第一次師生聚餐，出席的學生有蔣天鴻（前排左 1）、馬有用（前排右 1），後排左至右為高振宏、藍崇文（柯伸道的學生）、蕭復元、孫淑玲（學生胡迪群的夫人）、陳信文與陳嘉平 /1996 年 7 月攝於新竹清華大學風雲樓。

車會限制自己的發展，多看多聽才能多學。

在張永山研究團隊呆了三年的博士後學生納吉爾 · 艾哈默德（Nazeer Ahmad）回憶一九七九年至一九八二年的這段學習之旅，對於張永山儘量讓學生到各地參加研討會並參與內部簡報會議，他印象深刻：「張教授時常讓研究團隊成員參加美國各地舉辦的研討會或專題座談會，對於團隊成員日常的簡報會議，他是非常鼓勵與支持的，即便同一時間他可能有更感興趣的類似行程，他也會撥空參加學生的簡報會議。」

另一位博士生林正淳則表示：「張教授會送我們這些學生到會議去發表研究，他認為跟外面的人互相交換討論是很重要的，所以如果學生有研究報告要發表，他會送學生出去開會或做報告，他覺得如果做研究沒有跟外面互相交換跟討論，只是自己埋頭苦幹，發展很有限，所以我在他手下七年，幾乎每年都出去開會，他不會因為手邊沒有經費就不讓學生出去。」張永山的學生多半受他影響，自己當教授後也儘量將學生「送出去」。

Avantor Performance Materials, Inc. 大中華區執行董事暨總經理陳嘉平一九九〇年加入張永山的研究團隊，他認為，張永山的專長是在材料熱力學，但他也能以開放的態度挑選非熱力學專長的學生到他的研究團隊，如在半導體方面較擅長的簡嘉宏及蕭復元，在熱力學計算方面較擅長的陳双林，而他自己的專長則是在電機、電信分析及材料分析。陳嘉平說：「張教授不會侷限我們的發展或研究方向，因為張教授比較少有這方面的經驗，所以他要我去找其他教授當另一位指導教授（併列），也就是說他不會要我非研究熱力學不可，他讓我可以發揮所長，另一方面我也幫他開拓不同領域。」

陳信文認為，張永山總是抱持開放的態度在研究與人際互動上，他沒有「同行相忌」的盲點，他說：「有些美國教授很直接，他們會擔心合作夥伴或學生以後另起爐灶與他競爭，所以會約束其他人，同樣的東西不可以再做，但張教授從沒這麼跟我說或要求，很多人是擺明了『我可以做你不可以做』，相對來說，張教授是比較寬容的人。」

第二章 只有朋友 沒有敵人

陳信文是在一九八五年加入張永山的研究團隊，前後約五年半的時間，拿到博士後的他當年曾到美國鋁業公司任職，回國後任教於國立清華大學。他認為，張永山對他影響最大的除了治學態度，就是待人處事，尤其他對陳信文說「不要樹敵，要有朋友」這句話讓他受益良多。

陳信文說，張永山是一個相當保守嚴謹的人，在跟人的交往上他是相當注意的，「我回台灣教書時他跟我說，研究剛開始時不能急、不能造假，不要做年老時會後悔的事，沒有成熟的研究不要發表，還有，不論在學術界或其他地方都不要有敵人，不要樹敵，最好有朋友，我覺得他很努力在做這件事。」

當年在研究團隊裡有個外國學生，從張永山在密爾瓦基分校跟著他到麥迪遜分校十餘年，仍沒有要畢業的打算。張永山眼看這樣不是辦法，於是跟這名學生說他該畢業了，但學生還是不願畢業，最後張永山只好祭出「殺手鐧」，每個月這名學生要領錢時必須填領據，其他資深研究員每個月的錢都是直接入帳，在不對這名學生造成實質傷害的前提下，張永山也算給了他一個警告，這也等於是張永山對他下的最後通牒。這樣的狀況拖了一年，最後張永山還在聖塔芭芭拉幫這位學生找到博士後的工作。陳信文說：「這件事情顯示張教授對人的在意與寬厚，這是傳統中國式的做法，也符合他不要樹立敵人，要多一個朋友的想法。對於這類負面狀況，張教授最多就是不理你或不再

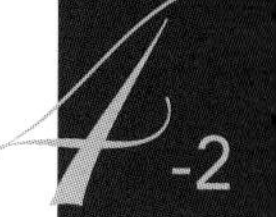

合作，畢竟事情是一時的，沒有必要因為某些事情讓大家在事情結束後不開心。」

任教於台灣大學的藍崇文在威斯康辛大學修博士學位期間修過張永山的課，他認為張永山在各方面來說都是個「典範」，但也像「北極星」一般，望之莫及，藍崇文說：「我印象最深刻的，就是他總是跟我說 "Never frustrate students." 也總說『每個學生有不同的天賦，都很不錯』，從沒聽過他批評自己的學生。只是教書這二十多年，我才發現這不是容易的事情，但對教育者來說，應該是第一條守則。有人說指導教授的風格會影響學生下半生的學術生涯，也許是這樣，張教授的學生許多都選擇教書，而教書後的學生，又不少繼續去教書。如果我要當個好的老師，他就是個好榜樣，需要多給學生鼓勵跟溫暖，而學生也會樂於回饋，喜歡保持聯繫。每每我對學生比較沒有耐性的時候，我總是會想起張教授，還是會叮嚀自己，要多鼓勵學生！少責罵啊！」

那個學生最聰明？張永山妙答

有機會到張永山研究團隊學習的學生多半是理工科系的菁英，成績好自不待言，這些「資優生」到了美國成為同門，除了「兄弟登山各自努力」，也免不了想要「一較高下」，看誰比較厲害。

一九八六年加入張永山研究團隊的簡嘉宏是台灣第一位，也是台大第一位英特爾院士（Intel Fellow），當年，簡嘉宏問了張永山一個問題：「張教授，我們幾個都在這裡，您告訴我們，我們誰最聰明？」沒想到張永山聽到這個問題笑個不停，現場還有陳信文、林正淳等幾

位同門師兄弟，大家都很想知道張永山的答案。因為在這幾個學生的印象中，張永山都曾經稱讚過他們，但是現在終於要聽到「第一名是誰」，眾人心裡不免忐忑，既期待又怕受傷害。沒想到張永山的回答是：「上帝創造每個人都不一樣。」這樣的回答也頗為符合張永山「不樹敵」的最高指導原則。

這段往事，陳信文印象深刻，他說：「張教授說上帝造人每個人都不一樣，像他兒子（編按：道崙）教給他要有耐性、教徒要寬容。我們以前跟他一起吃飯，他兒子說不要吃蛋黃，吃沙拉時他就會挑掉蛋黃，我們覺得吃一塊不會怎樣，但他非常嚴謹，他對每個人都很寬容，跟大多數人比起來，他寬容很多。對於張家老三張道崙，張教授沒有說過苦，他覺得上帝造人都不一樣，有人聰明有人天生就像道崙一樣，縱使辛苦，他當作是一種試煉，也因為道崙，張教授更加虔誠。」

有一天傍晚，張永山正跟陳信文討論事情，住在宿舍的張道崙打電話給父親張永山，他說：「住的地方著火了。」張永山馬上問張道崙：「某某人在嗎？」掛完電話後，他跟陳信文說他要過去看一下。「老三道崙是張教授很大的牽掛。」陳信文說。

張永山眼中的「台大化工五虎將」

台灣學生到美國留學的高峰期約在一九九〇年前，在那之前，只要是國內台清交或各校理工科系優秀學生，選擇出國留學的比例高得嚇人。一九八五年加入張永山研究團隊的陳信文說：「我那個年代已到流行的末端了，我們同學中有八十個本地生，其中就有四十七個在美國拿到博士。」

張永山曾在閒聊時對學生說，自己收學生的高峰期約莫是在一九九〇之前的十年，他認為這段時間收的學生素質最好，這段時間正好跟張永山從密爾瓦基分校轉戰麥迪遜分校發展的第一個黃金十年重疊。

到麥迪遜任教後，張永山開始收博士生，莊英裕是第一位在張永山研究團隊中拿到博士學位的台大化工系畢業生，他用二年九個月時間就取得碩士跟博士學位，張永山認為他是可造之才，可惜英年早逝。巧的是莊英裕與後期的林正淳、陳信文、簡嘉宏及高振宏都是台大化工系畢業，本就有學長學弟的情誼，後來加入張永山的研究團隊攻讀碩博士及博士後，再度成為同門師兄弟，幾個人之間有特殊的「革命情感」自不待言。

張永山曾對陳信文說，除了美國學生蘇珊・莫尼（Suzanne Mohney）與道格拉斯・史文森（Douglas J. Swenson），他們是他教過最厲害的五個學生。不過，這幾個「最厲害」的學生也曾在研究上遇到瓶頸。陳信文說，這件事情是他師事張永山五年半來遭遇到的最大打擊，他回憶：「那時候是莊英裕帶我，我在做報告時，有位印度教授問我問題，結果莊英裕與他有點爭執。後來張教授聽到這件事情，要我再說一次事發狀況，然後他靜靜地跟我說：『可能讓簡嘉宏或其他人接這個研究。』他這麼說我就知道出了大問題，張教授認為你做的東西確實不對，所以找人來接，但他沒有拍桌子，他只是靜靜地說：『OK，不然就這樣。』我們這些學生都知道當張教授靜靜地、慢慢地說話就是否認的表示，這是我碰到最大的打擊。」

張永山眼中最厲害的五個台大化工系學生，除了已歿的莊英裕，林正淳服務於美國鋁業公司（Alcoa）、陳信文任教於國立清華大學、簡嘉宏任職於英特爾（Intel）、高振宏任教於國立台灣大學，至於蘇珊・莫尼（Suzanne Mohney）則任教於美國賓州州立大學（Pennsylvania State University），道格拉斯・史文森（Douglas J. Swenson）任教於密西根科技大學（Michigan Technological University）。

You are the best!

事實上，張永山收的學生每一位都相當優秀，取得學位後在各自的領域中表現傑出，而張永山對任何人「讚美多，否定少」的正面態度，影響了許多學生，每每帶他們走出人生低潮，尤其張永山常對學生說的 "You are the best." 發揮許多正能量。張永山口中「最厲害的台大化工五虎將」之一簡嘉宏任職於英特爾（Intel）公司迄今超過二十四年，目前已是英特爾院士（Intel Fellow）的他對於當年找工作時老師張永山對他說過的鼓勵話語永難忘懷。

簡嘉宏說，當年自己取得博士學位後想在美國找工作，「那個年代，我們從台灣到美國，畢業後要進入美國社會工作，這是很大的轉變，比方在學校我們都講中文，要打入美國社會很不容易，當時很多人畢業後都回台灣，我有點惶恐，不確定最後會落腳何處。有天張教授來找我，我跟他談到這件事，他當時對我："You just do your best. We'll see what happen."。」

張永山回想自己早年到美國時的情景與後來工作那幾年的狀況，他對簡嘉宏說：「凡事須盡全力（Just do your best），不要計較其他，就會有好事發生。」這是影響簡嘉宏最深的一句話，簡嘉宏說：

簡嘉宏（中）獲選威斯康辛大學工學院傑出校友，與張永山（左）及林瓊惠（簡嘉宏的夫人）合影留念／攝於 2008 年 10 月 24 日。（照片提供／簡嘉宏）

「雖然是一句老生常談，但當時的情景跟對話，在接下來的三十幾年裡一直影響著我。多年後，當我順利完成工作時，我會自問：『我已經盡全力了嗎？或者我只是敷衍了事？我應該花更多時間，堅持到最後。』。」當時張永山提出，如果簡嘉宏沒有找到工作，他要提供一個博士後的工作機會，那次的師生對話後不久，簡嘉宏就獲得英特爾公司（Intel）的工作機會。

張永山認為，簡嘉宏對英特爾公司（Intel）有很大的貢獻，為人師表的他深感欣慰，他也推薦簡嘉宏成為二〇〇八年威斯康辛大學工學院傑出校友。

對於張永山常掛在嘴邊的 "You are the best" 金句，謝克昌有不同的解讀，他笑說自己聽了很多遍，他還不忘自我調侃：「張教授都會這樣講，他通常會在背後讚美別人，像他說 "You are the best" 我聽到很多次，但是我心裡知道我不是很聰明的人，當然張教授不會這麼講，我想我是『最笨的學生跟他最久』。」

先盡人事 其他的交給命運

張永山曾跟簡嘉宏提過，一九九〇年從芝加哥西北大學轉到威斯康辛大學麥迪遜分校就讀的學生高振宏「是不可多得的英才」，師事張永山五年的高振宏則說：「能當張教授的學生很光榮。」事實上，許多張永山的學生都說過這句話。

高振宏說，當年他跟指導教授張永山一起合作研究計畫，但不確定計畫能否通過，張永山那時對他說：「做任何事情盡力就好，結果不要想太多。」這句話影響高振宏很大，他說：「張教授是虔誠的基督徒，學術地位遠高於我，但他仍是要求自己『盡人事，聽天命』。」

直到今日，在台大任教的高振宏對當年張永山的言教與身教仍謹記在心，他說：「我的待人接物、對待學生的方式都是效法張教授，我認為，『越優秀的學生越辛苦』，但是畢業後他們會知道付出會有收獲。我想張教授的方法很好，學生願意比較辛苦表示他找到熱情了，若學生很聰明但沒有熱情，可能表示這個方向比較不適合他。」

昇業科技股份有限公司總經理蕭復元一九九〇年曾陪著張永山夫婦到阿里山一遊，他對張永山說過的一句話印象深刻，「我和太太開著車子，從台北、新竹、台南而高雄，逐一探訪張教授的故舊門生，最後還搭著阿里山森林小火車，悠遊山林神木之間，聊的盡是張教授對我們這些學生們的近況、讚美與期許，當時他滿心歡喜，滿足模樣說出的一句話 : "You guys are all going to be a big shot! " 至今仍銘記在心，那真是張教授對我們這些學生的期待也是鞭策的話呀！」

因材施教 自主管理

在張永山的兒子張道旭（Vincent Chang）與張道維（Lawrence Chang）眼中，張永山是不會說教的父親，張永山的學生也說他不會「下指導棋」，而是讓學生有獨立思考的能力，事實上，張永山早年從業界轉戰學界時還是位「新手教授」，不過，當年他對學生已經抱持如此開放的態度，讓學生自己思考、自己決定。

張永山在威斯康辛大學密爾瓦基分校時期收的碩士生約翰・法蘭克斯（John Franks）一九六八年認識張永山時只是名大三學生，當年生活與學業堪稱一帆風順的他難忘張永山對自己的影響。約翰說：「當面見到張博士，他說服我走出既有的舒適圈，接受這個對我長遠職場生涯更有利的新機會。他說，未來我會面臨到許多這類的決定但這些都沒有保障可言，對於一位二十歲的學生來說，當時我隱約了解到，這是人生改變的時刻。接下來的二十個月，張博士仔細且貼心的指導我並回答我的許多蠢問題，我們建立了他為測試鎳鋅合金相圖新數據所需要的設備。在此期間，我看到他專注於工作上，當研究不順利時他則冷靜面對，他主導這個計畫、相關的成員與預算，讓事情順利進行。」

和許多學生一樣，畢業之前約翰也開始寄履歷表找工作，就在他順利找到工作後，張永山又出現了，他鼓勵約翰繼續深造。約翰回憶這段往事：「在我畢業前幾週，張博士給我機會，以之前我們建立的實驗設備做為碩士論文主題，他希望我能完成這個工作，在一年內也許可以以碩士學位獲得更好的職位。我很好奇為何在我花時間找工作前張博士沒有和我討論這個碩士計畫，但回頭一想，顯然張博士是要我自己選擇並做決定。最終我選擇繼續攻讀碩士學位，一直以來我都非常感謝張博士提供我這個機會，而這個機會也為我開啟通往職場生涯之門。」約翰目前是 Electrol Specialties 公司的執行副總裁兼總經理，對於張永山當年的提攜與指導，他永難忘懷。

張永山的學生多半認為他是「因材施教」的老師。林正淳說，張永山希望學生有獨立思考的能力，而不是「一個口令一個動作」，「他認為學生可以獨立思考，可以自己去圖書館找資料，他為學生的研究先定大方向，其他細節學生要自己去找，如到圖書館找期刊等等，他如果看到學生很獨立、主動，他幾乎不會太管學生每天在做什麼。我

們每週有一個會議，張教授會選人做報告，其中有一兩個人會做簡報，張教授會了解學生在做什麼，同時給學生一些建議。」

當然，偶而張永山也會收到一些未經嚴格篩選的學生，如非洲來的公費生，或者有些學生沒有那麼主動，林正淳說，碰到這樣的狀況，張永山會找學長姊先去關心學弟妹，請他們注意是不是有什麼問題或困難，「他不希望因為自己太忙而沒辦法顧到學生，他是因材施教的人，他對所有人都是一視同仁，沒有比較喜歡誰。」

此外，張永山非常在意上課時學生的反應。林正淳說，張永山很在意學生上課時接受的程度，「他會用問題測試我們對他講的東西了解多少，他不會一直講而不在意我們的反應，學生有問題問他，他會講得很清楚，因為擔心學生沒聽懂。如果時間不夠，下課時學生也可以到他辦公室去，他會解釋給學生聽，下堂課時也許他會補充說明。」張永山未曾因為拿到很多研究經費就不在意教學品質與學生的反應，而且每堂課前半小時就會認真準備教材，「不管對學士生或研究生，他的態度都是一樣的，很少經費拿很多的教授像他這麼認真教學，所以學生都很尊敬他。」林正淳說。

交際高手？誠懇而已

沒有人會認為張永山的成功是因為交際手腕很好或長袖善舞，但學術生涯超過四十年的他曾任二個分校系主任，任期超過十五年，他也曾榮任 TMS 副會長及會長，這些工作經驗與職務內容均不脫行政與人事，他有交情深厚的學者好友，但人數不多，這樣的他如何攀上事業巔峰？！對此，林正淳認為，張永山一開始是「自助」，一步一腳

印累積實力，後來是「時勢」推波助瀾，「他不用花很多力氣去社交，有些教授是靠社交建立成就，有些教授很會找錢，很多事情或研究是由學生做的。很多人說張教授是個『異數』，因為早期在美國學術界若是很害羞不會找人攀談，要成氣候很難。」

林正淳回想起自己當年在當研究生時跟指導教授張永山站在角落當「壁花」的往事：「我當初以為他應該很會社交，他會介紹很多人給我認識，結果不是這樣，我們兩個站在角落，他沒有主動找人攀談，也很少找人聊天，我那時心想：『我不可能靠他認識一些人……』。」這樣的張永山卻能在學術界發光發熱，成為一代宗師，在美國學術界著實不多見。

林正淳說，如果要說張永山有什麼「缺點」，開會時太害羞也許算是，「他比較不會找人攀談，比較害羞，如果他比較會社交一些，也許成就會更大，但雖然他親近的朋友不多，只要是他的朋友都是全力以赴，所以張教授拿了很多獎也擔任很多重要職務，這些也是朋友幫忙推薦的。」

情義相挺 朋友就是一輩子

親近張永山的學生觀察，張永山與人為善，沒有敵人，只有朋友，但真的成為「好朋友」的寥寥可數，但是一旦成為張永山的好朋友，交情就是一輩子，這些人跟張永山同樣具有某些相似的特質。

陳信文對張永山的「朋友」有細微的觀察，他說，張永山在定義朋友上很不一樣，「他可以跟很多人相處得很好，但如果他說某某人是他的『朋友』，這一定有特殊意義，代表這個人一定經過重重考核，

2003 年張永山獲美國金屬學會愛德華 · 狄米爾 · 坎貝爾紀念講座講師獎（ASM E.D.Campbell Memorial Lecture Award）。

1994 年 4 月 2 日張永山（前排左 1）與何碧英（後排中）夫婦到賀伯 · 伊柏瑟（後排右 1）家作客，賀伯的夫人蘇菲（後排左 1）與阿道夫 · 米庫拉（前排右）也一同合影留念。

張永山夫婦（左 1-2）與亞倫 · 奧提斯夫婦（左 3-4）合影 / 攝於 1997 年 5 月。

是張教授的『盟友』，也是他認定的人。」陳信文認為，張永山的好朋友通常不是非常的長袖善舞或能言善道，而是相對安靜、隨和的人，跟他的風格比較相近。

簡單來說，張永山交朋友重質不重量，「他有很多朋友，所以才可能選上 TMS 會長，但他不是主動、熱情的人，如果是他交往很深的朋友，他一定重情感。或許他的朋友可以分成兩類，一類是系上的同事、同業等，另一類是已經形成同盟關係的朋友，深交的那種，如萊納 · 施密德費瑟（Rainer Schmid-Fetzer）、賀伯 · 伊柏瑟（Herbert Ipser）教授跟張教授的關係不止是朋友，他們的學生也向下延伸，都會互相交錯的，我們後面的學生彼此也認識，有交往，我們跟這些教授也都有交流。」陳信文說。

交友之道 信任與誠懇

張永山有一個特質，一旦他認定某人是朋友，他一定是完全信任。林正淳說，張永山在所有的學術機構都有這樣的朋友，「在美國當教授，外面的這些朋友很重要。張教授曾講過，比如送一個案子到美國國家科學院或美國能源部，這些看案子的人都不能只寫 "Good" 而是要寫 "Excellent" ，意思是說，在外面不能有敵人，只要有一個人寫 "Good"，機會就變少了。」張永山有一種很能被信賴的特質，對朋友也很講義氣，幫忙幫到底，所以他的好友們也會用同樣的態度對待他，在適當的時機助他一臂之力。

張永山的交友之道，只有「誠懇」二字。林正淳說：「張教授講話不會誇大，他不會表面講一種話，背後又做另一件事，他只要認定是朋友，他對他們的態度都是表裡一致的，他的朋友交情都很長，也跟他一樣在學術界爬到很高的地位，因此他的人脈就建立得很好，彼此能有串聯，美國所有學術界或大學裡幾乎都有他的朋友，雖然人數不多，但這些朋友的能力都跟他一樣好，這些朋友也有很多人脈，像張教授這樣內向又不善交際的學者是很特殊的例子，在美國學術界一定要有很多朋友，不可能關起門來就有人拿經費給你做研究。」

第三章 成功不必在我

張永山一九六二年加入美國礦物金屬與材料學會（TMS）會員時尚未取得冶金學博士學位，一九九九年選上 TMS 副會長時，他加入 TMS 已經三十七年，當年他加入 TMS 時應該沒想到自己在二〇〇〇年會當上會長，他只是不斷耕耘、努力與累積，等待水到渠成那一日。

學生謝克昌說：「我們常看到張教授提著一堆東西進進出出，他就是很願意這樣做的一個人，除了學術研究，學術單位的行政工作或學校的行政工作他也很願意做，也做得很好。在密爾瓦基時他在學會裡算是『小人物』，但他長期為學會付出，都是沒有薪水的，他也很樂意付出。我認為他是很成功的人，他並非因為有重要的人提拔他才爬到現在這個位子，他就是從底下一步一步累積，長期經營與耕耘，他是靠苦幹實幹累積成就，而非坐『直升機』一步登天。」

此外，張永山總是願意以一種開放的態度分享知識與時間，對於自己的不足或弱項，他也會想辦法請教別人，謝克昌說：「他是積極性很夠的人，他有很好的特質，這個特質就是他很願意去請教別人。」

另一位學生彼得 ・ 拉威格（Peter F. Ladwig）則說：「一如在專業知識上的成就，即便是他的品格操守也相當值得敬佩。他灌輸科學界人助、自助的普世價值，他的亞裔美籍背景使他招收到許多美籍與中籍學生，學生們合作無間，這種得之不易的經驗有助我在國際業務上的發展，至今我仍與幾位當年的合作夥伴往來互動。不過，在他眾多的成就中，我至今最難忘的是他的仁慈與謙遜。他會淡化自己的付

1991 年張永山獲 TMS 院士殊榮（Fellow of TMS）。

出而將所有成就與榮耀歸於學生。身為老師，張教授關心我的事業與福祉，一如我們這些學生是這個大家庭中的一份子，而這就是他人生中最大的樂趣。」

謙和有禮沒架子

張永山在成為全球知名材料學學者後，並沒有「忘了我是誰」，對人對事，他仍然是原來的那個張永山。

美國鋁業公司技術中心院士朱門認識張永山時，張永山已經是威斯康辛大學麥迪遜分校系主任，在業界具有極高的知名度及評價，但朱門並沒有感到張永山擺架子，距離很遙遠。朱門因為業務所需，會跟其他學校的教授合作，其中包含非常有名、得過很多大獎的教授，但有些合作經驗讓他很失望，「因為我們對他做的東西很有興趣，所以跟他聯絡，給他一些研究經費，但那個教授從來都不主動跟我打招呼，而是叫他的學生跟我聯絡。進度有落後他也不會來跟我解釋，我直接拜訪研究團隊看能幫什麼忙讓進度超前，這位教授也不是很熱心。整個合作經驗讓我感到公司花這筆錢很冤枉，但跟張教授合作卻『物超所值』，像張教授這麼有成就的人還這麼謙虛，這是很少見的。」

當然也因為張永山自己早年曾在業界服務約八年時間，他了解工業公司經費有限，需求是什麼，所以與美鋁公司才能互動順暢。

張永山在材料相圖的計算和應用方面研究既深且廣，金屬材料研究範圍包括鋁、鎂、鈦和超合金。朱門說：「張教授對鋁業有一個極為重要的貢獻，他是第一個能計算鋁合金含七位金屬元素以上相圖的專家，他的這些研究成果，是發展航空用的鋁合金材料的一個極重要的工具。」

張永山的謙遜及大師風範，林正淳看得仔細，他說：「他剛開始在密爾瓦基時也不是這麼有名，他是逐漸努力累積才建立學術上的地位，而且他很謙虛。美國不少學者通常變成『大牌』後就不謙虛了，但張教授很特殊，雖然很有名卻又很謙虛，對人也很誠懇，在美國這種例子很少，很多人驚訝竟然有像他這樣的學者，所以都願意跟他交朋友，大家認為他做事跟做人都很實在。」

林正淳認為，張永山樹立了一種學者風範，這種風範在美國是很少見的。「在美國，比他有名的人很多，但他在成名後仍維持一貫的待人處事，這在美國是很少見的，這跟他受中國傳統文化薰陶有關，他樹立了一個典範，即便他在學術界地位很高，但他不會因為地位較高就不屑跟其他人談話，任何人跟他說話他都會很認真參與討論，就算是晚輩也一樣，如果有不對之處，他會很客氣的指正，他對每個人的態度都是一樣誠懇。此外，美國人講話比較誇大，有五分講十分，張教授就不會誇大其詞。」

曖曖內含光 鋒芒不外露

張永山不誇大的行事風格，當年尚未成為他學生的克里斯多夫・佩托（Christopher M. Pelto）也有親身的體驗。目前擔任英特爾波蘭科技發展部流程整合工程經理的克里斯多夫說，一九九七年他在挑選可能的指導教授人選時與張永山會面，張永山什麼也沒多說讓他印象深刻。克里斯多夫提起這段有趣的面談過程：「和張教授坐在一起，我很快就感受到他令人信服的能量。那天，他鮮少推銷自己，沒有長篇大論地指出自己在應用熱力學界的聲望與傑出表現，以及對冶金與材料科學界的影響。他並未試圖以他的成就來加深我的印象，也沒提如果我加入他的研究團隊的話，他所獲得的獎項與榮耀也會等著我，他只是安靜、和藹的與我談話。過程中他不斷微笑並眼帶笑意地鼓勵我，於是我們花了幾乎所有面試時間在談論我自己及加入研究團隊我希望從中獲得什麼。他想知道我對什麼感興趣以及對畢業後自己的作為有何感想。他花了點時間說明他所帶領的研究團隊，同時分享他如何看待自己的專業可以為材料科學界帶來何種機會。我原本已有心理準備要面對的是天花亂墜的研究團隊成就或信誓旦旦的口頭保證，沒想到結果卻是出乎意料之外的平靜對話，而且說的泰半還是我自己。」克里斯多夫不忘感性地說：「張永山教授是一位智者，但我們第一次見面時我還不知道他是。」

從密爾瓦基分校跟隨張永山轉戰麥迪遜分校的博士後學生納吉爾．艾哈默德（Nazeer Ahmad）說：「在和他工作或與他及他的家人互動中我獲益良多。張教授是位有成就、積極主動及以成功導向的學者，他對待學生及研究助理們都非常仁慈，對於他的團隊成員及其家人他都非常關心，在與他共事的三年期間，我不記得看過他對任何人言行不雅、粗率或無理，包含他的職員與秘書。他永遠說話得體，笑容掛在臉上，他相當照顧家人，對孩子與學生都是一樣的有耐心並充滿著愛。這樣的張教授讓我印象深刻，我竭盡所能讓自己不論在公私領域中都能師法張教授，很多方面來看，張永山教授都是一個了不起的人。」

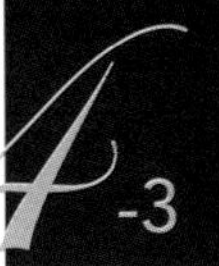

海納百川 兼容並蓄

一九八八年取得博士學位的艾倫 ・ 蕭茲（Allan Schultz）則表示：「張教授讓我印象最深刻的就是他的領導與建構研究團隊的能力。我們的團隊成員高達十八位，從碩士生到訪問學者都有，來自各大洲（南極洲除外，主要是因為那裡沒有大學），橫跨各黨派、族裔與種族，應有盡有。在我五年的研究生涯中，我不記得團隊成員間彼此有敵意、誹謗、個人主義或如同大型學術團隊可能發生的各種狀況。促成團隊合作與同袍情誼的關鍵人物就是張永山教授。對於我或其他團隊成員來說，從張教授身上學到如何維持與運作一個既龐大又和諧的研究團隊遠比學習科學知識更有價值。」

艾倫自希捷科技（Seagate）退休前已進入公司管理階層，當他開始承擔帶領團隊的責任後，指導教授張永山成了他的一面明鏡：「當我開始承擔責任，領導團隊並須確保每位成員事業有成時，我只問自己一個問題：『如果是張教授，他會怎麼做？』以此為準據，管理就上手了。」因為信任張永山，後來艾倫也將手中的研究預算撥給張永山的研究團隊，彼此合作愉快，「張教授了解業界與學界，同時也深諳協調二者之道，也因為如此，才能讓他的團隊立於不敗之地。這也算是感謝威斯康辛大學及張教授對我的栽培。」艾倫說。

欣興電子股份有限公司資深副總胡迪群是張永山早期在密爾瓦基分校的學生，他說：「張教授是我人生學習的對象，他的學生可以凝聚在一起也是因為有他，他就是一個君子，很謙虛，我覺得不只是做學問，就是做人，都可以在他身上學到很多，那是大師風範，他不會改變。」

施比受更有福

國立台灣大學教授高振宏說：「張教授是最理想的合作夥伴，因為他不會佔人家便宜，他是那種寧願吃虧也不願佔人便宜的人，有些人在專業上很優秀，但是要『敬而遠之』。」

張永山一生總是儘量付出，他明白「施比受更有福」。簡嘉宏說，當年實驗室出現過一位大學新生，張永山要求學生們分派一些工作給他，並支付鐘點費，「雖然這個學生很是聰明伶俐，但在實驗室裡聘用一個學生還是件頗為奇怪的事，因為我們多半自己做好自己的實驗工作。後來張教授平靜地向我們解釋，那個學生的父親剛剛過世，他的母親與張教授一家人是同一個教會的教友，張教授認為，這麼做至少能幫那個學生度過艱難時刻。」

事實上，張永山幾次回中國大陸做學術交流也曾默默貢獻金錢與心力，如捐錢給河南老家偏鄉學校，張永山從未對外提過這類事情，反而是學生們眼尖從照片中發現。高振宏說：「我知道張教授有回到家鄉捐錢，栽培窮苦學生，但他沒有跟我們講，我們是從他秀的照片中看出來，他總是在能力範圍內想辦法幫其他人的忙。」

照顧學生 張永山盡全力

張永山不只對不認識的窮苦學生伸出援手，他對自己學生的照顧與提攜更是卯足全力。當年張永山在麥迪遜分校收的第一批博士生個個優秀，但其中一位張永山相當稱讚的學生莊英裕卻在拿到博士學位後沒多久就因病辭世，莊英裕的早逝讓張永山很是不捨。當年與莊英裕交好的博士生艾倫 · 蕭茲（Allan Schultz）回憶：「張教授照顧學

張永山麥迪遜分校退休之前與何碧英相偕回河南老家探親 /2006 年 6 月攝於河南鞏縣八里庄。

生可說是無微不至。我在團隊中的好友莊英裕剛拿到博士學位後即被診斷出罹患白血病，張教授想盡辦法讓他可以到醫院接受治療的同時繼續留在研究室，此外他也提供經濟上的奧援，英裕過世後，張教授和我則協助他的遺孀料理後事。」

惠普實驗室首席研究科學家楊建華是張永山眾多中國學生之一，張永山對學生的好，他深有體會。當年楊建華取得學位後馬上面臨身份問題，在取得綠卡上，張永山就幫了很大的忙。他說：「張教授對自己的學生，尤其是中國學生，不僅在學業上而且在生活上都是盡力照顧。一個很現實的問題就是畢業後在美國的身份問題。申請綠卡，尤其是以傑出人才類別申請，需要非常強有力的推薦信。剛出校門的學生自然是很難有機會讓自己領域的權威人士認識和關注自己，從而給自己寫推薦信。張教授會利用一切機會介紹自己的學生和他們的工

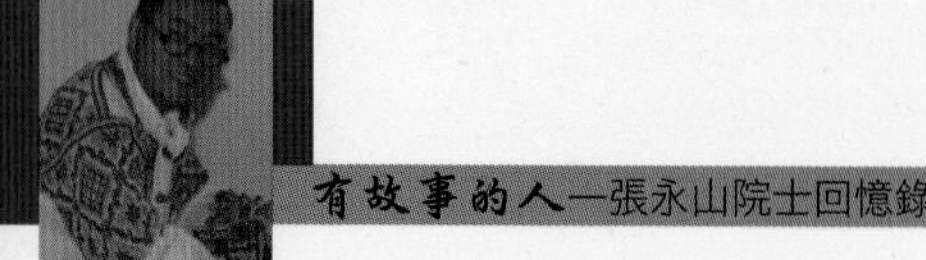

作給自己的同行和朋友，其中自然不乏美國科學院和工程院院士這樣級別的教授。這種提攜後進的做法自然使我們這些學生多方受益。比如在我綠卡申請的九位推薦人中，至少有四位是張教授介紹認識的，其中三位是院士。我能在綠卡申請遞交三天後獲得批准，這定然是重要因素之一。」

CompuTherm LLC 副總裁陳双林說，張永山的體貼不只對家人展現，也擴及學生及學生的家人，一九九三年他住在安徽的母親為了赴美探視孫兒，在簽證上碰到了些問題，當時在北京當訪問學者的張永山特地陪陳双林的母親到美國大使館辦簽證，但因居住地問題而沒有批准，後來陳双林的母親到上海美國領事館才辦妥簽證，陳双林說：「張教授無時無刻都在用實際行動做出表率，他對我家人的關懷，我終身難忘。」

夫妻倆先後加入張永山研究團隊的嚴新炎與丁玲對張永山的關懷也相當感念，嚴新炎說:「畢業後，張教授一直和我們保持密切的聯繫，並對我們的工作常加指點，畢業後的第二年，我們申請綠卡需要八份推薦信，當時我們認識的名人較少，很難湊齊八份，為難之際，是張教授給我們提供了幫助，除了自己給我寫了推薦信外，張教授還找到另外六位專家幫助一起推薦。由於這些高質量的推薦信，我們的綠卡申請得以很快順利通過。」

高振宏則說，「張教授很體貼，學生有任何需要他都會幫忙，比方我們總想回國探親，他會讓我們回來，不會因為事情沒有做好就不答應，有時他壓力很大，需要我們幫忙，但如果我們要回台灣探親，他會自己把壓力擔下來，這點讓我感觸很深。」

不是天才也能成功

美國橡樹嶺國家實驗室材料科學技術分部副研究員楊瑩是在一九九九年加入張永山的研究團隊，那年張永山六十八歲，在與張永山碰面前，她曾耳聞張永山是個治學嚴謹的著名學者，成為他的學生後才發現他也有普通人和藹可親的一面。她說：「張教授有許多優秀的品質，並且毫不保留的將這些品質言傳身教給他的學生。在我心裡他首先是一個勤奮的人。我成為他學生的時候，他已經六十八歲了，可是每個週末他都會到學校上班。每天學生都回家了，而他辦公室的燈還亮著。他說：『這世上天才是很少的，但一個人即使不是天才，通過加倍的勤奮，最後也能成功。』他自己就是這麼做的。」

多年後楊瑩因故失業在家一年，那時的她情緒非常低落，但張永山適時伸出援手，同時給予安慰，「張教授一方面找他的朋友為我的工作提供幫助，一方面安慰我說，『人生有起有伏，妳還年輕，還有的是機會，未來的路一定是向上的。』這句話對我真的很有幫助，每當遇到困難，處於低谷時，我都會想到他的這句話，不但不畏懼，還會感激低谷給自己一個重新開始的機會。」

張永山學術生涯代表作

張永山四十餘載學術生涯中發表逾五百七十篇論文，業界對張永山的論文多有讚美，引用者眾，至於在諸多學術發表及演說中，張永山二〇〇六年於冶金與材料期刊（Metallurgical and Materials Transactions A）所發表的《相圖計算與教學、研究及工業》（Phase Diagram Calculations in Teaching, Research, and Industry）最為業界稱道，

張永山發表的《相圖計算與教學、研究及工業》論文堪稱學術生涯中的經典作。

堪稱張永山學術生涯中最具代表性的論文。

張永山在這篇長達三十三頁的學術報告中寫道：「多年來，我對於合金熱力學 / 相圖及將該領域的原理原則運用在材料學研究及工程學運用上有極大的興趣。此外，我與美國金屬學會關係密切，我是學會會員，也曾經是前任理事。一九七〇年代學會成立之初就以提升並重振相圖發展、激發相圖計算進一步研究為使命，而相圖計算在一九八〇年代末期因使用了相圖計算（Calphad）方法，在低價電腦與健全軟體的輔助下有了重大發展。本文中，我首先要介紹包含相圖計算在內的熱力學計算，接下來會說明相圖計算的運用，特別是多元系與材料研發、製造方面的關係，最後我會說明近期有關此方法在敘述相於降溫過程中有序變化上之進步。」[1]

（Original）

2003 Edward DeMille Campbell Memorial Lecture
ASM International

Phase Diagram Calculations in Teaching, Research, and Industry

Y. Austin Chang

I have a long-standing interest in alloy thermodynamics/phase diagrams and in utilizing the principles of this subject for materials research and engineering applications. At the same time, I also have a long association with ASM International as a member and a former

註 1：Y. A. Chang, "Phase Diagram Calculation in Teaching, Research and Industry", Metall. Mater. Trans., 2006, 37A, 273-305. Also Metall. Mater. Trans., 2006, 37B, 7-39.

Trustee of the Society. The Society's initiative in promoting critical assessments of phase diagrams beginning in the late 1970s rekindled this field and stimulated further research, particularly in phase diagrams calculations. Significant advancements have been made in phase diagram calculations using the Calphad approach since the late 1980s due primarily to the availability of inexpensive computers and robust software. In this article, I first present the use of computational thermodynamics including phase diagram calculation in teaching, next the use of calculated phase diagrams, particularly for multicomponent systems, for materials research/development, and manufacturing, and last describe some current research in advancing this methodology when the phases involve ordering with decreasing temperature.

一日為師 終身為父

每年 TMS 在二月前後召開年會，這種時候就是張永山師生碰面聚聚的時候，有時師生們會找個館子吃飯，除了週六的麥當勞師生聚會，張永山帶著學生出差或參加學術研討會碰到學生時也會興之所至帶他們打打牙祭。

一九八〇年加入張永山研究團隊的克利斯多佛・菲茲納（Krzysztof Fitzner）對於張永山與學生們的互動留下深刻印象，在波蘭大學任教的他也曾在參加國際會議時加入「麥迪遜幫」的餐敘，他說：「我和張教授在美國最後一次見面是在舊金山舉行的 AIME 春季年會，雖然時間不多，張教授還是集結了『麥迪遜幫』校友們一起度過傍晚時光。那時在中國城，張教授很高興來自世界各地的學生齊聚一堂，好比一個大型的國際公司。」

然而，雖然曾經是師事張永山的博士後學生，也曾以訪問學者身份回到麥迪遜張永山的研究團隊，克利斯多佛仍不免疑惑地說：「在那樣的場合裡，他仍比較像是一名觀察者而非參與者，只有討論到科學議題時才能見到他不同的情緒，他是有禮而冷靜自持的，他的微笑一如隔絕他與周遭世界的屏障，很難猜到他內心真正的想法，他也是一位以無比愛心照顧唐氏症么兒張道崙的父親，也許只有他的妻子何碧英女士了解真相。」

簡嘉宏則記得張永山帶著幾個學生吃港式點心的回憶：「我們這些學生有時會和張教授一起出差參加討論會，有一次到舊金山參加研討論，我在會中獲得研究生獎，當時張教授似乎心情很好，他要我們在會後一起到舊金山的中國城吃午餐。他告訴我們，自己在柏克萊大學念書的那段時間是他人生中最美好的時光之一，當年，他會和師母在週末時造訪點心館，對我們來說，這些時光也是美好的。」

2015 年的舊金山中國城已不復張永山與何碧英相識時或與學生們共遊時的情景 / 攝於 2015 年 12 月 10 日。（攝影 / 蔣榮玉）

張永山與聖海倫火山合影 / 攝於 2003 年 6 月。（照片提供 / 簡嘉宏）

張永山與何碧英共遊奧勒岡火口湖國家公園 / 扌 2003 年 6 月。（照片提供 / 簡嘉宏）

張永山與何碧英夫婦相偕回台灣時總會與過去的學生聚餐，偶而共遊寶島，有機會他們也會拜訪在國外的學生，如二〇〇三年夏天，張永山與何碧英就曾造訪住在奧勒岡州的學生簡嘉宏一家人。

為招待張永山夫婦，簡嘉宏特地請了一個禮拜假。在張永山夫婦入住的旅館中，簡嘉宏看到張永山手裡拿著一杯葡萄酒，坐在旅館外的陽台上沉思，何碧英告訴他，張永山的中文名字有「屹立不搖的大山」之意，張永山沉思不語的影像簡嘉宏永難忘懷。他們後來共遊了奧勒岡州著名的景點火口湖國家公園（Crater Lake National Park）、最高的胡德山（Mount Hood）以及另一座大山 - 曾經在一九八二年爆發的聖海倫火山（Mount St. Helens）。

中國人重情份也念舊情，尤其是「君臣、父母與夫妻」，師生之情則是「君臣之義」與「父母之恩」的另一種延伸，張永山和他的學生們，尤其是中國學生也有這種特殊的情感。張永山曾數度回台，每當他與妻子何碧英相偕回台時，就是台灣的學生們開謝師宴與同學會的時候。謝克昌說：「我們跟張教授是比較中國式的師生互動，所謂『一日為師終生為父』，這種特殊的情感得之不易。」

盡其在我 影響無遠弗屆

美國通用電器全球研究中心研究員曹洪波是張永山較晚期的學生，對於張永山早期在學術上的貢獻，他說：「張永山教授早期的重要成果是將經典的化學冶金原理創造性地用於開發新的合金材料並取得卓著成效。提出了熱力學、相平衡和動力學原理在材料科學上的定量應用方法－應用缺陷熱力學原理提高有序中間化合物的機械性能，綜合應用相圖計算和熱力學模型預測多元複雜合金的凝固通道，用熱力學方法預測材料的熱物理性能為Ⅲ－Ⅴ族半導體及其合金設計性能優良的金屬界面為結構型複合材料設計穩定界面等等，為探索新型合金材料的行為及穩定性提供科學預測依據。」

有不少台灣學生的張永山與妻子何碧英回台灣時多會抽空與學生聚餐，後排左至右為高振宏、蔣天鴻、陳嘉平、胡迪群、蕭復元、陳信文、解文玉（陳信文的夫人）及顏怡文（陳信文的學生）/2004 年 2 月 24 日攝於新竹煙波大飯店。（照片提供 / 陳信文）

威斯康辛大學麥迪遜分校藥品科學暨有機化學榮譽教授查爾斯・薛（Charles J. Sih）說：「張教授是固態物理學中熱力學應用的指標性人物，他的傑出貢獻獲得許多獎項與榮耀。他是傑出的指導者與教育者，將一生貢獻於學術領域中，同時他也是位優秀的系主任。張教授是極好的人，他擁有大智慧與寬大的胸懷，他的朋友們都不會忘記這位擁有和藹個性與慷慨天性的好人，他的影響力將被後人尊崇與懷念。」

北京科技大學教授周國治與張永山交情超過三十年，一九九五年當選中國科學院院士的他當年積極促成張永山獲選中國科學院外籍院士，他認為，張永山是個治學嚴謹的人，「學術上的聲譽他也很重視，他也會一絲不苟地爭取，因為有時聲譽也反映了對學者的研究成果的肯定，為學術上的進一步提升提供有利條件。」對於張永山當選中國科學院外籍院士，周國治認為：「這既反映了他的學術水平，也反映了他對中國科學發展的貢獻。張教授不僅為中國培養了很多人才，他還為中國學者走上世界作了大量的工作。」後來周國治也推薦不少優秀的中國學生到張永山的研究團隊。

此外，張永山還是個懂得飲水思源的人，二○○○年年底，他捐了一筆錢給麥迪遜分校做為特殊教授講座基金之用，希望拋磚引玉吸引優秀學者到麥迪遜任教，培育材料系新血，即便已自麥迪遜分校退休，張永山仍用另一種方式作育英才，培養後進。

一路走來 始終如一

張永山的妻子何碧英一九五五年在山坡上遇見張永山時，被他一口白牙及燦爛的笑容吸引，那是情人間的吸引力，但是張永山周遭的友人、同事及學生是如何看他的？德國克萊斯塔爾工業大學教授萊納・施密德費瑟（Rainer Schmid-Fetzer）說：「永山在熱力學與複合材料相形成領域中是真正的先驅，他成功連結科學發現與實務問題，因而開啟技術進展，他的成就早已凌駕於難以計數的榮耀與勛獎之上。」

英特爾波蘭科技發展部流程整合工程經理克里斯多夫（Christopher M. Pelto）這麼說：「我學習到，是張教授日積月累的成就與貢獻而非自我吹捧讓他成為眾人跟隨的火光。無須勉強，他人自然跟隨。在我的職涯中，我曾經與許多專業領域上表現優秀但被自我充昏頭的男性及女性共事，但張永山教授卻是我最發自內心深處覺得可以學習的對象，他以身作則，曖曖內含光，發掘機會並運用所長，以宏觀的角度做出一番成就，若循此途徑且被認可，終將獲得世人的認同。」

維也納大學教授賀伯・伊柏瑟（Herbert Ipser）也有相當傳神的描述：「如果我不認識張教授，我會認為他是一位尋常的中國人，友善但不易相處，不多話，不擅社交辭令，他的英文顯示他的中國出身，外型不頂出眾，印象所及，他有時還會穿著涼鞋現身，不過，當你聽到他有關科學方面的演講時，你會知道他是位傑出的科學家與老師。」

伍 謝幕

人的一生從出生後就向死亡奔去，從開始到結束不過三萬個日子，如流星閃過，雖然短暫，但沒有人知道自己人生的句點何時會落下。

二〇一一年二月，堅忍、奮戰不懈的張永山突然倒下了，彷彿一首仍在演奏的樂章嘎然而止，五個半月後，在眾人的驚訝與不捨中，他揮別摯愛的家人、故舊，離開醉心的學術舞台，人生謝幕，享年七十八歲。

人生能有幾個春夏秋冬？一輩子能完成多少事？張永山用七十八年的時間，演完一部精彩的人生大戲，每個起伏與轉折都扣人心弦，絕無冷場，曾經在他生命中出現的人，不會忘記他，因為他是一個「有故事的人」。

走過必留下痕跡，張永山的人生謝幕，但是他的影響力無遠弗屆，曲終，人不散……

第一章　退而不休

中國自古以農立國，老祖先們傳下「春耕、夏耘、秋收、冬藏」的智慧語錄，套用在養生與人生都適用。張永山學界征戰四十餘載，對於一位華人學者來說，成就堪稱空前，不過，張永山是活到老、學到老也做到老的人，他會「戰」到人生最後一秒，至死方休。但不論如何維持身心，總有年老體衰的一天，即使「智慧不死」，爬上人生的巔峰後，也許張永山該思考如何用另外一種方式享受人生，享受「慢活」的樂趣。

張永山學界征戰 40 餘載，繳出傲人的成績，對於一位華人學者來說，成就堪稱空前 / 2006 年 9 月 16 日攝於麥迪遜退休派對。

張永山希望與妻子分享榮耀

張永山退休時，何碧英早已結束經營數年的印刷小舖 Printing Plus，賦閒在家。二〇〇〇年，張永山當選中國科學院外籍院士時，大陸方面幫他買了頭等艙機票，當時他對妻子何碧英說，希望她在他開會或拿獎時能坐在他旁邊，分享他的榮耀，他不想一個人領獎，何碧英毫不猶豫地回答：「好。」後來她也陪同張永山到中國領獎。

張永山上台致詞時表示：「青少年時期成長於河南的我未曾想過自己有一天會大學畢業，更沒想過有一天自己會當選象徵中國最高榮耀的中國科學院外籍院士。」

張永山（左）自中科院院長陸甬祥手中接下獎牌／攝於 2000 年 6 月 9 日北京人民大會堂。

張永山感謝家人支持之餘，也特別感謝妻子何碧英的陪伴。

張永山得獎感言

獲選中國科學院外籍院士，個人深感榮幸，此一獎項將是我一生中最珍惜的榮耀之一。

有些人可能知道我的中文名字是張永山（意即「永恆的山岳」）而我則成長於中國河南的農村，我相信，迄今這裡仍是繁榮中國較為貧窮的地方。青少年時期成長於河南的我未曾想過自己有一天會大學畢業，更沒想過有一天自己會當選象徵中國最高榮耀的中國科學院外籍院士。

藉此機會，首先我要感謝我的父母，特別是我的母親及三名兒子，最要感謝的是我的妻子 Jean，她的中文名字是何碧英，這次的中國之行她也來了。因為有家人的支持，今日我才能在此領獎，我認為自己非常幸運。

謝謝。

（Original）

I am extremely pleased to have been elected a foreign member of the Chinese Academy of Sciences. It is one of the honors I will treasure the most among those I have received in my career.

Some of you know that my Chinese name is Chang Yong-Shan（meaning eternal mountain） and I grew up in a rural area of Henan province. It was and still is, I believe, a rather poor area in the increasingly prosperous China. When I was young and grew up in Henan, I never thought I would even graduate from a college, let alone that someday I might become a member of the Chinese Academy of

Sciences, one of the highest if not the highest recognition in China.

I would like to take this opportunity first to recognize my parents, particular my mother, my three sons, and lastly but not the least my wife Jean. Her Chinese name is Ho Pi-Ying. She is here with me on this trip to China. Without their support, I would not be here to receive this great honor today. I feel very fortunate indeed!

Thank you.

何碧英退休後，張永山帶著她跑遍世界各地領獎、開會或演講，剩餘時間則盡情遊山玩水。

張永山與何碧英趁公餘時間走訪大江南北，享受二人世界。（左）1993 年 5 月 8 日遊中國；（右上）1996 年遊澳大利亞；（右下）2002 年 8 月遊猶他州峽谷地國家公園（Canyonlands National Park）。

張永山希望何碧英見證並分享他的榮耀。
（左）1996 年 10 月 8 日張永山獲選美國國家工程學院院士與何碧英共舞；
（右）2000 年何碧英陪同張永山領取約翰 ・ 巴丁獎（John Barden Award）。

對於張永山在事業上所獲得的榮耀，何碧英充滿驕傲與激賞。張永山自威斯康辛大學麥迪遜分校退休後，二○○○年，他榮任礦物金屬與材料學會（The Minerals, Metals and Materials Society）會長。TMS 屬於全球性組織，會員大約有四千人，每年二月前後召開年會，出席人數動輒二千人，張永山也是唯一擔任過此職務的華人，何碧英說：「他要代表學會到各國開會，算是很大的榮耀，他到過日本、大陸、澳大利亞等國，算是不錯了，也算給中國人爭光。」

2010 年何碧英陪同張永山領取 AIME 榮譽會員獎（Honorary Member）。

揮別麥迪遜

中山大學教授謝克昌表示，張永山多年前曾說：「我是不會退休的，退休了要幹什麼？！」但跌破眾人眼鏡，聲稱自己「不會退休」，大家眼中永遠向前衝、「會做到死在位子上」的張永山竟然宣佈「二〇〇六年退休」，原因是為了小兒子張道崙（Theodore Chang）。

二〇〇五年十一月中旬，張永山與妻子何碧英提前帶著四十二歲、患有唐氏症的張道崙從威斯康辛州麥迪遜搬到位於紐約州羅徹斯特的

菲爾波特（Fairport），離開生活了二十六年的麥迪遜，也揮別成就他事業高峰的威斯康辛大學麥迪遜分校，那年張永山七十三歲。何碧英說，從威斯康辛州的麥迪遜搬到紐約州的羅徹斯特，主要是因為可以和大兒子張道旭一家人住得近一些，也因為他們願意在父母無法照顧弟弟張道崙後接手照顧他。

流經紐約州羅徹斯特的伊利運河一景 /2015 年 12 月 6 日攝於羅徹斯特。（攝影 / 蔣榮玉）

張永山難得悠閒，與妻子何碧英及 6 名孫子女共享天倫。前排左至右為麥可、愛麗莎、晶晶、史提夫，後排左至右為布萊恩、何碧英、張永山、克麗斯汀娜 /2006 年 8 月 11 日攝於羅徹斯特菲爾波特家中。

何碧英回想這段往事，有不捨，也有歡樂：「當時我們決定搬家，也決定二〇〇六年九月在新家慶祝我們結婚五十週年。由於學校九月開學，孫兒們屆時無法到羅徹斯特，於是我們提前在八月時舉辦慶祝活動，和孩子們與六名孫兒共度美好時光。」

牽手半世紀 路長情更長

九月十五日是張永山與何碧英結婚週年紀念日，二〇〇六年正好是金婚五十週年，也因為即將離開麥迪遜，張氏夫婦特別舉辦五十週年金婚派對，不只張永山的異母弟妹大弟張愛群、大妹張愛齡到場祝賀，不少張永山的同事及學生也到場同歡。何碧英回憶：「那是一段歡樂時光，我們在麥迪遜和永山的親友、同事與學生們二度慶祝我們結婚五十週年。」

張永山與身著粉色禮服的何碧英 50 週年金婚全家福。照片左側為長子張道旭一家四口（妻子蘇珊妮、長女克麗斯汀娜、次女晶晶），右側為次子張道維一家六口（妻子黛安娜、長子布萊恩、長女愛麗莎，雙胞胎史提夫 / 左與麥可 / 右），三子張道崙立於樓梯最上方 / 2006 年 8 月 11 日攝於羅徹斯特菲爾波特家中。

伉儷情深，張永山與何碧英結婚 50 週年金婚紀念派對 /2006 年 9 月 15 日攝於麥迪遜。

張永山的弟妹及學生們出席他們的 50 週年金婚紀念派對。（左）左至右為張愛群、何碧英、張愛齡、張永山；（右）左至右為學生柯伸道、張永山、何碧英、吳幼浩（柯伸道的夫人）/2006 年 9 月 15 日攝於麥迪遜。

張永山的學生們齊聚派對，見證張永山及何碧英長達 50 年的愛情 /2006 年 9 月 15 日攝於麥迪遜。

為家人 張永山選擇「放下」

張永山是個性內斂又堅強的人，他的情緒輕易不顯露出來，但是當他決定在二〇〇六年自威斯康辛大學麥迪遜分校退休，搬到全然陌生的紐約州羅徹斯特時，他也曾流下男兒淚，畢竟，對一位打算征戰到人生最後一秒的戰士來說，「卸甲歸田」需要下很大的決心，放慢步調生活也需要時間調適。

威斯康辛大學麥迪遜分校材料科學暨工程學系教授柯伸道說，麥迪遜分校材料科學暨工程學系的幾位秘書與張永山相處就像朋友一般，張永山曾告訴她們（編按：Lynn and Paula），因為擔心他與妻子年紀大了無法照顧罹患唐氏症的么兒張道崙（Theodore Chang），而住在羅徹斯特的老大張道旭（Vincent Chang）表達願意照顧老三，為了讓老三及早適應當地的環境，所以他們決定搬家，「秘書說，張教授其實不想離開這裡（編按：麥迪遜），他捨不得，所以他哭了。」柯伸道轉述。

張永山與威斯康辛大學麥迪遜分校材料科學暨工程學系同事相處融洽，親如家人，左起 Susan Babcock 教授、秘書 Yvonne Quamme、張永山、Paula King 與 Lynn Neis/ 攝於 2006 年 9 月 16 日張永山退休派對。（照片提供 / 美國威斯康辛大學麥迪遜分校）

張永山的學生謝克昌說：「張教授這一生可能最放不下的就是道崙這個孩子。他所有的事業跟重心、實驗室等都在麥迪遜，但是他願意為了小兒子搬到東部羅徹斯特，賣掉麥迪遜的房子，這是很大的犧牲，可見在他心目中小孩有多重要。」另外一位學生高振宏也點出張永山對張道崙的犧牲與奉獻：「在威斯康辛大學，張教授非常受到校方尊重，連政府都對他很禮遇，他在紐約州羅徹斯特大學沒有熟人，但為兒子，他願意放下一切到紐約州重新開始。」古來癡心父母多，對孩子的不捨與牽掛是天性。

沒人相信張永山會退休！

在不捨中，二〇〇六年九月十六日，眾人為張永山舉辦退休派對，不少張永山在威斯康辛大學密爾瓦基分校及麥迪遜分校時期的同事、學生出席這場派對，張永山的二個兒子張道旭（Vincent Chang）及張道維（Lawrence Chang）也特地到場支持與陪伴。張永山的同事們都很感謝他對系所的偉大貢獻，現場氣氛輕鬆、愉快，當天張永山心情很好，喝了點酒，嚴肅的他笑容不時掛在臉上。

張永山的同事，威斯康辛大學麥迪遜分校材料科學暨工程學系教授蘇珊・巴卡（Susan Babcock）不忘調侃張永山：「坦白說，沒有人相信 Austin 會真的退休。」這句話引來哄堂大笑，眾人紛紛表示贊同。

前威斯康辛大學麥迪遜分校教授艾瑞克・赫斯壯（Eric Hellstrom）已轉往佛羅里達州立大學任教，他在致詞時也不忘分享發生在張永山身上的趣事，他說：「有一天 Austin 對我說，他要想辦法縮小自己的研究團隊，但過不了幾天他又很興奮地對我說：『艾瑞克，

張永山在退休派對上與妻子何碧英及長子張道旭（後排左）、次子張道維（後排右）合影 /2006 年 9 月 16 日攝於麥迪遜。

張永山眾多過去的學生也趕來參加退休派對，向他致上最高的謝意與祝福 / 2006 年 9 月 16 日攝於麥迪遜。

我又收到了優秀學生！』。」此外，他也特別提到張永山對家人的重視，他記得自己第一次到張永山位於麥迪遜分校的辦公室時，就看見他三個兒子的照片，有趣的是，這張照片顯然是多年前拍攝，因為孩子們都已經長大了，但他一直沒有換掉照片，艾瑞克說：「當時我覺得奇怪，後來我了解了，因為現在我的辦公室裡也有孩子在念小學時期的照片，看著孩子們多年前的照片很有趣，你會覺得時光飛逝，這些老照片也帶來了過往美好的回憶。」

魔術數字 張永山教過幾個學生？

對於張永山到底教過幾個學生？蘇珊滿臉狐疑地說：「博士生（Ph. D.）應該至少有四十一位吧，當然也有人猜學生人數應該有六十幾個。」蘇珊說這話時是二〇〇六年九月，但張永山退休後還是繼續收學生，只不過數量少了許多。

誠然，要統計出張永山學術生涯中到底教過幾個學生就像一道難解的習題，加上張永山教學生涯橫跨威斯康辛大學兩所分校，時間長達四十餘年，有些資料已經不容易取得與確認。最後，根據威斯康辛

懂得惜福感恩的張永山，退休感言仍滿是感謝／攝於 2006 年 9 月 16 日退休派對。（照片提供／美國威斯康辛大學麥迪遜分校）

大學及張永山生前整理的檔案資料統計，張永山二〇一一年去世前收了八十六名碩士生、五十二名博士生、二十五名博士後學生，至於張永山四十餘年的學術生涯中，與他往來互動的訪問學者人數估計近二千人。

在退休派對上心情挺好的張永山笑著說，自己很高興能在學校教書，這個工作不僅是他的志趣，他樂在工作，而且可以「賺錢餬口」，他也因此而有許多優秀的學生。張永山不忘感謝威斯康辛大學給他機會，感謝與他共事的優秀同事，因為這些優秀的同事讓系務蒸蒸日上，因為有一群優秀的教授及優秀的學生，為自己的教學生涯增色不少，他表示自己很幸運遇到這些人，讓他有今時今日的事業成就。

退休派對上，張永山收到的禮物是一件紅色運動衫，上面寫著：「我從威斯康辛大學退休了，我只拿到一件愚蠢的運動衫。」／攝於 2006 年 9 月 16 日退休派對。（照片提供／美國威斯康辛大學麥迪遜分校）

當天張永山得到一件退休禮物，看來像一瓶酒的藍色包裝裡竟然是一件紅色運動衫，張永山高興地拿起衣服展示，衣服上寫著：「我從威斯康辛大學退休了，我只拿到一件愚蠢的運動衫（I retired from the Wisconsin and all I got was a stupid T-shirt）。」美式幽默讓眾人笑翻，張永山也笑開懷。

學術座談會向張永山致敬

美國礦物金屬與材料學會（TMS）為頌揚張永山在學術上的貢獻與成就，同時慶賀他自威斯康辛大學榮退，二〇〇七年二月底，於佛州奧蘭多（Orlando）舉辦學術座談會，約六十位科學家們攜伴出席，與會者包含張永山在學界及業界的好友們，如萊納 ‧ 施密德費瑟（Rainer Schmid-Fetzer）、陳力俊、劉錦川、周國治、杜經寧、史坦 ‧ 威廉（Stan Williams）、約翰 ‧ 皮若佩茲柯（John Perepezko）、蘇珊 ‧ 巴卡（Susan Babcock）……等，許多張永山過去的學生也齊聚一堂，

為頌揚並紀念張永山在學術上的貢獻與成就，眾多科學家們齊聚於佛州奧蘭多舉辦的學術座談會 / 攝於 2007 年 3 月 1 日奧蘭多。（照片提供 / Rainer Schmid-Fetzer）

萊納 ・ 施密德費瑟（Rainer Schmid-Fetzer）（右）在座談會中向張永山（中）致意，張永山的妻子何碧英（左）也陪同出席 / 攝於 2007 年 3 月 1 日奧蘭多。（照片提供 / Rainer Schmid-Fetzer）

周國治（右）將中國工程院院長徐匡迪的賀信轉交張永山（左）/ 攝於 2007 年 3 月 1 日奧蘭多。（照片提供 / 周國治）

如柯伸道、謝克昌、林正淳、陳信文、高振宏、陳双林、蘇珊 ・ 莫尼（Suzanne Mohney）……等，與會者還獲贈書有 "Symposium on Phase Stability in honor of Prof. Austin Chang, Orlando 2007" 的紀念筆一支，可見主辦單位的用心。

萊納 ・ 施密德費瑟（Rainer Schmid-Fetzer）在會中侃侃而談自己與張永山成為好友的經過，同時他也非常感謝張永山在他學術生涯中所給予的支持與建議；北京科技大學教授周國治則宣讀中國工程院院長徐匡迪對紀念會的賀信。

熱情不滅 退而不休

搬到羅徹斯特後，張永山仍是威斯康辛大學麥迪遜分校的傑出退休教授，屬於終身職，只要能繼續拿到研究計畫，他是不用退休的。

對研究與教學仍有熱情的張永山雖然已經將生活重心轉移到羅徹斯特，這段期間他仍每二週回麥迪遜分校參加系務會議，麥迪遜分校出於對張永山的尊敬，仍為他保留實驗室及原來那間辦公室，因此張永山在離開麥迪遜後的前幾年仍持續收研究生。這段時間，張永山也投注許多時間於 CompuTherm LLC 公司的營運上，他仍持續得獎、執行研究計畫、發表論文及演講，並任台灣清華大學特聘講座教授，說穿了，他根本是「退而不休」。

張永山的姪兒何磊當年進入大學就讀，選的科系是和姑丈張永山一樣的材料科學系，任職於 Globalfoundries Corp. 的他說：「後來我才了解到原來姑丈在冶金工程與科學方面極富盛名，他在美國國家工程學院也發表了許多關鍵性的研究報告，此外，他還成立了一家與其專業相得益彰的公司，據我所知，像姑丈這般學用合一又深受業內敬重的教授並不多。我終於明白姑丈的研究發現對於材料科學與工程學上的重要性，他是金屬合金熱力學界的先驅。」

張永山退休後，何磊曾問了他幾個問題：「您現在還指導幾個學生？」張永山回答：「最少八個。」何磊又問：「您手邊進行的研究專案有幾個？」他回說：「好幾個。」何磊對張永山說：「您這根本是退而不休。」沒想到張永山的臉上出現一個大大的笑容，他說：「嗯，你可能是對的。」

第二章 來不及說再見

在周國治的帶領下，張永山夫婦暢遊
攝於 2006 年 6 月。（照片提供 / 周

沒有意外，張永山二〇〇六年退休後雖然多了些與妻子何碧英共度的悠閒時光，但他仍花不少時間在工作上。

正式自麥迪遜分校退休前，張永山帶著何碧英參加西安科技大學舉辦的學術報告會，好友周國治在會後帶著張永山夫婦遊覽華山，登山閒聊中，張永山對張國治談到自己的「退休計畫」，周國治回憶這段往事：「當他知道我也認為，『像我們這一批搞學術的人，退了休還能幹什麼？還是做我們的學問吧！』以後，好像發現了志同道合者，表現的特別的興奮和激動。由於小兒子的特殊情況，他可能會從麥迪遜大學退下，但他不會把學術工作放棄的。他反反覆覆對我說，他還會繼續永遠幹下去，他還動員我將這觀點宣傳宣傳，幫他做做工作。他這種對生活的熱愛，對學術的關切和追求給我留下了難忘的印象。」

在生活與工作上都與張永山往來密切的學生林正淳說：「張教授一九九六年成立了 CompuTherm LLC 公司，他希望我可以提供一些意見與方向，比方工業界需要什麼樣的資訊與內容。他搬到羅徹斯特後，在麥迪遜其實還有工作，事實上，他一直到去世前都還在工作，我曾跟張教授說：『您應該退休了，不要管那麼多。』但他就是閒不下來。」

張永山的另一位學生高振宏則說：「他到七十幾歲腳步還是沒有

放慢，他把研究當成興趣就會有忙碌與壓力等問題，也許，如果他腳步放慢一點，健康就不會有問題，但這個是外人沒有辦法提醒，這是張教授自己的人生規畫，他那麼大年紀還跟年輕人一樣拚，這也許是張教授唯一的『缺點』。」的確，張永山的拚勁與責任感無人能敵，即使才因為攝護腺肥大問題開過刀，他也沒讓自己躺在病床上多休息一天，很快又忙碌起來，甚至還搭機遠地洽公。

放慢步調 難得悠閒

事實上，拜張永山的妻子何碧英之賜，永遠上緊發條，保持忙碌的張永山在退休後仍有放慢腳步，享受生活的時候，雖然外人難以得知他是否「身閒心不閒」。

街景，羅徹斯特小鎮風光 /2015 年 12 月 7 日攝於羅徹斯特。（攝影 / 蔣榮玉）

張永山結束學生生活後似乎就與玩樂絕緣，除了與研究相關的事物，眾所周知他有慢跑習慣，除了中午在學校慢跑外，他唯一的休閒應該是趁著到各地開會後空檔與妻子何碧英結伴走訪各地名勝，順便拍拍照。何碧英說：「永山退休後頭兩年很不習慣，他還是會利用Skype 通訊軟體、電話與電子郵件跟學生聯絡，後來有交友、教會等活動好一點。當時住在這裡（編按：羅徹斯特）的人有很多是被解雇，不像我們是退休定居，而且我們搬到這裡時都七十幾歲了，這裡的人最老才五、六十歲，比我們年輕很多，要交朋友不容易，但是後來幾年就比較愉快了。」

對於何碧英來說，張永山退休後的五年生活每天都是「平淡中有幸福」，也只有在這段時間裡，她可以不必和其他人事物「分享」張永山，過兩人世界的生活，重溫婚前甜蜜時光。

何碧英說：「我們在羅徹斯特做了許多過去不曾做過的事。在最初的三年裡，我們每個月會到麥迪遜停留至少一週時間，住在旅館裡，永山像以前一樣到學校呆一整天，我會拜訪在麥迪遜的老朋友。後來，永山減少了到麥迪遜的次數，但每年我們仍然會回去五、六趟。」當然，多數時間裡夫妻倆會呆在家裡，張永山通常會在電腦前工作或講電話，何碧英通常會在家練琴，生活仍忙碌但不像退休前那般緊湊。

平淡就是幸福

這段時間，張永山夫婦多了許多旅遊機會，對於二人共享的片段，何碧英永難忘懷。「我們也安排了許多國內旅遊，如每年會到尼加拉瀑布三、四次，有時連冬天也會去，也因為該處距離羅徹斯特只有不

張永山與何碧英常一起到羅徹斯特的東觀購物中心（East View Mall）消磨時間。（左）位於東觀購物中心內的星巴克咖啡；（右）張永山與何碧英最常坐的位子 /2015 年 12 月 7 日攝於羅徹斯特。（攝影 / 蔣榮玉）

到二個小時的車程，我們得以在不同季節欣賞它的美。我們也常開車到紐約州的五指湖區，我們時常爬上沃特金斯峽谷（Watkins Glen）以便欣賞造型獨特的岩石與瀑布。」

就連看似無趣的散步，何碧英都覺得甜蜜美好，「通常，我們會花一個上午健走，永山會沿著賽道先走三圈，然後慢跑三圈，我會花三十分鐘走路，每隔一段時間，我們會在鎮上的娛樂中心手牽手散步。有時我們會去羅徹斯特最好的購物中心，離我們家不到一英哩的東觀購物中心（East View Mall）喝上一杯星巴克咖啡，逛完整個商場當做運動，瀏覽商品或真的購物。」

藝術 夫妻倆共同的興趣

張永山雖然不會畫畫，沒有音樂及藝術細胞，但他很喜歡中國畫，尤其是山水畫，一趟大陸回來，總會帶上幾件藝術品。何碧英說：「我們倆最愛的是畫，我一九八二年第一次跟永山回大陸到過黃山，永山喜歡寫意的山水風景畫，特別是黃山，他每次到大陸去都要帶點字畫回來，最大的一幅是應野平畫的，他的畫很有名。」

1956 年張永山送給何碧英的第一個聖誕節禮物 - 一對耳環跟墜子，何碧英收藏至今。（攝影 / 蔣榮玉）

除了山水畫，張永山也收藏雕像。何碧英說：「永山買過一個雕像，作品叫 "Covenant"，是父母跟一個小孩，永山說這孩子代表我們家老三 "Theo"，父母跟子女就像有誓言盟約，有特殊意義。」至於何碧英則喜歡優雅的藝術品，像刺繡（編按：蘇繡、湘繡）、玉、象牙之類的，她說：「永山給我買了不少貴重的鑽石、珠寶，結婚後他慢慢給我買別的東西，比方他第一次聖誕節送我一個淡藍色的耳環 aquamarine （編按：巴西產） 跟墜子，大約五十美元，他那時一個月才賺三百多塊錢。後來幾乎每年聖誕節他都會送我一個幸運墜子，上面有不同的圖案，這些圖案都有紀念性。」

沉睡

二〇一一年二月十八日夜晚，張永山夫婦在羅徹斯特菲爾波特家中，一切如常。近午夜，張永山突然感到身體不適，之後便陷入昏迷，他中風了，沒有留下隻字片語，昏迷五個半月後，張永山與世長辭。

在張永山陷入昏迷的五個半月裡，他還歷經二次中風，何碧英的擔心與傷心不難想像，這段期間，從醫院到安養院，何碧英每天都陪著張永山，希望會有奇蹟出現。大兒子張道旭（Vincent Chang）與二兒子張道維（Lawrence Chang）都是醫生，他們對母親何碧英說：「讓爸爸走吧。如果爸爸醒來是上帝保佑，但如果醒來後，爸爸跟以前完全不同……」那段時間，張永山的弟妹們也從各地趕來，他們也說：「讓哥哥走吧。」

八月二日凌晨張永山告別人世，享年七十八歲。

張永山長眠於羅徹斯特匹茲佛特（Pittsford）懷特黑文紀念公園（White Haven Memorial Park）內的 Maplewood，身後留下摯愛的妻子何碧英、長子張道旭與妻子蘇珊妮、次子張道維與妻子黛安娜、三子張道崙，還有六名可愛的孫子女：克麗斯汀娜、晶晶、布萊恩、愛麗莎、史提夫與麥可。

為了能與摯愛的先生再聚首，常伴左右，何碧英已在張永山墓旁預先為自己準備好「壽位」，與「夫妻位」相仿，何碧英表示，張永山生前就曾跟她討論過要「葬在一起」，至於沒有家庭的老三張道崙（Theodore Chang）百年後自然也是要跟父母葬在一起，因此，何碧英也為他買下了自己左上角的位子。

位於 Maplewood 的外牆上，張永山（左）長眠於此，未來何碧英也將常伴左右 /2015 年 12 月 7 日攝於羅徹斯特。（攝影 / 蔣榮玉）

在家人為張永山舉辦的追思會上，長子張道旭（左）與次子張道維（右）均表達對父親深深的感謝與懷念 /2011 年 8 月 20 日攝於羅徹斯特中國基督教教堂。

二〇一一年八月二十日，張永山的追思儀式於紐約州潘菲爾德（Penfield）傑克森路的羅徹斯特中國基督教教堂舉行，張永山的親人、故舊、學生們從各地趕到追思會現場送他最後一程。此外，威斯康辛大學麥迪遜分校也為張永山舉辦了一場追思會，讓敬他、愛他的學生、同事獻上最後的懷念與祝福。

張永山的親友們到墓園送他最後一程。前排左至右為孫女晶晶、大妹張愛齡、孫女克麗斯汀娜、妻子何碧英、小妹張婉如、何碧英弟媳馬文綺、姪兒何磊，後排左至右為長媳蘇珊娜、何磊之妻 Judy、張道維、何磊之子 Alex、長子張道旭 / 攝於 2011 年 8 月 20 日。

碧英在張永山過世後常獨自開車到墓園看他，
他說話 / 攝於 2012 年 7 月 13 日。

何碧英與張道旭（左）、張道維（右）到張永山
墓前憑弔 / 攝於 2012 年 11 月 3 日。

一雙人一世情 孤枕難眠

張永山辭世後，何碧英一人獨居於羅徹斯特菲爾波特的家中，驟失伴侶的她一直無法走出傷痛，愛唱歌、愛說話的何碧英社交生活漸漸少了，最常陪伴她的是一室古典樂。除了到張永山長眠的墓地走走，和他說說話，偶而和到府打掃的清潔婦說幾句話，何碧英變得越來越安靜，愛美的她也懶得花時間打扮自己，三個兒子各有生活，就算每天致電噓寒問暖，費心陪伴，也無法填補失去人生伴侶的空虛。

一個人面對空蕩蕩的房子近三年，太少說話讓何碧英的聲帶出了問題，她的睡眠與健康也受到影響。張永山的妹妹張婉如說，張永山生前曾對她說，自己很擔心妻子何碧英，「如果我先走了，碧英一個人不知道要怎麼過。」張永山說。

在兒子的堅持下，何碧英於二○一四年搬離菲爾波特，目前住在羅徹斯特皮茲佛德（Pittsford）一所設備完善的老人安養中心 Highlands，飲食起居都受到妥善的照顧，那兒有許多退休長者，每週都安排休閒及娛樂活動，不會無聊，而且有人可以陪她說說話。特別的是，何碧英的居所內掛滿張家人的照片，除了臥室裡掛滿她自己與先生張永山的照片外，老大張道旭、老二張道維一家人不同時期的照片也擺滿客房，書房內則擺放許多張永山生前獲得的重要獎項與簡報、資料。

張道旭畫的這幅畫象徵張永山與何碧英情訂舊金山。（攝影/蔣榮玉）

何碧英說老大張道旭有藝術天份，雖然工作忙碌，有時間他仍會提筆作畫，客房內有一幅張道旭畫的油畫，主角是張永山與何碧英，背景則是加州舊金山的金門大橋，象徵父母年輕時在舊金山金門公園附近舉辦的中國學生夏令營活動相識進而結下良緣，何碧英每每看到這幅畫作便感觸良多。

張家人愛留影 走到那拍到那

張永山與何碧英家裡的相簿整理堆疊後也堪稱一個「小型圖書館」，因為孩子們已經成家立業，許多照片都是張永山與何碧英同遊時的回憶，但多半仍是何碧英的獨照，因為拍照的人是張永山。何碧英笑說：「除了慢跑外，永山很喜歡拍照，從年輕時就如此，所以家裡的照片多得數不清。喜歡拍照是張家人的遺傳，就連我們的兒子都很喜歡拍照。」

張永山與弟妹們都會將自家的生活照寄給分散在各地的其他家人，甚至每年安排家族出遊與聚會，藉此聯絡感情。因此，除了張永山一家人的照片外，張家家裡還保有許多來自二個兒子及張永山弟妹們寄來的家庭生活照，數量驚人。

張永山與弟妹們常互相拜訪或相偕出國旅遊，藉此聯絡感情。左至右為張愛群、趙靖謙（張婉如的先生）、張婉如、何碧英、張愛齡、張永山、張愛群的妻子趙順明、張愛齡的先生陳仁埏 /1985 年攝於義大利。

夕陽餘暉 張永山的最愛

翻開張家眾多相本，偶而發現幾張夕陽餘暉的照片，沒有人物，何碧英說：「那是永山拍的，他很喜歡拍落日。」照片本身看不出拍攝技巧或特意取景的斧鑿痕跡，但自有一股寧靜與祥和，靜默沉穩一如張永山。

張永山特別喜愛拍攝夕陽餘暉。（左）1991 年 6 月攝於麥迪遜；（右）1999 年 8 月攝於麥迪遜。

何碧英搬到安養中心後，漸漸找回久違的笑容／攝於 2015 年 12 月 6 日。（攝影／蔣榮玉）

一個人的老後

住進安養院後一年，何碧英每週都固定到健身中心運動、跳元極舞，也開始參加合唱團演出，欣賞藝文表演。年過八十的她必要時仍自己開車，不論是到一哩外的墓園看看張永山還是日常採買及訪友，她仍能應付自如，但擔心母親的張道旭仍不時提醒何碧英：「別自己一個人開車到市區，尤其是夜間。」

何碧英的大兒子張道旭（Vincent Chang）與媳婦蘇珊妮（Suzanne Benzoni）、孫女克麗斯汀娜（Kristina）及晶晶（Elizabeth）住得近，可以就近照料，每週或假日他們也會請何碧英到家裡共進晚餐，話家常，或到安養中心陪何碧英吃頓飯，他們家裡仍像個動物園，除了貓、狗、魚、鳥外，還有一隻來自南美的龍貓（Chinchilla，又名栗鼠）。

住在羅徹斯特 Assisted Living 的小兒子張道崙（Theodore Chang）每個月會有專人送他到安養中心與何碧英聚聚，何碧英除了帶他到墓園看看父親張永山，也會帶著愛打保齡球的他歡度輕鬆時光，有時何

與父親張永山同月生日的張道旭（中）提前慶生，左為蘇珊妮、右為何碧英／攝於 2015 年 12 月 5 日。（攝影／蔣榮玉）

罹患唐氏症的張道崙知道父親「在天堂」用另一種方式繼續守護他 /2015 年 12 月 2 日攝於羅徹斯特。（攝影 / 蔣榮玉）

碧英與老大張道旭一家人也會與張道崙共進晚餐，享天倫。對一名超過五十歲的唐寶寶來說，雖然有心臟方面的問題，張道崙的狀況還算不錯，體態與數年前相比明顯消瘦許多，不會說中文的他仍記得小時候學的二句華語：「謝謝」、「不客氣」。罹患唐氏症的他雖然無法表達對父親的感懷，但他知道父親「在天堂」（Dad is in heaven）用另一種方式繼續守護他。住在費城的老二張道維（Lawrence Chang）一家人雖然無法承歡膝下，每週都會打電話問候何碧英，重要時刻不會缺席。

張永山過世近五年，何碧英每天仍會花時間翻閱或整理張永山生前的遺物與照片，表面上看來，她不像過去那般傷心，但談到張永山或到他墓前憑弔，何碧英仍會傷心落淚，她說：「我都不敢在兒子面前哭。」

即使張永山已過世多年，何碧英仍用自己的方式默默守護張永山 /2015 年 12 月 6 日攝於羅徹斯特。（攝影 / 蔣榮玉）

從年輕到老，何碧英用自己的方式守護張永山與家人，除了信賴與分享，與張永山同為虔誠基督徒的她將基督教義中的「信望愛」發揮得淋漓盡致 - 她全心地信任張永山也持續不斷地鼓勵他相信自己、追求理想；她努力守護著他與家人，讓他無後顧之憂，盡情遨遊於學術殿堂，最後終於發光發熱；她奉獻自己的青春與生命，用愛呵護他們的婚姻與家庭。即便張永山已經永遠的離開，她仍堅持用自己的方式愛著他、守護著他，她說：「我對永山是全心的奉獻。」

第三章　上帝最後的榮耀

張永山的成就是跨越國際的，除了一九九六年當選美國國家工程學院院士、二○○○年當選中國科學院外籍院士外，二○一○年還當選台灣中央研究院院士，三個了不起的榮耀都拿到了，這樣的成就實屬不易。張永山的妻子何碧英說：「永山在二○一一年去世的前二年一共拿了七個大獎[1]，他自己都覺得很奇怪，不曉得怎麼高興才好，平時一年拿一個獎就不錯了，但是光那二年就連拿了七個大獎，還有他總認為自己沒辦法拿到台灣的中研院院士，因為自己不是台灣出來也不是台灣學校畢業的，應該很難拿到，但後來拿到了，他很高興。」

對於自己拿到的每一個獎項與榮耀，張永山都相當感恩與珍惜，他還花時間仔細整理了一份一九八九年至二○一○年間拿到的十五個重要獎項得獎說明[2]。

註 1：七個大獎

獲獎年份	獎項	頒獎單位
2011	Leadership Award	TMS（The Mineral, Metals & Materials Society）
2010	Academician	Academia Sinica, ROC
2010	Honorary Member	AIME（American Institute of Mining, Metallurgical and Petroleum Engineers）
2009	J. Willard Gibbs Award	ASM（ASM International）
2009	Gold Medal	ASM（ASM International）
2009	Warren F. Savage Award	AWS（American Welding Society）
2009	Acta Materialia Gold Medal	Acta Materialia Inc.

註 2：張永山十五個重要獎項得獎說明

獲獎年份	獎項	獲獎原因
2010	AIME Honorary Membership	For outstanding lifelong contributions to research, education, materials science & engineering, and sustained leadership.
2009	ASM Gold Medal	For outstanding accomplishment as an exemplar world-class teacher/researcher and distinguished leadership in materials science and engineering.
2009	Acta Materialia Gold Medal	In recognition of demonstrated ability and leadership in materials research.
2009	J. Willard Gibbs Award of ASM	For his seminal contribution to phase equilibria and alloy thermodynamics both theoretically and experimentally.
2009	Warren Savage Award of AWS	With Prof. Sindo Kou, for liquation of Mg alloys in friction stir spot welding.
2004-05	Wisconsin Idea Fellow from the UW system	In recognition of extraordinary public service on behalf of the UW to local communities involving assistance, research and outreach to businesses and nonprofits, and impressive contributions to improving the quality of life and economy in WI.
2003	Edward D. Campbell Memorial Lecturer Award of ASM	For outstanding contributions as a researcher and scholar in materials science and engineering, as a teacher and educator, and as a national and international leader in the materials community.
2003	ISHighlyCited	A highly cited materials scientist from 1981-1999.
2000	John Bardeen Award of TMS	For seminal contributions to understanding of metals/ compound semiconductor interactions.
1996	Albert Sauveur Achievement Award of ASM	In recognition of pioneering achievements in MS&E, that have stimulated organized work along similar lines to such an extent that a marked basic advance has been made in materials knowledge.
1996	Champion H. Mathewson Medal of TMS	In recognition of the most notable research publication contributing to metallurgy and materials science.
1993	Extraction and Processing Lecturer Award of TMS	In recognition of his scientific leadership in the extraction and processing of nonferrous metals.
1991	Fellow of TMS	For attainment of the highest professional distinction through career achievement in the practice of metallurgy and materials science.
1990	Educator Award from TMS	For his numerous contributions to education in MS&E as evidenced by outstanding publications, superior administrative capabilities and dedicated work with students.
1989	William Hume-Rothery Award of TMS	In recognition of his outstanding scholarly contribution to the science of alloys.

1989 年張永山獲威廉 ‧ 休謨 - 羅瑟獎（William Hume-Rothery Award of TMS）。

1990 年張永山獲 TMS 教育家獎（TMS Educator Award）。

拿到生命中最後一個榮耀 -TMS 領導獎（Leadership Award, TMS）時張永山已經昏迷數月，這個獎座還是何碧英自己帶到安養院。她將獎座置於他無力的手中，希望與昏睡中的他一起分享這份喜悅，一如過去他倆共同分享的每一個榮耀時刻。

忠於自己 忠於科學

維也納大學教授賀伯 · 伊柏瑟（Herbert Ipser）說：「和張教授相處的時間都是值得的，而從中獲得的寶貴知識更是讓人樂在其中的主因。他是一位值得信賴的朋友及同事，也是一位懂得悉心照料研究團隊成員的『老闆』，我認為他是絕對值得信任的。提到他個性上的優點，我會認為他具有堅忍不拔的性格、為達目的奮戰不懈的意志力以及擁有對科學的忠誠。」

94 年張永山獲 ASM 亞伯特 · 伊斯頓 · 懷特出教師獎（Albert Easton White Distinguished acher Award of ASM）。

1996 年張永山獲錢伯恩 · 馬修森勳章（Champion H. Mathewson Award）。

2000 年張永山獲 TMS 約翰 · 巴丁獎（John Bardeen Award of TMS）。（攝影 / 蔣榮玉）

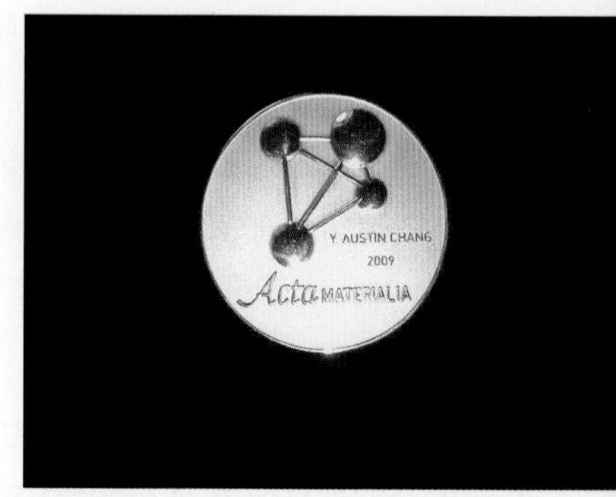

2009 年張永山獲材料學報終生成就金質獎章（Acta Materialia Gold Medal）。

加利福尼亞大學聖塔芭芭拉分校耐蝕鋁合金教授兼材料系系主任德瑞莎 · 波拉（Tresa M. Pollock）則說：「他是一位非常用心與體貼的科學家，深度了解熱力學及其變態在主要合金系統中的重要性，讓當時無足輕重的鈦鋁及鎳合金系統發展成鈦鋁合金，奠定渦輪推進系統中超合金設計的基礎。張教授所發表的期刊論文對材料界來說，貢獻卓著。」

美國佛羅里達理工學院院長馬汀 · 葛立克曼（Martin E. Glicksman）盛讚：「張教授在冶金熱力學的研究與對工程學教育為數眾多的貢獻讓他獲得許多專業上的榮耀，如二〇一一年礦物金屬與材料學會領導獎，二〇一〇年美國採礦與冶金工程師學會（AIME）榮譽會員獎，二〇〇九年材料學報終生成就金質獎章，二〇〇〇年約翰 · 巴丁獎，一九九六年錢伯恩 · 馬修森勳章，一九九三年 EPD 傑出講師獎，一九九〇年教育家獎及一九八九年威廉 · 休謨 - 羅瑟獎等，其他傑出貢獻還包含他所創立的 CompuTherm LLC，這家公司研發熱力學計算軟體及資料庫。此外，張教授在他傑出的研究生涯中還貢獻心力於教學指導，這也為他贏得美國金屬學會亞伯特 ‧ 伊斯頓 ‧ 懷特傑出教師獎及礦物金屬與材料學會的 TMS 教育家獎。世人永難忘懷他在工程學教育及材料科學方面的真知灼見。」

恩典夠用 榮耀歸於上帝

張永山曾說自己年輕時受洗成為基督徒的原因是「因為人會讓你失望，但神不會」。從河南八里庄一路走來，也許張永山曾對家人失望、對命運失望、對人生失望，但畢竟神沒有遺棄他，外人自然無法得知張永山面對諸多人生逆境與難關時與神的對話如何，但透過一次次試煉，他變得更堅強、更惜福也更感恩，所以多年後，張永山會對友人說：「家人與學生使我成為更好的人。」

對張永山來說，也許「神」才是他人生中最大的「貴人」，一方面給他試煉與磨練，一方面帶他突破重重考驗，成為「更好的人」。因為惜福感恩，張永山始終明白「人要懂得謙卑」，不論面對順境或逆境，不過，低調隱忍如他，外人自然難以一窺他內心世界的狂風暴雨，如果有的話。

2009 年張永山獲美國銲接學會獎項 - 沃倫 ‧ 薩維奇紀念獎（Warren F. Savage Award of AWS）。（照片提供 / 柯伸道）

張永山過世前二年連拿 7 個大獎，眾多榮耀匯集一身。（攝影 / 蔣榮玉）

中國文人以「梅蘭竹菊」四君子形容氣節與風骨，張永山恰如虛懷若谷、高風亮節的「竹」，他堅守一定的原則與理念，一如竹節刻劃出應有的份際，為所當為；他清空自己不畫地自限，海納百川才能借力使力，青出於藍；他剛直謙遜卻不亢不卑，外方內圓但身段柔軟，這樣的張永山才有能力讓自己立於不敗之地，也才有能力助他人一臂之力，這樣的張永山也才更有識人、知人的觀察力與容人的雅量，也是這樣的張永山讓他身邊的人更欣賞他、敬重他與感念他。

中國第一位女皇帝武則天死後留下無字碑，「是非功過留待後人評量」，張永山如果仍在世，他也許無從得知自己的親人、故舊、學生們如何看他，也不會知道他們有多愛他、景仰他與感謝他，他當然更不會知道自己原來影響了許多人、許多事，而這些被他影響的人與事也將繼續傳遞他的影響力，透過本書，張永山的人生故事與影響力更將因此而被傳唱不休，對張永山來說，這無疑是來自上帝最後的恩典與榮耀。

附 錄

附錄 1. 追憶張永山

學術單位的追思

(1) 美國國家工程學院（National Academy Of Engineering, NAE）

《向張永山致敬》

奠定熱力學、相圖與動力學運用於現代材料科學之基礎

此文由威斯康辛大學麥迪遜分校材料科學暨工程學系教職員撰寫，美國國家工程學院秘書室彙整。

張永山教授於 2011 年 8 月 2 日逝世，享年 78 歲，他是威斯康辛大學麥迪遜分校材料科學暨工程學系傑出退休教授，也是合金熱力學先驅。

張永山 1932 年出生於中國河南省鞏縣。他成長於八年抗戰期間，童年時期與文盲母親住在窯洞裡，使用火爐炊煮，沒有電。那段時日，如果他母親沒有將他藏匿在學校裡，他與其他年輕男孩隨時可能因抓壯丁而被迫從軍。他的小學與高中教育常因時局動盪而被迫中斷。卑微的童年造就他不屈不撓的意志力與創造力，他後來成為合金熱力學領域的領導者。

張永山於 1950 年遷居美國以完成中學後教育，起初就讀於德州貝勒大學，後來轉學至加州柏克萊大學化學工程系就讀，自柏克萊大學取得大學文憑，西雅圖華盛頓大學取得化學工程系碩士文憑，1963 年於加州柏克萊大學取得冶金系博士文憑。1967 年於威斯康辛大學密爾瓦基分校開展其學術生涯之前，他曾於加州山克拉門都噴射飛機公司擔任資深工程師。1971-1977 年間，他任系主任職，1978-1980 年升任研究院副院長，於此期間，他在研究與教育方面奠定卓越聲譽。1980 年他加入威斯康辛大學麥迪遜分校冶金與礦物工程學系，於 1982-1991 年擔任系主任，領導該系研究與教育計畫突破框架，朝多元的現代材料領域發展。雖然他於 2006 年退休，他仍保有專業上的熱情在研究、教學並指導系所年輕教職員，直到過世。

張永山的學術成就所以能夠全球知名，主要因為他專注於合金系統科技領域而且高度謹慎、可信賴。他的同行認為他能夠敏銳地整合基礎科學與技術。他相信推動關鍵創新重要問題，鮮少有人能做到像他一般的深度與獨創性。他在冶金熱力學及相平衡的貢獻對材料科學、材料工程學、物理冶金及化學工程學影響甚鉅。以其基礎科學方法為基底，張永山進一步發展各種材料的應用，如結構材料鋁合金、鎂合金與鎳基超合金、化合物半導體、磁性材料及各種材料對能源技術的應用。他在國際上的專業地位獲得美國國家工程學院、中國科學院及台灣中央研究院的認可，同時也獲得無數來自威斯康辛大學及學界各單位與研究、教學、領導及貢獻有關的獎項。

張永山是位優秀的老師與教育家，這也是他對學界的重要貢獻，做為一位老師與良師益友，他的成就早已被同業、威斯康辛大學的同事及來自全球的獎項所肯定，如日前他便獲得礦物金屬與材料學會（TMS）教師獎及美國金屬學會（ASM International）亞伯特・伊斯頓・懷特傑出教師獎。然而，張永山教學上最深遠且顯著的影響力在學生們於懷念留言簿中所分享，對他的尊敬、感恩與愛戴等隻言片語中展露無遺，許多學生在業界位居高位，有些則在全球學界或研究單位執牛耳，他們的感言對後輩深具啟發。

張永山服務於威斯康辛大學，在其與材料學相關的學術生涯中，他也成為各大專院校及專業委員會成員。他活躍於礦物金屬與材料學會（TMS）及美國金屬學會（ASM International），由於他在研究、教學及專業上的貢獻，他獲得許多來自此二學會的重量級獎項，最新的獎項是 2011 年礦物金屬與材料學會（TMS）領導獎。

創立以電腦編碼為基礎的 CompuTherm LLC 公司讓張永山國際聲望日隆，這家公司衍生自威斯康辛大學麥迪遜分校，主要發展便於消費者使用的強大電腦軟體及利於熱力學計算的合金資料庫。張永山退休時，他與妻子何碧英女士慨然捐款威斯康辛大學麥迪遜分校材料科學暨工程學系，做為求賢之用。

對於張永山生前的嘉言懿行，張永山的家人 - 妻子何碧英女士及兒子張道旭、張道維與張道崙，兒媳蘇珊妮與黛安娜，孫兒女克莉斯汀娜、晶晶、布萊恩、愛麗莎、史提夫及麥可，弟弟張愛群及張福群，妹妹張愛齡及張婉如，以及姪兒與外甥輩親友們永誌於心。張永山與何碧英結縭近 55 年，他們一起散步、欣賞落日與名山勝景，也一起聽音樂會，足跡遍及全

（Original）

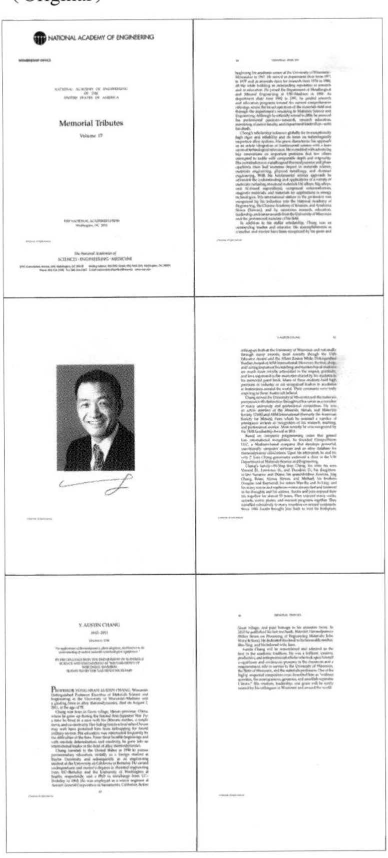
NATIONAL ACADEMY OF ENGINEERING

Memorial Tributes

Volume 17

SCIENCES · ENGINEERING · MEDICINE

Y. AUSTIN CHANG

球。1980 年起，張永山曾兩度帶著何碧英回到出生地中國河南省鞏縣祭祖。2010 年，張永山發表最後一本教材《材料熱力學》，他將此書獻給他敬愛的母親鄧淑英及摯愛的妻子何碧英。

張永山將永為學界懷念及景仰，他是一位傑出、有創意且多產的創業型學者，將其所學持續不墜地貢獻於教學及威斯康辛大學。一位張永山所崇敬的競爭對手曾如此形容他：「張永山無疑是我所知最寬容、慷慨、無私的超級明星。」威斯康辛大學同事及世人將永難忘懷他的智慧、領導力與美德。

(2) 中國科學院弔唁文（Chinese Academy of Sciences, CAS）

親愛的張永山教授親友們，對於張教授逝世的消息，個人深表震驚與悲傷，本人謹代表中國科學院及中科院主席團對張教授的家人、親友及同事們致上最深的哀悼及慰問之意。

張永山教授是世界知名的材料學家，多年來，他致力於中國科學與科技發展，透過學術交流與人才培力，讓中國在熱力學、相圖及動力學方面的運用得以快速發展。此外，透過他在國際學術界的影響力及聲譽，他也大力推動中美兩國在學術方面的交流與合作。由於張教授對中國科學與科技發展的貢獻及其在學術界的成就，中國科學院於 2000 年授其第 10 屆外籍院士殊榮。

張教授追求真理的高貴情操與勇氣，對於學術研究所展現的謹慎態度及自我批判精神為後世樹立典範。

張教授將永遠活在我們心中，他是傑出的科學家，也是眾人的表率。

中國科學院院長白春禮教授

（Original）

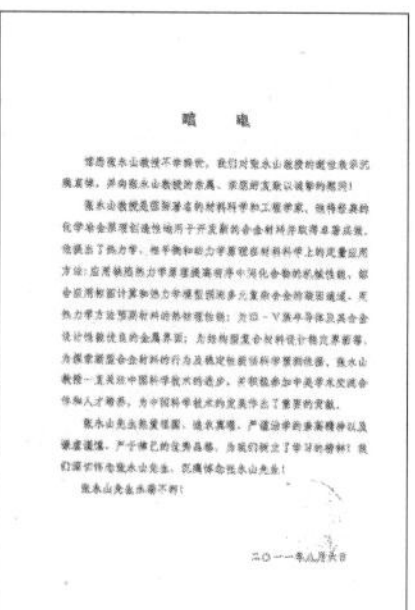

(3) 中央研究院（Academia Sinica）

《國際知名材料學家張永山院士仙逝，享年 80 歲》

威斯康辛大學傑出退休教授，也是國際知名材料學家 - 中研院院士張永山於 2011 年 8 月 2 日逝世，享年 80 歲。張博士出生於 1930 年，1954 年取得加州柏克萊大學化學工程系學士學位，1963 年取得加州柏克萊大學冶金學博士學位。1967 年起，他一路從副教授、教授升任威斯康辛大學密爾瓦基與麥迪遜兩分校系主任，2006 年取得麥迪遜分校傑出退休教授終生職。

張博士一生所獲獎項與榮耀無數，1996 年獲選美國國家工程學院院士，2000 年獲選中國科學院外籍院士，2010 年當選中央研究院院士。

中央研究院電子報
Academia Sinica E-News

Academician Y. Austin Chang, Internationally Renowned Materials Scientist, Dies at Age 80

Academician Y. Austin Chang, Wisconsin Distinguished Professor Emeritus and internationally renowned materials scientist, passed away on August 2, 2011 at age 80. Dr. Chang was born in 1930. In 1954 he graduated with a B.S. in Chemical Engineering from the University of California at Berkeley. In 1963 he received his Ph.D. in Metallurgy, also from UC Berkeley. Beginning in 1967, he served as associate professor, professor and department chair at the University of Wisconsin-Madison and the University of Wisconsin-Milwaukee. In 2006, he became Distinguished Professor Emeritus at UW-Madison.

Dr. Chang was the recipient of numerous awards and honors. In 1996 he became a member of the US National Academy of Engineering. In 2000 he became a Foreign Member of the Chinese Academy of Sciences. He was elected as an Academician of Academia Sinica in 2010.

（Original）

Academician Y. Austin Chang, Wisconsin Distinguished Professor Emeritus and internationally renowned materials scientist, passed away on August 2, 2011 at age 80. Dr. Chang was born in 1930. In 1954 he graduated with a B.S. in Chemical Engineering from the University of California at Berkeley. In 1963 he received his Ph.D. in Metallurgy, also from UC Berkeley. Beginning in 1967, he served as associate professor, professor and department chair at the University of Wisconsin-Madison and the University of Wisconsin-Milwaukee. In 2006, he became Distinguished Professor Emeritus at UW-Madison.

Dr. Chang was the recipient of numerous awards and honors. In 1996 he became a member of the US National Academy of Engineering. In 2000 he became a Foreign Member of the Chinese Academy of Sciences. He was elected as an Academician of Academia Sinica in 2010.

(4) 礦物金屬與材料學會（The Minerals, Metals & Materials Society, TMS）

《追思礦物金屬與材料學會會士暨前會長張永山》

礦物金屬與材料學會會刊 /2011 年 9 月號

1991 年礦物金屬與材料學會會士，2000 年礦物金屬與材料學會會長張永山於 8 月 2 日逝世，享年 78 歲。他發表過逾 500 篇著作，業界咸認，在固態溶液熱力

學領域以及其在相平衡與固體缺陷能量分析方面的應用上，張永山居於領導地位。

張永山所創立的 CompuTherm LLC 公司衍生自麥迪遜分校，以他所發展出具劃時代意義的原理為基礎，該公司成功研發出方便使用的熱力學計算電腦軟體與資料庫。即便在他去世之前，身為威斯康辛大學傑出教授的張永山仍堅守在麥迪遜分校的工作崗位上。

張永山於 1967 年開始他在威斯康辛大學密爾瓦基分校的學術生涯，1971-1977 年間任系主任，1978-1980 年間任研究院副院長。1980 年，他加入威斯康辛大學麥迪遜分校，擔任冶金與礦物工程學系教授，爾後，1982-1991 年擔任系主任期間，他帶領系所從鑄鐵冶金領域走向如今威斯康辛大學麥迪遜分校擁有扎實根基的材料科學與工程學領域。

（Original）

TMS

PROMOTING THE GLOBAL SCIENCE AND ENGINEERING PROFESSIONS CONCERNED WITH MINERALS, METALS AND MATERIALS

184 THORN HILL ROAD
WARRENDALE, PA 15086-7514
USA

TELEPHONE: (724) 776-9000
FAX: (724) 776-3770
WEB: www.tms.org

In Memory of Y. Austin Chang, TMS Fellow, Former President

September, 2011 Y. Austin Chang, 2000 TMS president and a 1991 TMS Fellow, passed away on August 2 at the age of 78. The author of more than 500 publications, Chang is widely regarded as a leading scholar in the field of solid-state solution thermodynamics and its applications to the analysis of phase equilibria and defect energetics in solids. Based on the groundbreaking codes that he developed, Chang founded CompuTherm LLC, a successful, Wisconsin-based company that produces user-friendly computer software and databases for thermodynamic calculations.

Chang held the post of Wisconsin Distinguished Professor Emeritus at the University of Wisconsin-Madison (UW-Madison) at the time of his death. He began his academic career at the University of Wisconsin-Milwaukee in 1967, serving as department chair from 1971–1977 and as graduate school associate dean foresearch from 1978–1980. In 1980, he joined the UW-Madison Department of Metallurgical and Mineral Engineering as professor. While serving as department chair from 1982–1991, he led the department's transition from a concentration in cast iron metallurgy to the broad-based materials science and engineering (MSE) programs that UW-Madison offers today.

In addition to his seminal contributions to the knowledge base of materials science and engineering, Chang was highly influential as an inspiring and devoted educator, mentoring hundreds of students and younger scientists during the course of his career. Said C. Robert Kao, professor of National Taiwan University, who had Chang as his thesis advisor, "He did not just teach his students how to do good science; he taught us to be decent human beings. He did not simply advise us in academic affairs; he nurtured his students and looked after them even after their graduation. This is how I remember him."

Chang joined TMS in 1962. In addition to serving as a TMS Board member and 2000 president, Chang chaired the Physical Chemistry Committee and the Alloy Phase Committee, while also contributing as a member to numerous other TMS committees and activities. His work and service to MSE has been recognized by an array of professional awards and honors. Counted among his TMS-affiliated awards are the TMS Leadership Award (2011), AIME Honorary Member Award (2010), Acta Materialia Gold Medal (2009), John Bardeen Award (2000), Champion H. Mathewson Medal (1996), EPD Distinguished Lecturer Award (1993), Educator Award (1990), and the William Hume-Rothery Award (1989).

Chang was born in Goon village, Honan province, China. In 1950, he came to the United States, receiving his B.S. in chemical engineering from the University of California, Berkeley and his M.S. in chemical engineering from the University of Washington. He returned to Berkeley to earn his Ph.D. in metallurgy. TMS extends its deepest condolences to Chang's wife, Jean, his three sons and their families, and his many friends and colleagues.

張永山不僅在材料科學與工程學領域方面有重要的學術貢獻，他還是位具有影響力的教育家，他一生窮盡所學，鼓舞並指導逾百位學生及年輕科學家，他也是台灣大學教授高振宏的論文指導教授。高振宏說：「張教授不僅教學生如何做好學問，他還教學生如何做人。不論在學校或畢業後，他都持續地照拂著學生，這就是張教授。」

張永山在 1962 年成為礦物金屬與材料學會（TMS）會員，後來成為委員會成員，2000 年榮任會長，帶領物理化學委員會及合金相委員會，同時貢獻一己之力於礦物金屬與材料學會（TMS）所屬各委員會及相關活動。

張永山對材料科學與工程學界的貢獻，從一連串專業獎項與榮耀的肯定不難看出一二。其中，礦物金屬與材料學會（TMS）所屬的獎項包含 2011 年的礦物金屬與材料學會領導獎、2010 年美國採礦與冶金工程師學會所頒發的榮譽會員獎、2009 年材料學報終生成就金質獎章、2000 年約翰 ‧ 巴丁獎、1996 年錢伯恩 ‧ 馬修森勳章、1993 年工程與產品發展傑出講師獎、1990 年的教育獎以及 1989 年的威廉 ‧ 休謨 ‧ 羅瑟獎。

張永山出生於中國河南省鞏縣，1950 年來到美國，於加州柏克萊大學取得化學工程學士學位，華盛頓大學取得化學工程碩士學位，後來回到柏克萊大學取得冶金學博士學位。礦物金屬與材料學會（TMS）向張永山的夫人、三位公子及其親友、同事致上最深的慰問之意。

(5) 美國金屬學會（American Society for Metals, ASM International）

張永山博士是美國金屬學會資深會員，曾於 1981 年至 1984 年間成為董事會一員。

美國金屬學會認同張博士在專業上的貢獻，於 2009 年授其吉布斯相平衡獎與金質獎章，2003 年授愛德華 · 狄米爾 · 坎貝爾紀念講座講師獎，1994 年授亞伯特 · 伊斯頓 · 懷特傑出教師獎，1996 年授亞伯特 · 索沃爾成就獎，1978 年他成為本會會士。

張永山教授逝世於 8 月 2 日，他是威斯康辛大學材料科學暨工程學系傑出退休教授，1971-1977 年間，他擔任密爾瓦基分校系主任一職，1978-1980 年間榮任研究院副院長。1980 年他加入麥迪遜分校冶金與礦物工程學系，並於 1982-1991 年擔任系主任。張永山是國際知名頂尖學者，擅長固態溶液熱力學對相平衡及固體缺陷能量學的分析與應用。他於 1996 年獲選美國國家工程學院院士，2000 年獲選中國科學院外籍院士，同時他也是美國金屬學會及礦物金屬與材料學會會員並曾榮獲約翰 · 巴丁獎。張永山於 2000 年成為礦物金屬與材料學會會長，他並創立 CompuTherm LLC 公司。美國金屬學會肯定其貢獻，於 2009 年授其吉布斯相平衡獎與金質獎章，1994 年授其亞伯特 · 伊斯頓 · 懷特傑出教師獎，1996 年授其亞伯特 · 索沃爾成就獎。

ASM INTERNATIONAL

Dr. Y. Austin Chang, FASM was a long time member of ASM International, and served as a Trustee on the Board from 1981 until 1984.

ASM recognized his contributions by awarding him the J. Willard Gibbs Phase Equilibria Award and the ASM Gold Medal, both in 2009, the Edward DeMille Campbell Memorial Lecture in 2003, the Albert Easton White Distinguished Teacher Award 1994, and the Albert Sauveur Achievement Award 1996. He was elected a Fellow of the Society in 1978.

IN MEMORIAM

Prof. Y. Austin Chang, FASM, died on August 2. He was Distinguished Professor Emeritus, Department of Materials Science and Engineering, University of Wisconsin (UW). He served the UW-Milwaukee campus as department chair (1971-1977) and as graduate school associate dean for research (1978-1980). In 1980 he joined the UW-Madison Department of Metallurgical and Mineral Engineering as professor, serving as chair (1982-1991). Chang was widely regarded as a top scholar internationally in the field of solid-state solution thermodynamics and its applications to the analysis of phase equilibria and defect energetics in solids. He was inducted into the National Academy of Engineering (1996) and the Chinese Academy of Sciences (2000) and was a fellow of ASM and TMS and recipient of the John Bardeen Award. He served as president of TMS in 2000 and founded CompuTherm LLC, Madison, Wis. ASM recognized his contributions by awarding him the J. Willard Gibbs Phase Equilibria Award and the ASM Gold Medal, both in 2009, the Albert Easton White Distinguished Teacher Award (1994), and the Albert Sauveur Achievement Award (1996).

(6) 美國採礦與冶金工程師學會（The American Institute of Mining, Metallurgical & Petroleum Engineers, AIME）

《緬懷張永山》

張永山的去世，讓美國採礦與冶金工程師學會（AIME）痛失一位入會超過 49 年的資深會員，由於他畢生致力於研究、科技、材料科學界與工程學教育，在專業領域居領導地位，因此於 2010 年獲選為 AIME 榮譽會員；1991 年他成為礦物金屬與材料學會（TMS）會士，並於 2000 年當選礦物金屬與材料學會（TMS）會長。張永山於 1996 年獲得 TMS AIME 錢伯恩 · 馬修森勳章，他是國際知名頂尖學者，擅長固態溶液熱力學對相平衡及固體缺陷能量學的分析與應用。對於張永山的過世，美國採礦與冶金工程師學會（AIME）深表遺憾，謹將此文獻予張永山的家人。

會長 巴詹德拉 · 密希拉
執行董事兼秘書 米歇爾 · 拉瑞 - 穆勒
2012/8/12

（Original）

The American Institute of Mining, Metallurgical & Petroleum Engineers

MEMORIAL RESOLUTION

Y. AUSTIN CHANG

WHEREAS with the passing of Y. Austin Chang, the American Institute of Mining, Metallurgical, and Petroleum Engineers, Inc. (AIME) has lost a devoted member of more than 49 years standing; and

WHEREAS he was selected as an Honorary Member of AIME in 2010 "For outstanding lifelong contributions to research, technology, materials science and engineering education and sustained professional leadership;"

WHEREAS he served as President of TMS in 2000 and was selected TMS Fellow in 1991;

WHEREAS he received the AIME/TMS Champion Mathewson award in 1996 and is widely regarded as a leading scholar in the field of solid-state solution thermodynamics and its applications to the analysis of phase equilibria and defect energetics in solids.

RESOLVED that the American Institute of Mining, Metallurgical, and Petroleum Engineers records with deep sorrow the death of Y. Austin Chang; and be it

RESOLVED FURTHER that this Resolution be read into the Minutes of this meeting and that a copy be sent to his family.

Brajendra Mishra
President

L. Michele Lawrie-Munro
Executive Director and Secretary

August 12, 2012

AIME Member Societies
Society for Mining, Metallurgy, and Exploration | The Minerals, Metals & Materials Society | Association for Iron & Steel Technology | Society of Petroleum Engineers

(7) 第十屆全國政協副主席、中國工程院主席團名譽主席徐匡迪弔唁文（Chinese Academy of Engineering ,CAE）

唁　电

张永山院士治丧委员会：

惊悉张永山院士（Professor Y Austin Chang ）不幸病逝，深感悲痛。我谨代表中国工程院并以我个人的名义对张永山院士的逝世表示沉痛哀悼，并通过你们向张永山院士的亲属表示诚挚的慰问！

张永山院士是国际著名的冶金材料学家，他长期从事冶金材料方面的研究工作，在熔体热力学性质的测定和计算方面做了大量的具有国际影响的工作。张永山院士热爱中国，自上世纪八十年代起，几乎每年都来中国访问，甚至是一年多次。为中国培养了大量的人才，为中国的科学技术的发展做了大量的工作。有鉴于他的学术成就和对中国科学技术发展方面的重大贡献，1999 年他当选为“中国科学院外籍院士”。

张永山院士的逝世，是国际冶金材料界的重大损失，也是中国科技界的重大损失！

张永山院士千古！

第十届全国政协副主席
中国工程院主席团名誉主席 徐匡迪 Xu Kuangdi

二〇一一年八月八日

(8) 威斯康辛大學麥迪遜分校（The University Of Wisconsin-Madison）

威斯康辛大學麥迪遜分校全體教職員致已故傑出退休教授張永山的悼念文

威斯康辛大學材料科學暨工程學系傑出退休教授張永山 2011 年 8 月 2 日逝世於紐約州羅徹斯特。

張永山 1932 年出生於中國河南省鞏縣。他成長於八年抗戰期間，童年時期與文盲母親住在窯洞裡，使用火爐炊煮，沒有電。那段時日，如果他母親沒有將他藏匿在學校裡，他與其他年輕男孩隨時可能因抓壯丁而被迫從軍。他的小學與高中教育常因時局動盪而被迫中斷。卑微的童年造就他不屈不撓的意志力與創造力，他後來成為合金熱力學領域的領導者。

張永山對研究近乎嚴苛的要求與高信度讓他在學術成就上得以名揚國際，他也始終專注在合金系統技術上的研究範疇。他以自己的研究方法加上與技術相關的敏銳度整合基礎科學，他以高階創新的方式解決重要問題，少有人有他這般的深度與原創性。他在冶金熱力學及相平衡方面的貢獻不僅影響材料科學界至鉅，也同步影響材料工程學、物理冶金學與化學工程學界。藉由基礎科學方面的研究，他得以進一步了解各種材料的應用，包含結構材料（鋁合金、鎂合金與鎳基超合金）、化合物半導體、磁性材料及材料在能源技術方面的運用。他在專業領域方面的國際能見度也讓他先後獲選美國工程學院院士、中國科學院外籍院士及台灣中研院院士殊榮，獲得威斯康辛大學授予的事業成就獎，當然還不乏許多專業單位有關研究、教育、領導等方面的榮耀及肯定。

張永山自加州柏克萊大學及西雅圖華盛頓大學取得化學工程學系學士與碩士學位，自柏克萊大學取得冶金學博士學位，他的學術生涯 1967 年始於威斯康辛大學密爾瓦基分校，1971-1977 年成為系主任，1978-1980 年成為研究院副院長，不論在研究與教學上均聲譽卓著。1980 年他轉往麥迪遜分校冶金與礦物工程學系任教，1982-1991 年擔任系主任，領導該系研究與教育計畫突破框架，朝多元的現代材料領域發展。雖然他於 2006 年退休，他仍保有專業上的熱情在研究、教學並指導系所年輕教職員，直到過世。

張永山擁有耀眼的學術成就，但不能忽略他同時也是一位傑出的老師與教育家。身為一名教學者與良師益友，張永山的成就獲威斯康辛大學及國際間同儕與教職員肯定並榮獲諸多獎項，如近期獲得礦物金屬與材料學會（TMS）頒發教師獎、美國金屬學會（ASM）頒發亞伯特・伊斯頓・懷特傑出教師獎等。然而影響最大也最深遠的莫過於他對學生的教誨並以身作則成為最佳典範，也因此他的學生們在追悼會中的留言本上寫滿對他的無限尊崇、感激與愛。張永山的許多學生在全球工業界及學術界都擁有很高的地位或躋身領導階層，他們也都曾受到來自老師張永山的鼓舞。

張永山服務於威斯康辛大學期間曾任許多大學或專業學會委員、9 年材料科學暨工程學系系主任及享譽國際的材料學會 TMS 主席。他所創立的 CompuTherm

LLC公司衍生自麥迪遜分校，該公司發展強大、便利消費者使用的電腦軟體及熱力學計算合金資料庫，使其國際聲望日隆。

世人將懷念與崇敬張永山對學界的貢獻，他是一位耀眼、具有創造力及多產的創業型學者，他的高尚品德與影響力在威斯康辛大學及材料學界將持續不墜。一位他所尊敬的競爭對手曾說：「張永山無疑是我所知最寬容、慷慨、無私的超級明星。」威斯康辛大學及世人將永難忘懷他的智慧、領導力與美德。

紀念委員會
蘇珊 ・ 巴卡
柯伸道
主席 約翰 ・ 皮若佩茲柯

（Original）

Memorial Resolution Of The Faculty Of The University Of Wisconsin-Madison On The Death Of Professor Emeritus Y. Austin Chang

Wisconsin Distinguished Professor Emeritus Yong-Shan Austin Chang of the Department of Materials Science and Engineering passed away on August 2, 2011 in Rochester, New York.

Chang was born in Goon village, in Honan province, China late in 1932. He grew up during the Sino-Japanese war period. For a time during his childhood, he lived in a cave with his illiterate mother, a simple stove, and no electricity. During that time, he might well have been kidnapped and forced into military service along with other young boys if his mother had not hidden him in the local school house. His elementary and high school education was interrupted frequently by the difficulties of the time. From these humble beginnings and with resolute determination and creativity, he grew into an international leader in the field of alloy thermodynamics.

Chang's scholarship is known globally for its exceptionally high rigor and reliability and its focus on technologically important alloy systems. His peers characterize his approach as an astute integration of fundamental science with a keen sense of technological relevance. He is credited with advancing key innovations on important problems that few others attempted to tackle with comparable depth and originality. His contributions in metallurgical thermodynamics and phase equilibria have had immense impact in materials science, materials engineering, physical metallurgy and chemical engineering.

With his fundamental science approach, he advanced the understanding and applications of a variety of materials including structural materials（Al-alloys, Mg-alloys and Ni-based superalloys）, compound semiconductors, magnetic materials and materials for applications in energy technologies. His international stature in the profession has been recognized by his induction into the National Academy of Engineering, the Chinese Academy of Sciences, and Academia Sinica（Taiwan）, and by numerous research, education, leadership, and career awards from the University of Wisconsin and the professional societies of his field.

Chang earned undergraduate and master's degrees in chemical engineering from the University of California at Berkeley and the University of Washington at Seattle, and a PhD in metallurgy from the UC Berkeley. He began his academic career at the University of Wisconsin-Milwaukee in 1967. He served the UW-Milwaukee as department chair from 1971-1977 and as associate dean for research from 1978 to 1980, all the while building an outstanding reputation in research and in education. He joined the Department of Metallurgical and Mineral Engineering at UW-Madison in 1980. While serving as department chair at UW-Madison from 1982-1991, he guided the department's research and education programs toward the current comprehensive offerings across the broad spectrum of the materials field. Although he officially retired in 2006, he pursued his professional passions-research, research education, mentoring of junior faculty, and department leadership-up until his death.

In addition to his stellar scholarship, Chang was an outstanding teacher and educator. Austin's accomplishments as a teacher and mentor have been recognized by his peers and colleagues both within the University of Wisconsin and nationally through many awards, most recently though the Educator Award if The Minerals/Metals/Materials Society（TMS）and Albert Easton White Distinguished Teacher Award of the American Society for Materials International. However, the true, deep, and lasting impacts of his teaching and mentorship of students is much more vividly articulated in the respect, gratitude and love expressed in the memories shared by his students in his memorial guest book. Many of these students hold high positions in industry or are recognized leaders in academia at institutions around the world. Their comments were truly inspiring to those Austin left behind.

Chang served the University of Wisconsin and the materials profession with distinction throughout his career as a member of many university and professional committees, chair of the Department of Materials Science and Engineering for nine years, and most recently as president of an internationally recognized materials professional society, the TMS. Based on computer programming codes that gained him international recognition, he founded CompuTherm LLC, a Madison-based company that develops powerful, user-friendly computer software and alloy database for thermodynamic calculations. Upon his retirement, he and his wife P. Jean Chang generously endowed a chair in the UW Department of Materials Science and Engineering.

Austin Chang will be remembered and admired as the best in the academic tradition. He was a brilliant, creative, productive and entrepreneurial scholar who took upon himself a significant and continuous presence in the classroom and a magnanimous role in service to University of Wisconsin, the state of Wisconsin, and the materials profession. One of his highly respected competitors once described him as "without question, the most gracious, generous and unselfish superstar I know." His wisdom, leadership and grace will be sorely missed by his colleagues in Wisconsin and around the world.

MEMORIAL COMMITTEE
Susan Babcock
Sindo Kou
John Perepezko, chair

（Original）

親人的追思

(1) 何碧英

《憶摯愛張永山》

我摯愛的丈夫永山、奧斯丁（Austin）或婚後我們互稱的「甜心」，無法相信我會在如此不同的心境下再度提筆寫信給你。

當本書作者蔣榮玉邀我為本書寫點東西的時候，我的心情可說是五味雜陳。自你離開我和三個兒子後已經四年又九個月，我的人生似乎也停止轉動，對我來說，沒有你的日子，每天都是傷痛與煎熬。

你走後不久，我的心仍滿是悲傷，因為我始終無法相信你會突然出血性中風，而且在歷經二次外科手術、五個半月的住院治療後仍撒手人寰。我幾乎每天都會到墓地看你，就好像在你住院期間的二個月及後來在療養院的三個半月期間，我每天去看你一樣。

這麼想的同時，記憶也將我帶回1955年勞工節的那個週末，我倆在基督教學生夏令營的第一次邂逅。當年第一眼見你時的瞬間感受仍相當鮮活，好像是昨天才發生的事。在你燦爛的笑容中，我看到溫暖與真誠。後來你延遲回西雅圖華盛頓大學，在舊金山多呆了一個星期。

對你，我印象最深刻的就是你溫暖的個性、奮鬥不懈的精神及寬以待人的特質。那時，除了考試前一日外，你幾乎每天寫信給我，無數個夜晚，你常熬夜到半夜2-3點甚至凌晨，只為了給我寫信。有時你還得冒著寒冬幫教授搬家，擔任華社社長的你還得忙於學業以外的社務。

當時你還是名全職學生，有化學系繁重的課程在身又兼助教工作，每週得盡責地工作二十個小時以賺取生活費，此外，你還得做研究、寫碩士論文。還記得1955年，為了到舊金山與我共度聖誕假期，你勢必得在聖誕節前拿到學位，那年聖誕節也是你的農曆生日。

在分別極短的時間後，我們都明白彼此注定要在一起，尤其當年我倆原本都無意參加那場夏令營活動卻在最後一刻決定出席，我們都認為這個結果是「上帝的旨意」。接下來的三個月內，我倆幾乎每日都有書信往返，信中盡是相思、關懷與彼此最真實的情感。那年聖誕夜，我們決定要一輩子相守。

你透露想回到加州柏克萊大學攻讀冶金工程學博士學位。當年我倆都曾在加州柏克萊大學求學，不過，因為我先到堪薩斯州（Kansas）的一所學校念學士，1954年秋天才到柏克萊大學念MBA，而那時你還在西雅圖華盛頓大學攻讀碩士學位，所以我們錯過了彼此。

我們在舊金山相聚的一週內，你向我求婚，而我也答應了。當時我正為取得奧克蘭凱瑟醫院醫檢師工作受訓中，而你則計劃在回加州前先到瑞奇蒙（近柏克萊）的史塔佛化學公司工作。因此，我們在同一區中各自租屋，直到1956年9月我們在柏克萊完婚。

對我倆來說，婚後初期的生活是快樂且令人興奮的，不同於之前的永山與奧斯丁（Austin）、碧英與琴（Jean），我們開始稱彼此為甜心（Honey），對於彼此的好惡，每天都有新的發現與體驗，你讓我覺得置身在幸福之巔。

半年後，我完成了凱瑟醫院（Kaiser Hospital）一年的訓練，通過加州州考，正式成為醫檢師。於此同時，我懷孕了，我們的第一個兒子道旭（Vincent）於1957年12月出生。1959年之前，你都在史塔佛化學公司（Stauffer Chemical）工作，

而我則在奧克蘭奧塔貝茲醫院（Alta Bates Hospital）的臨床實驗室工作，1960 年，你決定回到柏克萊大學攻讀博士學位，我們的第二個兒子道維（Lawrence）也在當年 11 月感恩節前後出生。

1963 年春天，你用不到三年的時間取得博士學位，又花了六個月的時間完成博士後研究。那幾年裡，我用兼職方式工作以便照顧道旭與道維。一年半後，我們搬到位於奧克蘭的第一棟房子，你應該記得，道維在那裡發生了意外，道旭救了他一命。那天我和母親邊聊天邊看著他倆在池塘邊玩耍，突然道維失足掉落水中，道旭趕緊拉住他的腳，將他拖上岸邊。那年道旭才五歲多，道維也才二歲多。

1963 年夏末，因為你在噴射飛機公司（Aerojet）謀得研究員一職，我們便舉家遷至加州首府山克拉門都（Sacramento），你在那裡工作了四年半。1964 年 2 月中國農曆年間，我們的第三個兒子道崙（Theodore）出生了。不像兩位哥哥，道崙被診斷出患有唐氏症，自此，我們的生活陷入混亂中，直到我們抓到與唐氏症共處的訣竅。我們終於明白，道崙（Theo）的出現對家人來說是一大挑戰，但我們認為他是來自上帝的禮物，我們搬到威斯康辛的麥迪遜之後，將道崙的英文名字從泰迪（Teddy）改為希歐（Theo），因為希歐多（Theodore）意即「上帝的禮物」。我們必須用加倍的關心與耐心對待道崙，與另外兩個兒子相比，你用一種更為寬容的態度對待他的行為問題，我明白你是真的愛他，以他為榮，而且對他憐惜有加，也因此，道崙與你最親近。

儘管道崙無法像兩位哥哥一樣到普通的學校就讀，養育這三個兒子仍然是我最感驕傲的一件事。道旭與道維兩兄弟都畢業於威斯康辛大學麥迪遜分校，兩人都是美國大學優等生榮譽學會會員（Phi Beta Kappa members），同樣以優異的成績畢業。後來道旭選擇到芝加哥大學醫學院就讀，道維則到賓州大學醫學院就讀。巧的是，他們都選擇到羅徹斯特的斯壯紀念醫院（Strong Memorial Hospital）進行為期五年的住院醫師培訓，其中有三年時間倆人都呆在同一家醫院。為此，我們還幫他們兄弟倆在醫院附近買了一幢公寓，讓他們在那幾年艱苦的外科醫師培訓期間有個安身的地方，在那幾年裡，我們也去看了他們幾次。實習結束後，道旭仍然留在羅徹斯特，成為頗負盛名的腸胃外科醫師，至於道維則到約翰霍普金斯醫院（Johns Hopkins Hospital）進行為期三年的整型重建外科團體訓練，如今他在特拉華州（Delaware）工作但住在費城（Philadelphia）郊區。

我所做的另一件重要的事情就是在 1980 年時，為了徹底地成全你的事業而放棄自己的職涯規畫，那年你正要從威斯康辛大學密爾瓦基分校轉到麥迪遜分校工作。我始終滿足於自己的三段不同領域的職涯成就，也達成了學業上的目標：在奧克蘭州擔任醫檢師（Medical Technologist）、威斯康辛大學密爾瓦基分校圖書館系擔任圖書館管理員、密爾瓦基的威斯康辛醫學院擔任醫學圖書管理員，最後在麥迪遜時還自己開了一家印刷小舖 Printing Plus。若非你極大的鼓勵與協助，我恐怕無法完成這些事情。我記得當年攻讀威斯康辛大學密爾瓦基分校圖書與資訊科學碩士學位期間，你曾多次協助我讀完報告。1982-1991 年期間，你當時已經是威斯康辛大學麥迪遜分校的系主任，但為了我開的印刷小舖，你仍會協助印刷、整理及包裝等工作。

讓人訝異的是，對任何人，特別是我與孩子們，你從未顯出不耐，你反而會在晚餐時制止我數落孩子們，因為這樣的畫面會勾起你對兒時父親餐桌前訓話的回憶。我也記得你說過，希望孩子透過實例學習，而非屈服於言語苛責或體罰，而你果真身體力行。

道旭現在是知名的腸胃外科醫師，除了週末假期外，他每天工作 15-17 小時，自你走後，他幾乎每晚會趁著手術空檔打電話給我，以確定我沒事；道維則是成功的整型外科醫師，他每週會給我打 1-2 次電話，也常會讓我們的雙胞胎孫兒史提夫與麥可在電話中和我說說話。我們有很棒的家人，甜心，感謝你帶他們來陪我，直到我走向你的那天。

1982 年，道崙完成了特殊教育，取得文憑，對於他能有如此的成就，我倆特別驕傲，儘管有先天上的殘缺，他仍完成了許多事，如和其他人一起住在團體之家。當我們住在麥迪遜時，他同時做了三份不同的兼職工作。事實上，他在貝斯特西部旅館（Best Western Hotel）工作了十八年，該旅館還為此表揚他為最資深員工。

表面上看來，我們的生活是以孩子為中心，事實上我們卻是以你為重，因為你才是這個家的核心動力，也因此，隨著你的事業發展，自 1956-2005 年，我們才會從柏克萊搬到麥迪遜。我一路陪伴著你，看著年輕的你努力向上，從西雅圖華盛頓大學研究生到獲得加州柏克萊大學博士學位。當你決定從工業界轉到學界發展，我全心地支持你，因為我知道你會成為優秀的老師。

後來，在你眾多的得獎獎項中，果然也有教師獎。不過，你不止一次告訴我，你認為最重要的獎項有三：1996 年獲頒的美國國家工程學院院士、2000 年獲頒的中國科學院外籍院士及 2010 年獲頒的台灣中央研究院院士。尤其在 2009 – 2010 年一年內你就拿到六個獎項，對此，你自己也感到不可思議。

你在事業上的成功與成就奠基於過去一點一滴的努力，現在我要用比較多的時間談談我們的過去。印象中，你鮮少談及童年，那是因為你有一段悲傷與不快樂的年少時光。從你告訴我的零星片段中，我知道你出生於中國北京，祖籍河南省鞏縣，那裡也是你度過童年的地方。你的父親是個事業心重的男人，年輕時就離開家鄉，留下你母親照顧四、五名孩子。遺憾的是，這幾個孩子都在很小的時候染病夭折，直到你出生。後來你的母親變成虔誠的佛教徒，不再吃肉以避免殺生，甚至連蛋都不吃，因為中國人相信，不殺生可以帶來福氣與長壽。

你曾告訴我和孩子們，你是如何在一間鄉下屋舍裡上課，你的母親同時讓村裡的其他孩子一起上課，那是因為身為地主的她是唯一有能力多支付學費給老師的人。你曾告訴我自己和母親、妹妹婉如與協助母親操持家務、照顧你們兄妹的遠房堂姊的幾段童年往事。晚餐桌上的一切食物都來自於土地，那代表著，你和家人必須雇用農夫種莊稼，飼養動物、雞與種菜等，一旦蝗蟲過境，幾分鐘內田裡的收成都會被一掃而空，村子就會鬧饑荒。那時沒有超市或商店可以提供食物與生活必需

品，你的母親與其他婦女都必須像早一輩的人那樣，親手織布做衣鞋。

在你約莫八歲上下，有軍人到村裡抓年輕男孩上戰場打仗，幸運的是，當天你母親要你到親戚家玩，因此逃過一劫，他們把你藏在閣樓裡，他們抓不到你。因為戰亂，你的小學教育並不完整，最多上過2-3年的課而非完整的6年。後來你到較大的城市鄭州上中學，在戰爭結束前上了1-2年的課。你十四歲那年，你的父親回到家帶上你的母親、你及妹妹婉如到南京，不幸的是，你感染了傷寒，有月餘的時間高燒不退，後來雖然康復，但你的腿部肌肉從此變得無力，那也是後來你說自己無法久站的主因。

另一件難忘的意外發生在1974年，我們正要搬到位於密爾瓦基的第二個家。當天你試著在車道上幫孩子們架一個籃球框，你不知道梯腳鎖有問題，你從梯子上摔下來，內臟器官重傷，所幸後來外科手術相當成功，你也完全的康復。生命對我們很慈悲，而你也多次受上帝賜福，對於這些恩賜，我們都心懷感謝。

我記得很清楚，從我們婚後五十五個年頭裡，你每天都很努力工作，第一個十年，你有三年的時間專注於取得博士學位上，七年的時間花在兩個業界研究工作上。1967年起，你全心奉獻於學術教學與研究中，直到你走的那一天，雖然2006年9月時系所為了你的正式退休曾舉辦一場大型的慶祝儀式，但你從未停止工作。

我們在2005年11月中旬從威斯康辛州的麥迪遜搬到紐約州的羅徹斯特，為的是可以和道旭與媳婦蘇住得近一些，也因為他們願意在我倆無法照顧道崙後接手照顧他。當時我們決定搬家，也決定2006年9月在新家慶祝我們結婚五十週年。由於學校9月開學，孫兒們屆時無法到羅徹斯特，於是我們提前在8月時舉辦慶祝活動，和孩子們與六名孫兒共度美好時光。接著在9月時，我們在麥迪遜和親友、你的同事與學生們二度慶祝我們結婚五十週年，我還記得許多人遠從各州前來參加二個大型的慶祝會 - 我們的結婚週年與你的榮退。道旭與道維還特地抽空參加你的退休派對，我們共度的那段時光多麼令人難忘。

在你退休後的五年中，我們在羅徹斯特做了許多過去不曾做過的事，雖然你不像過去在麥迪遜時一般必須每天，包含週六到學校工作，有時候連週日下午也會到學校，但仍每日透過Skype通訊軟體、電話及電子郵件和遠在麥迪遜分校的學生們討論事情。

在最初的三年裡，我們每個月會到麥迪遜停留至少一週時間，住在旅館裡，我會陪著你，當你像以前一樣到學校呆一整天時，我會拜訪在麥迪遜的老朋友。我會開玩笑地和朋友們說：「唯有如此，永山才知道該快樂地退休。」後來，你減少了到麥迪遜的次數，但每年我們仍然會回去5-6趟。與此同時，我們多了許多海外旅遊的機會，如參加國際會議或搭乘遊輪。我們也安排了許多國內旅遊，如每年會到尼加拉瀑布3-4次，有時連冬天也會去，也因為該處距離羅徹斯特只有不到二個小時的車程，我們得以在不同季節欣賞它的美。因為距離我們住的地方不到一個小時車程，我們也常開車到紐約州的五指湖區，我們時常爬上沃特金斯峽谷（Watkins Glen）以便欣賞造型獨特的岩石與瀑布。

通常，我們會花一個上午健走，你會沿著賽道先走三圈，然後慢跑三圈，我則會花三十分鐘時間走路，每隔一段時間，我們會在鎮上的娛樂中心手牽手散步。

有時我們會去羅徹斯特最好的購物中心，離我們家不到一英哩的東觀購物中心（East View Mall）喝上一杯星巴克咖啡，逛完整個商場當做運動，瀏覽商品或真的購物。當然，剩餘的時間裡，我們會呆在家裡，你通常會在電腦前工作或講電話。除了必要的家務外，我通常傍晚會在家練琴，生活忙碌但卻不像我們在退休前那般緊湊。

我多麼希望如天堂般的快意生活就這麼永遠過下去，但我明白如此的幸福不會永無止盡，就像中國人常說的：「天下無不散的筵席。」但我永遠都無法準備好與你分離，我摯愛的丈夫永山，難道我們的分離跟六十年前我們在一起時一樣，是另一個「神的旨意」？但願我能找到答案。我哀慟地希望能隨你而去，但我想，孩子們仍然需要我，尤其是道崙。我明白，你會要我在沒有你的日子裡繼續過下去，直到走向你的時間到來，屆時我們將永不分離。

（Original）

By P. Jean Chang

My beloved husband, Yong-Shan, Austin or rather Honey as we called each more often than any other form of names after we got married, can you believe that I am writing to you again, but in a different frame of mind.

When I was asked by Ms Alexandra Chiang, the author of your biography, to contribute an article in this book, my heart was filled with heavy emotions. Since you left me and our three sons four years and nine months ago, my life seems to take a sudden halt, and everyday is a painful and difficult challenge for me.

In the early days after you were gone, I had a great deal of sadness almost constantly. Because I could not believe that you suddenly were struck with a hemorrhagic stroke and was unable to recover from two surgeries and five and a half months' hospitalization. I visited you at the cemetery almost daily, just like I visited you in the hospital for two months and later the nursing home for three and a half months daily.

This trend of thinking leads me back to the time when we wrote to each other almost daily, after we first met in that Christian students' conference in the labor day weekend of 1955. My memory on that very moment I first set my eyes on you are still so vivid just like it happened yesterday. Your beautiful smiling face reflected warmness and honest feelings toward to me at that time. You delayed your return trip back to Seattle for your studying at the University of Washington, and stayed in San Francisco for an additional week.

What impressed me the most about you were your warm personality, perseverance

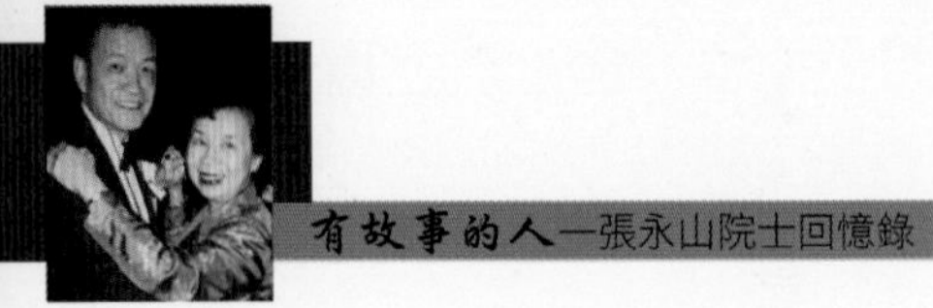

and your kindness in dealing with people. From the fact that you could write me almost everyday with the exception of the day before your tests or examinations. Many nights you wrote me till two to three o'clock into the early morning hours. And you would help the professor to move his household goods into a new residence in the freezing temperature, or carried out your duties as the president of WU's Chinese Students' Association by doing extra curriculum activities.

You were also a full time student taking an advanced chemistry course and worked as a Teaching Assistant for 20 hours per week to earn your living expenses. In addition to all the above, you were doing research and writing your thesis for your M.S. degree. You were determined to get your degree before Christmas so you could come back to San Francisco to spend the holiday with me, our first Christmas which happened to be your birthday according to Chinese calendar in 1955.

Within a very short time after we parted, we both realized that we were meant for each other because neither of us planned to attend that conference, but at the last minute, we both decided to attend. We called it, "God's will". During the following three months' separation we both wrote to each other almost daily expressing our love, concerns and true feelings toward each other. Our fate was sealed before we reunited on Christmas Eve.

You expressed your desire to pursue a higher degree of Ph.D. in metallurgical engineering at the University of California-Berkeley even before you came back to UC-Berkeley where we both attended but missed meeting each since I went to a small college in Kansas for my undergraduate studies, and came to UC-Berkeley for my MBA in the fall of 1954. That time you just left for WU-Seattle for your MS in chemical engineering.

Within a week after we reunited in San Francisco, you proposed to me and I accepted. I was in training to become a medical technologist at Kaiser Hospital in Oakland, and you planned to work for Stauffer Chemical Co. in Richmond（near Berkeley）for a while before returning to Cal. So we both found an apartment in the same area until we got married in September of 1956 in Berkeley.

The beginning of a new life together was a happy and exciting experience to both of us. Instead of calling, Yong-Shan or Austin, and Pi-Ying or Jean, we changed our salutation to a simple word "Honey". Each day was a new discovery of new experience, likes or dislikes. We never ran out of things to talk or laugh about... You made me feel that I was on top of the world with happiness.

Six months later, I completed my one year's training at Kaiser Hospital, passed the California State Board Examination and became a licensed Medical Technologist. At the same time I was pregnant, and our first son, Vincent Daw-Shuih was born in December of 1957. You continued working at Stauffer Chemical until the fall of 1959. And I worked at the clinical Laboratory of Alta Bates Hospital in Oakland. When you decided to go back to UC-Berkeley for your Ph.D., our second son Lawrence Daw-Wei was born in late November of 1960 around Thanksgiving.

You received your Ph.D. within three years in spring of 1963, and stayed another six months for your post doctoral research. During those years I worked part-time so I could stay with Vincent and Larry. We moved to our first house in Oakland for one and half years. You remember there was one incident that Vincent claimed he saved Larry's life. This is true because I was talking to Grandma and watching them play around the pond. Suddenly, Larry fell into the water and Vincent quickly pulled Larry's legs out of the water. At that time Vincent was just a little over five and Larry over two years old.

In the late summer of 1963, you moved the family to Sacramento and worked for Aerojet as a researcher for four and a half years. During that time our third son, Theodore Daw-Luen was born in February of 1964 around Chinese New Year. He was unlike our two other kids, because he was diagnosed as having Down's Syndrome. Our life seemed to take a spin until we finally grasped the severity of this handicap. We realized that Theodore, called Teddy first, and Theo after we moved to Madison, WI has been quite a challenge for the family members, we consider him as a gift from God. Because we named him Theodore meaning "Gift of God" before he was even diagnosed.We treated him with extra care and patience, especially you were more so since you became more tolerant with his behavior problems than you did our two older sons. I knew that you truly loved Theo and showed compassion and pride over him at all times. Therefore, he is very close to you.

The thing I am most proud of was to raise our three sons in spite of Theo who never was able to attend regular schools like his two older brothers. Vincent and Larry both attended UW-Madison and received high honors by being Phi Beta Kappa members each graduated with high grades. Vincent later went to University of Chicago Medical School and Larry went to University of Pennsylvania. Co-incidentally, they both went to University of Rochester's Strong Memorial Hospital for their residency training for five years with three years of overlap. Therefore, we helped purchase a house near the hospital for them to live, and we visited them several times during those long years of hard work in training to be a general surgeon. After finishing his residency, Vincent remained in Rochester and became a well known GI surgery specialist. Larry went on to Johns Hopkins Hospital for his Fellowship training in Plastic & Reconstructive Surgery for another three years, and he now works in Delaware but lives in a suburb of Philadelphia.

The next equally important thing I did was to relinquish my career plan so I could wholeheartedly support your career in 1980 when you made the move from UW-Milwaukee to UW-Madison. However, I still considered myself quite satisfied professionally having held three different professions and accomplished my academic

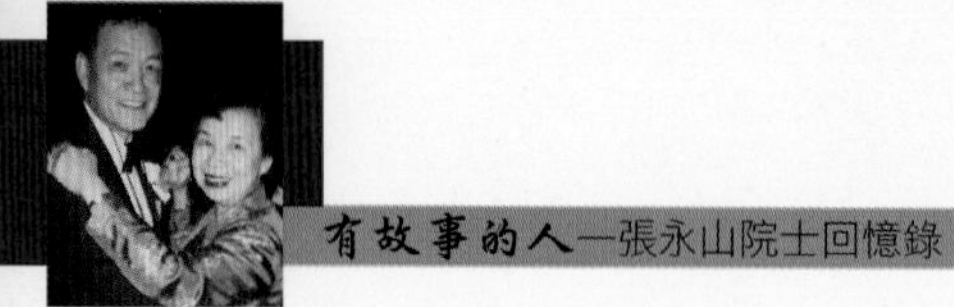

goals as: a Medical Technologist in Oakland, University Librarian at UW-Milwaukee Library, Medical Librarian at Medical College of Wisconsin at Milwaukee, and lastly, owner and president of Printing Plus in Madison. I could not have done all these without the tremendous encouragement and help from you. I remember how many times you helped me read over my papers when I studied at UW-Milwaukee for my Master Degree in Library & Information Science, and later at Printing Plus as a printer, collator, or packer for shipping, etc. while you were the Chairman of your department at UW-Madison, 1982-91.

The amazing thing that struck me the most is that you never showed signs of impatience with people especially me and the children. You always stopped me from scolding them at dinner time, because it reminded you of how your father always did that to his children at the dinner table. I also remember that you said you wanted the children to learn by examples not by harsh words or corporal punishment. And you did just that.

Vincent, now a well respected surgeon in the GI specialty surgery, working more than 15-17 hours per day except weekends, manages to call me almost every night between surgeries to make sure I am fine since you were gone. Larry, a successful plastic surgeon, will call once or twice a week, and many times put our twin grandsons, Steven and Michael on the phone to speak with me. What a wonderful family we have, Honey, I am grateful to you for leaving them with me till the day I will join you in infinity.

Theo finished his special education and received his diploma in 1982 that made us both especially proud of his achievement. In spite of his deficiency, he accomplished much, such as living in a small group home with several other persons. When we lived in Madison, he held three different jobs, all part-time position, at the same time. In fact, he worked for eighteen years at Best Western Hotel, so they awarded him a trophy for being the longest employee there.

Though it seems that the children were the center of our daily life, we really concentrate on you because you were the heartbeat of this family. We followed your profession and career move from Berkeley to Madison, from 1956 to 2005. I accompanied you every step, and watched how you grew from a hard working young graduate student at Washington Univ, later Ph.D. graduate from UC-Berkeley. When you made the decision to go into teaching instead of staying in industry, I supported you wholeheartedly, because I knew you definitely would become an excellent teacher.

Later on, among all your achievement awards, you received Educator's Award. However, you told me more than once that you considered three were most important: member of National Academy of Engineering （1996）, Foreign member of Chinese Academy of Sciences（2000）, member of Academic Sinica（2010）. You were even surprised when you were awarded six awards from 2009 to 2010.

Your success and achievements in life I mean your career which came from a long way, now I have more time to reflect on our past. I remembered that you did not talk too much about your childhood, simply you had a very sad and unhappy upbringing. You told me in bits and pieces that you were born in Beijing and grew up in Goon Village of Honan province that was your ancestors' homestead. Your father, being an ambitious man left home early in his youth, and left your mother to care for four or five children. Sadly they all passed away from childhood disease one after another until you were born. Your mother became a devout Buddhist and never ate meat to avoid killing live animals, not even an egg which was considered a living being. Chinese believe that this act of not killing will bring blessings and longevity to people.

You also told me and the children how you studied in a one-room schoolhouse with one teacher. Your mother would let several other children in the area attend school because she, being the landlord, was the only one who could afford to pay more for the others. You told us several unforgettable things that happened in your childhood. You and your family, at that time consisted of your mother, you, your younger sister, Wanru, and your cousin who came to live and help your mother with the house work and taking care of the children. Everything on the dinner table was from the land; that means, your family had to hire farmers to grow crops, raise animals, chickens and plant vegetables, etc. If the famine came such as locusts, the entire farm would be wiped out in minutes. And there was no such a thing as markets or stores to buy food and consumer goods. Your mother and other women all had to weave cloth to make clothing and shoes by hand like in the early days.

When you were around eight years old, the soldiers came to the village and tried to take the young boys away to fight. Fortunately, your mother sent you to play with a relative's children, and they hid you in an attic, so you were not caught by them. Due to the war, your elementary education was very fragmentary. You probably did not have six years but two or three at best. Later, you went to another larger city, Chungzou for middle school for one to two years until the war was over. Your father came back to bring your mother, you and Wanru to Nanjing when you were fourteen. Unfortunately, you were infected with typhoid fever and had high temperature for over one month. Though you recovered, your leg muscles remained weak ever since, that was why you said you could not stand up too long later in life.

Another unforgettable accident happened when we moved to our second home in Milwaukee in 1974, you tried to hang a basketball backboard for the boys to play on the driveway. You did not realize that the foot lock of the ladder was not functioning well, so you fell from the ladder and hurt your internal organ badly. Fortunately you recovered from a successful surgery and recovered completely. Life was really good to us, and you were really blessed many times by the Lord. We are grateful and thankful for all the

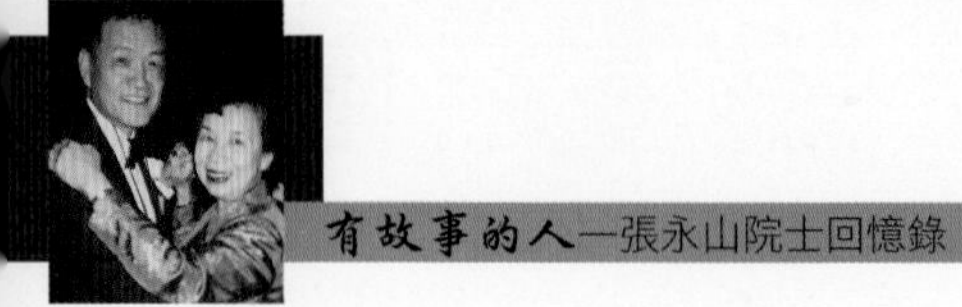

blessings.

I remembered so well how hard you worked everyday for fifty five years since we got married. The first ten years you devoted first three years in pursuing your Ph.D., seven years in two industrial research positions. In 1967, you devoted your entire professional life in teaching and research until your last day. Although you took your retirement formally in September of 2006 with a big celebration given by the department, you never stopped working.

We moved from Madison, WI to Rochester in mid-November of 2005, so we could live close to Vincent and Sue （our daughter-in-law）. Since they offered to help take care of Theo when we are no longer able to do so someday. We made the big move then, so we could celebrate our 50th Wedding Anniversary in September of 2006 in our new home. We certainly had a wonderful celebration first in August with the whole family including all the children and six grand children in Rochester. They could not come to Rochester in September because school started then. But in September we celebrated our 50th Anniversary for a second time in Madison for the convenience of our relatives, friends, your colleagues and students. I remembered many came from out of states to attend both big celebrations: our anniversary first and your retirement the day after. Vincent and Larry both took time out to participate in your retirement party. What an unforgettable time we had during that time.

During the five years of living or retiring for you in Rochester, we did many things together for the first time. Although you did not have to go to work on campus like we were in Madison daily including Saturdays and sometimes Sunday afternoons, you still communicated with your group of students you left in UW via Skype, telephone calls, and emails daily.

In the first three years, we went to Madison monthly for at least one week or longer and stayed in a hotel, I usually accompanied you and visited our old friends in Madison while you spent the day on campus as before. I jokingly remarked to our friends that was the only way Austin knew how to retire happily. Later on, you decreased the number of trips to Madison, but we still made at least five to six trips a year. Meanwhile, we took more overseas trips by either participating in international conferences or taking cruises. And we also did many trips locally, we went to Niagara Falls three to four times a year including winter, since Rochester is less than two hours' driving distance from there, this way we could see them in different seasons. We also drove to the famous Finger Lakes district more often because it is less than one hour by car from where we live. We always like to climb Watkins Glen to see the interesting rock formation and waterfalls.

Usually, we spent the morning by doing our daily walking, your combination of walking three laps and slow running three laps around the track, and I walked 30 minutes, so we could walk hand-in-hand every so often at the town's recreation center. Or sometimes we went to East View Mall, the best shopping mall in Rochester and less than one mile from our house to have a cup of Starbuck coffee and walked one round of the entire mall for exercise and window or real shopping. Of course, the remaining time, we stayed home and you always worked on your computer or talked on the phone. Besides doing the necessary household duties, I usually practiced the piano for my piano lessons in the evening. Life was busy but without haste like when we both were working.

How I wish this kind of carefree and heavenly life will go on forever. But I know that this great happiness will not be unending just like the Chinese says that there is always an ending to a banquet. However, I was never prepared for this kind of permanent separation from you, my beloved husband Austin. Is this another "God's will", the same way when we were brought together sixty years ago? I wish I can get an answer. I mourned, and wished I could go with you but I think the children still need me especially Theo. And I know you would want me to go on without you until the time comes for me to join you permanently and never be separated again.

(2) 張愛齡

有關大哥永山的回憶將永遠存在我心中。我不止崇拜、尊敬他，更相當地喜愛他。

我們在香港的故事要從 1948 年說起。1948 至 1950 年，我們住在香港近山坡的一幢約三層樓高的公寓，那是個充滿不確定但令人興奮的時光。大哥永山、堂兄豐傑、二哥愛群、我及弟弟福群在青少年時期就讀於香港的嶺英中學及天主教南華中學，之後到美國繼續完成學業，家父堅信我們在美國會有更好的發展機會，他相當地睿智。

大哥永山對於文學相當感興趣，而且有極佳的寫作與創作能力，除了本身的學習課程外，他還大量閱讀並練習寫作。我還記得大哥與他的好友小逄（逄世佳）很喜歡閱讀小說與寫作，在小逄的鼓勵下，大哥曾將文章寄到地方報社，其中有部份經採用刊登，相當令人佩服。

1950 年秋天，我們四人拿到了美國的入學簽證，大哥永山取得德州貝勒大學的入學許可，堂兄豐傑取得西岸一所大學的入學許可，二哥愛群與我則取得華盛頓哥倫比亞特區一所私立學校的入學許可。

我們搭乘二戰時期的軍用運輸艦「戈頓將軍號」飄洋過海，小小的軍艦內擠滿了人，多數人在航程期間都暈船了，這是一個相當特別的經驗。1950 年 8 月 15 日，我們抵達舊金山。

我們當時都只是天真的孩子，全然不知千里之外的世界會有什麼挑戰在等待我們，自然也不懂得應該害怕。不過，我們很幸運地遇到貴人指引，走向正確的路。

後來大哥永山、堂兄豐傑各自前往自己所申請的大學，二哥愛群與我則決定留在舊金山就讀公立高中而不去東岸。

1951 年，大哥永山從德州貝勒大學轉學到加州柏克萊大學就讀，當時也在加州的二哥愛群與我已經高中畢業，弟弟福群也從巴西來到加州，在柏克萊高中就讀。於是我們四人在校區外租了一所公寓，度過了一段艱辛又充滿歡樂的時光。

大哥永山在校園內懷抱書籍向前走的身影歷歷在目，他看起來永遠都是那麼地輕鬆、自信與快樂。柏克萊大學是他邁向學術殿堂最好的選擇，這裡也是成就他輝煌學術生涯的起點。

（Original）

By Ai-ling Chang

The memory of my big brother will always be in my heart. I have always looked up to him, respected him, but most of all I loved him and liked him.

I would like to start our story in Hong Kong in the year 1948. From 1948 to 1950, we lived in an apartment on the third floor high up in the Hong Kong hills. It was an uncertain but exciting time. In the teenagers, Austin, William（a cousin）, Douglas, me and Raymond, we went to Ling Ying then Nam Wah Chinese schools. We studied in school and after school, hoping to go to American to further our education. Our father felt very strongly we would have better opportunities in the U.S.A. What a wise man he was.

Austin was very interested in literature and he had a flair for creative writing. In addition to his regular studies, he read a great deal and experimented with writing. I remember he and his best friend Xiao Pang were always reading wonderful novels and writing with Xiao Pang's encouragement, he sent some of his writings to the local newspaper, some were rejected and some were published. How I admired him.

It was August of 1950, the four of us were granted student visas to study in the U.S. Austin was admitted to Baylor University in Waco, Texas; William was admitted to a small collage on the West Coast; Douglas and I were admitted to a private school in Washington D.C.

We crossed the Pacific Ocean on a 2nd World War troop transport ship "General Gordon". It was a small ship and very crowded. Most of us were sea sick most of the time. It was quite an experience. We arrived in San Francisco on August 15, 1950.

We were just kids too naïve and not knowing enough to be scared of all the challenges in a strong land so far away from home. We were very lucky to have met such kind and helpful people who guided us to the right path.

Austin headed to Baylor University, William headed in his collage, Douglas and I decided to stay in S.F. to attend a public high school instead of going all the way to the East Coast.

In 1951, Austin transferred from Baylor University to U.C. Berkeley, Douglas and I were also at U.C. after graduating from high school; Raymond came from Brazil to attend Berkeley high school. The four of us rented a furnished apartment off campus. It was a period of challenges and fun.

I have vivid pictures of Austin always carrying stacks of books heading somewhere on campus. He always looked relaxed, confident and happy. Berkeley was the perfect venture for his quest of higher education, the start of his brilliant academic life.

(3) 張婉如

《懷念我的大哥張永山》

哥哥，你離開我們已近五年，但你的笑容和一舉一動仍時時出現在我的腦海，我們童年的許多辛酸和喜樂也一點一滴地深印在我心靈深處。

記得吧？日本侵略中國的那段日子，我們在老家八里庄經歷了數不盡的艱苦，經常要躲躲藏藏避免日軍的侵害和八路軍的騷擾，再加上河南省又遇上了有史以來的大荒災，連吃飯都有問題。

雖然沒有父親在身邊，但我們堅強的母親卻帶著你我度過了那八年多的日子，八年中雖然沒有物質的享受，但在母親的愛護下，你我也經歷了許多童年趣事：你帶著我去林前的小河裡抓魚；有時傍晚在草叢中捉螢火蟲；有時，過繼給母親的恨姊會帶著你我養蠶並比賽誰的蠶產出最多顏色的繭；在麥子收穫時，你我跟在大人身後撿拾被遺漏的麥穗；在棉花和柿子成熟時，你我也幫著採棉花、撿拾地上的柿子。

當然，最重要的是，母親沒有忘記請老師教你我和其他村裡的孩子們讀書。我記得開始念書時，是你一筆一畫地教我寫字的。雖然當年沒有紙和筆，你我在泥地上用竹棍學寫字，卻也學到了該學的一切。記憶中，你那時就很用功，一定要等長大後做一番大事使母親感到驕傲。

抗戰勝利後，父親以國民黨少將的身份回到老家，把我們接去了鄭州。在鄭州的數月時間裡，你住在美國教會辦的學校宿舍，我很少看到你，那時你開始努力學英文，不久，共產黨快要打進鄭州，我們又搬去了南京。

記得吧？我們是在南京分手的，那時你剛滿十五歲，而我還未滿十二歲，當時共產黨已經佔領了許多城市，上海、南京已混亂不堪，父親決定和繼母帶著你和愛群兄妹等遷往香港，把母親和我留在南京。你那時不願離開母親和我，為了反抗父親，你絕食三天。母親最後耐心地勸你跟父親去香港，因為到香港後，父親有意送你和愛群、愛齡及豐傑堂兄去美國讀書。母親說，你若留在南京，那裡還有機會去美國深造呢？這樣你才在萬分傷痛中和我們分離，沒有想到那次的分離卻變成了你和母親的永別，而你我也在七年多後才又重聚。

在南京那一年的日子裡，我們兄妹也有許多值得回憶的往事。你帶著我去玄武湖划船、採蓮蓬，去雨花台撿有色的小石子，還有一次我們爬上了一座極高的塔，到了塔的最上層，我想站在眺望台邊上看四周的風景，你卻硬拉住我的衣服，不讓我再向前一步，你說怕我跌下去，也因此，你決定自己也不往前走，結果我倆什麼也沒看到。在回家的路上，我一直悶悶不樂，後來我年長了幾歲，才了解你處處都在保護我。

有一次，我走進你的房間，卻發現你一人坐在桌旁流淚，我問你有什麼傷心事，你告訴我，你剛和同學看完電影《一江春水向東流》，電影中的女主角和我們的母親遭遇一樣，使你聯想到母親內心的酸楚，結果我倆相擁而泣，但這件事我們沒讓母親知道，因為深怕影響她的情緒。

在南京的那段日子不長，但卻是我們兩人一生中唯一和父親及母親生活在一起的時光。父親非常嚴肅，很少有笑容，你和我總是不敢親近他。有一天，你病倒了，醫生診斷是傷寒，你整整臥床一個多月，母親整日陪著你。每回醫生到家中為你檢查，父親總是到你房裡詢問醫生你的病況如何，後來你完全復原，母親高興地流淚，並且一遍一遍地感謝老天爺，父親看到你康復，也露出少有的笑容。

你離開南京後，母親心情很不穩定，不知是該留在南京還是回到我們度過童年的老家八里庄。正在不知何去何從之際，已在台灣的堂兄豐華寫信給在香港的父親，堅持要父親把母親和我送去台灣。豐華一句話感動了父親，他對父親說：「叔母嫁給你一天福也沒享，難道還要共產黨因為你是國民黨少將的關係而把叔母鬥爭死嗎？」父親終於決定把母親和我送去台灣。

當時上海到台灣的船票已經很難買到，結果母親和我是分別搭乘不同的船去台灣的。我從未向你提過，當年我是一個人獨自乘船到台灣的，一個小女孩在船上又孤獨又害怕，那是我一生中最艱苦的一段旅程。

在台灣，母親和我同豐華兄一家比鄰而居，彼此有個照應，而你不久後就從香港到了美國。我在台灣把高中念完後，母親堅持要我去美國讀大學，她說我們兄妹分別多年，也應該在一起聚聚，就這樣，我們又重逢了。但我來美國不到三年，母親就去世了，幾年後我才從母親好友那裡得知，母親病了，她知道自己只剩下二、三年的日子可活，她很怕在她離開我後留我一人在台灣，這使她很不放心，所以才下定決心送我到美國和你相聚。母親這一生一直在為你我犧牲。

1955 年 12 月，我到了西雅圖。一下飛機就遠遠地看到了你，於是我快步向你奔去，口中直喊「哥哥、哥哥」。你眼睛睜得大大地問：「妳真的是婉如嗎？我們分別時妳還是個小女孩呢！」我們倆悲喜交集地擁抱在一起，彼此的眼眶都紅了。

我到西雅圖時，你剛剛念完碩士，準備去柏克萊大學繼續攻讀博士學位，你把一切都安排妥當後就匆匆離開了，我們在一起只相聚了三天，臨別時你把所有的錢都留給了我，自己只留了去柏克萊的車票錢。我當時非常感動能有你這樣一位愛護我的哥哥。

三天的相聚，我們談了很多，最使我牢記在心的是你教我在大學念書時該用何種學習方法。你告訴我，在課堂上要百分之百地細聽教授講解，不能有一絲分心，在課堂上不必忙著用筆記下教授所講的一切，因為英文對我們來說是外國語，尤其剛來美國，一定沒有美國學生寫得快，所以不可能寫下教授所有的講課內容，忙著寫筆記反而容易忽略教授所講的重點，最好能一心不二地細聽教授講解，牢記所聽到的一切，回家後重溫一遍所聽到的內容，再把重點紀錄下來。

你這個教誨我一直沒忘，即使在我離開學校進入社會工作，這個方法仍跟隨著我，尤其在聽一些學術界名人演講時更覺受用。

相聚三天，你我又分手了，以後的日子我們都忙著自己的事業和工作，後來各自有了家庭，我們再沒有機會生活在一起，但我們的聯繫不曾間斷，遇到困難，我們一定會在電話中彼此傾訴，也彼此安慰；有喜悅的事，我們也彼此祝賀。我相信你我這一生都達到了母親對我們的期望，尤其是你。

不是嗎? 你的一生真是多采多姿，在學術界，你有世界級出眾的成就；在教育界，你不僅桃李滿天下，也有很多成功的學生；在朋友間，大家都公認你有一顆善良的心，對朋友真誠、謙和，更重要的是，你有一個溫暖的家，而且是一位非常成功的父親。三個兒子中，老大、老二都是極出眾的外科醫生，老三生下來就有唐氏症，但你卻能耐心地把他教養成一個能讀書、寫字又獨立的人。

有你這樣一個哥哥，我感到很驕傲。你雖然離開了我們，但你會永遠地活在我的心裡。

(4) 趙靖謙

1954 年 9 月中旬，我剛從阿拉斯加做完暑期工作回到西雅圖華盛頓大學繼續攻讀我的土木工程碩士學位，一腳踏進校旁兩條街口的「學生共助式宿舍」時，迎面遇見一位形態儒雅，彬彬有禮，紳士般的中國同胞，他就是後來有名的張永山教授。那時我們彼此自我介紹一番以後，就開始了一段對我們彼此一生都有重大影響的人生旅程。

我們兩個都住在同一個「共助式宿舍」裡，在同一個屋簷下生活年餘，直到 1955 年底他到加州攻讀博士學位才分開。

那段日子，有輕鬆的一面，也有嚴肅的一面。永山（我總是喚他的英文名字 Austin） 當時是華盛頓大學中國學生會的會長，我擔任會計，我們除了讀書，也經常開辦派對和假期中約其他學校的中國學生一塊旅遊。Austin 就是在一次去希爾茲堡（Healdsberg）參加基督教中國學生夏令營活動時認識了他的夫人何碧英。

那時和我們住在同一宿舍的還有李文濤和黃濤年，我們四人經常為了該誰洗碗，誰掃地，推來推去，有時也會很嚴肅地坐在一起討論社會的需要和中國及美國未來的走向等大事。大部份的觀點我們都很接近，唯有怎樣準備自己，迎接未來，我們的看法稍有不同。他立志要做教授，培養賢才，我則認為廣擴己藝，使自己能適應社會的變化和國家的需要，結果後來他不停的努力而成了材料工程界的博士和泰斗，桃李滿天下，而我又是土木工程師，又是電機工程師，又是工商管理，在華盛頓大學和史丹佛大學先後拿了三個碩士學位，在波音飛機公司及洛奇馬丁火箭太空公司混了五十餘年。

1955 年秋冬之際，Austin 告訴我他的妹妹要從台灣來美國讀書，當時由台灣來美的學生百分之九十是男生，一有女生由台灣或香港來西雅圖，中國男同學們就會去飛機場排隊迎接。我那天有事沒去飛機場，但第二天 Austin 帶了他的妹妹婉如去朋友家參加聖誕節派對，正好我也被那位朋友約去，就這樣我認識了婉如。數日後，Austin 去了加州，我就經常去學校宿舍看望婉如。三年後我和她結婚了，而 Austin 從那時就成了我的哥哥，數十年來我一直很熱忱的叫他哥哥，雖然我還比他大兩個月。

如今我這個哥哥已離開我們而去了天國，但那兩年和他同學的一段日子，却一點一滴經常出現在我的腦海，我今生永不會忘記那段甜美又有趣的日子。

(5) 張道旭

《我的父親張永山》

我的父親張永山出生於中國北京，在他 17 歲時移民到美國，主修材料科學暨工程學系。儘管父親幼年時因為戰亂因素以致學業偶有中斷，在抵達美國時英文也不熟稔，但他最終仍取得加州柏克萊大學冶金工程系博士學位，如此成績不消說歸功於他的聰穎及幹勁。

我是張道旭（Vincent Chang），張永山及何碧英三名兒子中的老大，兩位弟弟依序是道維（Lawrence）及道崙（Theodore）。

我於 1957 年出生於加州奧克蘭。對於父親最早的印象始於三歲，我還記得和父親玩耍、看著他在屋裡工作的情景。我印象最深刻的是他試著點燃廚房瓦斯爐上的小火苗，而我想玩火柴但被他制止的畫面。

我的父母親都是藝術愛好者，我還記得開著那台 1960 年代早期的福斯金龜車到舊金山市區購買及載運一塊以中國北京頤和園石舫為圖騰，用彩色絲線編織而成的 2x5 英呎見方掛毯，這件掛毯已有 50 年以上的歷史。我還記得開車在 1960 年代初期的柏克萊大學校園內，放眼所及都是嬉皮，要開一部手排車爬上舊金山的山坡非常困難，車子常熄火。

我六歲時，我們們搬到加州首府山克拉門都，父親在那裡的噴射飛機公司（Aerojet）謀得一職，這是一家防務公司。我還記得有許多次我們回到灣區，看見老朋友及親戚。父親雖然忙於新工作，他仍然花不少時間在我和弟弟們 - 道維與道崙身上。

在我六歲時道崙出生了，他患有唐氏症，那段時間對我父母來說非常難熬，但他們挺過來了。養育一位唐氏症兒童，讓我父親變得超乎想像地有耐心，我確信這也因此使他成為後來眾人口中偉大的、有耐心的、無私的領導者，直到 2011 年去世。

我九歲大時，我們搬到威斯康辛州的密爾瓦基，在威斯康辛大學密爾瓦基分校，父親謀得第一份教職，很短的時間內，他就爬到系主任的位子。

在密爾瓦基的最初幾年，我父親總是在那裡，他和母親會帶我們到動物園、博物館或當地植物園，縱然預算有限，我們仍經常外食，許多個假日我們都在公園度過。父母鼓勵我們接觸音樂。我還記得在我十歲大時，父親建構了我們的第一個十加侖大的熱帶魚水族箱。我的父母有很多朋友，在我們密爾瓦基的家中常常會舉辦小型聚餐。我記得每一件跟感恩節有關的事，我的父母會邀請父親的學生們到家裡過節。父親的學生來自世界各地，在密爾瓦基當地都沒有家人，他不願讓學生們在過節時獨自一人，所以樂意邀請學生們到家裡來，這也是另一個他天性關愛眾人的證明。

一如前述，早年家裡並不寬裕，但我們從不因此有所匱乏。聖誕節時總有許多幫孩子們準備的禮物，父親為我們帶來庇護、衣物與安全。

我印象中的父親工作努力、勤奮而且樂在工作。他時常將工作帶回家，這個習慣也感染了我們，我和大弟道維也成為工時長的外科醫師。有趣的是，我從不記得父親曾要求我在學校要努力念書或表現得好，成績不好時他也不會責備我。他總是說之以理，對我來說，他是好老師，但卻從未催促或強迫我在課業上要有所成就。

我念高中時，在威斯康辛寒冷的冬季早晨，溫度計難得顯示零度以上，他會接送我參加高中籃球賽，從未抱怨過，我確定在週五的夜晚，他有比接送我更好的事情可以做。

當我要申請大學時，他給予我相當多的協助與鼓勵，他不會告訴我該上那所學校，而是讓我自己做決定，在我上高中時，就已經被允許自己思考及做決定，放手教育孩子的結果是讓我更成熟，這跟三十年後我們這一代對孩子緊迫盯人的教養方式很不相同。

中國文化中，父母與子女間是不談感覺也不分享感情的，我父親從未說過「我愛你」，但毫無疑問地，他傾注了所有的愛在我和家人身上，不需要說，因為他已經用行動表現出來了。

在我高中畢業後，我進入威斯康辛大學麥迪遜分校修分子生物學課程，之後進入芝加哥大學攻讀醫學學位。我的父親與家人在我於 1980 年完成芝加哥大學醫學院第一年課程時搬到威斯康辛州的麥迪遜。他最終爬到了學術生涯的高峰，成為威斯康辛大學麥迪遜分校冶金工程與材料科學系系主任，同時也成為動力學方面的國際級專家。

1983 年，我在羅徹斯特大學時開始成為外科實習醫師，那段期間，我遇到了當時的女友，也是後來的妻子蘇珊妮。我記得很清楚，在我倆交往七、八年後，父親鼓勵我娶蘇珊妮。因為我是獨身主義者，對我而言，要打破這樣的想法非常困難，但他知道什麼對我最好，因此鼓勵我走入婚姻。他告訴我，趁著我還沒有全禿之前趕快娶她，晚了她就不要我了。多年後，我和蘇珊妮擁有了兩個漂亮的女兒 - 克麗斯汀娜與晶晶，兩個女兒和他很親，她們喊他「爺爺」。當時仍住在威斯康辛州的爺爺和奶奶到紐約州的羅徹斯特與我們共度了許多的聖誕節與假期，爺爺很愛她們，她們也很愛爺爺。

父親在學術上的成就無人能出其右，他所發表的學術論文、得獎獎項獲國內外認可，在此無須贅述，在他的研究領域中，不論國內外，他的地位無人能及。在他能力範圍內，他協助許多學生在學術界及工業界找到合適的舞台。

他高度受人景仰與重視，不論是親近他的朋友、親人、同事或學生皆然，他也受教友們的尊敬及喜愛。

他是最正直、仁慈的人，他謙虛到了極點。他受所有親近他的人所愛戴。即使年過七十，我的父親仍然忙碌且活躍於學術圈，就在此時我的父母決定從威斯康辛州搬到紐約州的羅徹斯特，因為唯有如此，我的弟弟道崙才能住得離我們其他兄弟近一些，對於父親來說，這是一大犧牲，因為當時他仍活躍於威斯康辛大學的學術圈中，這又是一個他願意付出與無私天性的明證，凡事以孩子為優先！

我很高興我的父母十年前搬來羅徹斯特，他們因此與我們及我們的女兒們住得更近。

我很想念父親，希望有一天能再見到他。

（Original）

Austin Chang

By Vincent Chang

My father Y Austin Chang was born in November 1932 in Beijing, China. He grew up in Gongsian and at the age of 17 emigrated to the United States to study materials science and engineering. Despite minimal sporadic and interrupted education as a child because of the war, and having known no English at the time of his arrival to United States, he was ultimately able to obtain a PhD from the University of California, Berkeley. These accomplishments obviously speak volumes regarding his intellect and drive.

I am Vincent Chang, the eldest of three boys,（Lawrence and Theodore being the other two) born to Austin and Jean Chang.

I was born in December 1957 in Oakland California.My earliest recollections of my father started at the age of 3. I recalled playing with my father and watching him work around the house. I specifically remember him trying to light the pilot light on our gas stove in the kitchen, and I wanted to play with the matches but he wouldn't allow me to.

My parents were both art lovers, and I recall driving to downtown San Francisco in our early 1960s Volkswagon Beetle to purchase and pickup a large 2' x 5' tapestry of the famous summer Palace in China; which I have in my possession today more than 50 years later. I recall driving around the campus at UC Berkeley in the early 1960s when hippies populated the scenery. I remember driving the hills of San Francisco, and how hard it was to start uphill with a manual transmissioned car; it stalled a lot.

We subsequently moved to Sacramento California when I was 6 years old, where my father took a job at Aerojet, a defense company. I recall many trips back to the Bay Area where we would see old friends and relatives. My father was very busy with his new job, and in spite of his long hours was able to make time for me and my 2 brothers Larry and Teddy (Whom we call Theodore today). Teddy was born with Down syndrome when I was 6 years old. These were difficult times for my parents, but they weathered the storm well. Raising a downs child allowed my father to develop incredible patience; and I'm sure that helped him later to become the great, patient, and selfless leader that he was prior to his passing in 2011.

We subsequently moved to Milwaukee Wisconsin when I was 9 years old, where my father took his first academic position at the University of Wisconsin Milwaukee. He ultimately rose to the level of chair of his department within a short amount of time.

During my formative years in Milwaukee, my father was always there for us. He and my mother would take us to the zoo, museum, and to our local botanical garden. We would frequently dine out despite a very limited budget at that time; and many weekends were spent at the park. We were encouraged to participate in music. I recall him setting up our first 10 gallon tropical fish aquarium when I was 10 years old. My parents had many friends, and as a consequence would host a lot of potluck parties at our house in Milwaukee. I remembered everything about Thanksgiving; my father and mother would invite all of his students to our house for a wonderful meal. Many of his students came from overseas and did not have families here in the states. He did not want them to be alone on the holidays and gladly took them into our home, another testament to his caring nature.

As I mentioned earlier, money was tight in our early years; yet we were always well provided for. Christmases always yielded plenty of gifts for us children. He provided shelter, clothing, and security for our family.

I recall my father as being extremely hard-working, diligent, and dedicated to his work. He frequently brought his work home. These traits have obviously rubbed off on us, as both I and my younger brother have become successful surgeons similarly working long hours. Interestingly, I never once recall my father pushing me to study hard or to do well in school. He never admonished me for getting a bad grade. He taught and I learned by example. He was a good teacher to me, yet never pushed or forced me in my studies.

When I was in high school he would drive me to school on cold Wisconsin winter mornings when the thermometer barely made it above zero. He would drive me and pick me up from high school basketball games, never once complaining（I'm sure he had better things to do on a Friday night）.

When I applied for college, he was extremely helpful and very encouraging. He did not tell me where I should go, but allowed me to make that decision myself. I was allowed a lot of independence in what I did and how I thought during my high school years; and this hands off approach to raising children allowed me to mature well on my own; very different from the hovering approach that we use for our children today 30 years later.

In the Chinese culture, feelings are not discussed nor shared between parents and children. My father never said the words "I love you", but there was no question that he had the utmost of love for me and our family. He did not have to say it because he showed it.

Subsequent to graduating from high school, I entered the University of Wisconsin Madison to complete my undergraduate education in molecular biology and then entered the University of Chicago to get my medical degree. My father and family moved to Madison Wisconsin after I completed my first year in medical school in Chicago in 1980. He climbed the academic ranks at the University of Wisconsin Madison ultimately becoming chair of his department in metallurgical engineering and materials science, becoming a world expert in thermodynamics.

I entered surgical residency at the University of Rochester 1983. It was during my residency that I met my then girlfriend and now wife, Suzanne. I recall very well my dad encouraging me to marry Sue after we had dated for only 7 or 8 years; that inertia was difficult for me to overcome since I was a confirmed bachelor, but he knew a good thing for me and therefore encouraged to get married. He told me that I should get married before I completely go bald, since she wouldn't want me then. Many years later we have two beautiful daughters Kristina and Jing who fortunately both got to know him well, as Ye-Ye. He and Nai-Nai spent many Christmases and holidays with us in Rochester, NY when they still lived in Wisconsin. He loved them dearly, and they loved him too.

His academic achievements are un-paralleled. His list of scholarly publications, awards, and national as well as international recognition are too numerous to elaborate on here. He was a giant both nationally and internationally in his field. He was instrumental in helping place myriads of students in jobs, both in academia and industry.

He was highly respected and regarded by all who came into contact with them; friends, relatives, colleagues, and students. He was respected and loved by his church.

He was a man of highest integrity and generous. He was modest and humble to a fault. He was loved and admired by all who came into contact with him.

My parents moved from Wisconsin to Rochester New York, at a time when my father was still very busy and active with his academic career even though he had surpassed the 70 year mark. This was so that our brother Theo could geographically be close to one of his siblings. This was quite a sacrifice for my father since he was still very busy academically at the University of Wisconsin. Another testament to his giving and unselfish nature, thinking about his children first.

I am so glad that my parents moved to Rochester 10 years ago as it has allowed them to get closer to us and our two daughters. I will truly miss my dad, and hope to see him again someday.

(6) 張道維

1967年晚秋，我搭乘「西風」（Zephyr）展開約二天火車車程之旅，車上坐著母親及二位兄弟，我們從加州首府山克拉門都（Sacramento）一路往威斯康辛州密爾瓦基的方向走。父親稍早獨自一人開著他的「漫步者休旅車」（Rambler station wagon）先行離開，馬不停蹄地先到目的地打點一切。之所以從此處開始說起，是因為回顧我的童年時期，最有趣的成長記憶都發生在密爾瓦基中西部的寒冷小鎮中。父親獲得威斯康辛大學密爾瓦基分校工程學系新職務，對他而言，這個職務調動是好的，也因此為我帶來威斯康辛州難忘的十四年回憶。

以那個時點做為回憶父親的開始是出於對他的敬佩。父親是個非常努力工作、安靜、無私、有條理又善良的人，他愛他的工作、學校、學生及實驗室，顯然那也是他受到學生及同事們敬重與熱愛的原因。至於他對家人的愛則反映在買下價格不斐的白魚灣區（Whitefish Bay）近郊屋舍，此區擁有該州最好的學制系統。為此，我相信父親必須想辦法超時工作以取得收支平衡，進而提供孩子們好的生活品質，並為美好的將來預做準備。至於有位兒子罹患唐氏症這件事，只是更添加他的傳奇色彩。

回顧我與父親之間，是相當典型的東方家庭父子關係。我明白父親令人感到驕傲，為了家人，他也非常努力工作。我未曾花太多時間與他面對面接觸，自然不會有記憶的累積。基於不可言傳的個人動機與期望，打從青年時期開始，我便儘可能努力讀書以求拿到好成績，之所以這麼拚命並非來自父母或非做不可的壓力，純粹是因為自己想要這麼做。

父親雖然話不多，但我認為，他身體力行地努力工作、不抱怨、正面積極的態度與不造作的良善特質早已潛移默化，即便年少時的我未曾與他有太多機會相處，仍能從他身上學習到這些特質，成為今天的我。父親未曾提及自己的童年，直到近幾年，他過世之後，母親告訴我有關他早年缺乏父愛，在沒有父親正面形象影響下成長的艱苦童年，這些往事讓我更了解父親，同時也感到非常幸運，能有一位以身作則的偉大父親。

1975 年 7 月 15 日那天的記憶讓我永難忘懷。那天，父親帶我到 1975 年明星棒球賽比賽地點密爾瓦基郡體育館。父親並非運動員，沒有參與過球類運動，甚至沒有看過任何球賽。從我們搬到威斯康辛州的第一年 Packer 籃球隊贏得第二座超級盃之後，在密爾瓦基長大的我就已經成為 Packer 迷。密爾瓦基公鹿隊（The Milwaukee Bucks）在 1971 年贏得第一座也是唯一一座 NBA 總冠軍，該隊的明星球員有艾辛道（Lew Alcindor）與羅賓森（Oscar Robertson），他們就住在我們那個村莊，在我所就讀的亨利 ‧ 克雷（Henry Clay）小學曾看過他們打網球。

我非常喜歡運動，這點跟我父親很不相同，我會去看棒球賽、籃球賽、排球賽，甚至曾組過一支棒球隊、排球與網球校園代表隊……，但我的父母從未參加過我的球類活動。不過，他們的缺席並未困擾我，因為我樂在其中，但我猜想，這可能也是我之所以花很多時間陪四個孩子玩不同運動或參加課外活動如童子軍的原因，我的工作並未剝奪我享受這些活動的樂趣。

回到先前提到的 1975 年籃球賽，之所以提到這件事情是因為儘管父親對運動項目不擅長，與現場數以千計尖叫不休的球迷們格格不入，我認為他明白運動對我的重要性，因此他帶我到那裡。直到今天，我仍能清楚地告訴我的孩子們，1975 年一個溫暖的夏日午後我曾參加的那場球賽，我甚至保存了那場球賽的冠軍紀念旗。

如今，身為丈夫，我擁有賢妻黛安娜，同時我也是四個孩子—布萊恩、愛麗莎、史提夫與麥可的父親，我與孩子的互動反射出父親當年影響我的模式。我認為生命一如半滿的水杯，有句諺語說：「態度而非資質決定你的高度。」然而，我認為，父親的優點與缺點正向地型塑出今日的我，他不可置信的「工作至上」原則、安靜的性格、善良的天性與對教學的熱愛同樣反映在我對事業的態度上。

有時父親無法將時間花在家庭或家人身上，卻必須把較多時間投入在工作上是可以理解的，對於那個年代的美籍中國人來說，青少年時期在缺乏父親的引領下移民到美國，壓力之大可想而知，在事業發展初期，他必須儘可能地取得冶金工程學領域的最高學歷，也因此後來才有機會在該領域中佔有一席之地。

在那個種族歧視的年代，後來父親遇見母親，結了婚並開始經營家庭生活，有了罹患唐氏症的兒子後壓力更大了。不間斷地在學校及研究實驗室裡努力工作，讓我的父親得以提供我一個堅實的未來，在此基礎下，我得以成為優秀的內外科醫師。

如今在經營個人生活上，我會多花時間在妻子與孩子身上，我會與妻小一塊兒做點什麼，比方說安排家庭旅遊。此外，我也儘可能地出席大兒子從初高中以來的籃球賽事，我甚至將布萊恩在高中校際棒球隊中第一次揮棒的畫面錄影存檔，我也儘可能的出席女兒在學校的網球比賽，同時協助她籌備高中微笑慈善活動。

我也花了許多時間陪麥可及史提夫參加童子軍會議，還有最難忘的莫哈克露營活動。今年下半年，我也很高興能參加他們的榮譽老鷹童子軍法院（Eagle Scout Court of Honor）。最後，我很高興和內人黛安娜在我的醫學診所裡一起工作，眼見她憑一己之力重整診所，讓它朝更好的方向邁進。

雖然父親無法親眼目睹我已經達成的家庭目標，他應該會欣喜於得知自己對我的影響。再也沒有比他更好的父親，我想他也明白這點。我將永遠記得 1975 年，父親帶我到密爾瓦基郡體育館觀看明星籃球賽的那個溫暖的夏日午後。

(Original)

By Larry Chang

It was late August 1967 when I rode on the Zephyr, a 2 day train ride, with my mother and 2 brothers from Sacramento, California to Milwaukee, Wisconsin. My dad left earlier by car, the Rambler station wagon which he drove nonstop cross country by himself to help start a new life in Wisconsin. Why I begin my story at this point is because when I look back at my childhood, my fondest memories are the years spent growing up in the cold Midwest city of Milwaukee. My dad was taking a new position at the UW-Milwaukee department of engineering. That was a good career move for him turned out to be 14 memorable years for me in the state of Wisconsin.

My recollections of my dad back then was one of admiration - my dad was an extremely hard worker, quiet, unselfish, very organized and kind person. His love was his work, university, students, laboratory and it was very obvious how well respected and loved he was by his students and coworkers. His love for his family was reflected in the decision to choose to buy a home in a very expensive suburb of Whitefish Bay because it has the best academic school system in the state. For that reason, I am sure my father had to put in overtime hours to make ends meet and provide a good life and a foundation for a good future for his children. The challenge of having to raise a Down's syndrome son only added to his legacy.

My relationship with my dad was what I look back upon as fairly typical in an Asian household. I knew my dad was a proud man and I knew he worked very hard for his family. I did not spend much one on one time with him so those memories are not really there. I felt self motivated to work as hard as I possibly could in school and achieve as high as I could. It was an unspoken thing, no pressure from him or my mom, but an expectation even at my young age that I wanted to work as hard as possible, not because I had to but because I wanted to.

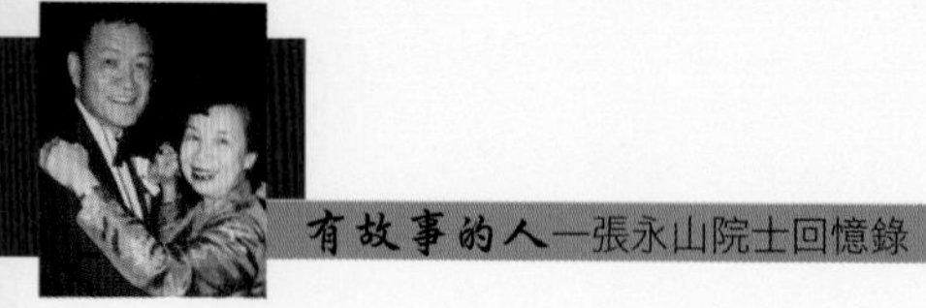

My dad was one of few words but I think I am who I am today because of the unspoken presence of hard work, no complaining, positive attitude and genuine kindness that my dad portrayed even though I don't recall spending much time with him during my childhood. My dad never spoke about his childhood and it was only until recently, after his passing, that my mom told me of my dad's childhood and early hardships of growing up essentially without a father figure let alone a positive father influence. This provided me a much clearer picture of who my dad really was and that I was very fortunate to have him as an unspoken great role model as a father.

July 15, 1975 was a day that to this day is very clear in my mind... my dad took me to the 1975 All Star Baseball game at Milwaukee County Stadium. My dad was NOT athletic nor did he care to participate or watch any sports. Growing up in Milwaukee I became a Packer fan since they won their second Super Bowl the first year we moved to Wisconsin. The Milwaukee Bucks won their first and only NBA title in 1971 with a player name Lew Alcindor and Oscar Robertson, who lived in our village and I would see them playing a game of tennis at my elementary school of Henry Clay.

I was so different from my dad in that I loved sports... I went out for baseball, basketball, volleyball... I made the first team in baseball, varsity in volleyball and tennis... not once did my parents attend any of my sporting events. It did not really bother me because I had so much fun at the time playing the sports... but I guess that it is a very big reason why I spend so much time with all my four children with their different sports and extracurricular activities such as Boy Scouts... and I make sure that my work does not deprive me of that enjoyment.

Getting back to the 1975 baseball game... I mention that event because despite my dad not caring about sports let alone dealing with thousands of screaming fans, I think he knew how much sports meant to me and for that reason he took me to that game. To this day, I tell my own children of that event and how CLEAR that event stays in my mind of that warm summer evening in July of 1975... I still think I have the souvenir pennant from that game.

Now that I am a husband to a wonderful wife, Diana and a dad to four terrific kids, Brian, Alyssa, Steven and Michael, I reflect on how my dad influenced the way I am today. I tend to look at life with a "glass half full" approach and live by the adage "it is your attitude not aptitude that will determine your altitude." Therefore, I feel both the strengths as well as weaknesses of my dad has positively shaped me into the person that I am today. His incredible hard working ethic, quiet disposition, kind nature and love for teaching has shaped me in my professional career.

His sometimes lack of time spent at home with the family and more time spent at work was understandable given the stress of that time period for a Chinese born American who immigrated to the United States as a teenager without parental supervision. He achieved the highest possible level of education in the area of metallurgical engineering, at that time in its infancy and now known as a pioneer in that field.

Finally, meeting my mom, marrying and starting a family with the added pressures of raising a Downs Syndrome in a time period of racial prejudice. His incessant hard work at the university and research lab allowed my dad to provide a strong future for myself to becoming a successful physician and surgeon.

For that reason, in my own personal life, to this day, I prefer to spend all my time outside of work with my wife and kids. I have been able to do things with my wife and children like travel all around the world as a family. In addition, I was able to attend a lot of my oldest son's basketball games in middle and high school. I was even able to videotape Brian's first basket on his varsity high school basketball team. I was able to watch many of my daughter's varsity tennis matches and help her with her Operation Smile charity events in high school.

I have been able to spend a lot of time with Michael and Steven at their boy scout meetings and camping trips most memorably Mohonk. I will be very proud to attend their Eagle Scout Court of Honor later this year. Finally, I have been able to enjoy working with my wife, Diana at my medical practice and to witness how she single handedly has reshaped the practice and set it in the proper direction.

Even though my dad never had a chance to witness in person many of the personal family goals that I have achieved, he would be proud to know that he did play a large role in shaping the person that I am today. I could not have asked for a better dad and I somehow think that he realizes that. To this day, I will ALWAYS remember that warm summer evening at Milwaukee County Stadium back in 1975 when my dad took me to that All Star Baseball game!

(7) 何磊（Globalfoundries Corp. 傑出技術人員）

《張永山教授姪兒的回憶》

小時候，我從不知道姑丈永山的職業是什麼，對他在專業領域上的成就也毫無所悉。我只記得姑丈永山與姑姑碧英在 1970 年代時，大約每年都會到我們位於麻州康柯特的家中作客，我們會聊聊彼此在康柯特及威斯康辛所發生的趣事、天氣狀況或學習近況。我永遠記得姑丈永山的笑容，他時常露出大大的笑容，在家庭聚會的晚餐餐桌上也常聽見他的笑聲。

進入大學就讀，而且選的科系是和姑丈永山一樣的材料科學系後，我才了解到原來姑丈在冶金工程與科學方面極富盛名，他在美國國家工程學院也發表了許多關鍵性的研究報告，此外，他還成立了一家與其專業相得益彰的公司，據我所知，能像姑丈永山這般學用合一又深受業內敬重的教授並不多。

我終於明白姑丈永山的研究發現對於材料科學與工程學上的重要性，他是金屬合金熱力學界的先驅。後來，姑丈永山將熱力學的研究觸角延伸至半導體，也是我最終選擇的專業領域。他是材料科學與工程學領域的「明星」，但因為他為人謙遜，一般人可能不會知道他是如此有成就。

最後我要提的是一段約 8-9 年前發生的往事，姑丈永山當時對我說他「退休了」，我一連問了他幾個問題，比方說：「您現在還指導幾個學生？」他回答：「最少 8 個。」我又問：「您手邊進行的研究專案有幾個？」他回說：「好幾個。」我對他說：「您這根本是退而不休。」沒想到他的臉上出現一個大大的笑容，他說：「嗯，你可能是對的。」

（Original）

A Nephew's Thoughts on Y. Austin Chang

By Herbert Ho
Distinguished Member of the Technical Staff
Globalfoundries Corp.

As a child, I never knew what my Uncle Austin's occupation was or his stature professionally. I only remember the times that he and my Aunt Jean visited us at our home in Concord, MA in the 1970's– usually on a yearly cadence–and we would routinely talk about family life in MA and theirs in Wisconsin, the weather, the studies that we were interested in grade or high school.

However, the one constant take-away that I would remember about my Uncle Austin was that he was a perpetual "smiler". He would routinely flash that large smile of his and often laugh during family conversations at the dinner table. It was a very comforting sight.

After entering college and enrolling in the same discipline as Uncle Austin's–Materials Science–I came to the realization that my Uncle Austin was a world–renowned Metallurgical Engineering and Science Professor who wrote many critically–acclaimed papers, who founded a company related to his field of expertise （not many professors I knew had the wherewithal to do that）, and was greatly respected by his peers - punctuated by election to the National Academy of Engineering.

It was during this time that I understood the importance of his work and what his research and findings meant to the progress of the Materials Science and Engineering discipline. He truly was at the forefront in the thermodynamics of metal alloys. Later in his career, Uncle Austin was getting more and more interested in the thermodynamics of semiconductor alloys–the technical field that I eventually landed in. He was a "star" within the domain of Materials Science and Engineering–but you would never know it if you talked to the man because he was always so humble of a person.

In my last conversations with him about 8 or 9 years ago, he said he was "retiring". So I started peppering him with questions–how many students do you still advise?（the answer was 8 or more） and how many projects are you still looking over（the answer was several）. I exclaimed to him–"but Uncle Austin you will never really retire - will you?" His response was–"ah, you are probably right, Herbert, you are probably right". And his answer came with that large smile on his face.

知交、故舊的追思

(1) 史蒂芬 ・ 劉
（夏威夷大學馬諾阿分校水資源研究中心前主任暨土木工程系榮譽教授）

關於史蒂芬 ・ 劉（L. Stephen Lau）
加州柏克萊大學學士、碩士與博士班講師；書籍作家與顧問，擅長領域為水與污水問題。

當碧英（Jean）邀請我為她已故丈夫永山的傳記（由台灣清華大學出版）寫些懷念文字時，我非常訝異。大約在 1959 年，永山和我於加州柏克萊離別，我腦海深處浮現特別的畫面，這些畫面與 1950 年代加州柏克萊大學的求學時光有關。那不只是段求學時光，透過一些回憶片段的分享，我可以說說我這個人，讓讀者明白為什麼碧英（Jean）會選擇我為這本傳記寫點東西。

回憶片段

1950 年代，我們在柏克萊大學求學期間不是只知讀書而沒有玩樂，除了牌局之外，還有保齡球、看球賽、電影、音樂會等，少數人包含我及永山會玩些更有冒險性的活動 - 如早春時節在高內華達州山脈舉辦的釣魚露營（特拉基河在加州與內華達州邊界）。巴爾的摩湖支流位於美麗質樸的鄉村，那兒有純淨的空氣、乾淨的水、高聳的森林、壯麗的景色以及許多鱒魚。我們沒料到成群的蚊子會跟隨融雪而來，因此我們設法製造些煙霧而不用火驅蚊，這個小插曲所帶來的樂趣遠多於脫困後的快樂。這個經驗足以成為愛好釣魚者的借鏡。

後紀

碧英（Jean）請我寫點懷念文字的原因可能是因為她與永山是我跟維珍妮 1959 年於柏克萊結婚時的貴賓。

史蒂芬 ・ 劉與維珍妮 ・ 劉
於美國夏威夷檀香山

(Original)

By L. Stephen Lau
Professor Emeritus, Civil Engineering &
Former Director (1971-1990) Water Resources Research Center,
University of Hawaii at Manoa

It was a total surprise as Mrs. Jean Chang requested with me for a written contribution to my friend and her late husband Austin Chang's biography, which is to be published by Tsing Hua University in Taiwan. It was a surprise because Austin and I virtually parted company way back in 1959 in Berkeley, California. A deep search of my memory did come up with an unusual episode that occurred during our learning days at the University of California, Berkeley in the 1950's. It is not about academics. After sharing the episode, I would say a bit about myself to set at ease any readers' curiosity as to why Jean chose me.

THE EPISODE

It was not all studies and no play during our learning days in Berkeley in the 1950s. Besides card games, bowling, spectator-sports, movies, concerts, a few of us including Austin and me went for something more adventurous-- a fishing-camping trip during one early spring in the high Sierra Mountains (Truckee River at the border of California and Nevada). Baltimore Lake on a tributary was in a pristine beautiful country -- pure air, clear water, towering forest, spectacular scenery, and plenty of trout. What we did not expect was swarms of mosquitos that came with the snowmelt. We managed to counter by making smokes (not fire). The distraction took a little fun away but we more than survived. Let that be a lesson for early-bird fishing enthusiasts.

LAST WORDS

Jean chose me probably because she remembers that she and Austin were our honor guests at my wedding with Virginia in Berkeley in 1959.

A FEW WORDS ABOUT ME

I am an educator, a book author and a consultant, with BS, MS, and Ph.D., University of California at Berkeley, specializing in water and wastewater.

L. Stephen and Virginia Lau
Honolulu, Hawaii, USA

(2) 約金 · 紐曼（威斯康辛大學密爾瓦基分校材料系榮譽退休教授）

我和永山第一次見面是在 1960 年代早期，那時我倆都在加州柏克萊大學攻讀博士學位。我們在柏克萊大學時開始幾個研究計畫的合作，從此成為一輩子的好友。

雖然我們的事業領域不同，但不論在密爾瓦基分校或麥迪遜分校，偶而我仍有機會和永山合作。

我很驕傲而且榮幸可以和永山合作，他不僅是位傑出的研究者，更是一位謙虛、樂於助人的好人。

（Original）

By Joachim Neumann, Ph.D.
Professor Emeritus
University of Wisconsin-Milwaukee, Materials Department

I first met Austin in the early 1960's when we were both graduate students studying for our Ph.D. at the University of California-Berkeley.

From our initial collaboration on several research projects at Berkeley we developed a close friendship that lasted a lifetime.

Although our careers took us in different directions, I had the opportunity to again work with Austin on several occasions at the University of Wisconsin at Milwaukee and Madison. I am proud and honored to have collaborated with not only an outstanding researcher, but also a humble and helpful human being.

(3) 喬治 · 貝克（威斯康辛大學密爾瓦基分校材料系榮譽退休教授）

我與永山認識是在他到山克拉門都的噴射飛機公司任職後，他是那種深知自己優勢與目標的人，而且他知道如何創造優勢，這點讓人印象深刻，在接下來的四十年裡，我對他的看法從未改變。雖然他後來走向另一個領域，接受更適合他學術背景的職務，我們仍保持聯絡，也是因為他我才有機會到威斯康辛大學密爾瓦基分校任教。我們一起發展了一門課程，同時也讓材料系的地位變得更重要。永山貢獻所能在未成氣候的大學系所，讓它成長茁壯，達成許多任務。但在此期間，他並未忽略教學與研究，雖然蠟燭兩頭燒，他仍可以兼顧兩者，他也是唯一一位實驗室搬到新工程學系大樓卻不會因此而讓研究受干擾的工程系教授。

他後來轉到麥迪遜分校而且變得相當活躍，這不難理解，從密爾瓦基就看出他會有這一天，但他走後卻留下一個很重要的空缺。

（Original）

By George Backer
Professor Emeritus
University of Wisconsin-Milwaukee, Materials Department

I met Austin when he came to Aerojet General in Sacramento. He impressed me as one who knew his strengths and desires and how to make the most of them. That opinion never changed in the next forty some years. Although he accepted a position in another group more suited to his academic background, we kept in touch and he was instrumental in my going to the University of Wisconsin Milwaukee. There we worked together to develop a curriculum and make the Materials Department become a going concern. Austin dedicated his talents to make a fledging department, college, and university a going concern and accomplished much. During this he never lost sight of his teaching or research. He excelled in both and was the only engineering professor who, by constant attention and interaction with the movers, was able to move his laboratory to the new engineering building without a significant interruption of his research.

His transfer to the Madison campus and becoming active nationally was understood by all in Milwaukee but left a major void.

(4) 賴義雄（台北大同科技大學講座教授，2011 年榮退）

《追憶永山》

我於 1970 年 7 月到威斯康辛大學密爾瓦基分校（University of Wisconsin at Milwaukee, UWM）工學院力學系擔任助理教授，沒多久就認識了永山。他早我三年去UWM 材料學系擔任教授，那時候UWM工學院剛成立沒幾年，華裔教授很少，除了永山和我之外，還有一位曹克誠教授在能量學系（Energetics Department）。永山年紀比我大約十歲，到 UWM 時已是資深的正教授，雖然我們不同系，但我們很快就熟悉起來，除了有共同語言的背景外，與他平易近人，個性開朗又健談不無關係。我們除了在學校裡常碰面交談外，校外兩家也常有交誼聚會，永山的太太碧英還是我附中中學（編按：師大附中）的學姊。

逐漸地，UWM 工學院來了一些台灣留學生，永山也收了幾位台大化工系優秀畢業生修碩士學位，因為永山來美國之前沒去過台灣，對台灣的教育制度不熟悉，所以我們也增加了一些有關台灣的話題。永山很照顧這些台灣留學生，學成後還極力地推薦他們去麻省理工學院（MIT）修博士學位。

永山在 UWM 很受同事尊敬，他不但在學術上很有名望，人緣也好。UWM 的人事相當複雜，尤其是工學院更複雜，讓年輕尚未拿到終身職（Tenure）的助理教授們相當為難。我偶爾會去找永山，請教他如何應付這些人事問題，他很關心我，常給我一些忠告。我在 UWM 教書十年，永山給我的幫助很大，我終身感激。

我於 1980 年離開 UWM 到約翰霍普金斯大學應用物理實驗室（Johns Hopkins University Applied Physics Laboratory）當研究員，之後，我和太太曾幾次回密爾瓦基（Milwaukee）看同事及朋友，永山雖然已搬去麥迪遜（Madison），但他和太太碧英也都常回密爾瓦基（Milwaukee）相聚。

記得 2007 年間，永山接受他以前學生的邀請去台灣大學演講，當時，我已從美國國防工業界退休回台灣擔任國家實驗研究院董事長一職，他和碧英也來我的辦公室看我，並和他的學生聚餐。那時的永山看起來滿健壯的，和在 UWM 時一樣地開朗，健談，沒想到三年後竟突然驟逝。我真懷念這位我最尊敬，終身感激的好友。

(5) 賀伯 · 伊柏瑟（維也納大學材料化學系教授）

1974 年春天，張永山教授寫了一封信給我的博士研究指導教授 - 柯特 · 柯馬瑞教授（Prof. Kurt L. Komarek），信中提及威斯康辛大學密爾瓦基分校有個博士後研究的職缺，於是我提出申請。張永山教授及夫人於同年 7 月來到維也納大學拜訪老友史蒂芬 · 溫迪斯（Stefan Windisch），於是，我們有了第一次的碰面。我們四人相偕外出用午餐，我因此有機會用英文自我介紹，那時對我來說，用英文自我介紹是件頂困難的事，但張教授夫婦對我極有耐心。9 月底，新婚的我和內人到威斯康辛旅遊，於此同時，我也展開了在威斯康辛大學密爾瓦基分校為期 2 年的博士後研究生涯。

讓我驚訝的是，在我和內人到達密爾瓦基後約一週，張教授就邀請我們到他家晚餐，這對來自歐洲的我們來說相當新奇，我們當天享用了張教授夫人及其岳母所準備的美味中國菜。當天也是我們第一次見到張教授的三位公子，包含患有心智障礙唐氏症的道崙 - 希歐（Theo），那時我們叫他泰迪（Teddy），事實上，內人在正式工作前也曾偶而充當道崙的臨時保姆。

1976 年我回到維也納，1980 年夏天又有三個月的時間和張教授共事，這時張教授已經搬到麥迪遜，他的事業重心也轉往該處，直到退休。

一開始，張永山教授是我的頂頭上司兼指導教授，很長一段時間裡，我和他說話時都很正式地稱呼他「張博士」，雖然他鼓勵我直接叫他的英文名字「奧斯丁（Austin）」，我要再次說明，來自歐洲的我對於以名字相稱這件事很不習慣。在我博士後研究的那段時間，我從張教授身上學到很多，任何時候希望尋求他的協助或指導，我總是可以在他的辦公室或家中找到他。後來，我逐漸視他為好友，也從未忘記繼續向他學習。

1980 年後，每隔一段時間我都會固定在如 TOFA、高溫材料化學及礦物金屬與材料學會會議中遇到張教授。此外，偶而他會受邀到維也納大學演講，我也會受邀到麥迪遜分校演講，至少一次，張教授曾住在我們位於維也納的公寓，我及內人也曾在他麥迪遜的家中叨擾過 2-3 晚。我所認識的張永山教授是簡單而不複雜的人。

每年聖誕節我們都有書信往返，早年，我們的書信內容有許多關於我們個人及業界動態，我們固定用這種方式讓對方知道彼此的生活近況。

張教授最讓我印象深刻的就是他的博學，而且他不吝於和學生及同事分享這些知識。他的授課內容相當地有系統而且簡潔，他可以用簡單的方式解說複雜的事情，以便讓每一個人都了解他的意思。

我從他那裡學到許多統計熱力學知識，特別是有序非化學計量的金屬間化合物論述，後來的幾年裡，我也將這些知識運用到研究中，我發表的許多論文泰半奠基於當年博士後研究師事張教授所得。

我不知道張教授有任何敵人。我唯一一次見過他大聲「發飆」是在和威斯康辛大學麥迪遜分校的另一位教授陶德・伯特拿（Ted Bratanow）討論時，否則，我的印象中，他和許多人都能相處得很好。誠然，也許有些同事或科學家嫉妒他所獲得的多項研究成就，但那也是人之常情，我不會認為他們是張教授的「敵人」。

就我所知，我仍保持聯繫的許多張教授的前學生們、博士後研究生或同事們對張教授都保有美好的印象，我們都同意，和張教授相處的時間都是值得的，而從中獲得的寶貴知識更是讓人樂在其中的主因。他是一位值得信賴的朋友及同事，也是一位懂得悉心照料研究團隊成員的「老闆」，我認為他是絕對值得信任的。

在 2011 年於聖地牙哥舉辦的礦物金屬與材料學會年會中，我遇到張教授來自台灣的前學生，他告訴我，張永山教授中風而且已經陷入昏迷中，當時我倆談到此事時，眼眶都泛著淚。

張永山教授的研究風格總是讓人感到他對想要達到的目標有周全的計畫，他會執行這個計畫直到目的達成。他工作非常努力，他的妻子碧英常抱怨此事，他常利用晚間及週末假期在家中書房為研究及教學課程奮戰不休。

張永山教授不是個長袖善舞的人，他也無法樂在其中。我認為他的成功主要因為他只做好研究工作，當然，他會試著與某些具有影響力的人，如基金會或各類刊物編輯群保持友好關係，除此之外，他的成功主要還是奠基於多年來不間斷的努力工作及科研成果。

我對他的童年生活不甚了解，我只知道，他在青少年時期來到美國，印象所及，他的父親好像住在南美洲，這些記憶也許是錯的，但是我知道他是在美國遇見他的夫人碧英。

張教授很愛他的家人，他對妻子很溫柔，對於大兒子道旭（Vincent）與二兒子道維（Larry）成為外科醫師很是驕傲。他很擔心罹患唐氏症的小兒子，隨著道崙年歲漸長，他的擔心與日俱增。我記得張教授曾告訴我，對於道崙是個兒子而非女兒有些失望，道崙還罹患了唐氏症，然而，印象所及，道崙是唐寶寶這件事他從不引以為恥，也未曾試圖把他藏起來。即便道崙對父母有些粗暴，張永山教授與夫人碧英仍接受原來的他。後來張教授一家人搬遷至紐約州的菲爾波特（Fairport），很大的原因是他們希望住得離兩位兒子近一些，因為他們的兒子承諾，張教授夫婦雙雙辭世後，他們會負起照顧弟弟道崙的責任。當然另一個原因也是希望離他們的孫兒們近一些。這些事情在我和內人收到來自張家人的聖誕節書信中略曾提及。

張永山教授對材料科學界有許多貢獻，我可以提供許多他早期的主要成就，如統計熱力學非化學計量的有序金屬間相論述，特別是 B2 或 L10 結構；過渡金屬硫系統的熱力學性質及系統中的第一 CALPHAD 型評估實驗測定（鐵硫、鈷硫、鎳硫等);INCRA項目,如三元銅系統的評估和彙編;III / V族化合物半導體接觸材料,特別是界面相應的相平衡。

其中一個重要成就可能是張教授在麥迪遜所創立的CompuTherm公司及該公司所研發計算相圖的Pandat軟體,Pandat軟體也是現今通用於全球的重要軟體。

提到他個性上的優點,我會認為是他堅忍不拔的性格、為達目的奮戰不懈的意志力以及他對科學的忠誠,至於缺點,我恐怕無法舉證。

如果我不認識張教授,我會認為他是一位尋常的中國人,友善但不易相處,不多話,不擅社交辭令,他的英文顯示他的中國出身,外型不頂出眾,印象所及,他有時還會穿著涼鞋現身,不過,當你聽到他有關科學方面的演講時,你會知道他是位傑出的科學家與老師。

(Original)

By Herbert Ipser
Professor University of Vienna
Department of Inorganic Chemistry (Materials Chemistry)

In spring 1974, Prof. Y. Austin Chang had sent a letter to my PhD adviser, Prof. Kurt L. Komarek, with information about an open PostDoc position at UWM (University of Wisconsin–Milwaukee), and I had applied for this position. Austin and Jean Chang came to Vienna in July to visit an old friend, Stefan Windisch. This was the first time that I met Austin and his wife. We went out for lunch all four of us, and I had the opportunity to introduce myself and practice my English (which was hardly perfect at that time but Austin and Jean were very patient with me). At the end of September, my wife and I (we were newlywed) traveled to Wisconsin, and I started two years of PostDoc at the Materials Department of UWM.

What was absolutely surprising and new to me was that my wife and I were invited to dinner into the Changs' house only one week after our arrival. Coming from Europe, this was rather unusual, and we enjoyed wonderful Chinese food, prepared by Jean and her mother. This was also the first occasion where we met their three sons, including his mentally handicapped son (Down syndrome) Theo, or Teddy, as he was called at that time. Actually, my wife was babysitting for Teddy a few times before she went to work herself.

I returned to Vienna in 1976, but had the chance to spend another three months with Austin at UWM in summer 1980. This was exactly the time when Austin moved to Madison where he stayed for the rest of his career.

At the beginning, Austin was my boss and supervisor, and for very long time I used a rather formal "Dr. Chang" when addressing him although he encouraged me to call him "Austin". (Again, coming from Europe, using first names was something absolutely new for me.) I learned a lot from him during my PostDoc time, and it was nearly always possible to come into his office–or even to his home–to ask for his advice or help. Later on, I more and more considered him a good friend, never forgetting how much I could still learn from him.

After 1980, I met Austin repeatedly at various conferences (TOFA, HTMC, TMS Meeting). In addition, he was once invited for a lecture in Vienna, and once or twice, I myself was invited for a lecture in Madison. At least on one occasion he stayed with us in our apartment in Vienna, and once my wife and I spent two or three nights in the Changs' house in Madison. All these times, Austin was a very uncomplicated person.

We exchanged letters every Christmas, and most of the time these letters contained some type of report on what had happened (privately and scientifically) in the previous year. In this way, we kept additional contact and were regularly updated on our personal lives.

What impressed me most about Austin was his broad knowledge and the way he was able to share it with his students and co-workers. His lectures were well organized and clear, and he could talk about complicated matters in a simple way, so nearly everybody was able to understand it.

I learned a lot about statistical thermodynamics from him, especially the treatment of ordered non-stoichiometric intermetallic compounds, and I would apply this knowledge in my research for many years to come. Many of my publications have thus roots in my time as a PostDoc with Austin Chang.

I don't know about any enemies. The only situation where I saw him get mad (and pretty loud) was during a discussion with another Professor (Ted Bratanow) at UWM. Otherwise, I had the impression that he was able to get along with most people. Of course, there may have been colleagues and scientists who envied him for getting various research grants. However, that seems to be natural, and I would not call them "enemies".

I know–and I am still in contact with–numerous former students, PostDocs or co-workers of Austin, and it is my impression that all of them have very fond memories. We all agree that the time with him was a well–spent and enjoyable time during which we were able to acquire valuable knowledge. He was a reliable friend and colleague, a boss who took well care of his co-workers. I would consider him as absolutely trustworthy!

It must have been at the TMS Meeting 2011 in San Diego where I met one of his former Taiwanese students who told me that Austin had suffered a stroke and was in a coma. I think we both had tears in our eyes.

His way of research was such that he had a pretty good plan of what he wanted, and he pursued this plan until he obtained useful results. He worked quite hard (his wife

Jean used to complain about that） and spent probably many evenings and weekends at his desk at home working for his research and teaching.

Prof. Chang was certainly not a "social man", he was not at all a person who enjoyed being in the center of attention. I think he was successful because he did simply good research work. Of course, he tried to stay in friendly contact with persons who have some influence （be it in funding organizations or in editorial boards of various journals）, that's natural. Nevertheless, the basis of his success was good and hard work, scientific results that would remain valid for years and years to come.

I don't know much about his childhood. As far as I know, he came to the US when he was a boy or a young man. I have some vague memory that his father （his parents?） lived somewhere in South America but this memory may also be wrong. I know that he met his wife Jean in the US.

He loved his family very much, he was very gentle with his wife and he was very proud of his two older sons, Larry and Vincent, who both became medical doctors. He was always worried about his third son Theodor （Teddy, or Theo later on） who had Down syndrome, especially when Teddy grew older. I think Austin once told me that the birth of Teddy had been somewhat of a disappointment: they would have very much liked a daughter, and then there was this boy again, and on top of that he was also handicapped. However, it was my experience that he was never "ashamed" of him or tried to hide him. He, and likewise Jean, accepted him as he was even if Teddy was sometimes a bit "rough" with his parents. When the Changs finally moved to Fairport in New York State it was because they wanted to be close to their other two sons who had promised to take care of Teddy （or Theo） when Austin and Jean would not be able anymore.

Both were also very fond of their grandchildren, this could be sensed from all the Christmas letters my wife and I received from the Changs.

Austin Chang contributed a lot to materials science. I could name a number of topics/projects where major contributions came from him. In the early days these were:

- Statistical-thermodynamic treatment of nonstoichiometric ordered intermetallic phases, especially with B2 or L10-structure
- Experimental determination of thermodynamic properties of transition metal-sulfur systems as well as a first CALPHAD-type assessment of several such systems （Fr-S, Co-S, Ni-S, …）
- The INCRA project, i.e. an assessment and compilation of ternary Cu systems
- Contact materials for III/V compound semiconductors, especially determination of the corresponding phase equilibria

One of his major achievements was probably also the founding of the Computherm Company in Madison, WI, and the development of the Pandat® software for calculating phase diagrams. Pandat is today one of the major software packages used worldwide.

If you ask about his strengths, I would list his perseverance, his willingness to work hard for the goals he had set for himself and his scientific honesty. I would have a problem to name any weaknesses.

If he would have been a stranger I would have described him as a midsized Chinese, friendly but not outgoing, not very talkative, not good in Smalltalk, his English still reminding of his Chinese origin, not particularly aware of his outfit, frequently wearing sandals （at least that's what I think to remember）. However, when you listened to his scientific lectures you realized that he was an excellent scientist and teacher.

(6) 阿道夫 · 米庫拉（維也納大學材料化學系教授）

《懷念張永山教授》

對於我來說，寫一些有關張永山教授的事情有點困難也有些難以承受，因此，我將著墨於張教授個人，至於張教授在科學界的重要性與學術上的成就就留給其他人寫。

張永山教授是個讓我印象非常深刻的人，在我完成博士學業後，多倫多及密爾瓦基都有博士後的缺等著我，我和家人都很幸運，當時我曾詢問張教授是否願意「收留」我，我們第一次見面是 1976 年在歐洲的一場討論會上，他告訴我可以在 1977 年 2 月到威斯康辛大學密爾瓦基分校。

密爾瓦基氣候一向嚴寒，但我抵達後卻覺得溫暖。張教授見到我後問的第一件事就是我的家人，因為內人及三名孩子都留在維也納，他們打算 7 月孩子們學期結束後到密爾瓦基與我團聚。張教授對此事非常上心。

第二件讓我覺得驚訝的事情就是張教授的系所辦公室永遠都是開著門，每個想要跟他談話的人都可以見他，對於來自古老歐洲的我來說，這個經驗相當新奇。

學院裡的環境讓人感到很輕鬆，每個人都覺得自在。張教授對學生及博士後學生都很有耐性，在我學習的 2 年裡，我從沒聽到張教授提高音調說話或者動怒，這點是我要向他學習的，希望我真的學到他的優點於萬一。

我的家人於 1977 年 7 月抵達密爾瓦基後，我們受邀到張教授家中做客，享用張教授夫人精心準備的晚餐，於此，我見識到張教授原來也是個居家型的男人，他關心自己的三名孩子與妻子，讓我印象深刻的是，張教授到各地參加會議幾乎都會帶著張夫人，他們似乎也因此共享了許多美好時光。

在那 2 年裡，我們變得非常親近。我記得有一次張教授收到中國大陸的邀請函，對方邀他參訪當地大學與演講。他將以美國學者的身份回到他非常思念的祖國，但當時他有些不確定是否該接受這個邀請，我和他的朋友紐曼教授則鼓勵他前往。後來他接受邀請前往中國大陸，回來時他非常高興，此後，他幾乎每年都會回中國大陸，而且多半有夫人陪同。

我到密爾瓦基 2 年後，張教授就到麥迪遜分校任職，每一次我到密爾瓦基時總會到張教授位於麥迪遜的美麗家中拜訪他們夫婦。

可惜的是，維也納離麥迪遜太遠，我們多半是在參加科學研討會時才見得到彼此，他看到我時總會聊聊彼此的家人，每一次他也總是會安排和過去的學生們餐敘。

最後一次研討會中，張教授告訴我及內人，他開始規律地運動健身，而且吃得很健康，我太太說我也應該效法張教授才是。

所以，當我們聽到張教授去世的噩耗時有多麼悲傷，不難想見。

張教授是一位偉大的科學家，但對我及內人來說，他更是一個「好人」，他讓我知道人生可以如何過，應該如何過。我們會永遠記得他。

摯愛的友人 阿道夫及格琳德

（Original）

In memoriam Prof. A. Chang

By Prof. Dr. Adolf Mikula
Dept. of Material Chemistry
University of Vienna

For me it is difficult to write about the person of Prof. Chang and don't get carried away. So I will concentrate on the person and let other people write about his scientific importance and his academic achievements.

Prof. Chang impressed me most as a person. After I finished my PhD I had the choice between a Post.Doc. position in Toronto or Milwaukee. Fortunate for me and also for my family I asked Austin if he would accept me. When met for the first time at a conference in Europe in 1976 he told me that I should come to Milwaukee in February 1977.

As usual Milwaukee was very cold, but when I arrived at the department I felt warm right away. The first thing Austin asked me how my family was since my wife and our three children stayed in Vienna and would join me in Milwaukee in July after the school was over for the boys. He was really concerned about it.

The next thing that surprised me was that his office of the department was open all the time. So everyone who wanted to talk to him could see him. Coming from old Europe this was a new experience for me.

The environment at the institute was always very relaxed and everyone felt very comfortable. He was very patient with his students but also with his Post.Docs. like me. During the two years I stayed with Austin he never raise his voice or got angry. This is what I tried to learn from him and I hope I had a little success to copy this from him.

When my family finally came to Milwaukee in July 1977 we were all invited to his home and his wife Jean prepared a wonderful dinner. Here I got to know Prof. Chang as a family man. He cared for his three sons and for his wife. He impressed me that he took Jean along to all conferences and they seemed to have a good time there.

During those two years we got very close and I remember the time when he got an invitation from Mainland China to visit some universities and lecture there. He was going with an American delegation and he wanted very much to see his homeland again. But he was a little concerned not sure if he should go. So his friend Prof. J. Neumann and I talked him into it. He went and was sooo happy when he returned from this trip. After this first trip he went nearly every year to China, most of the time with Jean.

After my two years in Milwaukee he moved to Madison and every time I got to Milwaukee I visited Austin and Jean in their beautiful home in Madison.

Unfortunate is Vienna so far away from Madison so we got to see each other mostly at scientific conferences. When he saw me he had always time to talk a little about the families and he always arranged a dinner with all his former students.

At one of the last conferences he told me and my wife that he is taking care of him by doing exercise regularly and eating healthy. My wife told me that I should follow the footsteps of Prof. Chang.

So you can imagine how deeply sadden we were when we got the bad news that Austin had passed away.

He was a great scientist but for me and my wife he will always be Austin a wonderful human being, who gave me an example how life can be lived and should be lived. We will always remember you.

Your dear friends,
Adolf and Gerlinde

(7) 納吉爾 ・ 艾哈默德
（塔克希拉工程科技大學冶金及材料工程學系客座教授）

我與張永山教授接觸始於 1979 年 8 月初他自威斯康辛密爾瓦基打來的一通電話，他來電告知，我取得他在美國威斯康辛大學密爾瓦基分校研究助理一職。

那時我剛從英國伯明罕大學取得博士學位，從指導教授佩德博士處得知張永山教授研究團隊的工作機會，於是我寄了個人履歷。張教授在電話中告訴我工作內容，並建議我最好先單獨到密爾瓦基而不要攜家帶眷，等我找到適合的居所並安頓下來後再接他們過來。他對我家人的周到設想是發於內心的：他是非常溫和、愛家的人，對於同事及其家人他都一樣關心。

我在 1979 年 8 月 13 日抵達密爾瓦基，受到極好的照顧。出乎意料，張教授派了一位學生來接待我，帶我到下榻旅館並要我好好休息。1979 年 8 月 14 日，我終於到學校，在辦公室裡見到了張永山教授。在短暫的歡迎與寒暄後，張教授向我說明未來的工作內容與範疇，在此之前，張教授也傳授了幾個在密爾瓦基找合適寓所的實用方法，包含那一區有最好的租屋、那裡可以買到最好的傢俱等，他甚至指派一位學生協助我尋找近校區的平房。會面結束前，他再次歡迎我到密爾瓦基，陪我走到我的辦公桌前，同時介紹新同事。我對張教授的第一印象非常好，他是個非常有禮、周到的人，也絕對是位紳士。

1980 年，張教授轉任威斯康辛大學麥迪遜分校冶金與礦物工程學系教授，離開密爾瓦基分校前，他詢問夏斯特博士及我：願意隨他到麥迪遜分校工作或者繼續留在密爾瓦基分校，當然我很願意在他麾下工作。

張教授時常讓研究團隊成員參加美國各地舉辦的研討會或專題座談會，對於團隊成員日常的簡報會議，他是非常鼓勵與支持的，即便同一時間他可能有更感興趣的類似行程，他也會撥空參加學生的簡報會議。當時我們的研究團隊非常國際化，像我是從英國取得博士學位，來自巴基斯坦，其他的科學家們還包含來自日本的大塚博士、來自波蘭的菲茲納博士、來自維也納的夏斯特博士以及許多來自各國的科學家，張教授對我們的文化及國家都非常感興趣。即便已遍遊全球，他仍沒有機會造訪印度及巴基斯坦，1979 年因為蘇聯對阿富汗發動攻擊，張教授雖然很希望到巴基斯坦一遊，對於當地的安全仍有疑慮。1980 年由華勒沙領導的波蘭團結聯盟造成波蘭當地的混亂與動盪，對此，張教授對來自波蘭的菲茲納博士深表同情。

我加入張教授研究團隊的 3 年中（1979-1982），與張教授、張教授的夫人何碧英女士及三位公子道旭、道維與道崙發展出極佳的情誼。張教授夫人何碧英女士一如張教授，是位非常親切、說話溫柔又可愛的女士。我成家後育有兩名女兒，我們兩家人常互有往來，我和內人常邀請他們到家裡共進晚餐，張教授造訪時多半有夫人及么兒道崙陪伴。那時，罹患唐氏症的道崙是青少年而且需要受到特別的照顧。吃飯時，道崙偶而會任意丟棄食物於桌上或地上，這時，張教授會慈愛地安撫道崙，他通常會起身走到道崙身旁，告訴他他有多棒，大家有多愛他。對於道崙的行為與帶來的混亂，我們相當同情也表示無須擔心這些混亂，但張教授仍會向我們致歉並收拾妥當，他對道崙的愛與耐心更加證明他有一副好心腸。

在麥迪遜期間，我的岳父 1981 年從巴基斯坦到此造訪，張教授好心的邀請我及家人們，還有他所有的研究助理到他家裡共進晚餐。張教授夫婦不僅款待佳餚，對於當天在場的客人更是殷勤接待，特別是我的岳父，他們展現出中國人好客的一面：熱情、有禮而且殷勤周到。

1983 年我搬到巴基斯坦，儘管相隔遙遠，我們仍保持聯繫，互寄聖誕與新年卡片。大約在 2002 年，他寄來一張卡片與我們分享令他無比歡喜的好消息：道崙在麥當勞獲得全職洗碗工作，他的驕傲字裡行間展露無遺。他非常高興道崙能在「真實世界中」擁有一份專職工作。我真的認為張教授用無比的耐心與愛引導道崙，讓他的人生可以像正常人一般。

我有許多關於張教授的有趣回憶，在和他工作或與他及他的家人互動中我獲益良多。張教授是位有成就、積極主動及以成功導向的學者，他對待學生及研究助理們都非常仁慈，對於他的團隊成員及其家人他都非常關心，在與他共事的三年期間，我不記得看過他對任何人言行不雅、粗率或無理，包含他的職員與秘書。他永遠說話得體，笑容掛在臉上，他相當照顧家人，對孩子與學生都是一樣的有耐心並充滿著愛。這樣的張教授讓我印象深刻，我竭盡所能讓自己不論在公私領域中都能師法張教授，很多方面來看，張永山教授都是一個了不起的人，願上帝賜他的靈魂安息。

（Original）

By Nazeer Ahmad
Visiting Professor, Department of Metallurgy and Material Engineering
University of Engineering and Technology（UET）Taxila

My first interaction with Prof. Y. Austin Chang was through a telephone call in early August 1979. Prof. Chang called me from Milwaukee, Wisconsin. He introduced himself and informed me that I had been selected to join his research group in University of Wisconsin-Milwaukee, Milwaukee, Wisconsin, USA.

I had recently completed my PhD at Birmingham University in the UK, and my supervisor Dr. J. N. Pratt had made me aware of the opportunity to work with Dr. Chang, and so I sent my CV to him with a desire to join his research group. During our telephonic conversation regarding the job offer, Prof. Chang advised me that I should initially travel without my family, and then have them join me later once I had settled down and had rented suitable accommodation in Milwaukee. His concern for my family's comfort and well being was characteristic of his nature: Prof. Chang was a very gentle and loving family man, and this projected to the way he treated his colleagues and their families too.

In reaching Milwaukee on August 13, 1979, I felt thoroughly looked after. I was surprised to find that he had sent one of his students to look out for me and welcome me. I was taken to a Hotel, and was told to rest until the next day, when I would finally visit the university and meet Prof. Chang. On August 14, 1979, I met Prof. Chang in his office. After exchange of greetings and pleasantries, I was briefed about the project I would be working on, and the related scope of work. Beyond this, Prof. Chang also generously provided me with useful tips for finding a suitable accommodation in Milwaukee. He told me of the best areas to look at to rent, and of places to buy home furnishings etc. He also deputed one of his students to help me in looking for a suitable house/flat close to the university campus. Towards the end of our meeting, he once again welcomed me in Milwaukee and escorted me to my desk, introducing me to my new colleagues. I formed a very good first impression about Prof. Chang. He was a courteous and thoughtful person, and thorough gentleman.

In August 1980, he moved to Madison and joined the Department of Metallurgical and Mineral Engineering as a Professor. Before leaving, he had offered Dr. Schuster and myself the option of either continuing working for him in Milwaukee, or to move with him to Madison. Both of us willingly decided to move with him to Madison, it was always a pleasure to work under his direction.

Prof. Chang would frequently take his research group to seminars/symposium held in USA. He was very supportive and encouraging, often attending our presentations even though he may have been interested in other talks being held in parallel sessions. We were a very international research group; even though I had completed my PhD from the UK, I was from Pakistan. Similarly, other research scientists working with him were from Japan （Dr. Shinya Y. Otsuka）, Poland （Dr. K. Fitzner）, Austria （Dr. Wilfred Schuster） and a couple of scientists from other countries. Prof. Chang would always take interest in our culture and our country. Even though he was widely travelled, he never had a chance to visit India & Pakistan. He was keen to visit Pakistan, even though was very much concerned about Pakistan's security due to invasion of Afghanistan by Russia in 1979. He was also very sympathetic with Dr. Fitzner since the Solidarity Movement （lead by Lec Walesa） started in 1980, causing chaos and political turmoil in Poland.

During my 3-year （1979-1982） of association with Prof. Chang, I developed a great liking for him, his wife Jean and for his sons Vincent, Larry & Theo. Jean, like Prof. Chang, was a very friendly, soft spoken and loving lady. As I was married and had two daughters myself, we were on friendly terms with the family and enjoyed exchanging family visits. My wife and I often invited him and his family to our house for dinners, and he would come accompanied with Jean （his wife） and Theo, his youngest son. At this time, Theo was a teenager and had special needs. While eating, Theo would occasionally suffer an episode and throw his food on the table or on the floor. During these times, Prof. Chang always dealt with Theo lovingly. He would get up, go to Theo and would tell him that he was an adorable boy and that he was loved a lot. He would apologise to us on his behalf and would clean up the mess, even though we were always very sympathetic and would ask him not to worry about the mess. His love and patience with Theo was further proof of Dr. Chang's kind heartedness.

While we were in Madison, in 1981 my father-in-law visited us from Pakistan. On finding out, Prof. Chang was kind enough to host a dinner at his place, inviting my family and all his research associates. Prof. and Mrs. Chang not only served us a very sumptuous dinner, but also paid their full attention to each guest- especially to my visiting father-in-law. As hosts, they really were the best example of Chinese hospitality: loving, humble & courteous.

I moved to Pakistan in 1983, and despite being far away we stayed in touch with each other, exchanging annual Christmas & New Year's greetings. In one of his communications （I think around 2002）, Prof. Chang shared one of his greatest & happiest news. He wrote that Theo had got a full-time dish-washing job in McDonalds, and his pride shone through his words! He was immensely pleased that Theo was able to enjoy normalcy by working in a real-world and professional environment. I really felt that was the power of patience and love with which Prof. Chang had brought up Theo: he was able to turn his life to normality.

I have very fond memories of Prof. Chang, and have learnt a lot from working with him and from my interactions with him and his family. Prof. Chang was an accomplished, dynamic and result-oriented researcher, who was always very humane with his students and research associates. On joining his team, he was genuinely concerned that we settled well and that our families were comfortable. Having worked with him for 3 years, I cannot remember any incident when he was rude, harsh or unreasonable with anyone including his staff and secretaries. He was always pleasant in conversation, with a smile on his face. He cared immensely for his family, and treated his children with unreserved patience and love. All these attributes made a strong impression on me, and I have done my best to adopt these in my personal and professional life as well. In all respects Prof. Chang was a great person and may God keep his soul in peace.

(8) 克利斯多佛 ・ 菲茲納（波蘭亞捷隆科技大學有色金屬系榮譽教授）

我第一次見到張永山教授是在 1979 年，那時我已從多倫多工作的本 ・ 阿爾柯克實驗室回到克拉考。我對於研究氧合金可溶性有興趣，也同湯姆 ・ 賈庫伯共同研究目前仍未可知的系統測量法。當時張教授與他的學生蔣試圖延伸華格納的稀溶液理論，希望找到新數據進行測試，顯然他看到了我與湯姆的報告。張教授到歐洲時打電話到克拉考找我，短暫的會面對我卻是收穫豐富。第二年我就前往威斯康辛大學密爾瓦基分校展開我與張教授的「冒險」之旅。

在張教授密爾瓦基分校的實驗室裡，我遇見來自維也納的訪問團體，賀伯 ・ 伊柏瑟與威爾佛里德 ・ 修斯特及他們的家人都在那裡，他們向我介紹實驗室的生活概況。實驗室很新，設備看來很好，不過我們沒有在那裡呆很久，因為張教授獲得威斯康辛大學總部 - 麥迪遜分校的新職務，他說希望我跟他一起到麥迪遜，於此同時，張教授另一位博士後學生，來自巴基斯坦的納吉爾 ‧ 艾哈默德也與我們一同前往麥迪遜。我們就這麼開始了。暑假期間，密爾瓦基分校的實驗室整個搬到麥迪遜，我們身處於麥迪遜分校美麗的校園內，就在兩座大湖之間。

與密爾瓦基分校相比，麥迪遜分校校園大多了，校園內有許多年輕人，生活充滿活力。這股活力似乎也感染了張教授，他開始慢跑。在中午時分，大家都在找地方祭五臟廟時，張教授會消失一會兒，慢跑去。偶而他回來時看來有些疲累，但他很滿意這趟慢跑之旅，顯然，慢跑讓他覺得年輕。

呆在麥迪遜分校期間，我們面臨實驗室老舊需要更新的挑戰。張教授很樂觀，但我不認為他喜歡這樣的實驗室。在討論到這個問題時他通常會說美國大學的運作就像一家大公司一樣，短線投資不錯，但要趕快獲利了結。這點我不太了解，對於從貧窮國家初來乍到的我來說，美國應該有錢到足以支付與基本科學相關的計畫，對當時的狀況，我屢次抱怨，通常張教授會笑著說：「克利斯，這個國家非常年輕，它會慢慢成熟，事實上，與中國歷史相比，美國是個非常非常年輕的國家，1,000 年後它會更成熟。」

在麥迪遜時，張教授一方面會尋找可以快速有結果的研究機會，另一方面他又會為團隊設訂目標。也許他那時就決定自行發展一套相圖計算軟體，也就是後來知名的 Pandat 軟體。

在我呆在麥迪遜期間，美國政府與中國處於所謂的「乒乓外交」，過去緊閉的雙邊交流大門此時輕輕開啟，此時張教授接到中國方面的參訪邀請。就我所知，當時他想去但猶豫良久，或許他對中國方面不信任，也或許是因為他不想記起過往傷心的回憶。最後他接受了邀約。啟程訪中前他告訴我，也許有機會可以見到他在中國大陸還在世的親人。他回來後我問他結果如何，他神采飛揚地說：「克利斯，機場有幾十個人迎接我！」我那時才了解到中國是個相當大的國家。

在麥迪遜分校，張教授的研究團隊是系所內最大的，其中有許多優秀的台灣學生，張教授認為自己對他們有責任。張教授盡其所能的幫助學生，但他不會鼓勵學生學成後非要留在美國不可，反之，他多半建議學生們回國。難道是他預測到遠東國家未來勢必成長？或者他個人的經歷致使他建議學生回國？我們已無法得到答案。然而，至少我從個人的經驗中得知張教授是怎樣的人。有一天我接到來自波蘭的噩耗，說我母親身患絕症，我想回去看她，於是我問張教授是否可以回波蘭一趟，短暫的沉默後他說：「聽著，克利斯，過去我自己也有過類似的經驗，那時我的老闆不讓我回去，我至今仍記得這件事，我勸你回家看你母親。」這就是張教授，他從來都是極為寬容的人，若有人向他求助，他永遠準備好伸出援手，他是溫暖而有愛心的人。

我第二次訪問麥迪遜分校是在 1987 年。那時超導高溫氧化物相當熱門，每個人都想投入這個領域，我也是，尤其因為我在張教授的團隊時已開始分析這個有趣的系統。有一天，出乎我意料之外，張教授說他要在公休假時到日本一趟，他說：

「克利斯，你去代冶金熱力學的課。」這真是出乎我意料之外，我一輩子都在實驗室工作，那兒都沒有學生，不過對我來說這是個很好的經驗。無意之間，張教授就影響了我的未來。一年後我回到克拉考，我對自己說我的人生要改變，我認為與學生一起工作很有趣，那次的代課機會讓我改變了工作方向，我後來到科技大學教書直到退休。

我和張教授在美國最後一次見面是在舊金山舉行的 AIME 春季年會，雖然時間不多，張教授還是集結了「麥迪遜幫」校友們一起度過傍晚時光。那時在中國城，張教授很高興來自世界各地的學生齊聚一堂，好比一個大型的國際公司，然而，在那樣的場合裡，他仍比較像是一名觀察者而非參與者，真正的他到底是什麼樣的人呢?

只有討論到科學議題時才能見到他不同的情緒，他是有禮而冷靜自持的，他的微笑一如隔絕他與周遭世界的屏障，很難猜到他內心真正的想法，他也是一位以無比愛心照顧唐氏症么兒張道崙的父親，也許只有他的妻子何碧英女士了解真相。

2011 年 5 月，相圖計算會議於里約熱內盧舉行，這是個很棒的城市，然而，賴瑞 ・ 考夫曼在第一天會議時即宣佈張永山教授生病的訊息，對「麥迪遜幫」的校友們及與會者來說，這都是個壞消息。

（Original）

By Prof.dr hab.ing. Krzysztof Fitzner
Emeritus Professor of AGH University of Science and Technology
Faculty of Non-Ferrous Metals in Krakow
Poland

First time in my life I met Austin Chang in Krakow in 1979. That time I had just returned from Toronto, where I worked in Ben Alcock's laboratory. I was interested in the solubility of oxygen in alloys and together with Tom Jacob we managed to do measurements in systems unknown so far. Roughly in the same time Austin, with his student Chiang, extended Wagner's model used for description of the activities in dilute solutions. He was looking for new data to test it. Apparently, he saw our papers. Being in Europe he called on Krakow. His visit was short but from my point of view very fruitful. Next year I was going to Milwaukee, and there my "adventure" with Austin had begun.

In Milwaukee in Austin's lab I met small group visitors from Vienna. Herbert Ipser and Wilfried Schuster were there together with their families and they introduced me into everyday laboratory life. Laboratory was new and the future looked good. However, we were not to stay there for a long time. Austin got new offer from the University "headquarter" in Madison. He told me he wants me to go with him. Also, another Austin's postdoc Nazeer Ahmad from Pakistan was to move. So, we did it. During summer the whole lab moved out of Milwaukee and we found ourselves between two lakes in the beautiful campus of the University of Madison.

In comparison with Milwaukee, the campus was huge, full of young people and vibrant with life. Its pleasant atmosphere apparently spread to Austin. He began jogging. During lunch–time, when everybody was looking for the place to eat something, Austin used to disappear to jog. Usually, he was returning tired but self-contented. Apparently, he felt himself younger.

During my stay in Madison, we were facing big challenge. The laboratory was old and required renovation. Austin was optimistic but I do not think he especially liked experiments. During discussions he often mentioned that the University in the States operates like big corporations. Short-term investment is preferred, and it must pay-off immediately. This was something I could not understand. From my point of view of the newcomer from poor country, America was rich enough to pay for well planned basic science. Many times I complained about it. Austin, smiling, used to say, "Oh Kris, it is very young country. They must mature. Indeed, from the point of view of China's history, USA is really very young country. It will take them another 1000 years to mature."

In Madison, Austin was looking for something what, on one hand, will produce good results quickly, and on the other hand, will be a "trademark" of his group. That's why he probably decided to develop his own way of phase diagram calculations. It was the beginning of the story called today PANDAT.

During my stay in Madison, American administration got involved in so-called "ping pong" diplomacy with China. The door for mutual exchange tightly shut down so far, now has been slightly opened. Austin received an invitation to visit several places in China. He wanted to go but he hesitated for a long time. Perhaps he did not trust the other side, perhaps he did not want to recall sad recollections from the past. That I do not know. Finally, he decided to accept the invitation. Before his departure he told me that perhaps he would be able to meet somebody from his family still living in China. After he came back, I asked him if he managed to do it. "Kris," he said with his face radiant, "there were dozens of people waiting for me at the airport! " I realized that China is really a very big country.

In Madison, Austin's group was one of the largest in the Department. There was a lot of very good Chinese students in this group and Austin felt himself responsible for them. He was helping his students as he could. However, he never encouraged a single student to stay in the States. On the contrary, he used to advise them to go back. Did he predict unprecedented growth of Far East countries? Or, perhaps, it was experience of his life which dictated him this kind of advice? Today, we'll never learn. However, one fact from my own experience shows what kind of man he was. One day I received disastrous news from Poland that my mother is terminally ill. I wanted to see her. I asked Austin if I can go. For a moment he was silent, then he said, " Look, Kris, sometime in the past I found myself in the similar situation. That time my boss did not let me go, and I still remember it. I am convinced you should go to see your mother." It was characteristic for Austin. Being a man of great tact, he never made his first move. However, being asked, he was always ready for help. Warm and caring man.

My second visit in Madison took place in 1987. That time superconducting high temperature oxides became a hot topic. Everybody was trying to jump into this field. I was excited since in Austin's group we also started to analyze this interesting system. One day, to my surprise, Austin announced to me that he is going for sabbatical leave to Japan. "Kris," he said, "you are going to teach metallurgical thermodynamics course." Wow! He took me by surprise. My whole life I was working in the research institute and we had no students there. But it was a good experience for me. Austin, probably unconsciously, influenced my future career. When after one year I came back to Krakow, I was convinced that I must change something in my life. Work with student was a fun. Having this opportunity, I changed my job. I moved to the University of Technology where I could teach students until finally I retired.

Last time in America we met in San Francisco during AIME Spring Meeting. Though there was not too much time, Austin gathered all "Madisonians" and we spent together the whole evening. In Chinatown, of course. Apparently Austin was happy having such a big international company around him. However, being even with such a group of people, he was more an observer than a participant. What kind of man he really was?

Very emotional as far as scientific discussion was concerned. Polite and cool-headed, with smiling face which was like a shield separating him from the surrounding world. It was difficult to guess what he really thinks. Caring about his family, with unlimited patience for his youngest son Theodore. Only Jean may know the truth.

In May 2011, CALPHAD conference took place in Rio de Janeiro. Fantastic place. However, during first day of the meeting Larry Kaufmann made an announcement. It was very bad news. Not only for us, "Madisonians" but also for our whole Calphad community.

(9) 周國治（中國科學院院士；北京科技大學教授）

《紀念張永山教授》

我和張教授相識已有三十年了，我和他第一次交往的情景依然歷歷在目。

記得 1980 年在美國芝加哥召開了紀念 Wagner 的 TMS 年會，這是我第一次參加國外的大型國際會議，張教授也參加了這次會議。他一見到我就主動過來和我打招呼，和我談了很多，當他知道我出國後是在美國 MIT 的 Elliott 教授課題組工作時，他就告訴我「你來對了地方」，還主動地告訴我很多注意事項。

雖說我來美已有一年，我們這些從大陸來的學人一般還是比較拘謹，和外界打交道不多。張教授如此親切給我留下了極深的印象，我感到他熱情，助人為樂，這是我來美一年來，遇到的最熱心，最關心別人的人，從此我們就保持了長達三十多年的友誼。

我將他推薦給我們學校 – 北京科技大學。我們簽訂了科研合作協議，北科大給了他榮譽教授的頭銜。我還給他派送了很多學生去他那裡留學……。在這三十多年中我們幾乎年年聯繫和見面。他已成為我一生中關係最密切的人之一。

張教授治學的態度是「嚴把關、高要求」，對待學術問題一絲不苟。他多次和我談到學生中的問題。對待學生，天份固然重要，這是他考慮因素之一，但最最重要的是他們能否主動想幹，有時這比天份還重要。

治學嚴謹是他的一貫要求，學術上的聲譽他也很重視，他也會一絲不苟地爭取，因為有時聲譽也反映了對學者的研究成果的肯定，為學術上的進一步提升提供有利條件。1996 年，他當選美國國家工程學院院士。

1995 年我當選中國科學院院士以後，我就著手做推薦張教授做中國科學院外籍院士的準備。眾所周知，中科院的外籍院士難度是很大的，由於它有「對中國貢獻」的特殊要求，很多諾貝爾獎獲得者都不一定能當選上。經過努力，最終，張教授當選上了。這既反映了他的學術水平，也反映了他對中國科學發展的貢獻。張教授不僅為中國培養了很多人才，他還為中國學者走上世界作了大量的工作。

「和人交往有親和力」是張教授的一大特點。1991 年我第二次來 MIT，這次是以訪問教授身份來的。不久，張教授也受邀來做訪問教授。當時我有點詫異，因為在 Madison 他有一個很大的攤子，他怎麼走得開呢？他對我說：「這很重要，MIT 是冶金和材料界的中心，我們必須和他有所交往。」這步他也走對了。自此，他的學術更活躍，也更開擴了。

對學術永無止境的追求是張教授的又一特點。2006 年張教授和我一起參加了西安科技大學的一次學術報告會，順帶我們一起遊覽了附近的華山。「自古華山一條路」，這是一條漫長的登山路，張教授和夫人 Jean 與我一起同行，我們一路觀賞華山險峻的山勢，一路閒話家常。我們有足足一天的時間閒聊。我們的聊天很快就聚焦到人生上。

他和我談到未來的「退休」計畫。當他知道我也認為，「像我們這一批搞學術的人，退了休還能幹什麼？還是做我們的學問吧！」以後，好像發現了志同道合者，表現的特別的興奮和激動。由於小兒子的特殊情況，他可能會從麥迪遜大學退下，但他不會把學術工作放棄的。他反反覆覆對我說，他還會繼續永遠幹下去，他還動員我將這觀點宣傳宣傳，幫他做做工作。他這種對生活的熱愛，對學術的關切和追

求給我留下了難忘的印象。

(10) 麥克斯 ‧ 雷葛禮（威斯康辛大學麥迪遜分校材料科學暨工程學系教授）

《對張永山的懷念》

我是在 1971 年加入材料科學暨工程學系，當時該系所尚未轉變成材料科學系，但在冶金及礦物工程學方面夙負盛名。該系並非好科系，可能是大學中最差的一個，為什麼該校會聘用我，至今仍是個謎，也許因為我的專長剛好適合這個系所吧。

通常，很差的科系會想辦法找到好師資，因此，在很短的時間內，大約是在 70 年代晚期及 80 年代初期，該系所就聘用了約翰 ‧ 皮若佩茲柯（John Perepezko）、張永山（Austin Chang）及大衛 ‧ 拉波斯提爾（David Larbalestier），這幾位學者都是美家國家工程學院的成員，在學術界或工業界各執牛耳，在此同時，無法獲得終身職或另有高就等原因也讓我們損失了幾位教職員。我無法記得當初聘用永山的原因，但過程不冗長也不複雜。對身兼研究與行政工作的永山來說，從威斯康辛大學密爾瓦基分校轉到這裡，算是一種平調。我記得永山當時想到以學術研究為主的大學，當然他不知道這個系所會越來越好。我相信多數教職員都希望有一位頂尖的熱力學專家到當時的冶金工程學系。

當時，系所內部瀰漫爭執及派系，在院長強力推動下，系所內部對「與時俱進」興趣缺缺，有些人建議不管或淘汰系所。永山來到時，很幸運的是，大家都認同熱力學對材料科學與工程學系來說是很重要的，而他正好是箇中翹楚，因此眾人都樂於向永山求救，而他也很快地贏得尊敬。

事實上，很快地永山就成為系主任。我很肯定他到麥迪遜分校時並未想到要當系主任，在聘用他之時也沒人有這樣的想法，它就這麼發生了，因為永山可以跟各派系成員溝通，更重要的是，他懂得聆聽及問對問題。

在永山成為系主任之後，我與他的互動與了解程度更勝以往。更清楚地來說，我是系所內的「局外人」，我是由「改革派」所聘雇，但我的研究要比老一輩及新一輩成員更偏向基礎研究，所幸永山欣賞我，至少他會聽我說話。早年為了「求生存」，我擔任冶金科學計畫一項跨院研究生課程的招生工作，同時我也參與核子工程系系主任 - 卡邦教授的某些研究工作，從他那裡我學會很多現行制度下資源與工作分配法則。

那些知識對我與永山的討論相當有用，我們兩人都希望儘速改革系所。永山比我更能與冶金及陶瓷專業同事溝通，反之，我了解他不熟悉的「麥迪遜潛規則」，我們花很多時間討論可能的策略，後來幾年，我們越來越常討論私人問題。

記得我們討論的重要議題之一就是低薪問題，低薪政策導致我們沒辦法聘雇除既有資深教職員以外的新血，這樣的政策當然也讓系所的基本薪資變低，而加薪幅度永遠釘在基本薪資的百分比上，低薪也讓員工們很受傷，因此，首先我們要做的就是改變低薪政策。永山發揮影響力說服資深教職員聽他的，我們也運用了一些我從卡邦教授那裡學到的靈活技巧見機而為，透過非政府基金的資金來源提高薪資，也就是不受基金限制的規範，可以提撥較高百分比的加薪幅度給州政府教職員，這筆資金讓系所得以支付有意願到校任職者較高的薪資，我們也可以靈活運用。不少系所仍無法擺脫舊制的束縛，但永山和我決定一試，雖然永山有點擔心，但我說服他要大膽一點。當然，用這筆錢支付加薪的規定會是「永久有效」。

永山提高薪資的作為建立了一種新機制，而且為他贏得威斯康辛大學傑出教授榮銜，這些資金提供者包含了他合作的密爾瓦基各企業，他也許是第一位或第一批威斯康辛大學傑出教授，其他幾位接受挑戰的教授則以不同方式達到相同目的。

這個方式立即提高了系所的職工基本薪資，未來的許多年裡，這套方法也讓系所在獎金的提高上更有彈性，這就是「富人」與「窮人」的明顯不同。後來幾年，永山努力用此資金提升教職員薪資以補過去的不足，我們很快地改變了薪資調漲必須與年資同步的「凍漲」政策。當然，原來「永久有效」規定要求我們自行設法支付我們的部分薪資，系所仍可在 15 年後取消該項規定，結果對大家都有利。

這段往事的重點是，永山是個傾聽者，如果有必要，他也不會怯於取得職務，即使這件事讓他不安。眾人皆知，朋友來來去去，敵人只會越來越多，沒有「永遠的系主任」，永山深諳其理，某個角度來看，我認為永山為了某些原則跟立場失去了院長的信賴，但在我 40 年終身教職生涯中，他是我看過在位最久的系主任。

透過這些與專業問題有關的互動，我也漸漸了解到永山的另一面。有一天，我注意到他的車牌上寫的是 "Theo"，他告訴我有關三兒子道崙（Theo）罹患唐氏症一事，而這件事情對於他的妻子碧英（Jean）來說有多麼煎熬。無疑地，永山愛這個有時會從宿舍回來看他的三兒子道崙。因為我小兒子也有學習障礙，我們偶而會聊到該如何解決、道崙在做什麼以及他如何處理事情。

當我們年歲漸長，永山偶而會給我些忠告，多數時候，他需要的似乎是保證與鼓勵，成功如他，也有少見的不安與失措，但也就只是這樣了。有人沉溺於成就感的取得，因為他們必須透過成就感不斷地肯定自己，我認為永山也屬於這種人，之所以會如此，也許導因於他的童年，也或許這是天性使然。他是我所知得過最多榮耀與肯定的學者，但對他來說，這些永遠不夠，縱使某個獎項與他之前拿到的相比遜色許多，他仍會努力爭取提名。到最後，我必須勸阻他別參與某個專業社團，唯有如此，他才能成為頂尖人物。對某些人來說，成就的取得就像個遊戲，每件事都要贏，因為挑戰就在那裡；對某些人來說，成就感的取得是一種心理需求，我認為永山屬於後者。

最後，容我評論永山在研究領域上的才能。我相信一位真正的科學家要有瞬間辨識新觀念的能力，同時也要有將觀念化為行動的能力。永山有熱力學做為工具，他顯然是熱力學運用的世界級領導者，但有趣的是，和其他熱力學家不同的是，永山知道如何將熱力學應用在真實世界中，特別的是他也無懼於嘗試新事物。在現實

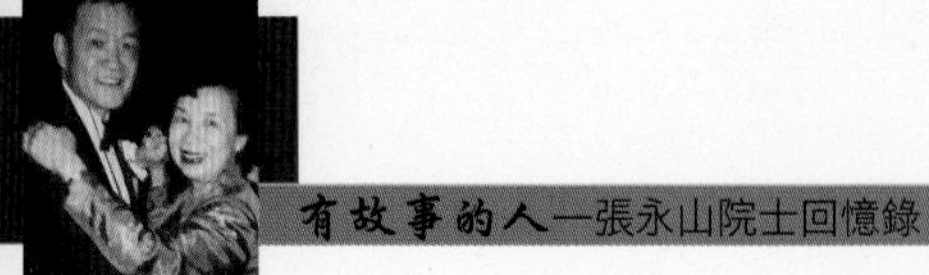

世界裡，透過他在 1996 年所創立的公司，永山的計算軟體被廣泛使用著。

對於接觸新的研究領域來說，我是專注於半導體表面及薄膜成長方面的基礎科學，永山看到自己可以投入的領域，於是學習後者，甚至是後來的混合半導體，他也很快地熟諳此道。與他之前的研究領域相比，這是個很大的轉變，也少見有人將二者連結，但永山從中看到發展機會，我想這就是他的人生故事。

（Original）

My recollections of Austin Chang

By Max G. Lagally
E.W. Mueller Professor
Department of Materials Science and Engineering
University of Wisconsin-Madison

I joined the Department of Materials Science and Engineering in 1971. Only at that time it had not made the transition to Materials Science, but was known as Metallurgical and Mineral Engineering. It was not a good department; perhaps the worst in the college. Why the faculty agreed to hire me is still a mystery, as I fit nowhere into the expertise of the department.

But many times, a very bad department will figure out how to hire good people. So in rather quick succession the department hired John Perepezko, Austin Chang, and David Larbalestier in the late 70s and early 80s. All of them ended up as members of the National Academy of Engineering. All of them had prior academic and/or industrial experience. At the same time we lost several younger people who either saw they would not get tenure or went on to other pursuits. I absolutely do not recall the discussions that led us to make the effort to hire Austin, but it did not seem long or complicated. It was more or less a lateral transfer from UW Milwaukee, where Austin was active in research but also in administration. I had the impression Austin wanted to come to a better research university, although it was not clear he was coming to a better department. I believe there was the opinion among our faculty that we needed a top thermodynamics expert in a metallurgical engineering department.

At the time, an additional difficulty was the dissension and factions within the department: as the department was very slowly attempting to modernize itself （with a strong push from the dean）, some felt left out or left behind. Austin came into this environment, but he was lucky: all camps recognized the importance of thermodynamics– in all aspects of materials science and engineering, and his expertise in this field. People readily came to Austin for help and he quickly won respect.

In fact, fairly soon he was department chair. I am convinced he did not come to Madison to be department chair, and I am also sure that this aspect was not discussed in the plans to hire him. It just developed naturally, because Austin could talk to all sides, or more importantly, to listen and to ask good questions.

I really got to know Austin and interact with him and get close to him after he became chair. It should be made clear that I was an outsider in the department; I was the first of the "modern" group to be hired, and I was far more to the basic-science side than anyone else, existing or newly hired. But Austin appreciated that point of view, or at least listened to me. In order to survive those early years, I took on a major role in the Materials Science Program, a campus-wide graduate program that ran outside the department, namely recruitment of graduate students. Also I attached myself somewhat to Professor Carbon, the chair of another department, Nuclear Engineering. I learned a lot from him about how the system works in terms of distribution of resources and tasks.

That knowledge was quite useful in my discussions with Austin. We both wanted to improve the department as rapidly as possible. Austin had the ear of the classical metallurgists and ceramists, which I certainly did not. He, on the other hand, was not so familiar with the Madison way of doing things and was not so political. So we spent a lot of time talking about possible strategies. In later years those discussions turned to more personal things.

One of the significant problems that I remember we were trying to solve was that all of our salaries were extremely low, and there was a prevalent attitude that we could not pay new hires more than what senior faculty were making. That attitude, of course, kept all salaries low, because it kept the department base salary budget low, and salary increases were always pegged to a percentage of this number. So faculty with this attitude were actually hurting themselves. So first we had to change that attitude. Austin was influential in convincing the traditional faculty to go along. We were also opportunistic, with tricks I learned from Professor Carbon. For a brief period, there were chances to raise the salaries through "soft money", non-state funds. This came about through what was known as "unfunded mandates", which set the overall percentage of raises allowed to higher than the percentage that was actually funded by the state for faculty salaries. These unfunded mandates gave departments the opportunity to pay those of their faculty who could come up with the soft money a higher salary. Several of us had enough flexible funding to take advantage of this increase. Many departments did not avail themselves of the unfunded mandates. Austin and I decided we should take all we could get–Austin was a bit fearful, but I convinced him to be bold. Of course, the requirement was that those who agreed to use soft money to pay for their salary increase do so "for eternity".

Austin did his salary increase through a mechanism that gave him the title of Wisconsin Distinguished Professor, in his case I think funded by Milwaukee companies with which he had collaborations. He may have been the first, or one of the first,

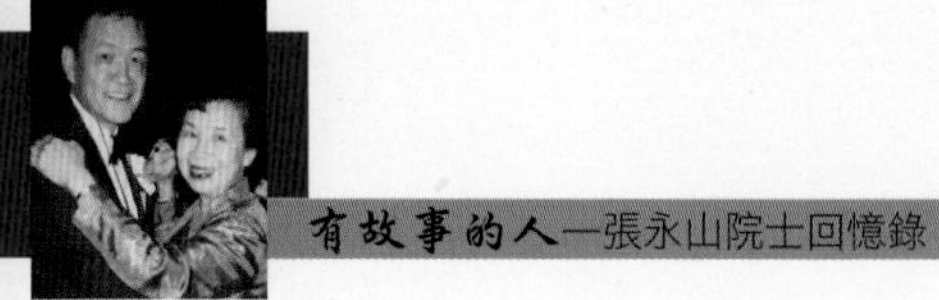

Wisconsin Distinguished Professor. The three or four others of us who accepted the challenge did so by various other means.

What this action accomplished was an immediate raise in the base salary budget of the department, and thus much more flexibility in awarding raises to others in future years. It also created an immediate significant disparity between the "haves" and "have-nots", something Austin in future years skillfully exploited to get catchup raises for faculty who were clearly underpaid. And we quickly changed the attitude that salaries had to follow lock-step with seniority. And, of course, despite the "for eternity" requirement to pay for portions of the salary ourselves, the department was able to eliminate it after about 15 years. A win for everybody.

The point I wanted to make with the above example was that Austin listened and was not afraid to take the proper, even if uncomfortable, position when it was required. As we all know, friends come and go, but enemies accumulate. So nobody can be effective in a department chair position forever. And so it was with Austin. Somewhere along the line he lost the confidence of the dean, as I recall through defense of a principled position. But I believe he was chair longer than anyone we have had in my 40-year tenure in the department.

Via these interactions, which at first were more or less on professional topics, I got to know Austin more personally. One day I noticed the license plate on his car, Theo. I asked and he told me about his son, and how difficult that situation was especially on his wife, Jean. But Austin clearly loved Theo, who often came to visit him in the department. Because my youngest son has learning disabilities, we occasionally spoke about how to handle these things and what Theo was doing and how he was handling things.

As we went on, getting older, Austin often came to me for advice on various topics. A lot of the time he seemed to need assurance and encouragement. I found this insecurity in someone so successful a bit disconcerting. But it is probably just so. Some people are driven to achieve because they need continual and repeated affirmation of their self. I believe Austin fit into that category; perhaps it was his childhood, perhaps it was just in his genes. He had more prizes and awards than anyone else I know, but it was never enough. Every opportunity, no matter if the award was of much lesser import than ones he already had, he asked to be nominated. In the end I had to dissuade him from joining a professional society just so he could become a Fellow in it. For some, this sort of thing is a game: win at all costs at everything, just because the challenge is there. For some it is a psychological need. I think it was the latter for Austin.

Finally, let me make a comment on Austin's versatility in research. I believe what really makes a great research scientist is the ability to see beyond the immediate and reach out to new ideas as well as turning those ideas into practice. Austin had a tool, thermodynamics. He was clearly a world leader in the application of thermodynamics. What I found interesting, however, (and different from many other classical thermodynamicists) is that Austin knew how to apply thermodynamics in the real world and especially that he was not afraid to jump to try new things. As far as real-world application, Austin's software is widely used by others, disseminated through the company he founded, I believe in 1996. In terms of jumping into new areas of research, as I said, I was performing fundamental science on semiconductor surfaces and semiconductor film growth. Austin saw that he could make contributions there, and he learned to grow thin films, in the end even for compound semiconductors. He became rapidly adept at it; it was quite a change from his early work and quite uncommon to see someone make such switches. But Austin saw opportunities for making contributions. I think that is the story of his life.

(11) 查爾斯 · 薛（威斯康辛大學麥迪遜分校藥品科學暨有機化學榮譽教授）

我與張永山教授相識始於 1980 年，那年他加入威斯康斯大學麥迪遜分校擔任材料科學暨工程學系教授。

張教授是固態物理學中熱力學應用的指標性人物，他的傑出貢獻獲得許多獎項與榮耀。他是傑出的指導者與教育者，將一生貢獻於學術領域中，同時他也是位優秀的系主任。儘管他在專業領域中相當活躍也投注許多時間在此，但他最重視的仍是家庭，他喜歡與家人在一起，也是位摯愛妻子的丈夫。

對道旭（Vince）、道維（Larry）及道崙（Theo）這幾個孩子們來說，他是個具有影響力的父親。張教授是極好的人，他擁有大智慧與寬大的胸懷，在他任職於麥迪遜分校期間，有幸與他認識是我的榮幸。他的朋友們都不會忘記這位擁有和藹個性與慷慨天性的好人，他的影響力將被後人尊崇與懷念。

（Original）

By Charles J. Sih
Emeritus Professor of Pharmaceutical Sciences and Organic Chemistry
University of Wisconsin, Madison

I had known Austin Chang since 1980 when he joined The University of Wisconsin Madison as Professor of Materials Science and Engineering.

Austin was an icon in the field of solid-state solution thermodynamics and its applications and had received awards and prizes for his important contributions. He was well recognized in the university community as an inspiring and devoted educator as well as an outstanding departmental chair.

Despite his very active life in professional activities and numerous demands upon his time, he was first and foremost a family man. He loved to be with his family. He was a devoted husband to his dear wife, Jean.

He was an affectionate father to his children, Vince, Larry and Theo.

Austin was a splendid person, of great intellect and big heart. It was my privilege to have known him through most of the years he spent in Madison. His genial personality and the generous instincts of this fine person will be missed by all his friends. He will be remembered with respect, admiration and affection.

(12) 丹 · 摩根（威斯康辛大學麥迪遜分校材料科學暨工程學系教授）

《有關張永山教授的回憶》

我有許多有關永山的溫馨回憶，不知從何說起。對我這樣的年輕教職員來說，永山是良師益友、多項研究計畫的合作夥伴、重要的學習榜樣，包含我在內的許多研究後輩都希望能達到永山的境界。我與永山的往來中，讓我印象最深刻的並非某個單一事件，而是他能同時面對並處理看似不同事物的傑出能力，比方說，他一方面具有開放的好奇心，又具有強大的說服力；全然的謙遜，卻有著極佳的理解力及領導力；舉止溫暖祥和但節奏緊湊，而且研究產量驚人；絕對的慷慨大方，卻也不忘達成新目標。舉幾個我與永山一起做研究時的例子，我主要負責的是第一原理模擬計算，過去 10-20 年用來預測動能的強大方法，有助永山所研究的相穩定與合金動力學。

對於像永山一般的權威學者來說，這樣的新方法可能只會被視為是一種威脅或只是曇花一現的風潮，但是，永山卻立即看出，這些方法對於他所建立的相圖預測來說極具潛力與價值，他會熱切地尋求與此相關的討論或合作。我還記得和永山坐在他辦公室裡討論，如果使用這些方法在他感興趣的領域中，可能會有那些問題、優勢與限制。他總是充滿強烈的好奇心，問許多問題並準備好從我這裡汲取我知道的任何資訊，他也總是用極佳的理解力剖析我們的討論內容，將這些不同性質的方法導向科學進展。他總是用一種令人驚訝的方式開啟新的想法，不過，他也不忘建議這些想法必須先經過精密流程的仔細檢視。此外，他還非常慷慨、毫無拘束地分享他的時間、智慧、學生與學術著作，沒有絲毫遲疑。3 年內，我們合作了 9 個論文研究，幾乎每一個永山都投注許多心力，毫不保留地分享他的創造力與生產力。

如果說有什麼特別令我難忘的，那就是當永山將我從走廊攔下，詢問我有關在 CALPHAD 相圖計算理論下空孔模擬的技術問題，在這個領域中，他享有極高的領導地位。對於他的問題，我回答不出來，我不懂為何自己對這個問題有限的理解力對像他這樣層級的人來說有任何重要性。對大部份的人來說，類似這樣的對話可能很快就結束了，就好比是每天會發生的尋常對話，但永山眼中具有感染力的閃光以及孩子似淘氣的興奮表情將我倆繫在一塊，於是我跟著他走進辦公室，投入另一個冒險。那場對話之後過了 6 年，永山當時提出的問題成了我在國際合作中心所參與的項目，我常想起當年走廊中永山臉上的笑容，而我仍繼續地尋找他問題的答案。

（Original）

Some Memories of Y. Austin Chang

By Dane Morgan
Professor
Department of Materials Science and Engineering
University of Wisconsin–Madison

I have so many fond memories of my interactions with Austin that it is hard to know where to start. He was a mentor for me as a young faculty, a collaborator on multiple projects, and a scientific and character role model for what I and many other younger researchers hoped to become. What sticks most in my mind about my interactions with Austin is not a single experience but his wonderful ability to harmoniously integrate the best parts of apparently opposite things. For example, an open-minded curiosity combined with very strongly held convictions, a profound humility combined with immense intellectual understanding and leadership, a warm and peaceful demeanor combined with a punishing schedule and amazing productivity, and an immense generosity combined with intense drive to accomplish new things. As just one example, I will share some of my experiences working with Austin in research. I work in the area of first-principles modeling, a method of predicting energies that over the last 10-20 years has become powerful enough to aid those like Austin who focus on understanding phase stability and thermodynamics of alloys.

For many established researchers like Austin, such new methods might appear to be a threat or be dismissed as a fad. But Austin immediately saw the potential value of these approaches for the world of phase diagram prediction he helped build, and he avidly sought out discussion and collaboration in this area. I remember sitting with him in his office discussing the possible uses of these methods and their strengths and limitations for the problems in which he was interested. He was always intensely curious, asking many questions and ready to learn from whatever I knew, but he always brought his great understanding to our discussions to guide how we might integrate different approaches to move science forward. He was incredibly open to new ideas, but demanding that they be supported through careful testing and commitment to high quality work. He was also immensely generous, freely sharing his time, wisdom, students, and authorship on papers without the slightest hesitation. In just 3 years we collaborated on nine papers, almost all with Austin leading the effort and sharing without restraint his creativity and productivity.

If there is one moment that sticks particularly strongly with me it is when Austin stopped me in the hallway to ask about a technical issue with modeling vacancies in the CALPHAD formalism, a research area in which he was one of the world's leaders. I had no idea the answers to his questions, and I could not understand how my stumbling insights into this problem could possibly be of interest to someone of his level of understanding. With most people, the conversation would have ended quickly, just one brief conversation of many in any given day. But Austin had that infectious twinkle in his eye and mischievous childlike excitement that I always associate with him, so I followed him into his office to embark on another adventure.

Six years after that conversation, the problem Austin brought up is at the center of an international collaboration in which I am involved, and I often think of his smiling face in that hallway as I am still searching for the answers to his questions.

(13) 萊納 · 施密德費瑟（德國克萊斯塔爾工業大學冶金研究所教授）

我第一次與永山見面是在 1980 年一場於英國倫敦舉辦的研討會上，那時我得知他剛解決了金屬氣系統上與銅硫有關的大難題。我那時研究的內容與銅氧系統相關，於是我鼓起勇氣向他提問。當時他非常和善地詳加說明並提出很有價值的建議，我很訝異這位來自美國的知名學者竟對我這位博士後學生如此和善且知無不言，言而不盡。

後來我們持續都有聯絡。我於 1982 年到麥迪遜分校他的團隊中做了 3 個月研究，在永山的建議下，我完成第一個研究計畫。後來，永山邀我到威辛康辛大學麥迪遜分校當訪問副教授，於是在 1983-1984 年間我到麥迪遜分校冶金與礦物工程學系呆了一年。對我的研究生涯來說，這段時間非常重要，我不僅接觸到美國大學體系，永山也始終給予我支持及建議，奠定往後我們密切合作的基礎。

在永山重新架構麥迪遜分校「冶金與礦物工程學系」為「材料科學暨工程學系」期間是最容易樹敵的時候，但他卻沒有敵人，因為他總是清楚且公平地對待系上每一個人。

我絕對地信任他，他是我在科學研究上的學習榜樣，他非常專注、樂於分享新知而且是名偉大的「實踐者」，他帶領並鼓勵他所指導的博士後學生們跳脫框架但同時謹守分際。

永山所創立的 Computherm LLC 公司衍生自威斯康辛大學麥迪遜分校，這家公司成功發展第二代熱力學計算軟體 Pandat，1997 年我與家人第二次以訪問學者身份造訪麥迪遜分校時有幸參與此一軟體的開發。Computherm LLC 發展得很好，並將觸角延伸至動力學模擬軟體與資料庫的建立，主要的合作對象包含瑞典的 Thermocalc（Thermo-Calc Software）公司、Factsage 加拿大公司（Thermfact/

CRCT）及 Factsage 德國公司（GTT-Technologies）。

認識多年，永山都沒有談過自己的私事，直到我們相識約 25 年後我才在一場張家舉辦的壽宴中知道他的童年與家庭背景，永山當時自己講述這些往事並公開一些歷史照片。我很驚訝地位如他這般的科學家竟然來自於中國河南省。多麼不凡的人生！

永山在熱力學與複合材料相形成領域中是真正的先驅，他成功連結科學發現與實務問題，因而開啟技術進展，他的成就早已凌駕於難以計數的榮耀與勛獎之上。

聽聞永山驟逝的消息我很難過。他擁有非凡的人格特質，在科學領域裡，他是強而有力的領導者，同時他又相當溫暖、謙遜且樂於助人。36 年前我們第一次相見時他即指引我方向並招募我到威斯康辛大學麥迪遜分校與他一同工作，自此我便與他分享所思所想並向他學習。我永遠都不會忘記他，願他在天國安息，也願他的家人從失去這位優秀家人中找到力量與安慰。

（Original）

By Prof. Rainer Schmid-Fetzer
Clausthal University of Technology, Institute of Metallurgy
Germany

I first met Austin at a conference in London, UK, in 1980. At that time I learned that he had just solved a big problem on metal-gas systems, specifically copper-sulfur. I was tackling the related copper-oxygen system and just bravely asked him about that in London. He was very kind, explained it all in detail and gave me valuable advice. I was surprised that the big professor from the US talked so friendly and openly to me, a simple post doc.

We maintained contact and, in 1982, I spend three months with him in Madison, while finishing my first own project based on his advice. Subsequently, Austin invited me as a Visiting Associate Professor at University of Wisconsin-Madison so I could spend a year in 1983-1984 at his department. This was the most important time in my scientific career, not only being exposed to the US university system but getting constant support and advice from Austin, founding our very intense collaboration.

At the time when he was re-structuring the department in the big transition form "Metallurgical and Mineral Engineering" to "Materials Science and Engineering" it would have been easy to make enemies–but he did not, he was clear and fair to every person in the department.

I absolutely trusted him. He was my ideal to follow in scientific research, very focused, open for new ideas and a great "accomplisher". And he guided his students, post

docs–and even colleagues–by leaving enough room and at the same time keeping the focus.

Computherm LLC is a spin-off company from University-Madison that Austin founded. This company was most successful in developing second generation software （Pandat） for thermodynamic calculations. I had the chance to contribute to that development in 1997 while I stayed a second time with my family as a visitor in Madison. Computherm LLC is developing very well and progressing in the new areas of kinetic simulation software and also database development. They are among the key international players in that field, Thermocalc from Sweden and Factsage from Canada/Germany are the other two players.

For many years he did not talk about himself. It was after about 25 years knowing him that I learned about his childhood and family background at his big birthday party where he gave a speech with photos. I was impressed about his way from poverty in China up to the highest level of scientist. What a life!

Austin was the true leader in science in our field of thermodynamics and phase formation in complex materials. And he succeeded in linking his scientific findings with practical problems, thus enabling progress in technology. He was more than worthy of all his countless honors and distinctions.

It is too sad to hear that Austin passed away. He was an extraordinary personality, combining strong leadership in our scientific community with being such a warm, modest and always helpful man. When we first met, 36 years ago, he really showed me the path to go and he enlisted me to work with him in Madison. Ever since I was blessed to share my thoughts and learn from him. I will never forget him. May peace in heaven be with him. And may strength and comfort be with his family to cope with the loss of this unique man.

(14) 孫國雄（東南大學材料科學與工程學院教授）

《永遠的良師益友—憶張永山教授》

1980 年 9 月 10 日我離開南京經北京 - 巴黎 - 華盛頓，於中旬到達麥迪遜，作為訪問學者進入了威斯康辛大學 - 麥迪遜分校（UW-Madison）的冶金與礦物工程學系（該校材料科學暨工程學系的前身），而可喜的是張永山教授也於 9 月上旬由威斯康辛大學 - 密爾瓦基分校（UW-Milwaukee）轉到威斯康辛大學 - 麥迪遜分校任教。他的辦公室就在二樓系辦公室的斜對面，因此我到達系所當天，我們就在二樓他的辦公室見面了。

雖然是第一次見面，我卻感到特別高興。因為我是第一次出國，路遠迢迢到了美國，人生地不熟，總有一些孤獨感。一見到系內有著名的華裔教授，就有一種一見如故之感，特別興奮。張教授也很高興，他說我們幾乎是同時來到了 UW-Madison，他早到了幾天。聽說我是從南京工學院（1988 年更名為校史上曾經用過的名稱 - 東南大學）來，他也要我介紹南京的情況。

雖然在 UW-Madison 兩年我並沒有在張教授的研究組，但是我們的接觸很多，他成了我的良師益友，也有不少節假日是在張教授家裡度過的，有時張教授和張太太還駕車陪我去威斯康辛州的景區遊覽。在我結束訪問學者期限回國後，我們還一直有著聯繫。我感到張教授最值得敬仰的是他的人品、創新思維、對學術的嚴謹執著和對學生的厚愛。

張永山教授的學術成就是眾所周知的，因此他當選美國國家工程學院院士，也是中國科學院外籍院士，在他指導下攻讀碩士及博士學位的學生們一定會有更深刻的體會和更深入的瞭解。作為名校教授，張教授在教學工作上的貢獻也是非常傑出的。我曾經旁聽過他的「熱力學」課程，這門課程對於從事材料領域學習、工作、創新研究及開發的人員都是十分重要的，是材料領域的一門重要的基礎及原理性課程。這門課在大學生的課程中已經有安排，有關的定律、公式及原理好像也並不太複雜，但是要真正理解，特別是在研究和開發過程中如何很好的應用熱力學原理卻並不容易。

我在旁聽的過程中曾與張教授探討了他的教學方法。美國課程的上課時數並不很多，因此上課時講述的內容都是重點突出及簡明的。聽起來不會感到太困難，但是熱力學課程要真正學好、能應用好這一重要的基礎性課程的原理確實有一些難度。張教授授課時除了佈置習題外，每隔 2 星期左右就考試一次。在美國的學生對於這樣的考試是十分重視的，因為它會影響課程的最後成績。第一次考試的成績讓學生們完全出乎意料，我也感到驚奇。因為按百分制評分，全部學生都不及格，考得最好的學生成績只有五十分左右，差的只有二十多分。張教授在考試後的課上，詳細講解了每一個考題的原理及如何分析及應用熱力學的相關原理去解決問題，其實這是學習熱力學最重要的方面。張教授的考題並不是學生簡單的套一套公式就能解決的，題目的重點在於如何應用學過的基本原理去分析解題，考題的講解使學生們都感到得益匪淺。

第二次考試的成績也讓人吃驚，最好的成績已經及格了，但也低於七十分，不過總體上成績都有所提高，可是學生們的擔憂之心仍然放不下，因為已經考了兩次了還是這樣的低分。第三次考試的成績又有提高，張教授在詳細講解後宣佈，前三次的考試成績不作為平時成績，也不做成績記錄，此後的考試成績才作為平時成績記分。學生們普遍感到放心了，同時也感到上課內容及平時考試題目的講解是熱力學學習中兩個重要的環節，是不可或缺的。我與張教授探討了這一問題，他說，一方面他用平時考試來督促學生的學習，而講解考題可以充實和補充上課時難以講解透徹有關熱力學原理如何應用的問題。這在正常上課時是難以講解清楚的，至於每次的考題也是張教授做了細緻的考慮的。張教授在熱力學課程講授上的精心設計與準備，對於學生能更好的學好這一重要的材料基礎課程創造了極好的條件。

在我 1980 年離開南京到美國前，校內與校外的很多人都要我了解一下美國的碩士、博士究竟是什麼水平？因為當時中國正在準備恢復學位制度，因此對這一問題的關心和迫切希望瞭解也是很自然的。我也曾經與張教授探討過這一問題，最後大家統一的認識是：無法回答美國的碩士、博士是什麼水平的問題。美國的各個學校水平是不一樣的，同一個學校不同系的水平是不一樣的、同一個系不同指導老師指導的研究生水平是不一樣的、同一個指導老師指導的不同研究生的水平也是不一樣的。同樣，美國或世界一流大學總體說來研究生水平比較高，但是也不能說這些研究生個個都是高水平的。

張教授和我都碰到過實例。我在威斯康辛大學是在 Carl R. Loper, Jr. 教授的研究組。有一次他對我說能不能幫他一點忙，我說：「可以啊，什麼事？」他說，他有一項企業任務，聘請了一位剛獲得碩士學位，一時找不到工作的碩士來做，當然在美國並沒有碩士後的稱謂，否則他就是碩士後。這一位碩士生的導師是該領域世界著名的教授，培養了很多業界著名的博士。這一位受聘碩士的碩士論文題目，與他這一次受聘要完成的項目是同一類型，同一種材料。Loper 教授要求說：「為了能較快及較好的完成任務，你能否幫助他收集資料及制定實驗方案，實驗工作由他做，實驗結束後寫結題報告的時候再幫助他一下。」我說：「可以。」但是在與那位碩士剛接觸兩三天，我就忍不住對他說：「你碩士論文才答辯不久，怎麼你對論文所涉及材料的基本概念都還沒有瞭解清楚？」這不能說是該碩士生所在的學校不好或指導老師的水平不高，問題主要還在於該學生的基礎知識水平及其本人的努力程度的不足。

張教授也曾經有一個需要招收一位博士後來完成的任務，他聘用了一位來自世界級名校冶金熱力學學科的博士來做這一工作。待他工作幾個月後，發現這一位博士是無法完成任務的，當然絕對說不上是由於這一位博士就讀的那一個學校水平低或他攻讀博士學位時的指導老師水平低。其實，再好的學校出來的博士也不會個個都是高水平的，有的甚至也會是比較差的。

90 年代中旬我們很高興又有機會相遇。張教授對我說：「我近來有些苦惱，你能不能幫點忙？」我說：「什麼事，你怎麼會有苦惱的事呢？」他說：「是為招收學生的事情。每年我收到的攻讀研究生的申請有五六百份，很多是 TOFEL 和 GRE 的高分甚至接近滿分的學生，這是一個很好的情況。但是發現招來的部份高分學生，一旦研究工作開始，有的學生就束手無策了。」他為此很苦惱，問我能不能介紹一些好學生給他。我說：「如果我們的學生能到你那裡攻讀博士學位我是非常高興的，但是我們學校沒有冶金熱力學的學科，我的學生都是學鑄造的。我們的研究生，不論是碩士生或博士生，學習相應的課程及論文工作一般都很忙，很少有時間去準備考 TOFEL 及 GRE。因此他們多數都沒有這兩門申請出國學習的考試成績。」張教授說：「沒關係，我與威斯康辛大學研究生院聯繫，讓他們先過來，美國每年考試的次數很多，TOFEL也不需要很高分，只要過550分就可以了。」這樣，我先後推薦了6名學生到張教授那裡攻讀博士學位。

我推薦的第一位是當時正在我那裡開始攻讀博士學位的嚴新炎博士。美國的一些研究生聽到他們沒有TOFEL等成績就錄取為博士生到了美國，感到非常驚奇。但是這6位不論在學習及博士學位研究期間都受到了張教授的讚譽，在他們後續在大型企業研發中心工作中也都有著傑出的表現與成就，有的已經是美國著名大學的教授。張教授和我都有一個共同的觀念：選學生只看統一考試的成績是顯然不夠的，也是不全面的，更應該瞭解他們的基礎知識水平，特別是對學習和從事研究工作的執著和嚴謹。

(15) 劉錦川教授及夫人荊大彰

劉錦川（香港城市大學傑出教授、美國國家工程學院院士、中國工程學院外籍院士、台灣中央研究院院士）

歲月如梭，算來我和Austin教授相識已近三十年，如今他已仙逝，但他依然活在我們的心中。

記得我第一次與他相識是在80年中期，我在芝加哥參加TMS年會，一天傍晚，我和賓州大學的David Pope教授在密西根湖畔大道散步，遇到Austin和他的朋友，因Austin和David相識，我們大家便在一起閒聊，相談十分融洽。我和Austin用中、英文交談，他的口音有河南腔，我才知道他的老家是河南鞏縣。那次相遇後不久，他約我去威斯康辛大學學術交流，那是我第一次看到熱忱能幹的Austin夫人Jean以及威大美麗的校園，不久之後，我也邀請他來橡樹嶺國家研究院訪問並做特邀報告。這兩次交流下來，我們志趣相投，相處十分愉快，大家很快地成為好朋友。

從1992年起，我在中國召開了一系列的金屬和金屬間化合物的國際研討會，Austin和他的夫人Jean都十分熱心來參加。會後我們一起遨遊了許多中國美景，包括杭州、北京、成都、張家界、千島湖、揚州等歷史名城和文化古蹟，在這些地方，我們共同留下了美好的回憶。

Austin是一個十分受人尊敬的傑出學者，也是一個心胸寬大、熱心助人的好朋友。他每每把自己在學術上的成就用來幫助別人，尤其是國內外的中國學者，我和許多朋友都曾受過他的鼎力支持。對學生，他更是不遺餘力的幫助他們在學術界出人頭地，更上層樓。在做人方面，他真可說是個可親可佩的良師益友。

在學問和事業上，我認為Austin在材料熱力學和相圖的推廣上，堪稱國內外泰斗，他得到的殊榮包括了ASM、TMS和MRS的各種大獎，並獲得Acta Materialia終生成就金質獎章，他也是美國工程學院和中國科學院的雙料院士。

在創業上，他也是十分有成就。他為了幫助國內學生在美國就業而創立了

CompuTherm 公司，用來推廣各種材料的相圖和熱力學演變，CompuTherm 的軟體和資料庫不但可以和歷史悠久、世界著名的相圖公司 Thermo-Calc 分庭抗禮，而且在某些材料上的計算已超越了 Thermo-Calc，可以說他對材料計算方面做出了重大貢獻。

最後我要說，Austin 是一個非常傑出的材料學者，也是一位心胸寬大、受人尊敬，讓人難忘的好朋友。記得許多年前，我們去嚴子陵釣台春遊，當日細雨霏霏，Austin 和 Jean 因在杭州有約，必須提早離開。他們上船離去前，我們大家在碼頭一起為他們送行，臨別時，大家一同合唱《送別》，「長亭外，古道邊，芳草碧連天，晚風拂柳笛聲殘，夕陽山外山。天之涯，地之角，知交半零落，一觚濁酒盡餘歡，今宵別夢寒。」此情此景歷歷在目，如今 Austin 已離我們而去，但大家對他的懷念永存心中。

(16) 史坦 · 威廉斯（惠普研究室資深院士）

《懷念張永山》

1980 年代初期，任教於加州大學洛杉磯分校的我努力想要了解兩個物質之間，特別是薄金屬與化合物半導體物質，如砷化鎵、磷化銦及各類合金接觸之後可能產生的化學作用，這類技術對於早期光電元件與電路的發展是相當重要的，因為無法掌控的化學反應可能會毀了雷射儀器與金屬半導體場效電晶體，當時，鮮少人能夠預料結果會如何。我曾猜想可能跟熱力學有關，但我的專長不在此，我所知道的多半是從大一化學課中學到的內容。許多知名的研究者明確指出，從外表與介面效應來看，應該與熱力學無關，顯然他們認為熱力學只能應用於大容積系統的想法是錯誤的。我知道如何觀察界面結果，但我更需要的是一位比我更了解固態熱力學與動力學的合作對象。

1986 年，我參加在中國北京所舉辦的研討會，會中我也說明了自己的想法。這個想法披露後，研討會中另一位學者對於我感興趣的金屬與化合物半導體三元相圖熱力學系統有所研究，他的名字是菲奧多 · 庫內索（Feodor Kuznetsov），他是新西伯利亞（蘇聯的前身）研究固態三元熱力學及高階系統的第一把交椅。他的研究團隊可能不知道自己的研究結果對光電元件有何重要性，由於他特殊的研究背景，要和他一起研究幾乎是不可能的事。在和他聊過之後，他告訴我可以和威斯康辛大學的張永山教授聯絡，張教授擁有相關領域的研究背景，對此領域也相當擅長，可以說是當今美國該領域中最厲害的人物，這是我第一次聽到張永山的名字，我牢記在心。

一個月之後，我到柏克萊大學化學系拜訪我最崇敬的李奧 · 布沃教授（Prof. Leo Brewer）並告訴他我的想法。我當時滿心以為他對我的問題會感興趣並有可能加入研究行列，沒想到他卻告訴我他快退休了，大約一年後，等最後一名研究生拿到博士學位，他就打算關閉研究室。他建議我可以找張永山一起研究，李奧是這麼說的：「自吉布斯之後，張永山是最棒的熱力學家，現代熱力學的奠基者。」哇喔！這句話出自於以熱力學家自居的李奧 ‧ 布沃之口，絕對是強而有力的推薦。一連兩次的專家推薦後，我需要做的就是付諸行動。接下來我會描述我與張永山見面並邀請他加入研究計畫的始末。

意外得知這個結果後，機會很快就來敲門。我受邀到威斯康辛大學麥迪遜分校物理系參加一場研討會，我和邀訪者說，訪問期間，我想和材料科學系的張永山碰面，為了配合大家的行程，這個要求代表我必須要待到 2 月份，我個人並不喜歡威斯康辛寒冷的天氣，但為了見這位「大人物」，我答應留下來。

見面的時間終於到來，不止研討會的邀訪者不明白我為什麼要見一位材料學科學家，就是張永山也不明白我是誰以及我為什麼想要見他。帶著一顆惶恐的心，我來到張永山的辦公室，我料想，傳聞中如此知名又光芒萬丈的他可能不好親近，又或者對我要說的內容不感興趣。但是，當我敲門入內後，看到的張永山卻是非常和藹有禮，他聽了我的來意後又問了幾個關鍵問題，憂喜參半地，他拿起桌上的手寫文件到我面前，我尚未提到我的問題有趣之處，他就已經精準地直指重點。他的答案是，熱力學與動力學一樣重要，他已經取得方程式並請學生收集資料以便圖像化這些資訊。一方面，我很高興看到這件事有這麼漂亮的解決方式，但另一方面我卻因為喪失先機而感到相當沮喪。對於自己先我一步找到解決方案，張永山表示遺憾。

但幸運的是，我仍有其他議題可以研究，比方說電子物質界面的探討，張永山就這麼輕而易舉地解決了我心中有關熱力學與動力學的疑惑。這個發現只是張永山許多重要科學貢獻的其中之一，但這個事實顯然被眾人所忽略，也許是因為多數研究化合物半導體的學者不明白熱力學重要之處。

走出張永山的辦公室，我的內心並不平靜，既失望於他已經找到我本以為會由自己找到的「天大秘密」，卻又對這個聰明的學者充滿崇敬，很希望我能夠找到張永山也許無法快速解決的挑戰，也許這樣我們就可以一起研究。多年來，我們都保持聯絡，我們常在不同的研討會中碰面，只要舉辦講習會或研討會，我都會邀張永山參加。他一向都可以提出具有見地的看法，就算在某些他比較不擅長的領域亦然。他也許安靜而害羞，但一旦有話要說，絕對擲地有聲。他的言論具有權威性，就算沒有見過他的人也會記得他所有易於理解的新觀念，從他每一次的談話中，我學到許多重要的新觀點。

1995 年，我從學術界轉換跑道，負責 HP 研究室贊助的新基礎研究，為了測試新的掃描穿隧顯微鏡，我決定用這儀器觀測在單晶矽晶表面生成的鍺奈米晶，很快我就明白，這種材料生成的奈米晶大小和外觀與熱力學可能有關，如果我們可以搞清楚這些環節，就有機會控制這系統的自組裝行為。

挑戰再度降臨，希望這次我找到了張永山還沒做而我們可以一起完成的研究，但這個機會出現時，張永山的生活卻是相當忙亂的，就算他有興趣，心思也無法專注於這個問題中。雖然如此，我們很常討論這個話題，他也提出很重要的觀點，我後來發現，這些對話已成為我生命中最感到滿意的科學激盪。我們找到了可以共同研究的計畫並找來一些研究生依我們的想法做實驗。這段期間，我更了解到張永山的為人，對他的崇敬有增無減。他是一位優秀的科學家，更是一個偉大的人。對他來說，他的家人與學生是他最重視的，當我提及，這些牽絆可能會限制他在科學研究上的發展，他則回應，他很高興這些人的出現，因為他們讓他成為更好的人，我從未聽過有誰說過這樣的話，更不用說是出自一位如此活躍又優秀的科學家之口。

認識張永山是我的榮幸，對我來說，他是一位很重要的導師與典範，從他身上，我學到許多科學及科學方法，但更多的是，他讓我明白一位優秀的科學家同時也可以是偉大的人，從任何方面來說，我都無法與他相比，我能做的只是以他為師。我深切地想念他。

（Original）

Remembrance of Yong-Shan Austin Chang

By Stan Williams
HP Senior Fellow
HP Labs

In the early 1980's as a young faculty member at UCLA, I was trying to understand chemical interactions that might occur at the interface between two solid materials, in particular between a thin film of a metal that could be used as an electrical contact and a compound semiconductor substrate such as gallium arsenide, indium phosphide and their various alloys. This was a technically important issue for the early optoelectronics devices and circuits that were being developed at the time, because uncontrolled and unanticipated chemical reactions were causing devices such as lasers and MESFETs（metal-semiconductor field effect transistors） to fail. Very few people at that time had an inkling of what might be happening. I guessed that thermodynamics was involved, but my background in the field was sketchy–most of what I knew came from preparing lectures for my introductory freshman chemistry classes. Many well-known researchers at the time stated categorically that thermodynamics was not important for these systems because of surface and interface effects, but they had the mistaken belief that thermodynamics only applied to large bulk systems. I had some ideas about how to look at interfaces, but I realized that I likely needed a collaborator who knew more than me about solid state thermodynamics and kinetics.

I attended a conference in 1986 in Beijing, China where I described some of my ideas. As it turned out, there was one other person at the conference who had experience in investigating the thermodynamics of the systems I was interested in–ternary phase diagrams involving a metal and the elements in a compound semiconductor. His name was Feodor Kuznetsov, and he was the head of a thermodynamics institute in Novosibirsk （former Soviet Union） that measured thermodynamic properties of solid-state ternary and higher systems. His group had no idea that the research they were doing might be important for optoelectronic devices, and given that he was fairly isolated it did not appear that a collaboration with him would be possible. However, in a discussion with him, he told me that I should contact a professor in Wisconsin named Austin Chang, who had all of the background necessary to understand and contribute to this type of research, and was the best person in the US in the field. It was the first time I had heard Austin's name, so I filed it away in my head for future reference.

A month later I was visiting the UC Berkeley Chemistry Department and describing my ideas to someone I admired greatly, Prof. Leo Brewer. I thought that he might get interested in my problem and want to collaborate on it. However, Leo informed me that he was retiring–his last graduate student had about a year to finish up his Ph.D., and once he was done Leo would shut down his lab. He then suggested that I should approach Austin Chang with these ideas–in Leo's words, Austin was "the best thermodynamicist since J. Willard Gibbs", the founder of modern thermodynamics. Wow! Coming from Leo Brewer, a very famous thermodynamicist himself, that was a truly remarkable recommendation. When lightning strikes twice, you really need to act. I set about plotting how I could meet this Austin Chang and recruit him to my research program.

As serendipity would have it, the opportunity came very soon thereafter. I was invited to present a seminar to the Physics Department at the University of Wisconsin, Madison. I told my hosts that during my visit I had to spend time with Austin Chang from the Materials Science Department. In order for everyone's schedule to work out, that meant I had to visit in February. I am not suited to cold weather, but I agreed since I had to meet the Great Man.

When the time came, my physics hosts had no idea why I wanted to talk to a materials scientist, and Austin certainly had no idea who I was or why I wanted to talk to him. I went to his office with a great deal of trepidation–anyone so famous and so brilliant would probably not be very approachable or interested in what I had to say. However, when I knocked on his door and entered, he was very gracious and polite. He listened intently to what I had to say, and asked a few pointed questions. Then, to my simultaneous delight and dismay, he picked up a manuscript from his desk and showed it to me. I did not have to convince him that my problem was interesting–he had already discovered it for himself and essentially solved it. Of course, the answer was that both thermodynamics and kinetics were important, and Austin had derived the equations and his students had collected data to illustrate the issues. On one hand, I was happy to see that there was a very elegant solution, but on the other I was fairly crushed that I had been scooped. Austin was almost apologetic about the fact that he had solved my problem.

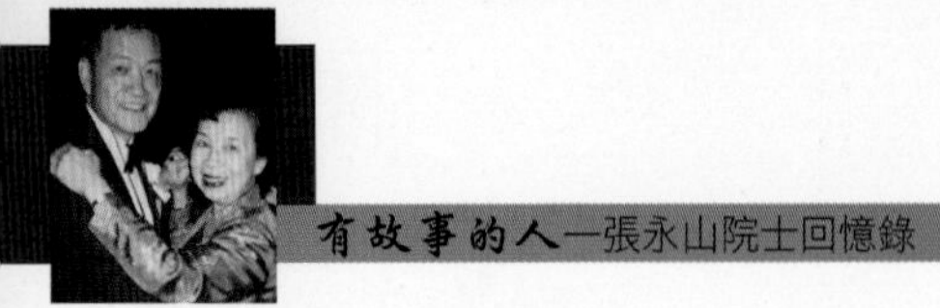

Fortunately for me, there were still a few issues that I could contribute to in terms of understanding the electrical properties of the interfaces, but Austin really cleared up all of the questions I had about the thermodynamic and kinetic forces at play. This is just one of many significant scientific contributions that Austin made, but this one has not received the attention that it deserves, probably because most of those working with compound semiconductor devices just do not understand thermodynamics.

I walked out of Austin's office feeling conflicted–disappointed that he had already solved the great mystery that I thought was mine but also full of admiration for the man and his intellect. I hoped that I would be able to find some other challenge that he perhaps wouldn't solve so quickly so that we could actually work together on it. We kept in touch over the years–we would see each other at conferences, and any time I organized a session at a conference or a workshop I invited Austin to present. He always raised the level of discussion, even in areas for which he had little background. He could be quiet and almost shy, but when he had something to say it was significant. His talks were masterful–people who had never seen him before always remarked on how he made new concepts so understandable. I learned something new and important from every talk I ever saw him give.

In 1995, I made the jump from an academic position to leading a new fundamental research effort at HP Labs. As an exercise to test out a new scanning tunneling microscope, we decided to look at a system that had achieved considerable interest–the growth of coherent epitaxial germanium nanocrystals on a silicon single crystal surface. After a while, I realized that this was a system for which the size and shape of the nanocrystals was likely dominated by thermodynamics, and that there were opportunities to guide the self-assembly of interesting structures if we could better understand the issues at play. Here was a challenge that stretched me again, and I hoped this time I had found something that Austin had not already done and that we could work on together. As it turned out, this was a very hectic time in Austin's life, so although he was intrigued he was not able to focus on this problem for a significant fraction of his of time. However, we did chat about it fairly often, and he had some very important insights. I found these discussions some of the most satisfactory scientific interactions of my life. We were able to get a joint research program funded that supported a couple of graduate students to work on some of our ideas. During this period, I also got to know Austin better as a person, and my admiration for him soared. As great a scientist as he was, he was an even greater human being. His family and his students came first for him. When I asked him about some of the personal challenges that he had faced that had limited his career as a scientist, he responded that he was glad that they had happened, because they made him a better person. I have never known anyone else who would have said that, let alone an active and elite scientist.

I was privileged to know Austin Chang. He was a very important mentor and role model to me–I learned a great deal of science and about the scientific method from him, but even more I learned that it is possible to be both a great scientist and human being. I will never be his equal in either realm, but given his example I at least try. I miss him acutely.

(17) 陳力俊（中研院院士；清華大學材料工程學系教授）

《追憶 Austin》

以年齡算起來，Austin 是我的長輩，但在我與張永山教授多年的交往中，都是以 Austin 稱呼他，這與他平易近人不無關係，在此，我也就稱他 Austin 吧。

在認識 Austin 以前，從不同的管道得到的訊息，早知在美國威斯康辛大學材料系，有一位學問非常好的華人教授；後來才弄清楚，Austin 於 1967 年起任教於威斯康辛大學密爾瓦基分校（University of Wisconsin, Milwaukee, UW-Milwaukee），1971 年至 1977 年間任材料工程系主任，1978 年至 1980 年間任研究生院副院長。1980 年起赴威斯康辛大學麥迪遜分校（University of Wisconsin, Madison, UW-Madison）任教，1982 年至 1991 年間擔任材料科學與工程系主任。而在 1970 到 1980 年代，能在美國一流名校，如 UW-Madison 材料系任教的華人教授屈指可數，尤其 Austin 在該系擔任系主任有九年之久（1982-1991），更屬難得，所以印象非常深刻。

與 Austin 結識，是我於 1986-87 年在美國矽谷的全錄研究中心（Xerox Palo Alto Research Center，Xerox-PARC）擔任訪問學者期間，橋樑則是我指導的碩士班學生蕭復元博士。復元於 1986 年到 UW-Madison 攻讀博士，投入 Austin 門下。在他與 Austin 討論博士論文題目時，將從事三五半導體金屬接觸研究，定為一個可能的方向，而復元碩士論文是研究矽晶的金屬接觸，不僅頗有相關性，而且成果相當優異，發表於當時台灣學者論文罕見得以發表的一流期刊《應用物理快訊》（Applied Physics Letters）（1984 年全台僅兩篇，1984-1988 五年間全台亦僅四十篇，而該論文為 1984 兩篇中的一篇）中。大概是 Austin 授意，復元與我聯絡探詢合作的可能性，由於久仰 Austin 盛名，而金屬薄膜與三五半導體反應正在 Austin 專長的熱力學模型的建構、相圖計算領域範圍，而我在材料製成與微結構分析上，也有些經驗，自然欣然同意合作之建議，而三人合作的成果《鈷薄膜與砷化鎵介面反應研究》也很順利地於 1988 年在相當好的學術期刊中發表。

與 Austin 第一次見面是於 1987 年間，他趁在矽谷擔任 Hewlett-Packard（HP）公司顧問之便，到隔鄰的 Xerox-PARC 與我見面。在此之前，我們僅經由電話通過話，但見面時毫無陌生感，可謂一見如故。猶憶 Austin 帶著慣有的微笑，開朗的聲調，耳上掛著用帶子繫住的眼鏡架，這初見的印象，在往後屢次會見時，始終如一；第二次見面則是我於次年赴美參加學術會議時，蒙 Austin 邀請到 UW-Madison 材料系演講，並盛情接待，從此接觸漸多，成為較熟稔的前輩學者。

復元獲得博士學位後，不久即返國服務，而 Austin 的其他幾位高足，如清華大學陳信文教授、中山大學謝克昌教授、成功大學蔡文達教授、中央大學（後轉台灣大學）高振宏教授等也陸續返國，連帶著使 Austin 在台的聯繫較多，開始到台灣講學 。我手邊有較詳細紀錄的是於 2001-2005 年，Austin 任清華大學榮譽講座教授，並分別於 2002 與 2004 年，任清華大學《國聯光電講座》主持人，而該講座要求主持人須駐校至少一週並發表三場演講；同時 Austin 也曾在中山大學與成功大學講學，並受邀在國內舉辦的國際會議中擔任邀請講席。

另一方面，我有多次與 Austin 在美國召開的國際會議交會的機會。說來略有些複雜，Austin 與我雖同是材料大領域學者，但因專長不同，Austin 主要活躍的學會是 TMS（全名為 The Minerals, Metals and Materials Society，即礦物金屬與材料學會），並曾為該會會長，而我較常參加 MRS（全名 Materials Research Society，即材料研究學會），尤其 MRS 與中國材料科學學會（亦稱台灣材料研究學會，MRS-T），同屬國際材料研究學會聯合會（International Union of Materials Research Societies，IUMRS）會員，而我也在 MRS-T 與 IUMRS 擔任過會長與副會長等職，所以原各有主要學會活動場域。但也主要是因與 Austin 與其子弟兵的淵源，我在 2003-2008 年連續六年均受邀擔任 TMS 研討會受邀主講人，尤其在 2007 年，包括於美國佛羅里達州奧蘭多市（Orlando, Florida）為 Austin 正式從 UW-Madison 榮退舉辦的研討會，創了在同一 TMS 會議擔任三次講座的紀錄，最為經典。

同時我在 2008 年獲 TMS 的 Hume-Rothery Award（Hume-Rothery 獎）大獎；Hume-Rothery 是材料科學大師，Hume-Rothery 法則（Hume-Rothery Rule）是材料科學入門經典熟知的法則，而我從未想過會與 Hume-Rothery 有深刻關聯。當初接受提名是因為盛情難卻，加以我與 TMS 淵源不深，又與其主要領域不合，想不到當年即獲獎，這與貴人加持必有關係。後來也間接得知 Austin 在 TMS 獎項委員會中有力的陳言產生決定性的影響，才能在許多知名學者候選人的競爭下脫穎而出。

另一方面，Austin 於 2010 年方當選中央研究院（中研院）院士。按說 Austin 在 1996 年即為美國國家工程學院院士，在美國材料界屬泰斗級人物，得到許多難得的學術大獎，當選中央研究院院士應是實至名歸，但反而有些曲折，這與中研院的生態與選舉院士考慮因素有關。中研院自 1948 年在南京選舉第一屆院士以來，院士一直是國內學者最高的桂冠，但因國民政府於 1949 年即倉惶遷台，渡台院士極少，再加上當初政經與學術環境，直到 1958 年才恢復選舉；而其後，尤其是數理科學組，每兩年至多選舉十人中，海外學人始終佔多數。以 2014 年院士名單而言（2016 年院士選舉於 7 月舉行），於 2006 年以前（含）選出的院士有 86 人，其中海外 64 人，國內 22 人，不僅工程科學背景者較少，而工程科學院士又集中於電機、機械等大領域，較新興之材料科學領域院士僅二人，偏偏在 2008 年，包括

Austin 在內，被提名的材料科學領域美國國家工程學院院士即有三人，都屬一時之選，由於院士選舉要順利過關，同組同意票需要超過三分之二，而中研院院士都是學術地位很高的一時碩彥，不是對候選人有相當的熟稔度，不會輕易投同意票，因此難度很高，支持票數再一分散，導致三人都未能當選，但從首輪投票來看，Austin 得到支持最多。

次居（2010 年）Austin 捲土重來之時，由於在前、後居間隔兩年當中，Austin 又獲得一些難得的國際學術大獎，另外在他培育人才以及回國講學、提攜國內後進參與國際學會會務等方面對台灣學術界的貢獻，也獲得院士們較清楚的認識，得以在第二次獲得提名時如願當選。客觀來看，以 Austin 的學識與學術地位，應該早就當選才對，但據知，Austin 對於這個遲來的大獎，仍很感高興與安慰。令人萬分婉惜的是，依照中研院往例，新科院士參加的第一次院士會議是兩年後的次居會議，而 Austin 於 2011 年 8 月溘然長逝，不及參加，而成永憾，也是中研院的巨大損失。

綜觀 Austin 一生，不僅學術卓越，同時備受同儕高度推崇肯定、學生與晚輩欽敬愛戴、家庭美滿幸福，可謂豐富圓滿。個人與 Austin 相交近三十年，回想過往生涯，如果沒有良師益友 Austin 多方加持，增添許多溫潤綺麗，將會黯然失色不少，在此我要向 Austin 致最深的謝意，也祝福張夫人與家人未來平安喜樂。

(18) 唐 · 史東（美國威斯康斯大學麥迪遜分校材料科學暨工程學系教授）

我很榮幸在此提供一些對永山的感想。永山對威斯康辛大學麥迪遜分校的貢獻，筆墨難以言說，簡單的一句話就是：「謝謝，永山，感謝有幸與您成為同事，也感謝您帶給我、系所與學校的一切。」我想所有在他任期內與他共事的人都有一樣的想法。我們的系所能有今日的一切，永山扮演一個關鍵角色，尤其近年來他聘用了許多優秀教職員，這些生力軍將系所帶向不同的材料學領域。尤有甚者，永山的影響力透過我們彼此互動的過程，一點一滴地深入到我們的個人研究領域，即便是看似不重要的小事，永山都能發揮影響力。不少教職員收藏過去修過永山多元系相平衡課學生所做的三元相圖金屬模型，不只一位畢業多年的學生告訴我，這堂課是他們修過最重要的一門課。

有幸成為永山的同事，個人深表榮幸。我相當敬佩他做學問及運作研究團隊的方式，他的研究生碩士及博士考試內容都很有趣，我很高興有機會與他共事，從他身上我學到很多，在與其他教職員的相處上，永山發揮了無限的智慧與耐心。過去，永山也許曾犯下些小錯，但我認為最後他總是對的，他心心念念的惟有系所與學校的利益。永山對自己與對教職員總有很高的期待，但對待教職員，他一向公正、慷慨而且真誠。

永山最大的優點就是他知道自己的極限，他從不害怕向外尋求自己或團隊所缺乏的專業技術，許多人因此有機會與他合作。事實上，我被引用最多的研究報告

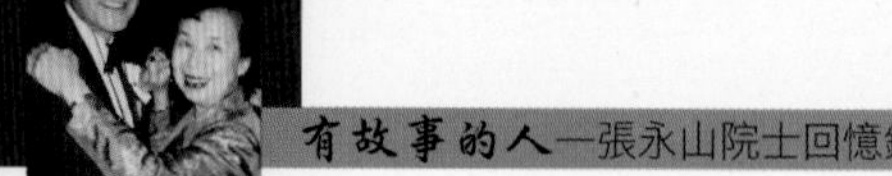

就是與永山共同掛名，我很榮幸有機會參與其中，讓永山及他的學生李派克（Lee Pike）了解如何讓大量的實驗性資料發揮最好的效益。我和永山共同參與有關鎂合金的最新研究計畫發表僅約一年的時間，這個研究計畫開始之初永山就提供了許多好點子，他利用相圖技術大幅改善鎂合金設計與執行效能，有助改善其延展性與韌性，永山所提出來的方法也加速了合金在汽車行駛時的引擎效能。至今我們仍延用永山在此研究計畫中的點子，但很遺憾，永山無法看到這些點子開花結果。

我想分享幾個有關永山的小故事。第一個故事是間接聽來的，不過從 2-3 位永山畢業逾 20 年的前碩士生口中，我也聽到類似的故事。我不清楚是否永山的每一位學生都有這個經驗，但可以肯定的是，部份學生一定有。當他們告訴我這個故事時，多半充滿喜悅與感動。從第三者的角度觀察永山所帶領的研究團隊，讓我體察到永山做為指導者的一個強項，那就是他有能力讓學生適性地成長、成熟，他容許學生實現創意並讓他們為自己的研究負全責，但這不意味著永山放任他的學生，他尊重學生卻也不容許學生有所懈怠。不少學生告訴我，在他們畢業之前，永山會約他們到辦公室，他們坐下後，永山會嚴肅地搖搖頭說，自己很擔心他們的研究進度。這樣的簡單對話吸引了學生們的注意，讓他們專注於取得博士學位上，之後順利進入職場。沒有任何一位學生對永山的這段話感到憤怒。這些重複上演的橋段並非裝腔作勢，永山用一種真誠的、率直的策略達到他的目的，這就是永山的風格。

第二個我要說的故事同樣深具影響力，那是我的一位同事的親身經驗，事實上，永山的許多學生應該也同感熟悉。近幾年，我通常會坐在辦公室，把門關上，只有當聽到敲門聲時會開門，開門後看到的就是永山。他會問我是否有時間和他談談，當然我很歡迎他的到來，永山的造訪總是令人感到愉快。傍晚時分，我會在家吃晚餐，有時會接到來自紐約州羅徹斯特的電話，我很喜歡並歡迎這些互動。有時我和永山會談論科學方面的議題，我們的鎂合金研究計畫正要開始，永山和他的學生詢問我有關高溫蠕變的問題，但這對永山來說似乎不是個難題，因為他總是忙於使用微軟的文書作業系統、美國國家科學基金會的線上即時互動系統或威斯康辛大學的數據市場，我想他很擅長使用無線網路，但他都沒有在線上找我就是了，也許他已經有秘書寶拉 ‧ 金（Paula King）在幫他了，誰會怪他呢？所幸最後永山又回到人間研究相平衡，而且出乎意料地沒有再學最新的網路軟體，我想問題可能出在軟體開發者而不是永山。我很高興有機會盡一己之力幫助永山，即使能幫的忙不多。

最後一件事情我想說的是有關永山本人，他相當重視隱私，但前幾年我有幸認識他的夫人碧英與么兒道崙，不過同樣畢業於威斯康辛大學麥迪遜分校的長子與次子則無緣相見。多數人都知道永山很愛家人，他為家人付出並以他們為榮，一如他以另一種方式為系所付出。

(Original)

By Don Stone
Professor
Materials Science & Engineering
University of Wisconsin-Madison

I, too, am honored to be able to provide few remarks about Austin; I feel somewhat humbled by the task. I don't know how best to summarize my feelings about Austin Chang's legacy at UW Madison other than to say "Thanks, Austin, for having been my colleague and thank you for what you have given to me and the department and university." I suspect that people at UW Milwaukee feel the same way about his tenure there, too. It is fair to say that Austin played a key role in making our department here at UW Madison what it is today. Part of the contribution is the line of outstanding young faculty we have hired in recent years bringing us in to new materials areas. But the contribution extends to our individual research enterprises, which have been enhanced, immeasurably in some cases, by our interactions with Austin. There are little things too, of course. A good number of faculty have tucked away somewhere the wire model of a ternary phase diagram constructed by some student who took Austin's multicomponent phase equilibrium course. More than one former student, years after graduating, has volunteered to me that this course was the most important one they ever took.

It was a pleasure to be Austin's colleague; I admired the way he did his research and ran his group; his graduate students' master's and PhD exams were always interesting; I enjoyed those occasions on which he and I had opportunity to collaborate; I learned a lot from Austin. In his dealings with his colleagues Austin brought to bear an abundance of wisdom and patience. Austin might have made a few mistakes over the years, but I feel that in the end he was mostly right that he always had the best interests of the department and university in mind. Austin had high expectations of his colleagues. But he also had high expectations of himself, and he treated his colleagues with fairness, generosity, and honesty.

One of Austin's great strengths was to know his own limitations: he was never afraid to reach out to someone else for expertise that he or his group lacked. For this reason, I, like many others had the pleasure of being able to collaborate with Austin on numerous occasions. In fact, my most highly cited paper is one of Austin's papers, with me as a co-author. I am proud of my contribution to that paper, but this contribution was merely to suggest to Austin and Lee Pike, Austin's student at the time, how best to interpret one aspect of a considerable body of experimental data. Our most recent project together is a grant that is now only a year old, on magnesium alloys. At the start of this magnesium project Austin had some clever ideas on how to use phase diagrams to make more efficient the design and implementation of magnesium alloys for improved ductility and strength. Austin's approach will speed up the search for alloys to make cars run cleaner and more energy efficient. We are now using Austin's ideas in the project; I regret that even while we carry on, Austin will not be able to see these ideas come to fruition.

I have a couple of stories to tell about Austin. The first comes not from me directly, but through me from 2 or 3 of Austin's former graduate students who, over the last 20 odd years, have told me similar versions of the same story. I don't know if all of Austin's students experienced this but a significant fraction of them must have. And when the students have told me this story they have always done so with some humor and affection. Seeing Austin's group from the outside, it seems to me that one of his strengths as an advisor was his ability to let students grow and mature on their own terms and in so doing, allow them to exercise their creativity and to take charge of their own research. But that does not mean that Austin was in any way laissez faire in his dealings with his students. He had high expectations of them and didn't put up with slacking off. A number of students have each told me that at an early point in their graduate career Austin sat them down in his office and shook his head gravely, saying that he was worried that they weren't making rapid enough progress in their research. Clearly this little talk had the effect of helping the student focus his or her attentions, and the students carried on to finish their PhDs and then continue on and into successful careers. None of the students have ever said that they resented this conversation. This repeated scene was not an act, but instead an honest, straight-forward strategy that worked for Austin. This is the way Austin was.

The second story I have to tell, again with great affection, is one that a number of my colleagues, and for that matter, some of Austin's former graduate students, will also be familiar with because they have experienced the same thing for themselves. In recent years I might be sitting in my office with the door closed, only to hear a knock at the door. I would open the door and there would be Austin. He would ask if I might have some time to talk, and of course I would welcome him in. It was always a pleasure to receive Austin for a visit. Or I might be at home in the evening making dinner, and I would receive a phone call from Rochester, New York, asking to talk. I very much enjoyed these interactions and I welcomed them. On some occasions Austin and I would talk about scientific matters. Our magnesium project started this way, with Austin and his students approaching me to help them better understand a problem in high temperature creep. But more often than not the matter concerned a difficulty that Austin was having in dealing with Microsoft PowerPoint or Word, or with NSF Fastlane, or UW WISDM. I think that Austin had pretty good command of WISPR because he never approached me on this, but perhaps someone else, most likely Paula King, was helping him with that. Who can blame him? In the end, Austin was put on earth to do phase equilibria and not learn the latest (and most confounding) piece of software. I see this as a problem with the software developers and not Austin. It was always a pleasure helping Austin when I could, in part because he was so generous himself.

There is one last thing I would like to say about Austin. He kept his private life pretty much to himself. But over the years I had the pleasure of meeting and coming to know Jean and Theo, but not the other sons, who left Madison before I came. Those of us who know something about Austin get the distinct impression that he deeply loved his family, and that he was devoted to them and proud of them, just as he was devoted to the department but in a different way.

(19) 約翰・皮若佩茲柯（威斯康辛大學麥迪遜分校材料科學暨工程學系教授）

相圖是當代材料科學界的基石，而永山和我對相圖都有同樣的熱情。在永山的學術生涯中，他對提升相平衡的瞭解做出許多貢獻，尤其是具工程重要性的多元合金系統。永山是推動電腦分析相平衡的先驅，他對相合金模型的許多具發展性的論點廣為人知。

做為一名學者，他總是樂於分享自己在計算模組方面的進展及挫敗，我有幸與他在多個共同研究計畫中並肩作戰，身為同事的我非常感激他對於技術分析的無私分享，我明白這些可能是該領域中最好的研究內容。

雖然他已不在人世，但他在相平衡方面的研究仍將為世人所用，有關他的事蹟，多年後仍將傳頌於世。

（Original）

By John H. Perepezko
Professor
University of Wisconsin-Madison
Dept of Materials Science and Engineering

Austin Chang and I share a passion for phase diagrams that represent a cornerstone of contemporary materials science. Throughout his career Austin has made numerous contributions to advancing our knowledge of phase equilibria; especially in multicomponent alloy systems of engineering importance. Austin was one of the pioneers in developing the computational analysis of phase equilibria and is well known for numerous seminal advances in the modeling of alloy phases. He was always generous in sharing his knowledge and as a true scholar he emphasized both the advantages and pitfalls in computational modeling.

I have had the privilege and pleasant experience of working with Austin on several joint projects. As a colleague I appreciated very much his honesty and sincerity in technical analysis. I knew that his analysis would always represent the best that was possible with the state of the art. He is missed, but his legacy in phase equilibria will continue to be used and acknowledged for many years.

(20) 馬汀 · 葛立克曼（美國佛羅里達理工學院院長）

《向張永山教授致意》

張永山教授是威斯康辛大學材料科學暨工程學系傑出退休教授，於紐約州羅徹斯特過世，享年 78 歲。張永山教授在加州柏克萊大學取得化學工程學士及冶金學博士學位，1967 年開始於威斯康辛大學密爾瓦基分校展開他漫長且成功的學術生涯，擔任該校的冶金學系教授。1971 年起，他擔任 6 年的系主任，1978-1980 年間擔任研究院副院長，之後加入麥迪遜分校成為冶金及礦物工程學系教授，也成為該系系主任。在其任內，他籌劃完成材料科學暨工程學系的各項制度章程，當時的課程內容仍被沿用迄今。

張永山教授在冶金熱力學的研究與對工程學教育為數眾多的貢獻讓他獲得許多專業上的榮耀，如 2011 年礦物金屬與材料學會領導獎，2010 年美國採礦與冶金工程師學會（AIME）榮譽會員獎，2009 年材料學報終生成就金質獎章，2000 年約翰 · 巴丁獎，1996 年錢伯恩 · 馬修森勳章，1993 年 EPD 傑出講師獎，1990 年教育家獎及 1989 年威廉休謨 - 羅瑟獎等，其他傑出貢獻還包含他所創立的 CompuTherm LLC，這家公司研發熱力學計算軟體及資料庫。張教授是在 1996 年入選美國國家工程學院院士，入選引言即為「其貢獻在於現代材料學相關的熱力學、相圖、動力學應用」。美國國家工程學院中對張永山的介紹內容即羅列出其在材料科學與工程學領域上漫長的研發生涯。此外，我們不能忘記張教授在他傑出的研究生涯中還貢獻心力於教學指導，這也為他贏得美國金屬學會亞伯特 · 伊斯頓 · 懷特傑出教師獎及礦物金屬與材料學會的 TMS 教育家獎。世人永難忘懷他在工程學教育及材料科學方面的真知灼見。

（Original）

A Tribute to Dr. Y. Austin Chang

By Martin E. Glicksman, Ph.D., NAE
Dean, College of Engineering
Florida Institute of Technology
Melbourne, Florida, USA 32901

Dr. Y. Austin Chang, Professor Emeritus, and Wisconsin Distinguished Professor of Materials Science and Engineering, passed away in Rochester, New York, at the age of 78. Dr. Chang received both his B.S. in chemical engineering, and his Ph.D. in physical metallurgy from the University of California, Berkeley. He then began his long and successful academic career as a professor of metallurgy at the University of Wisconsin, Milwaukee, in 1967. In 1971, he became department chair and served six years in that capacity, and was appointed associate dean for research in their graduate school from 1978-1980. Professor Chang then joined the Department of Metallurgical and Mineral Engineering, University of Wisconsin, Madison, where as department chair, he broadened and developed their academic purview to encompass materials science and engineering（MSE）, the academic program still offered today by UW-Madison.

Austin Chang's numerous contributions to engineering education and research in metallurgical thermodynamics, his founding of CompuTherm LLC that produces software and databases for thermodynamic computation, were recognized internationally by his receiving a host of professional honors: among them are the TMS Leadership Award（2011）, AIME Honorary Member Award（2010）, Acta Materialia Gold Medal（2009）, John Bardeen Award（2000）, Champion H. Mathewson Medal（1996）, EPD Distinguished Lecturer Award（1993）, Educator Award（1990）, and the William Hume-Rothery Award（1989）. Dr. Chang was inducted as a member into the National Academy of Engineering（NAE）in 1996, with the following citation of his contributions to engineering, "For applications of thermodynamics, phase diagrams, and kinetics to the understanding of modern materials of technological significance." Austin Chang's NAE citation sums up his long, productive, research career in materials science and engineering. In addition to his outstanding research scholarship, we must also remember Dr. Chang's devoted teaching and superlative mentorship, winning him the American Society for Materials International Albert Easton White Distinguished Teacher Award, and the Minerals, Metals, Materials Society's TMS Educator Award. His wise counsel and insights in engineering education and materials science will sorely be missed.

(21) 德瑞莎 ‧ 波拉
（加利福尼亞大學聖塔芭芭拉分校耐蝕鋁合金教授兼材料系系主任）

《一代學者、導師與領導者》

身為材料科學界眾多科學家之一，能與張永山教授共事是莫大的榮幸，能夠分享與這位材料界巨擘有關的專業想法及個人回憶，我深感光榮。

張永山教授無庸置疑是當今國際級的合金熱力學專家，當年我任教於卡內基美隆大學時與張永山教授第一次見面，我發覺張教授對熱力學領域的熱情相當鼓舞人心。對我來說，他是一位非常用心與體貼的科學家，深度了解熱力學及其變態在主要合金系統中的重要性，讓當時無足輕重的鈦鋁及鎳合金系統發展成鈦鋁合金，莫定渦輪推進系統中超合金設計的基礎。張教授所發表的期刊論文對材料界來說，貢獻卓著。與此同時，他創立了 CompuTherm LLC 公司，心力投注於將重要的熱力學資訊變成可利用工具，讓精密的動力學有了新設計與輪廓，影響至今。不管在學術研究或商業版圖上，張教授都投注了相當多的心力，他的動力不只來自於他的聰明才智，眾所周知，張教授總希望在能力範圍內讓每個問題都能找到對的答案，不論問題有多棘手。

多年後，我轉到密西根大學任教，心裡有個想法是接觸至少一個跟汽車工業有關的材料系統，我隱約看到鎂合金系統的潛在重要性，也了解到大量與熱力學、相變態及各屬性相關的訊息有所缺漏，簡言之，這是個非常有趣的機會，我心裡想，這是個跟張教授共事的好機會，因此我寫了一個多元研究計畫給美國科學基金會（NSF），我們在很短的時間內就出發，同行的有維尼・瓊斯（Wayne Jones）與柯伸道（Sindo Kuo），我們集合了幾位聰明的學生及博士後學生，鎖定在三元或更高階的美鋁鈣合金系統。我還記得當年的情景，當我們召集學生到芝加哥討論結果及未來計畫，我親眼見到張教授非常仔細地指導學生，學生們也非常尊敬他。

接下來的幾年，我與礦物金屬與材料學會（TMS）接觸越顯頻繁，一如數年前的張教授，後來在張教授榮任會長期間，我也曾在董事會任職。張教授在 2000 年時很自然地選擇擔任會長一職，不止因為他長期在委員會推動高品質科學，培育年輕業內，也因為他能和眾人一起工作，不論問題大小、困難與否、是否曠日廢時、付出與回報是否呈正比，他都具有解決問題的能力。他的精力過人讓人印象深刻，他甚至在長途飛行後仍不顯疲態！

對我來說，在工作上能與備受讚譽的材料科學家有交集是非常大的榮耀。雖然張教授在形體上已離我們遠去，但在精神上，他永遠與我們同在。

（Original）

Y. Austin Chang
Scholar, Mentor, Leader

By Tresa M. Pollock
Alcoa Professor of Materials
Chair, Department of Materials

As one of many members of the community of materials scientists who had the privelege of working with Professor Austin Chang, it is an honor to share some thoughts and personal memories of working professionally with this giant of our field.

Austin was of course an internationally renowned expert on alloy thermodynamics. Early in my career on the faculty at Carnegie Mellon, when I first met Austin, I found his sheer enthusiasm for this topic to be inspirational. He was a very careful and thoughtful scientist with a deep understanding of the thermodynamics and transformations in the major alloy systems of interest to me at the time, namely the Ti-Al-X ternaries that were critical for the development of lightweight titanium alumindes and Ni-Al-X systems that formed the basis for design of superalloys for turbine propulsion systems. His journal papers in these areas are truly seminal contributions to the field of materials. Also, in that timeframe he had started CompuTherm LLC, devoting energy to the important task of making critical thermodynamic information available to the entire materials community, adding a new level of rigor to the process of designing alloys and coatings that remains to this day. Austin had much support for both his academic and commercial pursuits, not only due to his intellect, but also due to the fact that everyone knew that he would do everything in his power to get the right answers, regardless of how difficult it might be.

In later years after I moved to the University of Michigan, I had a mandate to get involved with at least one materials system relevant to the automotive industry. Taking a cursory look into some of the magnesium alloy systems of potential interest, I realized that there were vast amounts of missing information with regard to thermodynamics, phase transformations and properties–in short a good as well as very interesting opportunity. In my mind this was a perfect opportunity to collaborate with Austin, so I wrote a proposal for a multi-investigator project to NSF and we were shortly on our way. Along with Wayne Jones and Sindo Kuo we gathered a talented group of students and postdocs and worked on ternary and higher order variants of the Mg-Al-Ca system. I remember those years fondly, as we gathered with students at an offsite location in Chicago once a year to discuss results and plan future efforts. I saw firsthand how carefully Austin advised his students and how much respect they had for him.

In the following years, I became very involved in the Minerals, Metals and Materials Society, as Austin had been for many years. I served on the Board of Directors during his Presidental rotation. Austin was quite naturally selected to serve as President（in the year 2000） due to his long-standing commitment to high quality science and to the development of young professionals, but also due to his ability to work with virtually everyone on issues independent of whether they were large, difficult, time-consuming, demanding or rewarding. His energy was remarkable–he could fly around the world a couple of times and not even look tired!

It was a tremendous privilege for me to have a career that intersected with one of our most valued Materials Scientists. Austin is no longer with us physically, but his spirit will be with us for a long time to come.

(22) 亞倫 · 奧提斯（英國索伏特大學材料物理研究中心客座教授）

我與永山 60 歲之前都沒見過彼此，雖然我倆都知道彼此在業界的動態。後來的 10 餘年，我倆發展出事業上的合作與情誼。我協助永山威斯康辛大學麥迪遜分校的研究生熱力學課程，至於永山為合金相圖計算所創立的軟體及資料庫公司 CompuTherm，我們也有緊密的合作。2009 年 12 月，約翰 ‧ 威力（John Wiley）發行的教科書《材料熱力學》由我們共同掛名作者，我們也一起發表了不少研究論文。我總喜歡這麼認為，自己對 CompuTherm 的付出多少有助於該公司今日的成功。在私領域方面，我認為永山是一位相當善良而且貼心的朋友，我和內人都很喜歡和永山及他的夫人碧英為伴，不論在麥迪遜或英格蘭，我們度過了許多快樂時光。

（Original）

By Alan Oates

Visiting Professor at the Materials and Physics Research Centre, Univ. Salford, U.K.

I did not meet Austin until we were both in our sixties although we had been aware of one another's work before that. There followed more than a decade of professional collaboration and friendship. I assisted Austin in the teaching of thermodynamics to post-graduate students at the University of Wisconsin, Madison and also had close ties with CompuTherm, the company which Austin had set up in Madison to develop software and databases for alloy phase diagram calculations. The teaching part led eventually to joint authorship of the textbook "Materials Thermodynamics" which was published by John Wiley in December 2009. We also published several research papers together. I also like to think that my input at CompuTherm assisted in some small degree to what has turned out to be the formation of a successful company. At the personal level, I found Austin to be an extremely kind and thoughtful friend. My wife and I enjoyed many happy times together with Austin and Jean, both in Madison and in England.

(23) 保羅 ‧ 沃爾斯（威斯康辛大學麥迪遜分校材料科學暨工程學系教授）

永山任職於威斯康辛大學麥迪遜分校後期時我曾與他共事。我是在 2002 年進入該校材料科學暨工程學系服務，威斯康辛大學是我第一個大學教職，我清楚記得當年永山致電邀我前去面談的細節，那是在聖誕節過後幾天，當時我和家人在一起，他們跟我一樣興奮。

後來，永山和我一起研究金屬鐵磁物質 / 磁穿隧接面絕緣體。他搬到羅徹斯特後，我負責指導他最後一位研究生華相，在永山過世後也成為他的正式指導教授。為了表彰永山的偉大成就及其對美國政府能源部的長久貢獻，在研究結束前，該部門額外撥出一年的經費給我們，以便華相能順利取得博士學位。

在我認識永山時，儘管他已經成立了軟體公司 CompuTherm，但他多半用的還是那台桌上型電腦，申請經費計畫是個挑戰，尤其美國政府對於計畫長度與格式有特殊要求，而且要透過複雜的網站介面呈交。每隔一段時間，永山都會到我辦公室門口，問我是否可以修訂預算或冗長複雜的文件格式，或者他會問我記不記得如何使用授權網站 Fastlane 或 Cayuse。我們後來一起撰寫計畫，最後，格式的制定與呈交變成我的工作。不止是我，有時我有話想和永山聊聊，走到他辦公室門口就會看到他和研究生肩並肩地在電腦前工作，由學生負責繕打重要計畫或手稿內容。

現在回想起來，我不確定到底幫上多少忙，但我想還是有些幫助的，比方說點擊上傳預算書，或者將指令選單隱藏於左側圖說。其他時候，我想永山在威斯康辛大學已經用「領導無用論」訓練了其他同僚，透過要求他人協助的方式，永山激勵其他人學習新事物並精進新技能，他甚至用這種方式與其他人建立互動，讓提供協助者及尋求協助者都覺得自在。在計算研究、管理研究生及如何做個成功的教員方面，我從永山身上學到許多。他已經過世多年，但我依然懷念他。

（Original）

By Paul M. Voyles
Professor
Materials Science and Engineering
University of Wisconsin, Madison

I worked with Austin late in his career at the University of Wisconsin-Madison. I joined the Materials Science and Engineering department there in 2002. Wisconsin was the first faculty job interview I landed, and I remember clearly Austin making the call to invite me to the interview. It was just a few days after Christmas, and I was with my family. They were almost as thrilled as I was.

Later on, he and I worked together on metallic ferromagnet / insulator interfaces for magnetic tunnel junctions. Once he moved to Rochester, I took over day-to-day advising for his last graduate student, Hua Xiang, and formally became Hua's adviser of record after Austin's passing. In recognition of Austin's great achievements and long association with the agency, the Department of Energy granted Hua and I a year of extra funding beyond the end of the project supporting his research so he could finish his Ph.D.

Despite founding CompuTherm, which is essentially a software company, when I knew him Austin often asked for help with his desktop computer. Grant proposals in particular were a challenge. The US federal government has very particular requirements for the length and formatting of grant proposals, and grants must be submitted through often confusing web site interfaces. Periodically, Austin would appear at my office door, asking if I could fix the margins or the positioning of a figure in a long, complex document. Or he would ask whether I remembered how to use Fastlane or Cayuse（grants submission websites）. This was particularly true for proposals we wrote together, where final formatting and submission became my jobs entirely. It wasn't just me, either. Often when I stopped by his office to talk about something, I would find Austin and a graduate

student working together side-by-side at Austin's computer with the student at the keyboard, finishing a grant proposal or scientific manuscript.

In retrospect, I wonder how much of that help Austin really needed. I'm sure it was sometimes good to have some assistance remembering where to click to upload the budget justification, or which menu hid the command for left justification of text in a figure caption. But other times, I think Austin practiced what another colleague at Wisconsin called "leadership through helplessness". By asking other people for help, Austin encouraged them to learn new things and master new skills. He also built relationships in which other people felt comfortable asking him for help when we needed it. I certainly benefited from his advice on how to conduct research, manage student researchers, and live life as a successful faculty member. He's been gone for years now, but I still miss him.

(24) 潘冶（東南大學材料科學與工程學院教授）

《可敬的師長 嚴謹的大家》

張永山（Y. Austin Chang）教授是美國國家工程學院院士和中國科學院外籍院士，國際著名材料科學與工程學家，在計算熱力學及設計高端材料、預測組成相等研究領域取得了卓越成就，提出了熱力學、相平衡和動力學原理在材料科學上的定量應用方法，綜合應用相圖計算和熱力學模型預測多元複雜合金的凝固途徑和界面穩定性，為探索新型合金材料的行為及穩定性提供科學預測依據。

我認識張教授是在 2002 年，當年東南大學慶祝建校 100 週年，張教授作為海外嘉賓被邀請來校參加慶典活動並做學術交流，我有幸參加了張教授來訪的接待工作。活動期間，張教授做了有關「計算熱力學原理以及在非晶合金設計、相析出行為與界面特性等方面的應用」學術報告，他深厚的學術造詣和精湛的演講才能給我留下了深刻的印象，使我感受到一位師長的魅力，一位師長對聽者思維的調動和把控能力，更重要的是使我對一些物理冶金學問題有了新的認識，增加了我對非晶合金的興趣。

自那時起至今，十多年來我一直在從事塊體非晶合金的成份設計與製備以及性能的研究。可以說，如果沒有那次張教授來東南大學的學術交流，可能非晶合金不會作為我的研究方向。

由於之後的學術交流，我有幸於 2006 年 5 月至 8 月在 University of Wisconsin-Madison 張教授研究組做訪問教授，從事塊體銅基非晶合金的成份設計與製備的研究工作，在張教授的指導下，用計算熱力學方法，設計銅基三元和四元體系合金成份，研發出具有高非晶形成能力的新型銅基塊體非晶合金。在此工作期間，我更深地感受到張教授的大家風範和嚴謹的治學態度。

由於張教授的學術知名度，他經常去世界各地作學術報告，每次做學術報告前，他都要在組裡試講，請在他組裡工作和學習的各位提建議和不同看法。第一次參加此會，我以為就是常規的組會，加上張教授是國際知名院士，學界公認的大家，我豈敢隨意發言。但令我驚訝的是，參會者對他的 PPT 提出了各種建議，包括學術上的和版式上的，張教授認真記錄，一一回答，解釋不同問題，對一時不能確定的疑問，則表示會後弄清楚。這僅是一個小例子，他的嚴謹求實的事例還有很多，我為一位大家如此嚴謹的治學態度而折服，也為我的職業生涯終身受用。

謹以此短文紀念張永山教授。張教授永遠活在我們心中！

學生的追思

(1) 約翰 · 法蘭克斯（Electrol Specialties Co. 執行副總裁兼總經理）

張博士的學術、科學成就及來自相關科研單位中無數的榮耀將流芳百世，然而，他與學生及合作夥伴們之間的互動可能較不為人所知，但我知道除了學術目標外，他還深深影響許多年輕學生們的人生，我想，沒有比分享個人故事更好的表達方式了。

我第一次與張博士接觸是在 1968 年的一個傍晚，當時我在家，他打電話給我並說有位教授推薦我到他的實驗室擔任美國國家科學基金會（National Science Foundation, NSF）贊助的實驗計畫兼職助理，當時我才剛開始大三上的學業，住在家裡而且在一家小零售店裡擔任兼職經理，而且我非常滿意時間安排與生活現狀。

之後當面見到張博士，他說服我走出既有的舒適圈，接受這個對我長遠職場生涯更有利的新機會。他說，未來我會面臨到許多這類的決定但這些都沒有保障可言，對於一位 20 歲的學生來說，當時我隱約了解到，這是人生改變的時刻。

接下來的 20 個月，張博士仔細且貼心的指導我並回答我的許多蠢問題，我們建立了他為測試鎳鋅合金相圖新數據所需要的設備。在此期間，我看到他專注於工作上，當研究不順利時他則冷靜面對，他主導這個計畫、相關的成員與預算，讓事情順利進行。

在與他一起工作時，明顯看到他對學生與學生成就的關心，縱使非常忙碌，他仍會花時間與學生聊聊研究進展也關心他們的近況，如機械鐘錶一般固定，他總是週六早晨到辦公室，中午左右離開，之後回歸家庭生活。

在我即將畢業前，我也跟多數人一樣到許多公司面試，後來位於華盛頓特區的海軍軍械實驗室確定錄取我。我即將畢業，找到穩定又有保障的新工作，我的人生

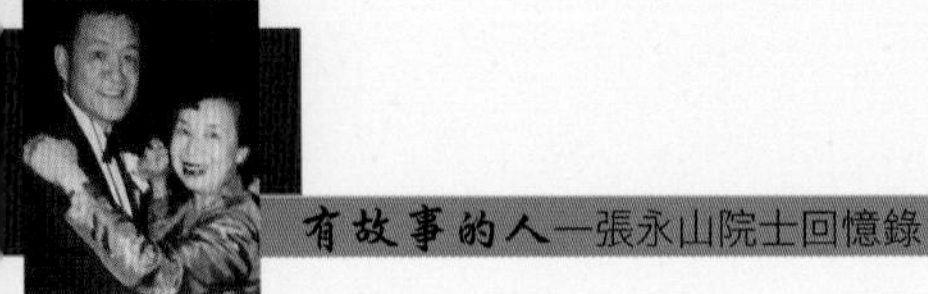

看來相當順遂，也許有點老套。在我畢業前幾週，張博士給我機會，以之前我們建立的實驗設備做為碩士論文主題，他希望我能完成這個工作，在一年內也許可以以碩士學位獲得更好的職位。我很好奇為何在我花時間找工作前張博士沒有和我討論這個碩士計畫，但回頭一想，顯然張博士是要我自己選擇並做決定。

最終我選擇繼續攻讀碩士學位，一直以來我都非常感謝張博士提供我這個機會，而這個機會也為我開啟通往職場生涯之門。

過去幾年不論在工作或社交上我們都持續保持聯絡，他與夫人碧英（Jean）曾到我家作客並參觀我的公司。當他在威斯康辛大學麥迪遜分校當系主任時，內人與我會在週六的足球賽開始前繞到他的辦公室聊上幾分鐘。

他的驟逝讓我們很震驚也很難過，他對我的人生影響至鉅，他是我的教授、顧問、導師、上司與朋友。

身為他的學生與朋友，我感到很榮幸。

（Original）

Y. Austin Chang
Professor, Counselor, Manager, Mentor and Friend

By John Franks
Exec VP & GM Electrol Specialties Co.

Dr. Chang's academic and scientific achievements and associated honors from numerous organizations are well documented. His personal interaction with his students and assistants are probably less widely known, but I do know he has in many cases greatly impacted the lives of many young students, beyond just scholarly goals. I don't know how to best convey that point other than sharing my personal story.

My initial interaction with Dr. Chang was when he contacted me at home one evening in 1968. He explained that I was recommended to him by another professor for an opening as a lab assistant to work part time in his lab on a research project funded by the NSF. At the time I was starting my Jr year, living at home and was working as a part time manager in a small retail store and I was pretty comfortable with my schedule and overall situation.

After a face to face meeting with Dr. Chang, he convinced me walking away from my current comfort zone into this new opportunity would be far better for me in my long term professional career. He said in the long run you will be faced with many of these types of decisions and they will all be without guarantees. As a 20 year old student, little did I realize, at the time, that this was one of those life changing moments.

During the following 20 months, under Dr. Chang's careful and thoughtful guidance to my stupid questions, we built the equipment he needed for testing an approach to generate new data for a phase diagram of Ni Zn alloys. During this time I could see his focused dedication to his work and his calm demeanor when things did not go right. He managed the project, the people and the budget and made it look easy.

In working with him, it also became obvious that he genuinely cared about his students and their success. He was a very busy man but always made time to talk about issues and concerns. Like clockwork he was always in his office on Saturday mornings and like clockwork he would leave about noon to focus on family life.

As my graduation approached, I like most others had interviewed with several companies and had actually accepted a position with Naval Ordnance Labs in Washington DC. So with my degree imminent, being newly engaged, and a job secured, my life in the near term seemed pretty well defined and maybe pretty typical. A few weeks before graduation, Dr. Chang approached me with the opportunity to do the research on the equipment we built and use that as the basis for my Master's thesis. He expected I could finish this work and the course work within a year and be in a better position to face the world with a Master's degree in hand. I was always puzzled why we had not had the discussion about the Master's program before I spent that time looking for a job, but looking back, it is obvious he wanted me to have a choice and make a decision.

Ultimately I did decide to pursue the Master's degree and have been forever thankful to Dr. Chang that he offered me the opportunity, as it has helped open doors throughout my professional career.

Over the years we have maintained contact both professionally and socially. He and Jean have visited our home and toured my business. When he was Dept Chair at UW Madison, my wife and I would stop in before football games and find him in his office on any given Saturday, always taking a few minutes to talk and catch up.

We were shocked and saddened by his untimely passing, as you can see he had a huge impact on my life as I am sure he did on many others, as a Professor, Counselor, Mentor, Manager and Friend.

I am proud to be called one of his grad students and one of his friends.

(2) 柯伸道（美國威斯康辛大學麥迪遜分校材料科學暨工程學系教授）

《張永山教授對我職涯發展的影響》

張永山教授對我職涯上的影響有三：

第一個影響是，張永山教授在 1972 年提供我一個研究助理的工作，當時他是威斯康辛大學密爾瓦基分校材料工程學系系主任。自此，1971 年從台灣大學化工系畢業的我從化學工程學領域轉到材料科學與工程學領域發展。在他的指導下，我於 1974 年拿到材料工程學碩士學位。由於當時威斯康辛大學密爾瓦基分校沒有博士班，張永山教授熱心地推薦我到麻省理工學院（MIT）就讀，之後我於 1977 年拿到材料科學暨工程學系博士學位。

第二個影響是，1983 年，張永山教授在擔任威斯康辛大學麥迪遜分校材料科學暨工程學系系主任時，成功地說服系上授予我副教授終身職，出於對張永山教授的敬重，我決定離開匹茲堡的卡內基梅隆大學（Carnegie Mellon University），轉而到威斯康辛大學麥迪遜分校任職至今，直到 2000 年，我才有機會在研究上和張永山教授共事。

第三個影響是，張永山教授非常慷慨地無償讓我使用他所創立的公司 -CompuTherm 多年前所研發的合金熱力學商用電腦軟體及資料庫。出自於對張永山教授傑出成就的尊敬，一直以來，對於該公司所研發的軟體與資料庫我非常有信心，在這些工具的協助下，2004 年我得以發展出理論說明沿著熔區邊緣破裂之現象。事實上，這套軟體與資料庫功能非常強大，有助於預測熔接時鋁熔區是否容易破裂，以及破裂之可能性如何消除。張永山教授可能未曾想過，他的研究成果竟能嘉惠熔接領域，而且帶來如此完美的結果，對此，他深感驕傲，在 2003 年美國金屬學會愛德華 ・ 狄米爾 ・ 坎貝爾紀念講座中他也曾提及這項研究成果。今天，我仍然使用 CompuTherm 研發的軟體與資料庫解決更多的熔接問題，而且不只用於鋁合金，也用於鎂合金、鋼鐵與不銹鋼。

張永山教授是我的指導老師、同事，也是我的朋友，對我個人及職業生涯來說，他是最棒的恩賜。

（Original）

How Austin Chang Impacted My Professional Life

By Sindo Kou
Professor
Department of Materials Science and Engineering
University of Wisconsin
Madison, WI 53706

Professor Austin Chang made three big impacts on my professional life.

First, Austin kindly offered me a Research Assistantship to work with him back in 1972, when he was the department chair of Materials Engineering at the University of Wisconsin-Milwaukee （UWM）. Since then, I switched from Chemical Engineering （my BS degree from the National Taiwan University, in 1971） to Materials Science and Engineering. Under his supervision, I received my MS degree in Materials Engineering in 1974. Since UWM did not yet have a PhD program at the time, Austin kindly recommended me to the Massachusetts Institute of Technology（MIT）, where I received my PhD degree from the Material Science and Engineering Department in 1977.

Second, as the new chair of the Department of Materials Science and Engineering at the University of Wisconsin-Madison（UW）, Austin successfully persuaded the department to make me an offer as an Associate Professor with tenure in 1983. Because of my respect for Austin, I decided to leave Carnegie Mellon University in Pittsburgh, PA to join UW, where I have settled down until this day. I did not really collaborate with Austin until after 2000.

Third, Austin kindly let me use for free the commercial computer software and database of alloy thermodynamics he and his company CompuTherm developed over years. Because of my genuine respect for Austin's outstanding achievement, I always had and still have real confidence in the software and database. Indeed, with the help of these tools, I was able to develop in 2004 my theory on cracking that occurs along the edges of welds. In fact, the tools were so powerful that I was able to predict if an aluminum weld is susceptible to such cracking and how its susceptibility can be eliminated. Austin probably never dreamed of his research benefiting the field of welding so directly and beautifully. He proudly included my welding research in his E. D. Campbell Memorial Lecture of ASM in 2003. Today, I still use CompuTherm's software and database to solve more welding problems, not just aluminum alloys but also magnesium alloys, steels and stainless steels.

Austin was my advisor, my colleague and my friend. He was a true blessing to me and my professional life.

(3) 蔣天鴻（智仁科技開發股份有限公司高級科技顧問）

《一代宗師—張永山教授》

身為張教授早期在威斯康辛大學密爾瓦基分校（UW-Milwaukee）的學生（1973.8-1975.6），現在屈指一算，匆匆已超過了 40 年的歲月，那時候老師也不過 40 出頭，材料工程系研究所師生加起來不超過 30 人，只有碩士班，研究生也只有 10 來位，張教授的學生就佔了一半以上。當年台大 56 化工留美師事張教授的同學，早出國的柯伸道及劉世炯已經畢業，分別到麻省理工學院（MIT）及賓州大學（UPenn） 攻讀博士。那段時間，56 化工的我、蕭優仁、林瑞陽還有來自成大冶金系的趙崇堯和幾位白人學生麥克 · 巴沙（Mike Baxa）、多納 · 貝克（Donald Baker）及查克 · 漢瑞契（Chuck Heindrich）等都在張教授的實驗室從事碩士論文的研究。

張教授那時候剛在學術界嶄露頭角，又身兼系主任，所以相當忙碌，其間又有猶太裔的丹尼爾・格伯（Daniel Goldberg）、來自奧地利的賀伯・伊柏瑟（Herbert Ipser）等博士後研究生（PostDocs）跟老師做個別的研究計畫。所以張教授1976-77年間在各學術期刊發表近20篇的論文，多數是那期間在老師指導下進行的研究成果。

張教授成為全球冶金材料熱力學的一代宗師，從他早期的師承、扎實的物理化學基礎、嚴謹的治學方法以及認真的教學態度就不難看出端倪。張教授在柏克萊大學（UC Berkeley）攻讀博士的指導教授是羅夫・哈特格蘭教授（Prof. Ralph R. Hultgren），哈特格蘭教授（Prof. Hultgren）又是諾貝爾化學獎得主萊納斯・鮑林（Linus Pauling）在加州理工學院（Caltech）最早期的學生之一。我後來得知，麻省理工學院（MIT）的約翰・契普曼教授（Prof. John Chipman）與哈特格蘭教授（Prof. Hultgren）有非常深厚的交情，所以在1972-80年間，約翰・契普曼教授（Prof. Chipman）在麻省理工學院（MIT）的接班人約翰・艾略特教授（Prof. John F. Elliott）陸陸續續接受4位來自威斯康辛大學密爾瓦基分校（UW-Milwaukee）張教授的學生：梁偉波（已歿）、林瑞陽、胡迪群與我，我們這些學生也都在約翰・艾略特教授（Prof. John F. Elliott）指導下取得麻省理工學院（MIT）博士學位。如今想起，應是其來有自。

從張教授的博士論文《脹縮對於金屬與合金熱容的影響》（Dilation Contribution to Heat Capacity of Metals and Alloys）可以感受到老師對多元素合金的結構以及各原子間的交互作用有極其深入的興趣與瞭解，我個人感到非常榮幸的是1975年在張教授指導下發表了一篇論文（1）《評估及預測碳化物的高溫熱性質的數值方法》（A numerical method for evaluating and predicting high-temperature thermal properties of carbides），這是一篇極少人注意的論文，但是我認為張教授對這篇論文感到相當滿意，主要是我們第一次使用高斯求積（Gauss Quadrature）、馬柯特法（Marquart Method）並結合威斯康辛大學麥迪遜分校（UW-Madison）所發展的非線性迴歸線電腦演算法（Nonlinear Regression Computer Algorithm）進而得到了德拜溫度（Debye Temperature）的參數值，然後再準確的預測碳化物高溫度的熱容（Heat Capacity）。張教授曾經很高興地對我說，這是過去他在勞倫斯利佛摩爾實驗室（Lawrence Livermore Laboratory）很多的應用數學博士解不出來的問題，我們現在終於得到答案了。老師的這一番話，給了我無比的信心，到現在還感覺到言猶在耳。

張教授對金屬材料科學及其教育的貢獻與成就，在全球華人幾乎是前無古人，我就過去的一些回憶來表達我對一代宗師張教授最深的敬意與懷念。

(1) T. Chiang and Y. A. Chang: Canadian Metallurgical Quarterly, Volume 14, Number 3, pp 233-241. （1975）
蔣天鴻與張永山：《加拿大冶金學季刊》第14卷，編號3，233-241頁，1975

(4) 林瑞陽（美國辛辛那提大學榮譽退休教授；晶泰國際科技股份有限公司創辦人兼董事長）

《懷念啟蒙師—張永山教授》

1974 年，當完二年的預官役，在好友老蕭的推薦下，跟隨張永山教授進入全新的材料領域。第一個印象是張教授人很好，他是加州柏克萊大學的冶金科學系博士。開學第一天，帶著醜媳婦見公婆的心情，老蕭帶我見了張老師，心中忐忑不安。第一次見到面，英文當然不行，老師改用中文詢問旅程情形。聽懂他的問話，心情稍微放鬆，感受到老師的關心，也覺得來美國好像是對了。沒想到老師話鋒一轉，問我大學課程最有興趣的是什麼。經過二年的服役，大部分化工課程都陌生了許多，只有最有興趣的熱力學還印象頗深，隨口就答出口，沒想到卻是班門弄斧，馬上就發現原來老師是材料熱力學的泰斗。跟在張老師身邊二年，才認識到自己的膚淺，也才真正了解到熱力無窮應用。

張老師是十分有創意的學者，在課堂上，在研究室，常常看到他隨時採用新技術，新方法。在老師身邊耳濡目染，竟然也養成了自己不守舊因循的做事準則。四十年來，我常常問自己：「還有其他的做法嗎？」顯然張老師創新的治學方法無形中深植在我的習慣中。

在我到張老師門下之前，已有五、六位台大化工的學長跟著老師，他們的論文都是運用 Isopiestic（等分壓）技術探討金屬固態溶液的物化特性。一個條件的實驗，必需在高溫真空石英管中，熱穩定一兩個月，再經由材料分析及 X 光定性來決定平衡點的狀態，相當耗時。老師在文獻資料看到 Thermogravimetric 的方法，認為可以運用在熱平衡實驗，他指定我來開拓新的實驗技術，並讓一位大學部的美國本地生幫忙裝置實驗機台。開創新技術當然辛苦，但是一面摸索，一面學習，經過一年多的努力，實驗機台終於完成，這是利用試片與氣相產生反應，並以熱天枰隨時取得試片重量的熱平衡實驗法。由於試片重量隨時記錄，到達熱平衡的狀態也一目瞭然，又因為是固氣反應，平衡點都在數小時內就已達到，一天之內可以完成數組平衡實驗。比起 Isopiestic 實驗方法，平衡實驗快了數百倍，在老師的指導下，一個月取得的數據是學長們數年的結果。老師又安排維也納大學的訪問學者 Dr. Ipser 協助分析實驗數據，在短短幾個月內完成了三個系統的熱化研究，也把材料熱力的研究摸得十分透徹，奠定我在材料熱力方面的研究基礎。這個新的實驗方法也傳給了幾位學弟，老師也發表了很多論文。

有了張老師打下的雄厚基礎，讓我在 MIT 的博士學程上十分得心應手。MIT 的指導老師 Prof. Elliott 是有名的嚴師，他非常開明的接受我的建議，也建立了 Thermogravimetric 實驗站，專門探討融熔鹽系統的熱化學理論，我的博士學程也在三年內完成。

張老師治學嚴謹，但課餘也十分照顧學生。跟著老師二年，去過老師家不下十次。以前從來不知麻將是什麼，在老師家的聚會中，師母特別教我們如何辨別麻將的規則，並且開玩笑的說在學校，老師教規規矩矩的學問，在課餘，師母教人生的學問，事實上也確實是頗為有用的人生哲學。這段日子，我跟著老師及師母去了幾次教會，才知道美國教會的活動方式，雖然終究沒有受洗，但教會的莊嚴、親切，無形中影響著我往後在美國幾十年的生活，我們也常常上教會。老師的三個孩子也是我們熟悉的家人，老大 Vincent 在外求學較少見，老二 Larry 就常看到，兩人都當了醫生；老三 Theo 跟我們最熟，相處久了，他不怕生，有幾次老師跟師母有事，我們還單獨帶他出去玩。

完成學位，自己也當了教授，辛苦的爭取研究經費，才知道當教授的辛苦。畢業後，還是持續受到張老師照顧著。每年在材料學會年會的相聚，他還是關心我們的事業，還是提拔着我們。雖然在張老師門下受教僅二年，但幾十年來每天的做事都深深受到張老師的影響。

(5) 胡迪群（欣興電子股份有限公司資深副總）

我謹向他的家人致上最深的哀悼之意。我是張永山教授 1976-1978 年期間的研究生，我從他身上不僅學習到跟學術有關的事宜，也學習到他的待人處事。猶記張教授邀請我們這些研究生到他府上共度感恩節，我們因此得見他們家人間的愛。他愛護家人、同事及學生，對我而言，他是值得學習的榜樣，我很幸運從他身上學習到很多。願他在天堂安息。

（Original）

My deepest condolence to his family. I was professor Chang's graduate student during 1976 to 1978. I learned from him not only academically but also the ways he interact with others. I remembered that graduate student were invited to his house for Thanksgivings and we met his family that is full of love. He has passion toward his family, his colleagues and students. He was a role model to me. I was fortunate to learn a lot from him. May he rest in peace in heaven.

(6) 蔡文達（國立成功大學材料系教授）

《張永山教授追思感言》

1976 年，恩師張永山教授一封寄到台灣成功大學冶金及材料工程系，招募對材料科學有興趣的學生到他的門下進修的信，開啟了我與他數十年的師生緣。當時正逢第一次全球能源危機，恩師強調腐蝕科學對於能源的重要性，對於當時年輕的我發生了啟發的作用，並因此影響了我一生的志業與發展。回首來時路，對於恩師的引導至今難忘。

1977 年我來到威斯康辛大學密爾瓦基分校材料科學系，在恩師的研究室以 Fe-Cr 合金的高溫硫化及相變化為課題，進行碩士論文的研究工作。在學習與研究的過程中，恩師循循善誘，耐心指導，使我對於科學研究的態度與方法獲得啟蒙。除了學識淵博讓我景仰之外，恩師對於學生的照顧以及謙謙君子的儒者風采，更是我日後成為人師的典範。

學成回台灣任教於國立成功大學材料系後，有幸於 1988 年 4 月邀請恩師到台灣訪問指導，除了在成功大學的教學指導外，並參訪了中山大學、中鋼公司、工業材料研究所、清華大學以及台灣大學等單位，恩師在參訪過程中對於台灣在材料科學領域的教育與研究發展，提出不少建言，貢獻良多。隨後，恩師與師母多次訪台，我還有機會親聆他的教導，使我能繼續成長，對此感到十分幸運。

2011 年恩師蒙主寵召，雖然不捨，但是他給我留下許多懷念。願恩師在天之靈能保佑師母及家人平安！

學生
蔡文達 恭述（1979 年畢業於 UWM）

(7) 謝克昌（國立中山大學材料與光電科學學系教授）

《永別了，吾師 Austin Chang》

2011 年 2 月，得知老師中風昏迷，十分震撼，心中久久無法平復。還來不及再見老師最後一面，一代宗師倏忽地於 8 月離開了我們。憶起過往種種，受教於老師多年，點滴在心頭。您諄諄的教誨，如沐春風，對我們亦師亦父的照顧，倍感溫暖，因為異鄉求學，感受特別深。很幸運地我們學成歸國服務，仍不時能與老師見面，或在台灣，或在國際學術會議上。而今，那裡再能見面？只能在我心深處，無盡的思念。老師，好走。

(8) 凱文 · 蕭茲（希捷科技首席管理工程師）

張永山教授是我 1982 年 6 月至 1983 年 5 月大學期間的計畫指導教授，也是 1985-1988 年夏天攻讀博士學位期間的指導教授。

上個月我參加公司的管理課程「走向希捷之路」，課堂上我被要求形容一位對我個人及事業來說具有極大影響力的人，當然我說的這個人是張永山教授。張教授

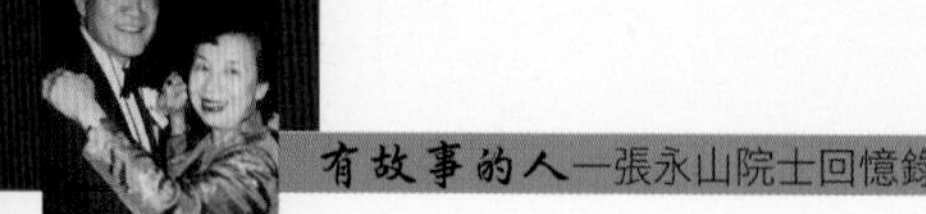

具有我希望在專業管理上能達到的罕見特質，這樣的特質也展現於社群組織及他與三個孩子的互動上。這些特質包含正直的美德、高度的責任感、對事業的企圖心及對團隊成員的公平性，此外，還包括誠實、信任、幽默感及絕對的樂觀。

儘管團隊成員來自世界各地而且具有不同的人格特質與脾性，張教授仍能鼓舞團隊成員高度合作與彼此照應，這是個有趣的團隊。1980 年代中期，張教授指導的團隊成員大約有 20 人，他當時也身兼系主任一職。張教授成功地讓冶金工程系教職員處於合作氣氛中，於此同時他也著手整頓系所與教職員，調整課程內容並改善實驗室設備。將傳統的冶金與礦物工程學系改造成符合多元潮流的材料科學暨工程學系，陣痛期難免，改變總是困難的，但張教授做到了，而且成果卓著。

對於張教授多方面的影響力與成功，我相當讚嘆，但我也明白他的成功來自於他的充份授權及對人的信任，而非事必躬親。我的大學及博士研究主題在他的研究團隊中是較新的嘗試，張教授讓我高度自主管理的同時也提供必要的支援與聯繫。此外，我也學會如何建立合作關係，透過合作關係的建立與張教授的人際網絡，我得以獲取來自於材料科學暨工程學系及電子工程學系教職員的協助，他們似乎都很樂意幫助張教授的學生。

我有一些與張教授共度的美好時光與回憶：為了拿到 IBM 羅徹斯特公司有關銲接技術的計畫贊助，我和張教授一同飛往羅徹斯特。因為預算吃緊，我們同住名為「6」的旅館房間，那晚我們有一半的時間熱烈討論銲接運用於電子業的技術問題，我們聊得非常愉快；另外一場在奧蘭多舉辦的技術研討會，我及張教授的另外兩位中國學生相偕到迪士尼樂園一遊，最難忘的是我與張教授在「小世界」裡共乘過程中所共享的歡笑及有點搞笑又孩子氣的玩笑。他是個很純真的人。

（Original）

By Kevin Schulz
Managing Principal Engineer, Seagate Technology

Austin Chang was my undergraduate project advisor June 1982-May 1983 and my PhD advisor from September 1985-September 1988.

I attended a company management class last month, "Coaching the Seagate Way", where I was asked to describe the attributes of a person of great influence on my personal and professional development. Of course I spoke of Austin. Austin displayed a rare combination of attributes that I have tried to emulate throughout my career in technical management, in community groups and also as a parent to three children. These included solid personal integrity and a high level of commitment and excitement to the project/task and equally to the team. In addition, honesty, trust in individuals, a sense of humor and an insatiable optimism. These qualities inspired me and his research group to a high level of achievement.

The environment which Austin inspired in his research group was highly cooperative and caring despite a wide diversity of team members from around the world with different personalities and temperaments. Some interesting folks! In the mid-1980s, Austin advised a research group of about 20 people and also served as department chairman. My impression was that Austin was equally successful in inspiring the Metallurgical Engineering faculty to excellence in a cooperative climate. By uniting the department faculty and staff, Austin was successful making improvements to the curriculum and laboratory facilities. It was a critical time of transition for the department moving from traditional iron and steel metallurgy focus to a broader scope of the modern materials age. Change is always difficult and Austin's achievements were remarkable.

At times I marveled at Austin's wide scope of influence and his success, but became aware that this success was only achievable by empowering individuals, trusting them and not micromanaging. Both my undergrad and graduate projects were new to his research group and were largely self-directed with Austin providing resources and contacts. I also learned the power of forming relationships and networking from Austin as I had no problem obtaining help from other faculty within Materials Science and Electrical Engineering; it seemed that they were all enthusiastic about helping out one of Austin's students.

I have several fond memories of time with Austin. Austin and I traveled to IBM-Rochester to try to get funding on a solder technology project. We shared a room at the Rochester Motel 6（budgets were tight!） and stayed up half the night in a spirited discussion of solder attach technology in the electronics industry. Glorious! On a trip to Orlando for a technical conference, I accompanied Austin and two other Chinese students to Disney World for the day. A high point was sharing a ride through "It's a Small World" with Austin where we could only laugh, be silly and engage in some child-like fun. He was a genuine human being.

(9) 林正淳（美國鋁業公司技術中心創新技術資深技術專家）

很難接受張教授已經離開我們的事實。

內人心誠與我是在 1982 年 8 月 19 日第一次見到張教授，碰面地點是在他的辦公室，當天是我們到達麥迪遜分校的第一天，也是我們來到美國的第二天。雖然距今已逾 33 年，但我仍記得我們之間的對話，那好像是昨天才發生的事，我就像第一次會見指導教授的緊張學生，當時我以為會聽到與學校有關的嚴肅問題，但張教授卻對我們的個人問題更感興趣，同時好心地詢問是否需要協助。那時我理解到，我選對了指導教授。

我們在麥迪遜分校 7 年的求學時間裡，張教授與夫人對待我們一如親生子女，他們給予我們這些離鄉背井的學生很大的精神支持。畢業之後，我們是少數有幸經常與張教授伉儷見面的學生，我們很遺憾2009年聖誕節前夕最後一次拜訪張教授時沒能呆久一點。

對於張教授身為學者或管理者所立下的成就，許多人已經提過，無需贅述，他的傑出成就早已獲得國內及國際肯定，即便成就非凡，張教授對於朋友、同事與學生的態度始終如一，他甚至偶而會藉由自己的名聲拔擢在各領域中有能力的朋友或新人，他是個具有領導力與洞察力的學習榜樣。

身為張教授的學生，因為個人有限的才情與能力，無法彰顯張教授的榮耀，但張教授確實在專業上及生活上給了我許多，沒有任何話語可以表達我們深深的感激之情。

（Original）

By Jen C. Lin, PhD
Senior Technical Specialist
Breakthrough Technologies
Alcoa Technical Center

It is difficult to accept the fact that Prof. Chang has already left us.

Hsin-cheng and I met Prof. Chang first time in his office on August 19, 1982, the first day we arrived in Madison and the second day in the US. Although it is 33 years ago I still remember the conversation as if it happened yesterday. I was a nervous student meeting his advisor for the first time. I was expecting tough academic questions. However, Prof. Chang was so kind that he was more interested in any personal issues we might have and any help he could provide. At that moment I realized that I made a right choice for an advisor.

Throughout our 7 years at Madison, Prof. and Mrs. Chang treated us like their daughter and son. We received great spiritual support from them for studying far away from home. After graduation, we were a few lucky ones who could have chances to meet Prof. and Mrs. Chang quite often. We regret not to have stayed longer with Prof. Chang when we met him last time at his house in 2009 near Christmas.

As already mentioned by others about the accomplishments of Prof. Chang as a scholar or as an administrator, we don't need to emphasize here again. His outstanding achievements have been recognized nationally and internationally long time ago. Despite his elite status, Prof. Chang has never changed his attitude to his friends, co-workers and students. He constantly used his reputation to promote capable friends and newcomers in every area. He is a real role model in leadership and vision.

As a student of Prof. Chang, I can't add additional honor to him due to my limited talent and capability. Prof. Chang really gave me a lot in my profession and in my life. There are no other words that can express our deep appreciation.

(10) 艾倫 ‧ 蕭茲博士

我是艾倫 ‧ 蕭茲，目前住在美國明尼蘇達州的聖保羅，我於 1988 年取得威斯康辛大學博士學位，指導教授為張永山。畢業後，我先後到霍尼韋爾及希捷科技公司工作，工作內容多半與材料科學相關，如製造半導體元件或是磁紀錄頭。張教授給我的訓練及因他而來的人脈讓我得以在未來超過 16 年的職涯發展上從坐冷板凳到成為資深總監。

在張教授的諸多貢獻中最突出的應該是他在科學與工程界的成就，但在此我要多著墨的是他的慈愛與領導力。我比過去張教授收過最年長的學生更虛長幾歲，當年我加入他研究團隊時已經超過 40 歲（至於我以 39 歲高齡念研究所則又是另外一個故事），我視張教授為良師益友，可以輕鬆地和他聊各種話題。師事張永山教授 5 年餘，我們聊了許多非學界的事情，如人、政治、如何與各種人打交道等，但最常聊到的話題是如何教養孩子。我有三名子女，年齡介於 10-14 歲，他們常到學校來，張教授對他們總是很好，那時張教授最小的兒子道崙只比我大兒子大衛年長約 1-2 歲。

張教授照顧學生可說是無微不至。我在團隊中的好友莊英裕剛拿到博士學位後即被診斷出罹患白血病，張教授想盡辦法讓他可以到醫院接受治療的同時繼續留在研究室，此外他也提供經濟上的奧援，英裕過世後，張教授和我則協助他的遺孀料理後事。我的狀況也好不到那裡去，張教授注意到我兼顧博士學位與維持家計的窘境。當時我寫了進階的三維電腦圖形程式分析相圖，張教授鼓勵我繼續朝此方向發展。他不用美國國家基金會的資金而是改用威斯康辛大學轄下研究機構 - 威斯康辛大學校友研究基金會（Wisconsin Alumni Research Foundation, WARF）支援我，他會這麼做主要是因為他看出這個計算程式有「錢」景。威斯康辛大學校友研究基金會（Wisconsin Alumni Research Foundation, WARF）支援我的研究也代表著程式所有權歸我所有而非公有財。這件事情顯示張教授具有敏銳的洞察力，不到一年後，聯信公司以巨額價金買下程式原始碼。對一位努力掙扎維持家計的博士生來說，這無疑是「天上掉下來的禮物」。

我不確定當我走進張教授辦公室，遞給他兩張面額可觀的支票時他是高興還是驚訝，一張支票給英裕的遺孀，另一張給張教授，我認為這很公平，因為張教授與英裕對發展此一計畫都有貢獻。至今我仍懷疑有那位指導教授的學生會做出如此不尋常的舉動。

張教授讓我印象最深刻的就是他的領導與建構研究團隊的能力。我們的團隊成員高達 18 位，從碩士生到訪問學者都有，來自各大洲（南極洲除外，主要是因為那裡沒有大學），橫跨各黨派、族裔與種族，應有盡有。在我 5 年的研究生涯中，我不記得團隊成員間彼此有敵意、誹謗、個人主義或如同大型學術團隊可能發生的各種狀況。促成團隊合作與同袍情誼的關鍵人物就是張永山教授。對於我或其他團隊成員來說，從張教授身上學到如何維持與運作一個既龐大又和諧的研究團隊遠比學習科學知識更有價值。

當時我們的研究團隊成員之間可以相安無事，但麥迪遜分校材料暨工程學系系所內卻不然，一如許多大學校園，這裡也有許多瑣碎的競合關係。誠然多數教職員都是好人，私底下也都對我很好，但有許多人卻是相當自我的。平心而論，這些人的自我主義一方面讓他們獲得豐碩的成就，再方面也成為他們的個人特色。對於張教授如何收伏這些人而且讓他們乖乖聽話，目標一致，我始終都很好奇。

多年後，我服務的希捷科技公司擢升我進入管理階層（這有違我的初衷），當我開始承擔責任，領導團隊並須確保每位成員事業有成時，我只問自己一個問題：「如果是張教授，他會怎麼做？」以此為準據，管理就上手了。

晉升管理階層後，希捷科技公司撥給我一筆巨額的研究預算，研究內容是探討巨磁阻傳感器中的基礎材料性質對紀錄磁頭核心性能的影響，猜猜看我將這筆預算撥給那個團隊？答案很簡單，張永山教授的團隊。2 年內，張教授研究團隊所提供的基礎知識讓希捷科技在磁盤驅動器製造領域中保有龍頭地位，於此同時，張教授的團隊成員也得以發表相關研究成果，結果可謂「雙贏」。張教授了解業界與學界，同時也深諳協調二者之道，也因為如此，才能讓他的團隊立於不敗之地。我很欣慰自己能對張教授及他的團隊有所回饋，這個小小的回饋也等於是感謝張教授及威斯康辛大學麥迪遜分校對我的栽培。

我還想提供許多跟張教授有關的故事，但也許這些內容可以等本書出版續集時再說。

（Original）

By Dr. Allan Schultz

My name is Allan Schultz and I currently live in St. Paul, Minnesota USA. I received my PhD from the University of Wisconsin in 1988 under the guidance of Prof. Austin Chang. After graduation I went to work for Honeywell and then Seagate. My work was always focused upon Materials Science, either building semi-conductors or recording heads. The training I received under Prof. Chang and the wonderful people he attracted stood me in very good stead, as my career took me from bench scientist to Senior Director over the next 16 years.

Many of tributes dedicated to Prof. Chang will cover his extraordinary scientific and engineering achievements. I'd like to focus on Austin's humanity and leadership. I was far and away the oldest graduate student that Prof. Chang had ever trained, being over 40 when I joined his group（why I went back to graduate school at 39 years old is a story for another time）. While I always treated Prof. Chang with the utmost deference as my mentor, we were also able to relax and talk over many subjects. Over the 5 years I spent as his student, we had many conversations about non-academic subjects; people, politics, how we dealt with different people, and, most frequently, how we were raising our kids.

My 3 kids, aged 10 to 14, were frequent visitors to the campus and Austin was always kind to them. At the time Austin's youngest, Theo, was only a year or two older than my oldest son David.

Prof. Chang was always keenly aware of the personal needs of his students. When my closest friend in the group, Ying-Yu Chuang, who'd recently received his PhD, developed leukemia, Austin found ways to keep him involved with the group, allowing him to receive state of the art medical care, as well as financial support. When Ying-Yu passed away, Austin and I were involved in helping his widow wind up his affairs. On a less tragic note, Austin was keenly aware of my struggle to provide for my family while being a full-time PhD student. I'd written an advanced 3-D computer graphics program for analyzing phase diagrams. Austin encouraged me to continue its development. Instead of using the typical route of NSF funding, he approached WARF, Wisconsin's research arm, to fund me. He did this knowing that this computer program had economic potential. WARF funding meant that I retained ownership of the program, instead of its becoming public domain. This showed extraordinary foresight on Austin's part, as less than a year later Allied Signal purchased the source code for a substantial sum. To a poor graduate student struggling to provide for his family, this was a godsend.

I'm not sure whether Prof. Chang was amused or amazed when I went into his office and handed him 2 sizable checks, one for Ying-Yu's widow and the other for himself. This was done simply out of fairness, as both Austin and Ying-Yu had provided valuable assistance in the program's development. Still, I doubt that any research advisor had such an unusual response from one of his students.

What was most impressive about Austin was his leadership and team building. Our group had 18 people, ranging from M.S. students to visiting professors. These individuals came from every continent on earth （except Antarctica, and the only reason that continent wasn't represented in our group was that they don't have a university there）. Our group spanned every conceivable spectrum of politics, race, ethnicity, you name it. I all my 5 years in the group I don't remember there ever being any animosity, back biting, one-upsmanship, or other such behaviors common to large academic groups. The level of teamwork and camaraderie was due to one and only one factor, Austin Chang. Watching how Prof. Chang built and maintained a large, harmonious, and productive group was to be even more valuable to me （and others） than the science we learned.

While our research group had pretty compatible people, the Materials Science Department did not. As is typical of many academic departments, there was a lot of petty rivalry. While most of the faculty were pretty good people, and all of them were wonderful to me personally, there were plenty of people with large egos. In fairness these egos were the result of both their very substantial accomplishments, as well inherent personal traits. It never ceased to amaze me how Austin kept them in line and pulling in the same direction.

Many years later, Seagate, where I worked, pushed me into management （pretty much against my will）. Once I had the responsibility of directing other people and ensuring they had fruitful careers, I only had to ask myself one -question, "What would Austin do?" With that question as my guide, management came easily.

As a result of moving up in management, Seagate provided me with a substantial research budget to be directed towards understanding the fundamental materials properties of the giant magnetoresistive sensors that lay at the heart of our recording heads. Guess where I directed the money? Easy answer, Prof. Austin Chang. Within 2 years, Austin's group provided Seagate with the fundamental knowledge that allowed us to maintain technological dominance in manufacturing disk drives. Austin's people were also able to publish much of their work, making the whole operation a win-win. Prof. Chang understood BOTH industry and academia and was masterful in treading a compromise path between these two cultures that eluded other researchers. It was very gratifying to me to be able to give back to Austin and his group at least a small return on all he and University of Wisconsin-Madison did for me.

There are so many stories that I'd like to tell, but perhaps there will be a 2nd volume!

(11) 張民憲（惠普企業惠普實驗室材料科學研究員）

我叫張民憲，1983 年春天到威斯康辛大學麥迪遜分校攻讀碩士學位，那時張永山教授是該校冶金與礦物工程學系系主任。我是張教授所收的第一位來自中國大陸的碩士生，也是系所內第一位中國碩士生。張教授是我的碩士及博士指導教授。

張教授不止一次告訴我們，教學與研究是他的興趣，他工作非常勤奮，發表了不少相關領域的著作也累積了不小的成就，因此他也贏得許多學生及全球科學家們的敬重。在此，我提供在張教授的遠見及領導下，系所得以改造、與時俱進的所見所聞。

在我進入系所就讀時，系所一如其名，專注於冶金與礦物工程學，系所辦公室老舊，實驗室幾乎都在一樓，系所規定的課綱也有些過時。張教授告訴我們，系所必須重整才能吸引學生。在他的帶領下，我目睹了系所一點一滴地朝正確的方向邁進。張教授將礦物工程學系獨立出來，招聘年輕的教職員，建立新的課綱內容，重新裝修了硬體設備與實驗室，也招募了一批新學生，將系所正名為「材料科學暨工程學系」。所有的改變都在張教授任系主任時架構完成，他徹底地改變了系所，為系所奠下長遠發展的基礎。

張教授為世人緬懷之處不只在於他是位舉足輕重的教授、知名學者，同時也因為他的領導力與革新能力。

謝謝您，張教授！

（Original）

By Minxian Zhang
Materials Scientist
Hewlett Packard Labs, Hewlett Packard Enterprise

I am Min-Xian Zhang. I attended University of Wisconsin-Madison as a graduate student in spring 1983 when Prof. Chang was the Chairman of the Department of Metallurgical and Mineral Engineering. I was Prof. Chang's first graduate student from mainland China （and also department's first graduate student from mainland China）. Prof. Chang was my advisor on M.S. and Ph.D. degrees.

Prof. Chang told us multiple times that teaching and research were his hobbies. He worked very hard and had been very productive and successful in these fields. He had earned great respect from students and scientists around the world. Here I want to refresh my memory on how Prof. Chang renewed and modernized the department under his vision and leadership.

When I enrolled into the department, as the name indicated, it was focused on metallurgical and mineral engineering. The building facilities were old, foundry labs occupied almost the entire first floor, and course curriculums were out dated. Prof. Chang told us that the department must renew itself to serve future students. Under his leadership, I witnessed the department changed in the right direction continuously and consistently. He separated the mineral engineering from the department, hired young faculties, established new curriculums, renovated the facilities and labs, enrolled students in the new fields, and changed the department name to "Materials Science and Engineering". All these changes were led and managed by Prof. Chang as the department Chairman. He completely renewed the department and laid down the foundation for its long term growth.

Prof. Chang will be remembered as a distinguished professor and famous researcher, as well as a leader and reformer.

Thank you, Prof. Chang!

(12) 陳信文（清華大學全球事務處事務長；清華大學化學工程學系特聘教授）

《哲人其萎》

接到從 Madison 來的電話，告知張教授逝世的那一刻，心中浮現的是張教授在

UW-Madison 材料系簡介上的一張年輕時的相片。在我的印象中，張教授一直都是長得這個樣子，三十年來似乎沒有變過。

與張教授的因緣起於他在 1985 年寫給台大化工系的一封信。這封當時貼在公告欄上的信，內容是張教授希望從台灣找一位新的研究生，這封信改變了我的人生，也開啟了我與張教授的師生情誼。張教授是我的恩師，不止是因為他是我的博士論文指導教授，更因他對我的人生有著很大的影響。

第一次與張教授的見面是在抵達 Madison 三天之後，在他的系主任辦公室中。簡短的交談，談的是我的房子是否租好以及辦公室所在等。對他的第一個印象是嚴肅中帶點溫暖，而他的相貌，與我在系簡介中所見一模一樣。

我於 1985 年到 UW-Madison 念書，1990 年獲得博士學位，1992 年回到清華大學任教之後，每年至少仍與張教授見面一次，當然主要的場合是在 TMS 一年一度的會議。一直到張教授昏迷前一個月，我們仍電話聯絡著在 TMS 會議的見面，討論著張教授與師母暑假中來台的規畫。

2002 年清華大學聘請張教授為《國聯光電講座》教授，也開啟了張教授與台灣更密切的互動，此後數年張教授與師母都連袂訪台，進行演講與訪友。這期間我也幫忙聯絡張教授久已失聯的堂兄們，以及找到師母父親靈位存放之靈骨塔。

2009 年張教授與師母訪台，我陪著張教授馬不停蹄拜訪中研院院士們，對我而言，應該也是與院士們歡聚一堂最密集的一年。2010 年張教授如期獲選為中研院院士。張教授治學嚴謹、著作等身，獲選為中研院院士是實至名歸，這確實也是張教授所衷心企盼。

前後在 Madison 住了六年（學生五年、博士後半年、2007 年教書半年），獲得碩士與博士學位，從單身、認識女友、結婚，到首次離開 Madison 時已為人父。Madison 永遠是我最值得懷念的地方，而張教授就是在 Madison 渡我的恩人。張教授治學嚴謹、關心學生的態度，一直深深影響著我，總覺自己常有意無意的帶著張教授為人處世的影子。

在我任清華教務長時建議國立清華大學以《院士系列叢書》來紀念張教授，希望能記錄張教授的生活與成長，以激勵後輩，也希望以此書與曾和張教授共事、共同生活的朋友們分享。張教授是一位很不平凡的教授，我們的人生也因張教授而有了交集、有了互動、也有了許多不同，想想這真是一件奇妙的事。謝謝您！張教授！

(13) 簡嘉宏（英特爾院士）

《再會了，張教授！》

第一次聽聞張教授之名是在 1986 年的春天，當時我的新婚妻子瓊慧剛取得威斯康辛大學麥迪遜分校化學工程學系博士班入學許可。那時我倆同時收到不同學校的入學許可，但瓊慧決定到威斯康辛大學就讀，然而，當年威斯康辛大學並不在我的申請名單中，進退兩難之際，我在台灣大學的指導教授呂維明建議我寫信給張教授。

我第一次在電話中與張教授對話是在數個星期之後。他的聲音聽來非常沉著有禮，他在電話那頭說：「歡迎到麥迪遜分校。」難以置信他竟接受了這個相當遲才提出的申請要求，顯然他信賴呂教授的判斷，並且滿意這段透過電話的對談。

第一次和張教授見面是在 1986 年 8 月中旬的一個週六午後當我抵達麥迪遜分校時。我與張教授在他的辦公室有了第一次的接觸，當時的第一印象是：「哇喔！」張教授的辦公室裡有超過 10 列書架，上面擺滿許多已發表論文，規模與小型圖書館相當 - 就在辦公室裡！有趣的是，他是以作者姓名做為分類標準而非期刊名稱或發表年份，這樣的分類方式讓他得以記住每位作者在那一年發表了那些論文。這種分類方式令人覺得訝異，沒見過其他人採用這樣的分類方式。他歡迎我的到來並告訴我，我不只拿到入學許可，也拿到研究助理獎學金，對於初次來到新國度的我來說，不啻是天大的好消息。

張教授有不少來自於台灣、香港及中國大陸的中國學生，在當時，有一半以上的博士生具有亞洲背景並不奇怪，從另一個層面來說，張教授似乎認為自己對來自於中國大陸或台灣的學生有些責任，他要幫助這些學生在美國取得受教機會。我們這些學生在感恩節時會受邀到張教授的家中做客，共享感恩節大餐。張師母也非常和善而且精通中西廚藝，讓我們感受到家的感覺，與其他中國學生就像一家人一樣，在酷寒如冰的威斯康辛冬季，那就是你需要的溫暖。

有一次，一位大學新生出現在實驗室裡，張教授要求我們分派一些工作給他並支付鐘點費，雖然這個學生很是聰明伶俐，但在實驗室裡聘用一個學生還是件頗為奇怪的事，因為我們多半自己做好自己的實驗工作。後來張教授平靜地向我們解釋，那個學生的父親剛剛過世，他的母親與張教授一家人是同一個教會的教友，張教授認為，這麼做至少能幫那個學生度過艱難時刻。

多數時候，張教授都相當忙碌，但我們仍有機會和他共進午餐，我們最常造訪的地點就是系所對街的麥當勞。張教授一向會點沙拉，而我們這些學生多半會點牛肉起司堡或大麥克。那個年代，起司堡售價大約是每個 15-20 美分，在一些特別的日子裡，比方說美國隊獲得奧運金牌，4 個漢堡只要 40 美分呢。我們會坐在麥當勞聊很多事情，這種時候也是我們得知跟實驗無關的其他資訊的時候。張教授有時會和我們說說當年他在中國大陸或柏克萊大學時的往事，有時他也會為我們分析未來趨勢。

我們這些學生有時會和張教授一起出差參加討論會，當預算較為吃緊時，我們偶而會和張教授共用一個旅館房間。記得有一次到舊金山參加研討論，我在會中獲得研究生獎，當時張教授似乎心情很好，他要我們在會後一起到舊金山的中國城吃午餐。他帶著我們走在狹窄的街道中，最後來到一間賣飲茶的小酒樓，我們也很喜歡吃粵式飲茶點心，當然沒問題。之後他告訴我們，自己在柏克萊大學念書的那段時間是他人生中最美好的時光之一，當年，他會和師母在週末時造訪點心館，雖然不確定這些食物健康與否，但他還滿喜歡吃的，對我們來說，這些時光也是美好的。

緊張不安的4年過去，我終於拿到了博士學位，回想起來，找工作對我來說是艱難的，不確定最後會落腳何處。張教授走到我的書桌前說：「生活是艱辛的。」他回想起自己早年到美國時的情景與後來工作那幾年的狀況，他說：「凡事須盡全力，不要計較其他，就會有好事發生。」這是我從張教授身上學到最重要的事。那是一場嚴肅的對話，多年後，當我順利完成工作時，我會自問：「我已經盡全力了嗎？或者我只是敷衍了事？我應該花更多時間，堅持到最後。」張教授說，如果我還沒有找到工作，他要提供我一個博士後的工作機會，他其實不需要擔心我的，因為後來我就從現在任職的公司（Intel）獲得一份工作，服務迄今超過24年。當年那段對話對我來說仍歷歷在目。

10年後，張教授到奧勒岡州拜訪我。他本不願打擾我，只在電話中告訴我自己碰巧到波特蘭拜訪老友，我當時表示非常歡迎他到家中做客，我也想陪他到處走走，他有些遲疑，回說要先和師母商量，之後他給了肯定的答案。回想起來，那週真的很有趣，我請了一個禮拜假，問他想到那裡逛逛。當地頗負盛名的景點就是火口湖國家公園，但不巧的是，旅館已經客滿。由於當地旅館本身也算是國家級歷史建築物，頗負盛名，而且這家旅館環湖而立，可以飽覽火口湖美景，因此通常必須一年前預訂才有可能訂到房間，後來張教授在附近的另一個城鎮訂到房間。幸運的是，有人在最後一分鐘取消訂房，因此張教授夫婦得以順利入住這家旅館。因為我必須回到山腳下的投宿之處，臨別前，我看到張教授手裡拿著一杯葡萄酒，坐在旅館外的陽台不知在沉思著什麼，師母後來告訴我，張教授的中文名字就有「屹立不搖的大山」之意。多年後，張教授當時的影像仍深植我心。我們後來共遊了奧勒岡州最高的胡德山以及另一座大山 - 曾經在1982年爆發的聖海倫火山。

我最後一次與張教授談話是在2010年，他聽說我榮陞英特爾院士（Intel Fellow），私下致電恭喜我，對我而言，這樣的成就遠不及他在研究領域中的成就，但張教授似乎很高興，事實上，就算是其他畢業超過20年的學生，他也會同樣高興地恭賀他們。

我最後一次拜訪張教授是在2007年，他已經搬到紐約州的羅徹斯特。他帶著我在住家附近轉轉，很高興自己可以離兒子們近一些。我們沿著伊利運河走，他指給我看孫兒們在房子裡留影的照片，我們一起午餐，他點的仍然是雞肉沙拉。在材料科學界，許多人對張教授仍是相當尊崇，同時感謝他重整校系。張教授提到每個月因為系務他仍會回麥迪遜一趟，雖然他已經搬到羅徹斯特，但仍勤於工作，他在羅徹斯特大學保有一間客座教授辦公室，從未見到有誰像他一樣，在這樣的年紀還這麼努力工作。

拜訪行程結束前，張師母問了我一個問題，她說，許多人認識張教授，但不確定到底有多少人真的明白張教授的為人，我回道：「有的，夫人，張教授在25年前為我開啟了高階科學研究之門，他的諄諄教誨至今仍影響著我。」

再會了，張教授，我會記得您及您的教誨。
學生簡嘉宏

（Original）

Farewell, My Professor

By Jan, Chia-Hong
Intel Fellow

I first heard about professor Chang in spring of 1986. My newly-wed wife Chyong-Huey was just admitted into Ph. D. program of Chem. Eng. Dept. of UW Madison. We both got several offers simultaneous in other universities but she decided this was the one she wanted to go. Unfortunately, I did not apply for UW Madison. My advisor Professor Lu in National Taiwan University heard about my dilemma and recommended me to write a letter to Professor Chang.

A few weeks later, it was the first time I talked to Professor Chang on the phone. His voice was very calm and gentleman. "Welcome to Madison", he said to me on the phone. I could not believe this since it was a very late request but he seemed to trust Professor Lu's judgment and was happy with the short conversation with me on the phone.

It was a Saturday afternoon in mid-August of 1986 when I first met Professor Chang in his office after I arrived in Madison. The first impression I had was "WOW". His office had an array（more than 10）of bookracks filled with all kinds of published conference papers. This was just like a small library, in the office! The most interesting thing was that he arranged all of the papers by the author's names, not by Journal title or year. They were all by name. He could remember which authors had what papers in whatever years. This was amazing and I could not find anyone else with such a system. He welcomed me and told me that I not only got the admittance to the department, I also had a research assistant scholarship. It was a great news especially first time in a new country.

Professor had quite a few Chinese students, from Taiwan, Hong Kong and China. It was not uncommon to have more than half of the Ph.D. students with Asian background back then. But beyond that, Professor Chang seemed to specially feel that he had some sort of responsibilities to help good students from China or Taiwan to have an opportunity to get educated in the US. We all got invited to Professor's house for Thanksgiving dinner. Professor's wife was very nice too and we all felt like home and a big family with all other Chinese students. In the big chilly and frozen winter in Wisconsin, that's all you needed.

One time, a new local college student showed up in the lab. He asked us to give him some work to do in the lab. He was paid by hour. The student was smart and quick. No

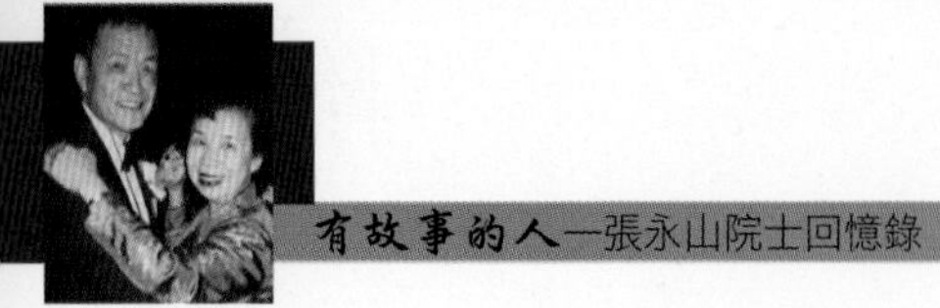

question about that.But it was still a little strange that we hired a student aid in the lab. We normally did all the experiment ourselves. Professor just calmly explained to us that the student's father just passed away. His mother was in the same church with Professor Chang's family, and Professor Chang felt this was the least he could help the student get through the difficult time.

Professor was busy most of the time but we had chance to have lunch together with him. The most visited place was the McDonald across the street from the department building. He always ordered the salad and we were more into the meaty cheese burgers or the mighty Big Mac. Back then the cheese burger was only like 10-15 cents. In a good day like US winning Olympic game gold medals, we could get 4 burgers for 10 cents each. We then sit down to talk about lots of things. It was the time we knew things outside the laboratory work. Professor Chang could talk about his young days in China or in Berkeley. He would analyze the big picture for us.

We could travel together for conferences. Some of the times we shared the same hotel room with Professor Chang when the budget was tight. One of the conferences was in San Francisco. Professor Chang seemed to have a very good mood that time. I just received a graduate student award in the conference. He asked us to go to San Francisco Chinatown for lunch together afterwards. He led us walking by the narrow streets and finally landed at a dim-sum restaurant. We liked to eat dim-sum too, so no problem. He then recalled that this was some of the best time when he was a graduate student in UC Berkeley. He would come to Chinatown to have dim-sum with his wife during the weekend. Not sure the dim-sum was healthy food, but we liked to eat lots of them. So this was the good time for us too.

Four years passed and I was pretty nervous before finishing my PhD study in Madison. Finding a job was tough back then. We were not sure what kind of jobs we would end-up. Professor Chang came to my desk to talk to me. "Life is tough", he said me. He recalled his young days coming to US and all these years' work. "Do your best and good thing will happen", that was one of the most important thing I learned from Professor. That was a serious discussion. Over the time, some time you finished some work good enough. I would think again "is this the best I can do?" or I was just lazy and wanted to call it a day? I would spend more time until the last minute. He said he would offer me post-doc job if I could not land one. He wouldn't worry about me. I later got a job which I stick to it for more than 24 years. But the conversation that day was still vivid to me.

Professor Chang came to visit me in Oregon 10 years after. He didn't want to trouble me. He called me ahead of time that he happened to stop by Portland to visit an old friend. I welcomed him to stay at my house and I would accompany him. He was hesitant and said he needed to talk to his wife. He later called back that he would come. That was a really fun week. I took one week off and asked him where he wanted to go. One place popped out was Crater Lake National Park. We could not find a room in the Lodge which was normally booked full one year ahead of time（The lodge was a national historical monument with reputation and good view of the lake and surrounding mountains）. He booked a room in another town down below. But we were lucky that someone cancelled the last minute, and Professor Chang and his wife got a room in the lodge. Before I left them in the lodge（I had to stay in another place down the hill）, Professor Chang sat right outside of the lodge and had a glass of wine in his hand. He was in deep thought. His wife reminded me that Professor Chang's Chinese name meant " the great mountain". It was the scene still cast in my mind after many years. We later visited Mount Hood, the tallest mountain in Oregon and Mt. St. Helen, which was a great mountain but exploded in '82.

My last talk to Professor Chang was in 2010. Right after he heard that I was promoted to an Intel fellow position from other people, he called me in person to congratulate me. To me, it was nothing compared to his achievements in his career. But Professor seemed to be happy about this. He did the same thing to his other students to congratulate them even after they graduated over 20 years.

In my last visit to him in 2007, he already moved to Rochester, NY. He showed me around the neighborhood and was very happy about that since he would be close to his sons. We walked around the Erie Canal. He showed me the pictures with all his grandchildren in the house. We had lunch together and he was still having chicken salad for lunch. People in the materials science department still very respected him and thanked his effort to reform the department. He mentioned that he flew back to Madison every month for department staff mtg. For the time he stayed in Rochester, he still worked very hard and had a small office in the University of Rochester as an adjunct professor. I haven't seen people work as hard as he did at his age.

By the end of the visit, his wife asked me a question. She said that lots of people recognized Professor Chang but she was not sure whether everybody was telling the truth or not. She wanted to confirm first hand. "Yes, Ma'am, Professor Chang opened the door of advanced science research for me 25 years ago and his advices are still influencing me today（after 25 years）.", I replied.

Farewell, my Professor. We will remember you and your advices.

Chia-Hong Jan, the student.

(14) 蕭復元（昇業科技股份有限公司總經理）

《憶吾師—張永山教授》

每每憶及張教授，首先映入腦海的是他那笑容可掬與平易近人的身影，爽朗的談吐與笑聲，和我們討論研究時的認真與循循善誘，30 年前的場景就彷彿暫停了一般歷歷在前。

與張教授的師生情誼，緣起 1986 那一年的感恩節。對一個自費且已負笈威斯康辛大學 - 麥迪遜的窮學生而言，獎學金的爭取無疑是家庭團聚與深造求學最重要的一環。當時最馨香禱告的就是能夠投入張教授的門下，也能取得賴以維生的獎學金。當感恩節到來，獲得張教授與師母的邀請一起參加時，那時的雀躍之情終生難忘。每逢感恩節，當年師母滿桌佳餚，噓寒問暖的情景，總會湧現心頭，感恩與懷念之情也就特別濃了。

1990 年春天張教授與師母訪台的那一週，是我和張教授及師母真正長時間近距離相處的珍貴時光。我和太太開著車子，從台北、新竹、台南而高雄，逐一探訪張教授的故舊門生，最後還搭著阿里山森林小火車，悠遊山林神木之間，聊的盡是張教授對我們這些學生們的近況、讚美與期許，當時他滿心歡喜，滿足模樣說出的一句話 : "You guys are all going to be a big shot!（你們將來都會成為大人物）" 至今仍銘記在心，那真是張教授對我們這些學生的期待也是鞭策的話呀！如今仔細想來，這竟是畢業後對張教授唯一的回報與感恩之舉了。

我始終相信，沒有張教授的照顧指導，我的博士生涯勢將坎坷幾分，那湖泊環繞白雪覆蓋的麥迪遜校園美景，秋意楓紅的威州山光水色，定將遜色不少；沒有張教授與人為善及事事讚美鼓勵的為人處事身教，真難體會如沐春風，近悅遠來的魅力；張教授諄諄教誨的教學態度與鍥而不捨的研究精神，不僅成就了他美國國家工程學院院士、中央研究院院士等國際聲譽與肯定，更是我們後輩學生追隨的典範。因為有張教授師門的這份榮耀，使我們這些學生們即使跨了世代或畢業多年後，情感仍得以凝聚，這是我們都擁有的一份遺產，能投入張教授的門下，是我這輩子最幸運的事。

謹以此短文表達對張教授的感恩與懷念。

(15) 道格拉斯 ‧ 史文生（美國密西根科技大學材料科學暨工程學系副教授）

我於 1987 年秋天加入威斯康辛大學麥迪遜分校材料科學研究團隊，當年我原本打算念加州柏克萊大學，但因家父在 1986-1987 年冬身染絕症，因此我決定念離家鄉聖克羅伊瀑布較近的學校以便就近探望。

一如許多研究所新生，我不清楚自己想要研究的方向為何，甚至不明白研究生該研究什麼，不過，由於我在大學時期已經知道自己對熱力學有興趣，於是在與張永山教授討論後將他列為可能的博士指導教授人選，那時我尚未意識到原來張教授是頂尖的材料熱力學家。

我第一次見到張教授時他已是系主任，當我走進滿是期刊與文件櫃的辦公室時，見到的是一臉和藹、認真，聰慧雙眼正專注閱覽文件的張教授。他顯然系務繁忙，但他仍歡迎我的到來，讓我覺得自己並不唐突。他以一種簡潔的方式說明目前與未來的研究計畫，點出那些計畫開放新研究生加入，同時也建議我與麥迪遜分校其他優秀教授談談，以便了解他們的研究內容。

後來的幾年裡我成為他的學生，偶而我會想起我們之間的互動模式，因為張教授一向忙於指導龐大的研究團隊與處理系務，但當我去找他談話時，他從不會催促我離開以便處理其他公務。

當我在挑選博士指導教授時，在與教授面談後我一定會跟每一位教授的學生們聊聊以便釐清與該教授一起做研究時可能如何。在與張教授近十名學生談話後，我驚訝地發現沒有一位學生對他有負評，也沒聽到先前兩位從其他研究團隊轉到張教授團隊的學生說他們不快樂。

一如前述，我是張教授在麥迪遜分校所帶的第一批博士生，如今我成為密西根科技大學教授，我才真正感受到自己過去能和他一起工作有多幸運，我也相信無法找到比他更好的指導教授及良師益友。對於幫助學生們成功，張教授做的遠超過他應該做的，他總是將研究成果歸功於學生而淡化自己的功勞。在他的教學生涯中，他總是向外人讚美自己的學生，以便幫助學生獲得第一份工作。由於張教授所帶領的研究團隊相當龐大，他多數時間花在與團隊有關的事務上，他也協助我完成事業上的目標，成為一名學者。因為張教授，我才能拿到在勞倫斯利佛莫爾國家實驗室的第一份博士後研究工作；在我尋求教職工作的過程中，他幫忙寫了許多推薦信；在我的研究生涯中，他給予許多忠告，包含在我成為助理教授後的前幾年。

我特別感興趣的是張教授用筆在草稿紙上進行估算的本領（在有強大的電腦計算功能之前，他不得不這樣做），這是相當實用的，但目前在材料科學與工程學課程中介紹得越來越少，即便在 1980 年代也只有少數的幾所美國學校教授相關內容。如此的計算能力代表著對溶液熱力學的真正理解。雖然電腦程式可以提供精準、快速與簡易的外插，但令人擔憂的是許多仰賴計算熱力學程式的人可能並不了解熱力學理論與數據結果的關聯性。

我的學術成就自然比不上張教授，但我把張教授當作學習典範，不只做研究，也包含他的正直及美德。我認為他是我這輩子難得一見，趨近於完美的教授，我無法表達我的哀傷，也許 2013 年美國國家工程學院刊出對張永山教授的懷念悼詞足表萬一：「一位張教授相當尊敬的競爭對手對他的形容：『張永山無疑是我所知最寬容、慷慨、無私的超級明星。』。」

他非常令人懷念。

（Original）

By Douglas J. Swenson
Associate Professor
Department of Materials Science and Engineering
Michigan Technological University
Houghton MI

I enrolled in the Materials Science Program at UW Madison in the Fall of 1987. I had originally planned to attend UC-Berkeley, but my father developed a terminal illness in the winter of 1986-87, and I made the decision to stay closer to my home in St. Croix Falls so that I would be able to visit him.

Like many new grad students, I did not have a clear sense of what I wanted to do in terms of research, and perhaps not even a clear sense of exactly what graduate research entailed. However, I had discovered as an undergraduate that I had an aptitude for Thermodynamics, and accordingly had an interest in speaking with Austin as a potential doctoral advisor. I had no appreciation at the time his stature as eminent Materials Thermodynamicist.

When I first met Austin, he was Department Chair, and as I entered his office filled with binders of journal articles and filing cabinets, I saw an earnest looking man with kind, intelligent eyes, poring over paperwork. He greeted me, and although it was clear he was busy with various tasks, made me feel welcome and unrushed. He described his current and proposed research projects in a straightforward manner, noted which ones had openings for new graduate students, and made it a point to suggest I speak with UW's other excellent faculty about their research as well.

In later years as his student, I often thought of our introduction, because seeing Austin seemed always to be the same: he was extremely busy given his large research group and Department Chair duties, but always stopped what he was doing to speak with me when I went to see him, and never seemed to be rushing me away so he could get back to his other tasks. When I was looking for a doctoral advisor, I made sure to speak with each professor's graduate students after speaking with the professor, in order to get a sense of what it was like to work for that person.

After speaking with at least half a dozen of Austin's students, I was struck by the fact that no one had anything but positive comments about him. Indeed, while most negative comments were fairly minor, I don't think I got past perhaps two students from other research groups prior to hearing something about which a student was unhappy.

As Austin's student and beyond, I found myself in the same camp as his first group of students I have just mentioned. Now that I am a faculty member myself at Michigan Tech, I can truly appreciate how fortunate I was to work with Austin, and believe I could not have found a better advisor or mentor anywhere else. Austin went far beyond what was required of him to help his students be successful. He always went out of his way to give his students credit for research, and downplay his role in the work. During his travels, he was routinely touting his students to others, trying to assist them in getting their first jobs. Given the enormous size of his research group, this was a major task in and of itself. He was instrumental in helping me achieve my career goal of being an academic. It was because of him I obtained my first job as a postdoctoral researcher at Lawrence Livermore National Laboratory. Austin also wrote numerous recommendation letters for me in my search for a faculty position, and gave me a lot of advice during my search and in my early years as an assistant professor.

I also have an appreciation for his great contributions to both experimental and computational Solution Thermodynamics, and admire how he kept pace with the forefront of computational thermodynamics even into his retirement. To this day, I use what I learned from him in both my research and teaching. Of particular interest to me are the back of the envelope type calculations that one such as Austin could do（and had to do prior to the advent of readily available computational power）, something extremely useful and powerful, but taught less and less in Materials Science and Engineering curricula and perhaps even in the 1980's could only have been taught by a handful of American academics. Such calculations represent a true understanding of Solution Thermodynamics, and while computational work provides accuracy, speed and ease of extrapolation, I worry that many who rely on computational thermodynamics programs may not have a sense for how thermodynamic principles relate to numerical results.

While my academic career will have been quite modest compared with his, I hold Austin up as an ideal to which I aspire, in terms of not just research but also integrity and humanity. I think he will be as near the perfect professor as I am likely to see in my lifetime. I cannot express my sentiments better than something I read in his Memorial Tribute published by the National Academy of Engineering in 2013:

One of his highly respected competitors once described him as "without question, the most gracious, generous, and unselfish superstar I know."

He is sorely missed.

(16) 陳嘉平

（Avantor Performance Materials, Inc. 大中華區執行董事暨總經理）

張教授是我人生中的重要貴人之一，他讓我有機會走入半導體之路，也就是現在的工作行業，更讓我提升對專業追求卓越的態度，以下是張教授影響我一輩子的一個小故事。

話說在我已經收集到足夠的實驗數據，準備進行準博士候選人資格口試，張教授讓我及其他同學在月會中報告，我自認表達能力及演講技巧還可以，因為我擔任過台大研究生協會主席，經常上台演講，但是當我在月會中報告後，我自認比那一位印尼同學好很多，張教授卻說印尼同學講得很好，而我卻表現很差，假如我去外面找工作，一定沒人要用，並上台指導我該如何講，要我下星期再講一次。

經過一星期的練習，我又上台報告，張教授說完全沒有進步，並要我一星期後再去他的辦公室找他練習，之後，我去他辦公室練習，他說一樣沒進步，要我自己練習。

為求進步，我就講給其他工程科系的人聽，看看別人聽得懂不懂，當他們說可以之後，我又講給文學院的人聽，在他們說可以之後，我又練習給一位 60 多歲的房東先生聽，當他說大致了解我在做什麼後，我就直接報告給 5 位口試委員，包括張教授。

當我報告完後，委員們討論結果，張教授叫我進去並跟我說，其中一位教授認為這是他聽過最棒的報告，之後我投稿參加研討會演講，一位柏克萊教授說這是他聽過最棒的演講之一。我要謝謝張教授的指導，讓我成為今天的我！

(17) 蘇珊 ‧ 莫尼（美國賓州州立大學材料科學暨工程學系教授）

張永山教授是我 1990-1994 年間研究所的指導老師，當年我是在一次小組討論會議中遇見他。如果他不是太忙，有時他會在下班前看看學生，那時我們這些學生就可以和他說說話，有時我們聊研究計畫，有時也聊聊內心的想法。

張永山教授同時必須進行好幾個研究專案，他通常會要求學生重新檢視研究計畫並提供意見，他提出來的意見有助我們改進計畫撰寫技巧甚至讓我們的計畫內容變得更棒。偶而他會請其他單位的好友重讀他的研究內容，他總是努力找方法讓工作成果變得更好。

我們有時在研討會中碰面，張教授過去的學生們偶而也會和他共進晚餐，那是段有趣的時光。

我曾聽張教授提過他的家人，他的兒子們及他對孩子們的期許，他也曾說過一大早工作前喜歡和師母(張教授夫人碧英)說說話。張教授所有的學生都見過師母，有時是到教授家拜訪時見到她，因此師母幾乎認得所有張教授的學生。

張永山教授泰半時間投注在他所發表的各項研究及管理工作上，如他曾擔任礦物金屬與材料學會（TMS）會長一職，他總是樂於投注心力於符合大眾利益的事情上，也時常掛心學校是否已培養足夠的優秀學生。

不論在個人或專業領域上，我個人都非常推崇張永山教授，他總是用心看待事業，也用心對待別人。

（Original）

By Suzanne Mohney
Professor of Materials Science and Engineering
Penn State University

Prof. Chang was my research advisor from approximately 1990-1994 when I was in graduate school. I met Prof. Chang at group meetings to discuss research projects. Sometimes he also stopped by to see students at the end of the day, and if he was not too busy, we would talk a little, either about research projects or whatever was on his mind.

Prof. Chang had many research projects taking place at the same time. He often asked students to read over his research proposals and give him comments, which helped us learn about proposal writing and maybe once in a while made the proposals better. Sometimes he would have his friends at other institutions read over his work. He was always looking for and using feedback to make his work better.

We met at conferences and sometimes former students would get together at the meeting and go to dinner with Prof. Chang. That was fun.

I heard about his family, about his sons and his hopes for their lives, and about how he liked to talk with his wife before he came to work in the morning. The students all met his wife Jean on many occasions, including at their house, and she seemed to know all about us.

He contributed both through the body of research he published and through his leadership in the profession, such as serving as president of The Minerals, Metals, and Materials Society（TMS）. He wanted to do work that met societal needs. He pondered questions like whether universities were training the right number of students.

I had great respect for Prof. Chang both personally and professionally. He cared very much about his work and about other people.

(18) 陳双林（CompuTherm LLC 副總裁）

張永山教授是當代材料界最傑出的科學家、鼓舞人心的教授、體貼的丈夫及慈愛的父親。在工作及生活中，他都是我的良師益友。在他的指導下做研究及工作逾 20 個年頭，我感到很榮幸。

我還記得當年第一次加入張教授麥迪遜分校研究團隊時的情景，我抵達的時間是 7 月 4 日美國國慶日當天，原以為見到張教授的時間會是隔天，讓我訝異的是，來接機的左躍告訴我，張教授已經在辦公室等著接見我。我對張教授的第一印象是他是位努力工作而且熱愛工作的人。在我加入研究團隊後，張教授給了我許多機會，同時他也鼓勵我朝自己感興趣的領域發展。到現在我還清楚記得第一次上課的情景。

對於我們要進行的商務行程，張教授一向都有充份的準備，不論是行程誤點的幾個鐘頭或在下榻旅館，他都能充份利用時間。他可能會寫幾個新計畫、瀏覽學生的報告或加強簡報技巧。他不會在背後下指導棋或告訴學生應該怎麼做，而是輔以案例說明，扮演啟發者的角色。

張教授不僅是我在工作或事業上的導師，他更讓我明白愛的真諦，他與幼兒道崙的父子互動尤其激勵人心。他鼓勵道崙參加地方性的特殊奧運，同時邀請我們到場觀戰，此外，當研究團隊舉行晚宴時，他也會帶著道崙前來，親自照顧他。許多晚宴的場合中，張教授也會帶著道崙的自動豎琴，用餐過後，幫道崙調整和弦及琴架，以便讓現場所有人欣賞他的獨奏表演。

他的體貼不只對家人展現，猶記家母多年前為了探視孫兒在簽證上碰到了些問題，張教授特地陪同家母到北京大使館申辦簽證，他無時無刻都在用實際行動做出表率。

（Original）

By Shuanglin Chen
Vice president of CompuTherm LLC

Professor Chang was one of the most distinguished scientists in the modern materials field, an inspiring professor, a compassionate husband, and a loving father. He mentored me in both my professional career and personal life. It was an honor to study and work under him for more than 20 years.

I remember when I first joined his research group in Madison. Since I was arriving on the 4th of July, I assumed that I would be meeting Prof. Chang the next day. However, I was surprised when Zuo Yue picked me up from the airport and told me that Prof. Chang was waiting in his office to greet me.

My first impression of Prof. Chang was that he was a hard worker who loved what he did. Once I joined his research group, he provided me with many opportunities and also encouraged me to pursue my own interests. I fondly remember the first hands-on learning experience that he provided me with.

Prof. Chang was always prepared when we went on business trips together. Whether we had a few hours during a layover or in the hotel, he was always proactive. He would be writing new proposals, reading over his students' papers, or perfecting his presentation. Prof. Chang did not take a backseat and tell the group what to do, he lead by example and was an inspiring role model.

He was not just a role model for me during the workday or business trips. The most inspirational thing that Prof. Chang did for me was showing the meaning of love in his life. He did this through his interactions with his son, Theo. He encouraged Theo to participate in the local Special Olympics, and invited all of us to watch his events. Also, whenever the group would have a dinner party, he would pick Theo up and bring him along. At these dinner parties, Prof. Chang would always help Theo bring along his autoharp. After everyone had eaten, Prof. Chang would help Theo set up his autoharp and music stand so we could all enjoy the little recital that Theo performed for us.

His compassion didn't just stop at his own family. When my own mother was trying to get a visa to see her grandchildren, she ran into some problems. But Prof. Chang went out of his way and traveled with her to the Embassy in Beijing to apply for a visa. He showed us through his actions how to be a role model in everyday life.

(19) 高振宏（國立台灣大學材料科學與工程學系暨研究所特聘教授）

張永山教授是我於 1990-1994 年攻讀威斯康辛大學麥迪遜分校博士學位時期的論文指導教授，當時他帶領一個相當龐大且實力堅強的研究團隊，學生人數約十餘人，這些學生後來在事業上都有相當的成就。張教授不僅傳授我們科學知識，他也教導我們成為寬容的人，他不僅指導我們與學術相關的事務，即使在畢業後，他仍持續照拂著我們。這是我所認識的張教授，我會永遠記得他。

（Original）

Austin was my thesis advisor from 1990 to 1994 when I attended University of Wisconsin–Madison. He then led a fairly large and very strong research group of about a dozen students. All of us went on to have fulfilling careers. He did not just teach his students how to do good science; he taught us to be decent human beings. He did not simply advise us in academic affairs; he nurtured his students and looked after them even after their graduation. This is how I now and will remember him.

(20) 梁海燕 （Lead Mind Ltd. 創辦人兼執行長）

《我的教授張永山先生》

最後一次見到張教授，是六年前的秋天了。我邀請教授來參加公司與高校合作項目的年度交流，教授一直與希捷的研發中心有合作。教授來的時候，還帶了兩位在讀的博士研究生過來。那時教授已近八十高齡，看上去氣色很好，精神矍鑠，身體挺拔，走路依舊很快，還自己背著裝電腦的雙肩包。作項目報告的時候，教授依

舊親自上陣，思維清晰，對提問反映敏捷。我坐在下面聆聽，忍不住地微笑和點頭欽佩。事後我的美國同事們完全不相信先生已近八十高齡，以為他還沒到美國教授退休的年齡呢。

交流結束後，一起外出午餐，還提到隔年夏天，安排兩位學弟到我的部門實習，言談甚歡。臨走的時候，我輕聲提醒兩位學弟幫教授拿電腦包，教授連連擺手微笑，說不用不用，自己來。他快速地背上雙肩包，微笑揮手說再見，明年夏天再見。不曾想那竟是最後的再見，教授在那個夏天到來之前的冬天，因為中風昏迷不醒，在春天裡憮然離去。聽到教授離去的消息時，我很震驚，完全不能相信自己的耳朵，說好了夏天再見的。而我對教授最後的印象，永遠定格在他揮手說再見，微笑的樣子。

第一次見到張教授，是在上海的一個國際會議，1993 年的夏天，一晃 20 幾年了。張教授與我在國內的導師金展鵬教授是老朋友，因而結識。張教授溫文爾雅，在聽過我的會議報告後，開玩笑說，英文不錯，要不要考慮到美國讀書作研究呢，我聽了喜出望外，卻不敢奢望。感謝我的導師金教授的推薦和張教授的認可，一年之後的夏天，我有幸順利拿到獎學金，到美國留學，成為張教授的博士研究生。

張教授的研究小組陣容龐大，當時研究生和博士後一起 15 人，除美國學生外，還有來自中國內地、台灣和韓國的學生。研究小組的學習和研究氣氛很濃厚，同學們之間主動分享和互相幫助，如同兄弟姊妹一般，讓初來乍到的我覺得很溫暖，很幸運。教授研究工作異常繁忙，但每週開兩次團隊會議，雷打不動，一次討論研究項目進展，一次是組員的輪流項目報告，每次兩小時，教授通常都親自主持。我到美國後的第二週，就領教了教授小組會議的厲害。

一位來自國內頂尖理工高校的博士研究生同學，一上台就洋洋灑灑地講了一小時，我正驚異於他的研究項目聽起來如此複雜和有水平，而我全沒聽明白的時候，坐在教室前排的教授轉過身來，問大家覺得報告如何。不等大家評價，教授面帶微笑地問宣講者自己覺得如何，教授是聽了 15 分鐘，就再也聽不下去了，因為聽不懂。台上的同學立刻臉紅，無法下台。教授進而嚴肅地解釋應該如何做科研項目報告，如何換位思考，如何將複雜的研究項目講得簡單易懂，而不是不管聽眾感受，自說自話，甚至讓聽眾完全迷失。不管研究項目本身多麼複雜，讓人聽不懂的報告就不是好的學術報告，完全無價值。這位同學下週需要重新作報告，看看是否有進步，直到通過教授的標準。中國內地的學生大多缺少這樣的訓練，第一次小組項目報告幾乎沒有一位是通過的，站在台上尷尬萬分，差點掉下眼淚，包括我。奇妙的是經歷過一次這樣的體驗後，你就再也不會草率對待自己的任何一次研究項目報告了，我至今受益匪淺。

博士研究生的第一年，功課繁重，加上因為拿獎學金，要極力爭取全 A 的成績，課後和週末還要完成研究項目，我覺得壓力巨大。因為選修了計算機系的課程，要與數學系和計算機系的學生拚成績，每次作業都要拿滿分，才可能拿 A，我常常在計算機房待到深夜，而早上就會找藉口睡懶覺。我的研究項目一開始很不順，但自己覺得已經非常努力了，對於進展緩慢，認為可以釋然面對。在第一學年結束的時候，教授與我有一次談話。教授問起我第一年的感受和收穫，在耐心聽完我的講述後，教授略帶微笑地說：「Helen，妳知道嗎，妳讓我有點著急，不知如何幫妳？妳知道妳的問題在那裡嗎？妳夠聰明，但不夠用功！（You are smart enough, but not working hard enough!）」教授進而指出同組同學的努力程度，而我會找理由，週末找藉口做作業不來實驗室，早上經常比教授晚到實驗室，偶爾還會睡懶覺。

我聽了異常羞愧，沒錯，我在找藉口，為自己的放鬆找藉口，這麼難得的學習機會，我沒有理由不做到最好。你要想成為最優秀的那一個，首先必須是最努力的那一個。教授做科學研究幾十年，每天工作至少 12 個小時，每週除週日陪師母去教堂外，大部份時間都在辦公室和實驗室度過和指導學生，幾乎沒有週末，沒有節假日，不看電視，不看電影。

他對科學研究工作的執著和奉獻精神，深深感動和影響著他的每一個學生。他對材料科學研究的精益求精的態度，也讓他在學術領域頗有建樹，先後成為美國國家工程學院院士、中國科學院外籍院士，成為美國華人科技界的翹楚。除了學術研究，他還積極服務同仁，擔任過美國威斯康辛大學麥迪遜分校材料科學暨工程學系系主任，被評為威斯康辛州傑出教授，但教授一直保持著謙謙君子之風，對各種榮譽坦然處之。

在我博士畢業的那一年，我開始尋找美國大學研究生院助理教授的位置，以為那是一份美差，每年可以有寒暑假，講課又輕鬆，拿到終生教授位置後便可高枕無憂。而當我開始進入面試，到一所著名高校與那裡任職的教授們交談，才了解教授的工作真正意味著什麼，清楚地體會高校科研和教學的辛苦和所需的奉獻精神，也讓我看清自己的發展興趣更多在工業界和產品開發。我在告訴教授我的感受和決定去工業界的選擇時，教授笑著說沒錯，高校研究和教學在外面看上去似乎很光鮮，很輕鬆，人們不知道這條路其實是很難走的，要耐得寂寞，要靜得下來，必須有奉獻精神，才會有一番成就。

教授的一生，是一位傑出的科研奉獻者的一生。他的奉獻精神留給這個世界豐富的科研成果，成為桃李滿天下的師者。教授的一生，是值得慶祝的一生，他在材料設計和熱力學應用領域的巨大貢獻有目共睹，我深以成為他的學生而驕傲。

在美國多年，我認同美國社會的觀念－對於逝者，最好的紀念是慶祝他的生命，而不是單純的哀悼。儘管教授的離去很突然，令人非常惋惜，所幸的是，教授是在睡夢中安然離去的。對這個辛勤而非凡的學者，上帝是看顧他的，與他同在的。教授的寬厚仁慈和智慧，影響和改變了他的眾多學生的命運，包括我。我會永遠在心底紀念這位非凡的教授，我的教授張永山先生。

謝謝您，教授！問候遠在天堂的您，平安喜悅。因為您，我記得不斷提醒自己，努力做最好的自己！謝謝您，教授！

(21) 克里斯多夫・佩托（英特爾波蘭科技發展部流程整合工程經理）

許多學生選擇到知名大學念博士學位是因為想在此找到研究領域中的世界級學者，事實上，這只是部份誘因，也因為可以追隨一位導師並快速找到推動人類進步的新知。學校提供這樣的環境，事實上，研究及其過程宛如加強澆灌智者心靈的惡性循環。

張永山教授就是一位智者，但我們第一次見面時我還不知道他是。1997 年我在威斯康辛大學密爾瓦基分校與幾位可能的指導教授人選面談，那時我對材料科學暨工程學系不熟悉而且事先也沒有對面試教授有充份的了解。和張教授坐在一起，我很快就感受到他令人信服的能量。那天，他鮮少推銷自己，沒有長篇大論地指出自己在應用熱力學界的聲望與傑出表現，以及對冶金與材料科學界的影響。

他並未試圖以他的成就來加深我的印象，也沒提如果我加入他的研究團隊的話，他所獲得的獎項與榮耀也會等著我，他只是安靜、和藹的與我談話。過程中他不斷微笑並眼帶笑意地鼓勵我，於是我們花了幾乎所有面試時間在談論我自己及加入研究團隊我希望從中獲得什麼。他想知道我對什麼感興趣以及對畢業後自己的作為有何感想。他花了點時間說明他所帶領的研究團隊，同時分享他如何看待自己的專業可以為材料科學界帶來何種機會。

儘管這場對話很低調，但張教授辦公室裡有許多天花板高的書架，上面擺滿數不清的書籍，他讓我留下意料之外的印象。我原本已有心理準備要面對的是天花亂墜的研究團隊成就或信誓旦旦的口頭保證，沒想到結果卻是出乎意料之外的平靜對話，而且說的泰半還是我自己。

回顧過往，我了解到那天自己做了一個人生中最好的決定，也是在那一天，我決定不能錯過加入張永山教授研究團隊這個機會。師事張教授期間，自然我很快從他身上學習到相關知識，很慶幸當初自己念研究所的決定。接下來的幾年，我學到很多，但我與張教授的學習之旅其實在第一次見面時已經開始，我學習到，是張教授日積月累的成就與貢獻而非自我吹捧讓他成為眾人跟隨的火光。無須勉強，他人自然跟隨。

我曾聽到有位張教授的合作對象說，張教授是「自吉布斯以來最偉大的熱力學家」，我由衷相信這樣的讚譽並非謬讚。值得一提的是，被如此讚揚的傑出對象竟然看來是如此靜默、謙虛。在我的職涯中，我曾經與許多專業領域上表現優秀但被自我充昏頭的男性及女性共事，但張永山教授卻是我最發自內心深處覺得可以學習的對象，他以身作則，曖曖內含光，發掘機會並運用所長，以宏觀的角度做出一番成就，若循此途徑且被認可，終將獲得世人的認同。

（Original）

By Christopher M. Pelto
Process Integration Engineering Manager, Portland Technology Development
Intel Corporation

Many students that choose to pursue a Ph.D. at a notable university find themselves presented with the opportunity to work with a world expert in a field of study. Indeed, this is part of the allure of higher education, as one can join up with an advisor and quickly find themselves at the forefront of advancing human knowledge. Academia supports this environment, and the nature of the work is a vicious cycle that reinforces and often feeds the egos of the greatest minds that participate.

Professor Austin Chang was one of those great minds, yet I didn't realize that when we first met. I was interviewing with potential advisors as a prospective student at the University of Wisconsin-Madison in 1997, new to materials science and admittedly underprepared in terms of reconnaissance regarding the people with whom I was meeting over the course of the day. Sitting down with Professor Chang, though, I was quickly drawn to the compelling energy that emanated from him. He did little to market himself to me that day, and he gave me no indication of the mighty reputation he had built in a career distinguished by his ability to apply thermodynamics in novel ways to the fields of metallurgy and materials science.

Instead of going out of his way to impress me with his accomplishments or seek to entice me to the rewards and honors that might await me if I were to join his group, Professor Chang was quiet and affable and prompted me to do the talking. He smiled frequently and engaged me with an ever present hint of a twinkle in his eye. We actually spent nearly our entire interview talking about me and what interested me about the opportunity to participate in a thesis project in graduate school. He wanted to know what intrigued me and kept me engaged, and we spoke of what kind of things I saw myself doing after graduation. We spent a little time talking about his interpretation of life in his group, and he covered his general philosophy on how he saw opportunities to apply his expertise to bring something new to the many problems found in the field of materials science.

Despite the unassuming nature of our conversation, which took place entirely in his office surrounded by floor-to-ceiling shelves racked with countless books, he left an impression on me in a way that I absolutely did not expect. I was prepared to be dazzled by a flashy research group and the assurance of great things, yet I was most impacted by a mostly quiet conversation where I spent a lot of time simply talking about myself.

Looking back, I realize that this was the day that I made one of the best decisions of my life, as this was the day that I decided the opportunity to join Professor Chang's research group was the one not to miss. Of course I did learn quickly of the great mind to which I had now associated myself for my graduate career. I learned many things in the years to come （which is fortunate given the objective of pursuing a higher education）, but the most lasting lesson was actually what I had started to grasp on that first day that we met. I learned that true greatness, earned from repeated success and truly original contributions that blazed a unique trail for others to follow, does not require tremendous ego. It does not require projecting oneself on others.

I once heard a collaborating scientist refer to Professor Chang as "the greatest living thermodynamicist since Gibbs," which is a remarkable label that I truly believe was not a tremendous exaggeration. The noteworthy thing is that to know the man being described as such was to realize what quiet, humble excellence looked like. Over the course of my career, I've worked with many great men and women, often renowned in their fields, and I've seen the spectrum of egos that such individuals can possess. The model demonstrated by my graduate school advisor resonated most deeply with me, though. Professor Chang laid the example that taught me to always strive to shine quietly and to exploit those chances to apply my unique perspective to accomplish something great. If done correctly, and if ultimately warranted, others would provide the recognition.

(22) 嚴新炎 丁玲（美國鋁業公司技術中心冶金工程師）

《懷念我的導師—張永山院士》

我與張教授相識於 1997 年 8 月，經東南大學孫國雄教授的推薦，我有幸成為張教授的博士研究生。9 月，張教授到東南大學參加國際學術會議，丁玲與張教授及師母在南京相見。若干年後，丁玲也師從張教授。

「工作一定要努力」是張教授最初對我說過的，也是對我這二十年影響最大的一句話。在我記憶中，只要不出差，張教授每個週六、日都會到學校辦公室辦公或指導學生。

記得是 1997 年 12 月份的一個週六，因為我女兒剛到美國，所以我沒有一早就去學校實驗室。十點鐘，張教授從學校辦公室給我打電話，因為他有些計算機方面的事需要我幫忙。趕到學校，和張教授一起將事情解決後，這才在入學四個月後第一次有機會聆聽張教授超出「學術範疇」的諄諄教導。張教授以他親身經歷為例，教導我：「作為一個中國人在美國，如果工作不努力的話，你就永遠無法和美國人競爭，因為無論是語言或社會背景，你都比不過美國人。」所以，「工作一定要努力！」事實證明，這句話，至少對我，是非常有效的。

「嚴謹認真」是張教授給予我的一個巨大精神財富。張教授有兩門研究生課程，熱力學和多元相圖。凡是聽過他講課的人都有一種同感：聽張教授講課是一種享受。雖然張教授講授這兩門課已經很多年了，每次上課的前一天，張教授都會認真準備，把第二天的講課內容試講一遍。作為一名院士，他能做到這樣我覺得非常不容易。我相信現在不少年輕教師很難做到這樣。我之前雖然沒有熱力學和相圖的基礎（我本科和研究生都是鑄造專業），但這兩門課我都學得非常好。在讀博士的後兩年，每當張教授出差，他都讓我代替他講授這兩門課。「嚴謹認真」在我講授這兩門課的過程中，以及在之後的科研中都得到了很好的貫徹落實。

除了學習和科研方面的全方位教導和培養，張教授對我們畢業後的工作和生活等各方面也都給予了極大的關懷和幫助。畢業後，張教授一直和我們保持密切的聯繫，並對我們的工作常加指點，畢業後的第二年，我們申請綠卡需要八份推薦信，當時我們認識的名人較少，很難湊齊八份，為難之際，是張教授給我們提供了幫助，除了自己給我寫了推薦信外，張教授還找到另外六位專家幫助一起推薦。由於這些高質量的推薦信，我們的綠卡申請得以很快順利通過。總之，在我們的人生中，張教授對我們的幫助是莫大的。

緬懷，是為了激勵。張教授用他一生的實踐指引著我們，教會我們本本分分做人，認認真真做事，踏踏實實做學問。只有努力、努力，才可不辜負導師的培育之恩。

(23) 楊瑩（美國橡樹嶺國家實驗室材料科學技術分部副研究員）

我 1999 年來到美國，認識了我的博士導師，張永山。來之前知道他在材料學領域是一個治學嚴謹的著名學者。到了美國，做了他的學生之後，不僅對這些評價有了切身的體會，還發現他作為普通人，和諧可親的一面。張教授有許多優秀的品質，並且毫不保留的將這些品質言傳身教給他的學生。在我心裡他首先是一個勤奮的人。我成為他學生的時候，他已經六十八歲了。可是每個週末，他都會到學校來上班。每天學生都回家了，而他辦公室的燈還亮著。他說，這世上天才是很少的，但一個人即使不是天才，通過加倍的勤奮，最後也能成功，他自己就是這麼做的。

張教授是一個治學嚴謹的人。記得我剛來不久，在一次小組例會上向他彙報我的科研進度。當時我正在做一個三元系的熱力學評估，其中有一個新相，沒有什麼熱力學數據，我根據相平衡數據擬合出一套參數，覺得挺滿意的。他一看我的結果，就發現不合理的地方，他說:「妳看這套參數雖然能把已知溫度區間的數據擬合好，可是一把它們外推到未知區間就會出問題。一套相圖數據可能被多套熱力學參數擬合好，而甄別出那一套是最合理的才是至關重要的。」為了鞏固我對該知識點的掌握，例會之後，他特別挑選了幾個相關體系和文章，讓我學習和做練習。

張教授注重培養學生計算機模擬和實驗兩方面的技能。雖然招我進組做的課題是計算機模擬材料熱力學性能，但他極力主張我不要侷限於做模擬，而是要具體動手做實驗。做實驗可以幫助更好理解微觀組織結構受材料製備過程的影響，以及產生的誤差。在他的鼓勵下，我博士期間做了大量的實驗，為我做熱力學模擬，評估實驗數據的有效性和誤差，及正確設計計算和優化條件提供第一手經驗。

張教授培養學生注意將基礎研究聯繫實際應用。他把材料熱力學和合金相圖這門基礎的學科用在許多應用性很強的領域，比如說半導體材料的界面反應對電性能的影響，大塊非晶材料的設計，材料凝固過程的偏析等等。在他的倡導下，他和他的弟子開發的材料設計軟體 Pandat，已經廣泛地應用到航天航空、汽車和計算機微電子行業。

除了學業學術問題，張教授還注重培養學生的綜合能力，特別是作學術報告的能力。他說：「一個好的學術報告，就像是講述一個有趣的故事，聽眾聽完之後，會留下深刻的印象。」所以他要求他所有的學生選修如何做好專業報告的課程，而且每個學生去外面作報告之前，都要在組內反覆地演練。

張教授在學術上是我們的良師，在生活上是我們的益友。課餘的時間，我們會常常聊聊家長里短、人生哲理、社會萬象。我對美國的了解很多都是從他那裡得來的。我們時常會在學長學姊家聚會，一大群學生圍著他，暢所欲言，展望未來，那樣的時間是我所見到的他最快樂的時間。

後來，由於先生轉換工作，我的工作沒有銜接上，在家失業了一年。那個時候，我的情緒非常低落，他一方面找他的朋友為我的工作提供幫助，一方面安慰我說：「人生有起有伏，妳還年輕，還有的是機會，未來的路一定是向上的。」這句話對我真的很有幫助，每當遇到困難，處於低谷時，我都會想到他的這句話，不但不畏懼，還會感激低谷給自己一個重新開始的機會。

雖然張教授離開我們了，但他不氣餒，樂觀向上的精神將永遠陪伴我們。

(24) 彼得 · 拉威格（哈欽森科技公司技術研發部總監）

在收到威斯康辛大學材料科學系博士入學通知後，我有機會從數名不同教授中選擇自己未來幾年的學習指導教授，當時，我天真的認為這個決定重要到足以影響我的餘生，如今，畢業十餘年後，我從張永山教授身上學到的知識與智慧果真具有如此的影響力，他的影響力清楚地反映在我的生活中。

張教授對學生的最大影響就是對科學的認知，透過課堂學習與無數次和他面對面討論，我對於原子移動、互動及連結方面的知識有長足的進步。他如一名父親教導孩子般，簡潔而親切地解說議題。他教導我的深度知識讓我得以自信地運用所學。張教授最有名的多元相平衡課程中包含以銅條製作三元相圖模型，這樣的教學方式強化了我對相關議題的了解，至今我仍難忘那些擺放在研究團隊辦公區的三元相模型，這些我從研究團隊中習得的科學方法被證實可以運用在包含我研究論文以外的研究範圍。

一如在專業知識上的成就，即便是他的品格操守也相當值得敬佩。他灌輸科學界人助、自助的普世價值，他的亞裔美籍背景使他招收到許多美籍與中籍學生，學生們合作無間，這種得之不易的經驗有助我在國際業務上的發展，至今我仍與幾位當年的合作夥伴往來互動。

我有許多機會與張教授一起出差，我最難忘的是與他共度的幾十個小時，當時我們從威斯康辛大學麥迪遜分校前往明尼蘇達州的明尼亞波理斯，要與我們的贊助公司 - 希捷科技商討計畫修改事宜。一路上我們聊了許多事，比方我從他身上學到演說、專業寫作技巧及專案管理等。

不過，在他眾多的成就中，我至今最難忘的是他的仁慈與謙遜。他會淡化自己的付出而將所有成就與榮耀歸於學生。身為老師，張教授關心我的事業與福祉，一如我們這些學生是這個大家庭中的一份子，而這就是他人生中最大的樂趣。

（Original）

By Peter F. Ladwig
Director, Technology Development
Hutchinson Technology, Inc.

Upon acceptance to the University of Wisconsin's Ph.D. program in Materials Science, I had the opportunity to choose between a number of different advisors from which to learn from over the next several years. At that time, I had a naive understanding of just how important that decision was and how it would affect the remainder of my life. Now, after more than a decade after graduation, I fondly reflect upon my experience there and the knowledge and wisdom I gained from Prof. Y. Austin Chang. His positive influence is clearly evident in my daily life today.

His most tangible influence is the scientific understanding that he gave to his students. In the classroom and in numerous one-on-one meetings with him, my knowledge of how atoms move, interact and bond with one another grew tremendously. He was able to speak to these subjects with the clarity and familiarity as a parent does when describing their children. He imparted some level of this knowledge to me, and it is with confidence that I am able to speak to these issues as well. A well-known staple of his Multicomponent Phase Equilibria course involved the creation of a three dimensional ternary phase diagram from copper rods. This activity solidified my understanding and I fondly remember the numerous ternary models collected in our research group's office area. The scientific principles I learned from my experiences in our research group have served me well and have proven applicable in areas far outside my thesis work.

As valuable as his technical knowledge was, the less tangible personal lessons he taught may be of even greater value. He instilled the value of networking and personal networks within the scientific community. His Chinese-American background was represented in his research group, with several American and Chinese born students working side by side. That experience proved invaluable in my international business career, and I still keep in contact with some of my fellow research group members today.

I had the opportunity to travel with him on several occasions. My fondest memories are of the tens of hours spent in his company during our drives from Madison, WI to

Minneapolis, MN for project updates with Seagate Technology, a sponsor of our research. We passed the time in conversation on a number of subjects, from which I acquired some of his wisdom on public speaking, technical writing and project management among other subjects.

However, for all of his successes and accomplishments, one of my most enduring memories of him were of his kindness and humility. He was quick to deflect praise and attention to his students for our research accomplishments and took delight in the continuing successes of his former students.

While studying with him, I knew that he cared for my personal success and well-being, as if we, his students, were considered part of a large extended family that was one of his greatest joys in life.

(25) 楊建華（惠普實驗室首席研究科學家）

《緬懷我的博士導師，張永山教授》

在我成長過程中，對我影響最大而且深受我尊敬的有兩個人，一個是我的父親，另外一個應該是我的博士導師，張永山教授。父親教育我如何做人，張教授教我如何做學問。張教授的人格魅力也深深地影響了我的處世態度。父親在我讀博士期間辭別了人世，而張教授也不幸於 2011 年過世。這都是人生中會經歷的最悲痛的事情之一。他們的言行總時不時的在某些場景下浮現在腦間，成為我衡量自己做人做事適當與否的重要參照。

16 年前，剛剛碩士畢業的我在深圳華為公司作結構設計工程師，但我始終懷揣著留學海外的夢想。經張教授的朋友，我在東大時的老師孫國雄教授的大力推薦，我有幸進入了 UW-Madison，更有幸得入張教授門下。直到最近我才充份認識到張教授享有多大的國際聲譽。我在惠普公司的老闆，史坦 · 威廉斯（HP 副總裁兼資深院士）一再告訴我，「張教授是繼吉布斯以來最偉大的熱力學家，沒有之一。」這雖然對很多傑出的熱力學家來說可能有欠公平，但足以說明外界對張教授的評價。在不久前，我前去兩個美國大學面試教職，最後一關自然是和學院院長交談。我發現這兩位院長都對張教授推崇有加，有趣的是，這兩家大學最後都願意聘我，出身名門的好處可見一斑。

張教授對自己的學生，尤其是中國學生，不僅在學業上而且在生活上都是盡力照顧。一個很現實的問題就是畢業後在美國的身份問題。申請綠卡，尤其是以傑出人才類別申請，需要非常強有力的推薦信。剛出校門的學生自然是很難有機會讓自己領域的權威人士認識和關注自己，從而給自己寫推薦信。張教授會利用一切機會介紹自己的學生和他們的工作給自己的同行和朋友，其中自然不乏美國科學院和工程院院士這樣級別的教授。這種提攜後進的做法自然使我們這些學生多方受益。比如在我綠卡申請的九位推薦人中，至少有四位是張教授介紹認識的，其中三位是院士。我能在綠卡申請遞交三天後獲得批准，這定然是重要因素之一。

當然，張教授對他的學生要求非常嚴格，尤其是工作質量和勤奮努力上。雖然也像每個教授一樣，他也鼓勵我們及時總結發表我們的研究結果，但是他絕不允許濫竽充數。我記得他經常會扣下他不滿意的文章，不讓發表。雖然張教授自身智力過人，但是他仍然是我所見過的工作最為勤奮的人之一，把一生都貢獻給了科學研究。這當然也需要身後有個偉大的太太支持。除了週日上午去教堂，你總是會看到他辦公室的燈是亮著的。印象最深的是，在聖誕節那天的上午也經常會看到張教授辦公室的燈亮著。有一年聖誕前後，我們在緊張地趕一個研究課題，需要為課題研究購買一些東西，但是，商家因為過假期而關門，張教授在沮喪之餘抱怨道：「聖誕節毀了一切。」

我起初想偷懶時便是觀察張教授辦公室的燈，在燈滅時，便可以放縱一下了。但是，幾年下來，也逐漸養成了勤奮工作的習慣。這使得我在博士畢業時有了相當數量的研究結果，也因此有了畢業後進入國際大公司科研所的基礎。後來我發現我所遇到的所有成功的科研人士都有一個共同點，工作異常勤奮。對於一個在異國他鄉渴望成功的人來說，勤奮努力的重要性自不待言。這種品質也自然使我們受益終生。

我從張教授身上學到的另外一個彌足珍貴的品質是對待成功與失敗的態度。我經常會聽到他說：「我很幸運……」只要好的事情發生在他身上，那怕很小很小，他都會很感恩地這麼說。我發現當我也這麼想這麼說的時候，我似乎開始覺得我真的是世上最幸運的人之一。四周的人看起來都非常可親起來，而心情也會大好了。不順心的事情自然很多，尤其是實驗不成功或是研究進展不順時。這時候，我總是聽張教授說：「嗯，這就是人生。」這現在也慢慢地變成我的口頭禪了。在遇到挫折失敗時，我也總是聳聳肩對自己這麼說，然後很快地忘掉挫折，馬上重新開始。

在Madison的六年中，張教授留給我很多很多的記憶片段。印象中他身體很好，也非常自律。他中午飯總是非常簡單，一個蘋果和一個小麵包之類的，而且飯後總是到體育館去慢跑，日復一日，從不間斷。聽說他很愛吃堅果，尤其是花生，但是從不多用，每天只是十幾粒，而且數目固定，他也愛吃麵包，也是從不多用，所以他的身體狀態保持的很好。有一次他帶同門師姊楊瑩和我去資助我們研究的Seagate 作項目匯報。五個小時的車程，他以七十多歲的年紀一個人開下來，中間沒有停下休息過。這給我留下了很深的印象。到了惠普公司後，張教授和師母也到灣區來過兩次，也都留下了很愉快的回憶。然而就在距離他們最後一次計畫中的訪問兩週前，我突然收到師母的電話，告訴我張教授中風的噩耗。不想這最終變成了所有認識他的人的永遠的悲痛和懷念……。

願忙碌了一生的張教授終於可以在天國好好休息一下了……

(26) 杜勇（中南大學粉末冶金國家重點實驗室教授、博士生導師）

《紀念張永山院士》

我與張永山（Y. A. Chang）院士的結緣源於一個學術問題。1998 年，我在進行三元 C-Cr-Si 體系熱力學優化的時候遇到一個問題，需要對 Cr-Si 二元體系進行重新實驗及評估。關於 Cr-Si 二元體系實驗相圖，前人主要有 1964 年 V. N. Svechnikov 以及 1968 年張永山院士的工作。評估他們數據的可靠程度的關鍵在於獲取他們的原始數據及實驗過程的各個細節。

1998 年 6 月，我在德國 Ringberg 會議上第一次見到了張永山院士。第一眼見他就讓人覺得這是一位睿智的長者。當時，我向這位年近古稀但精神飽滿的老人說明了情況，問他能不能找到以前他做該相圖的原始數據並且發給我。沒想到，張永山院士爽快的答應了並留下了我的郵箱。幾天後，我收到了張永山院士發來的郵件，裡面是他當年 Cr-Si 相圖的原始數據，上面做了很多的小標註，包括樣品的製造過程、測量的細節、原始數據記錄以及數據處理的細節，感動的同時，深深體會到了張永山院士對待科研的熱誠和嚴謹態度。之後在科研過程中遇到一些棘手問題，我經常發郵件向他請教，每次都能得到滿意的答覆。

2000 年年底，我以博士後的身份加入了張永山院士的科研團隊，有幸與他有了兩年多的親密接觸，近距離感受到了張永山院士的深邃科研思想和閃耀人格魅力。

他，是一位智者，和張永山院士討論問題是一種享受。每次向他問問題，他都會從不同的角度分析原因，然後提出一系列解決問題的方法。他提出問題總是能精闢入裡，一針見血；解釋問題條理分明，抽絲剝繭，深入淺出，讓人如飲甘露。這背後折射出張永山院士對材料科學的透徹理解和準確把握，是他長期從事科學研究的經驗累積的結果，是他扎實理論功底的體現。

他，是一位長者，2000 年年底剛到張永山院士研究團隊工作期間，受到了張永山院士來自方方面面的關懷。從剛到團隊的住宿問題、吃飯問題、辦公室以及電腦設備等，他都一一過問並囑咐。其時，除了和張永山院士交流學術問題之外，他還經常關心我以後的去向問題，給我詳細分析了當時世界材料科學領域發展的態勢，分析了世界及國內的科研發展形勢，使我豁然開朗，受益良多，讓我在回國後在科研團隊建設以及研究領域的開拓上有了更加清晰的思路和目標。

他，是一位師者，張永山院士能包容不同的思想。每次開討論會的時候，他都積極引導學生進行思想的碰撞，鼓勵大膽設想、創新。張永山院士做事嚴謹，他非常強調「見微知大」，「科研的成功是通過一個個小小的細節的順利完成而達到的。」張永山院士如是說。雖然七十多歲了，但他還經常到實驗室指導學生的實驗，有時還親自演示，和學生一起分析實驗的結果，一絲不苟地修改學生的論文。實驗室裡的辦公設備，實驗儀器都要求擺放得井然有序。

生活中，他是一位和藹可親的老師，所以學生都願意和他親近，無論遇到科研和生活的問題都樂意和他分享，向他求教。此外，他還教會學生很多做人的道理。由此，張永山院士培養出了很多非常優秀的學生，他們大都活躍在當今材料科學領域。

2003 年 1 月我回到國內後，還一直同張永山院士合作。2011 年聽到張永山院士去世的消息，留給我深深的悲痛！張永山院士的去世是科學界的一大損失，但他留給後人的學術成果、科研思想，以及他的人格魅力仍然發揮著深遠的影響。其實，他一直活在我心裡！

(27) 曹洪波（美國通用電器全球研究中心研究員）

《憶我的博士導師張永山教授》

曾獲多項國際、美國材料科學相關領域最高榮譽獎。張永山教授早期的重要成果是將經典的化學冶金原理創造性地用於開發新的合金材料並取得卓著成效。提出了熱力學、相平衡和動力學原理在材料科學上的定量應用方法－應用缺陷熱力學原理提高有序中間化合物的機械性能，綜合應用相圖計算和熱力學模型預測多元複雜合金的凝固通道，用熱力學方法預測材料的熱物理性能為Ⅲ－Ⅴ族半導體及其合金設計性能優良的金屬界面為結構型複合材料設計穩定界面等等，為探索新型合金材料的行為及穩定性提供科學預測依據。

我是 2003 年初開始師從張教授，在威斯康辛大學麥迪遜分校材料系攻讀材料博士學位。張教授精心做學問，誠心為人師。以下僅舉兩個例子。

身為世界著名教授，在帶領課題組不斷攻克多個材料科學的世界難題的同時，張教授對教學從來都是一絲不苟。多年以來，張教授主要講授兩門材料系核心基礎課，MSE530 材料熱力學和 MSE445 多元相平衡。張教授對課程的內容已經可以說倒背如流，即使這樣，他還是在每次上課前認真備課。

我是 2003 年秋節上上張教授的材料熱力學。出於好奇，當我把當年的教學大綱和過去一兩年學長們的比較一下，我發現教學大綱幾乎每年都有修改與更新。張教授把自己實際科研中怎樣應用熱力學理論來解決科研難題的實際例子深入淺出的教授給學生。這樣把本來相對枯燥乏味的理論講得活靈活現，學生們的興趣被完全調動起來了，受益匪淺。

2003 年春季學期，我上張教授的多元相平衡。臨近期末，我們本來以為會像一般的課程一樣會有期末筆試。結果出乎大家意料，張教授獨具匠心的取消了傳統的筆試，取而代之的是每個學生自己在實驗室裡搭建三元立體相圖。這一下大家的興趣可來了。具體的工作包括選擇體系、查閱文獻資料、應用課堂所學的知識、理清所有相關的截面和投影圖，搭建假想的三元相圖，然後在實驗室用電焊和銅線焊接三維立體的相圖模型。最後每位同學要在全班同學面前講清自己搭建的相圖模型的主要特徵。整個過程下來，我們每個學生不僅將課堂學到的理論知識有效的應用，對於多元相圖的三維立體感有了更加深入與直觀的理解，同時在查閱資料、與人合作與交流、做學術報告等各個方面的能力都得到鍛煉。這種考試的效果遠遠超過了傳統的筆試。日後的學習和工作終生受益。已經十三年過去了， 我現在還清楚的記得我當時搭建三元體系和當時在和同學們在實驗室裡焊接相圖模型的情形。

另外一個例子是關於導師張教授為人師表，對學生的培養有自己獨到的方法。導師總是鼓勵學生多爭取機會投稿和參加高質量的學術會議。一方面開闊眼界，拓寬科研思路，直接了解到研究領域內的發展趨勢，另一方面也通過面對面的學術報告與交流，有效的鍛煉交流能力，尤其是國際學生。以導師多年教學和科研的經驗，導師深知學術報告對一名學生的重要性。導師常常對我們講，無論你們將來打算在學術界還是工業界發展，做報告的能力都至關重要。在這方面導師從來都是以身作則。每次被邀請做學術報告，導師都要提前在課題組所有成員面前試講，要求大家給他提修改意見，有時候還要反覆試講幾遍，精益求精，直到滿意為止。以導師為榜樣，我們課題組裡的學生在做學術報告之前，都要在組裡試講多遍，導師經常能很快的提出修改建議，學術報告的質量每每有顯著提高。現在我幾乎每個星期都要做幾個報告，我深深地體會到做好學術報告有多麼重要。

晚輩的追思

(1) 藍崇文

（國立台灣大學化工系特聘教授；台灣太陽光電產業協會創會名譽理事長）

《懷念張永山教授》

1987 年我進威大冶金系念博士班，冶金系有兩位老中教授，一位是系主任張永山教授，一位是柯伸道教授。因為我申請之初就是看到柯教授張貼的獎學金廣告申請的，所以，一進來就是跟柯伸道教授做晶體生長的熱流模擬研究。

後來我才知道，張教授的許多老中學生也是跟我一樣是「走後門」的，因為張教授滿喜歡台大化工系畢業的學生。柯教授當時才約四十歲，盯學生很緊，冷潮熱諷是免不了，實驗室的學長都很怕他，所以大家都叫他「老柯」，但當然他除了很嚴「苛」外，也鮮少讓學生出去開會。所以，我們幾個老中學生就擠在小研究室，在偌大的系館裡像小媳婦一樣。而張教授的實驗室老中不少，只是學生都叫他「張教授」，美國學生雖然有些人直呼名字 "Austin"，但多半會叫 "Prof. Chang"，好像沒聽過什麼綽號。但張教授的學生感覺上自由許多，也常出去外頭開會。

我第一個學期適應很不好，滿痛苦的！在北國嚴寒的冬天，每次跟柯教授討論，總是被他說 "We have communication problems!" 剛到美國英文不好，很是挫折。

但我在第一個學期結束後，研究有些表現，從此老柯就不太管我，也答應我四年畢業。當我跟同學說的時候，大家的笑話是 "No more than four years." 是應該在 No 後面加個逗號才對。

我台大化工所的同班同學陳嘉平後來加入老柯的研究室，只是沒多久就受不了，轉去張教授的研究室了；而老柯待我不薄，實在沒有落跑的理由。後來老柯希望我多做點工作，不希望我修課，就幫我轉到不需要修課的「材料所」去了，只是材料所雖然沒修課要求，但資格考可是五花八門的 "Comprehensive exam"，也就是因為這樣，我都必需跟張教授的學生，包括簡嘉宏，陳信文學長他們借上課筆記跟考試資料；我這裡還有信文學長的高分子筆記沒還他呢。

因為常往張教授的實驗室跑，所以跟張教授打過不少照面。張教授給人的第一眼印象是有點嚴肅，帶個老花眼鏡，眼鏡總常掛在胸前，但每次看到我他總是笑嘻嘻的。後來我修了他的熱力學與界面反應的課，收穫不少。他給人的感覺很溫暖，講解一些課題，總會先說「這不是很容易哦，要好好理解」。我印象在威大五年，沒跟他說過太多話，但最常聽到的就是 "Good! Very good!" 後來我聽信文說才知道，張教授總是在話最後加個 "Good!" 如果是真好，應該會多幾個 Good! 而張教授的字特草，印象中也不知道他寫過什麼。偶而張教授請學生到他家裡吃飯，我如果可以跟總也是一道去，而我總是對別人說，我應該也得算是張教授半個學生，畢竟我跑他的研究室找學長也算夠勤快的。

我在威大五年都專注在研究工作，認識的教授不多，後來找工作時也多半得麻煩張教授幫我寫推薦信。回台灣教書後，每次張教授到台灣，只要我有時間，我幾乎都會出席跟他吃飯聊聊。有一次張教授到中央大學，剛好是他當選美國工程學院院士的第二年，我跟高振宏招待他，算是比較有多一點時間跟他聊聊。我印象最深刻的，就是他總是跟我說："Never frustrate students." 也總說：「每個學生有不同的天賦，都很不錯。」從沒聽過他批評自己的學生。只是教書這二十多年，我才發現這不是容易的事情，但對教育者來說，應該是第一條守則。

有人說指導教授的風格會影響學生下半生的學術生涯，也許是這樣，張教授的學生許多都選擇教書，而教書後的學生，又不少繼續去教書，信文就是個典型的例子。而老柯的學生教書的很少，我算是很少數的，而我後來教書也難免走上老柯的路，對學生要求總是多了一點，畢竟「嚴格」跟「指責」是比較容易做到的。也因為這樣，我的學生多半都到工業界，如果有去教書的，都是跟我念完碩士後再去外面拿博士的。

教書這幾年，我難免也會比較老柯跟張教授的教育風格。老柯鋒芒外露，持學嚴謹，組織力強，細心努力，對研究要求龜毛，早些年是比較沒有耐性，學生的壓力很大，而張教授多半站在鼓勵的角度，不曾聽過他罵學生，但笑聲倒是不少，給學生的自由度高，態度開放，所以後來簡嘉宏學長的許多半導體電性的課題，都是學生自己發展的。我想要像張教授一樣對學生有耐性，總是站在鼓勵的立場，並不是一件容易的事，除了懂得方法外，或許這跟他的人格特質有關。

張教授在學術圈的朋友很多，為人謙遜，對人溫暖，總是看到別人的好處。他是老柯碩士論文的指導教授，有一次跟他聊起老柯，他就說老柯真厲害，組織力強，一個暑假就可以寫一本書，他是萬萬不能；我知道他是真的欣賞老柯，而老柯出了兩本知名的教科書。另外，高振宏申請中央大學化工系時，我已在中大任教，我看了張教授給振宏的推薦信，如數家珍的寫了兩三頁，真是讓人感動！也因為這樣，張教授雖不是我的論文指導老師，但我也樂於當他的學生，畢竟他有很多地方值得我學習。

兩位老師在我求學過程中剛好是很大的對比，而我像是領略了兩門很不同的武功，在我後來的學術生涯裡，都受益匪淺。張教授仙逝，我滿懷念他的。我想他像北極星一樣，如果我要當個好的老師，他就是個好榜樣，需要多給學生鼓勵跟溫暖，而學生也會樂於回饋，喜歡保持聯繫。只是北極星太遙遠，他的境界終究是個典範，望之莫及。但每每我對學生比較沒有耐性的時候，我總是會想起張教授，還是會叮嚀自己，要多鼓勵學生！少責罵啊！要多說幾句 "Good"，也千萬不要讓學生覺得挫折！真的是滿懷念他的！也特別感謝他！

(2) 朱門（美國鋁業公司技術中心院士）

《我與張永山教授》

雖然個人無緣成為張教授的學生，但我很慶幸張教授是我事業與人生裡一位千載難逢的良師益友（mentor）。

在我還未出國深造的時候，從中鋼的一些同事口中便第一次聽到美國的材料界有一位很有名氣的張永山教授，專攻金屬熱力學和相圖計算。那是在 1978 年的時候。

1984 年，我剛從麻省理工學院取得材料科學博士學位，接著便到美國鋁業公司從事研究工作。美鋁雖有世界上最大的輕金屬研究中心，但一些有關鋁鋰合金的相圖卻是從缺。在那個時候，航空用的鋁鋰合金材料的研製還在初步階段。鋁鋰合金的相圖是研發過程中一個很重要的一環。就在這個時候，我想起了我一直很景仰但從未謀面的張教授和他的研究專長，於是便邀請正在威斯康辛大學任教的張教授來到位於匹茲堡的美鋁技術研究中心訪問。這便是我和張教授認識的開始，那是在 1989 年的時候。

知道美鋁極需鋁鋰合金凝固過程中的相變化，張教授便把這個極重要的研究課題交給了他當時最得意的學生之一陳信文，如今清華大學的全球事務長。這個課題在張教授的指導下有了很重要的成果。鋁鋰合金如今是航空材料中最重要和最輕的材料，歐洲的空中巴士便是大量採用美鋁的鋁鋰合金在 A380 空中巨無霸飛機上。回想起來，張教授和陳信文博士的研究成果間接地幫助了美鋁公司解決了不少在研製過程中的困難，而鋁鋰合金的研究合作需求更成了我和張教授長達 21 年交往的一個媒介。

張教授對我的影響

張教授不只是我的良師益友，更是我個人學習的典範。

在 1996 年 12 月中，我有幸能夠寫一封推薦信給美國礦物金屬與材料學會（TMS）推薦張教授擔任 TMS 副會長。在那封信裡的最後一段，我提到了張教授對我的影響，那一段我是這樣寫的：

張教授待人溫和誠懇。他是我和我在美鋁技術中心許多同仁的 mentor。他經常鼓勵年輕的科學家和工程師要勇於面對挑戰和專注於能夠使公司在全球競爭下能得以永續經營的創新技術。張教授是一個很能激勵後進的學者。受過他影響的人遍及學術界、工業界和美國的國家實驗室。張教授對材料界還有一個很特殊的貢獻，他個人雖得到無數的獎項和殊榮，但也很勤於發掘有成就的後進和提名他們在美國材料學會內應得的獎勵。基於張教授過去在科學和工程上有不凡的成就，和對材料界的未來有獨特且具前瞻性的見解，我深信他將是一位極為出色的美國材料學會的領導者。

張教授果然不負眾望，1999 年當選副會長，2000 年更當上第一位由華人擔任的美國礦物金屬與材料學會會長。

張教授對我的影響是多方面的，但是影響我最深的便是他做學問嚴謹但做人謙和的態度。因為公司研究方面的需要，我和學術界的一些大師級人物有過一些交流，這些學者，雖然很有成就，但總是令人有高不可攀的感覺。張教授可說是一位難見的既有學問又極為謙虛的大師級人物。每次參加 TMS 年度會議時，總是看到一群年輕學者和學生圍繞著他寒喧，足證他有十足的親和力。他這種積極做學問、待人以誠的人生態度，也是我在長達 30 多年的研究工作中一直努力的方向。

張教授對學術界及工業界的影響

張教授在材料相圖的計算和應用方面的研究既深且廣。金屬材料研究範圍包括鋁、鎂、鈦和超合金。2006 年 2 月，美國的冶金與材料期刊（Metallurgical and Materials Transaction）登了一篇張教授的文章。在這篇文章裡頭，張教授詳細地敘述了他相圖計算的方法和在材料研究和工程上的應用。那是張教授的一篇經典之作。這篇文章也間接地驗證了張教授對材料界的貢獻。

因我的研究工作一直是在鋁合金方面的製程，我就從鋁工業的觀點來談談張教授對工業界的影響。前面我已提到他和他的學生陳信文博士在鋁鋰合金相圖的研究替美國鋁業公司提供了不少用以改善鑄造製程方面的數據。除此之外，張教授對鋁業還有一個極為重要的貢獻，他是第一個能計算鋁合金含七位金屬元素以上相圖的專家。他的這些研究成果，是發展航空用的鋁合金材料的一個極重要的工具。

張教授對材料界還有一個很深遠的影響，在他擔任 TMS 會長的時候，他是第一位積極和世界各地包括中國和日本材料學會進行合作的會長。這種交流，成功地替美國材料界吸引了更多來自世界各地的研究者參加年會和參與對未來會議的規畫。

另外值得一提的是張教授對台灣教育界和工業界的間接貢獻。張教授教出來的學生，可說是桃李滿天下。幾個在張教授指導下的台灣留學生，在完成博士論文之後，都先後選擇回到台灣的知名大學執教和研究。這批青壯學者，目前不僅已是台灣科技界重要的領導者，也正為台灣的教育界培育新一代的人才。

張教授的過往軼事

總記得每次參加年會或在匹茲堡會面時，張教授的身邊一定有張教授夫人。我和我的內人總是隨著張教授的學生以「師母」敬稱張教授夫人。對我個人來說，能敬稱師母，也算是彌補自己無緣當張教授學生的遺憾。張教授和師母兩人如影隨形，夫妻恩愛無比。張教授溫文儒雅，但在人前，總是稱師母 "Honey"，可見張教授嚴肅做學問之餘也有其羅曼蒂克的一面。

張教授和師母膝下育有三個兒子，但沒有女兒。內人年輕我七歲。多年前，當張教授和師母聽說內人不幸因病過逝時，從紐約州家中打來好幾次電話安慰我，在言談中，才瞭解張教授和師母也一直私底下將內人當作女兒來看待。張教授和師母都是極為虔誠的基督教徒，他們對晚輩後進的關懷和視同己出，讓我看到他們慈悲為懷的一面。

(3) 廖楷輝（美國田納西州立大學材料系教授）

張永山教授是一個德高望重的長者。

我第一次熟悉的張教授是我在美國西北大學當研究生時，在材料科學界領域裡，張教授已是鼎鼎有名的教授。我永遠記得在冶金與材料期刊 A（Metallurgical and Materials Transactions A Journal），他的學術研究、指導學生幾乎是每個月發表一篇文章，這是相當不簡單的。

後來我畢業後，常在礦物金屬與材料學會會議和國際會議中見到張教授，每次他都給很好的演講，如沐春風。在會議中請教他事情、交換意見或學術交流，他都樂意地和我們討論，讓我們受益不淺。

在會議中，也常常看到張教授夫人一起來。他們夫婦伉儷情深，是一對模範夫婦的典型，可見張教授成功的背後是有夫人在背後支持他一路走來。他們夫婦和藹可親和晚輩交談，不只談學術，其他更廣泛，多層面的話題都聊，他們的態度祥和，是那麼地平易近人，我永遠記得。

2013 年 10 月，我回台灣開會，有機會去清華大學給一個演講，碰到張教授的高足陳信文兄，剛好大家一起吃飯，結果聽到他提到恩師張教授時，非常感謝他的栽培，點點滴滴地娓述他當學生的情形，流露出他對老師的懷念和尊敬，我對此景印象深刻。

還有高雄中山大學，有位謝克昌教授也是張教授的高足，我有幸和他也接觸過，他對恩師也是緬懷有加，感恩自不在話下，可見張教授是桃李滿天下，名師出高徒，他的學生個個優秀，在國內外工作崗位上擔任要職，貢獻一己之力，恩師的栽培功不可沒。

張教授是個非常傑出的教授，在材料科學學術界貢獻很大，他集一切榮譽於一身，身兼美國國家工程學院院士，也是台灣中央研究院院士及中國科學院外籍院士。可惜他走得太突然，我們都覺得非常可惜。他看起來那麼地年輕，那麼有活力，有衝勁，相信接觸過他的人都深深感覺到他是個溫文儒雅的學者，我們都永遠懷念他。

廖楷輝於美國田納西州立大學

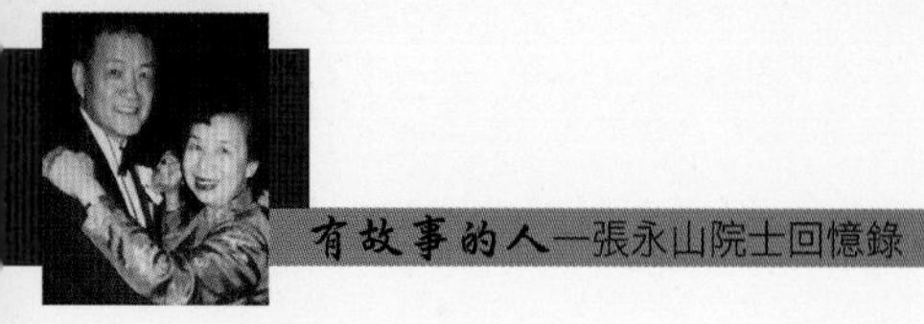

附錄 2. 張永山傑出事蹟、學術貢獻及著作

Education:

1954	UC-Berkeley	BS	Chemical Engineering
1955	UW-Seattle	MS	Chemical Engineering
1959 - 63	UC-Berkeley	Ph.D.	Metallurgy

Academic Title:

1988 - 2006	Wisconsin Distinguished Professor, UW-Madison. Dept. of MSAE
2006 - Present	Wisconsin Distinguished Professor Emeritus, UW-Madison, Dept. of MSAE

Employment

Industry

1956 - 1959	Chemical Engineer, Satuffer Chemical, Richmond, CA
1963 - 1967	Materials Scientist, Aerojet General, Sacramento, CA

Professional Experiences:

1963	UC-Berkeley Dept. of Chemical Engineering Research Associate

Academic Experiences:

1967 - 70	Associate Professor, Materials Dept., UW-Milwaukee
1970 - 80	Professor, Materials Dept., UW-Milwaukee
1971 - 77	Chairman, Materials Dept., UW-Milwaukee
1971 Summer	Sandia Laboratories, Livermore, CA Visiting Scientist
1978 - 80	Associate Dean of Research, Graduate School, UW-Milwaukee, WI
1980 - 2006	Professor, UW-Madison Dept. of MSAE（Materials Sci. and Engr.）
1982 - 91	Chairman, Dept. of MSAE, UW-Madison
1987 Fall	Visiting Professor, Sendai University, Japan
1991 Fall	Visiting Professor, MIT, Cambridge, MA
1999 Summer	Summer Faculty, Quantum Structure Research Initiative, HP Labs. CA
2002, 2003, 2005 1 week/yea	Honorary Chair Professor, Nat'l Tsing Hua University TW

Award（s）& Honor（s）:

2011	Leadership Award	TMS（The Mineral, Metals & Materials Society）
2010	Honorary Member	AIME（American Institute of Mining, Metallurgical and Petroleum Engineers）
2010	Academician	Academia Sinica, ROC

2009	J. Willard Gibbs Award	ASM （ASM International）
2009	Gold Medal	ASM
2009	Warren F. Savage Award	AWS （American Welding Society）
2009	Acta Materialia Gold Medal	Acta Materialia Inc.
2003	E.D. Campbell Memorial Lecturer Award	ASM
2000-2001	President	TMS
2000	Foreign Member	Chinese Academy of Sciences, PROC
2000	John Bardeen Award	TMS
1996	Member	National Academy of Engineering
1996	Albert Sauveur Achievement Award	ASM
1996	Champion H. Mathewson Medal	TMS
1994	Albert Easton White Distinguished Teacher Award	ASM
1993	EPD Distinguished Lecture Award	TMS
1993	Extraction and Processing Lecturer Award	TMS
1991	Fellow of TMS （living Fellows limited to 100）	
1990	Educator Award	TMS
1989	William Hume-Rothery Award	TMS
1978	Fellow of ASM	

Other Award（s） and Honor（s）:

2008 Physical Sciences Directorate Distinguished Lecturer, ORNL

2008 Nanqiang Lecture, Universitas Amoiensis, China

2004 Wisconsin Idea Fellow, 2004-2005 Univ. of Wisconsin System

2004 Distinguished Speaker Dept. of MS&E, Penn State University

2003 Highly cited person in Mater. Sci. （1981 -1999） ISIHighlyCited

2000 Belton Lecturer, CSIRO Victoria, Australia

1999 APDIC Best Paper Award(APDIC-Alloy Phase Diagram Intern. Comm.)

1999 Winchell Lecture Purdue Univ.

1984 Byron Bird Award UW-Madison Research Publication

1972 Outstanding Instructor Award UW-Milwaukee

Listings

Who's Who in America

42nd Edition, 1982-83; 43rd Edition, 1984-85; 44th Edition, 1986-87; 45th Edition, 1988-89; 46th Edition, 1990-91; 47th Edition, 1992-93; 48th Edition, 1994; 49th Edition, 1995; 50th Edition, 1996;50th Edition, 1997; 52nd Edition, 1998; 53th Edition, 1999.

Who's Who in American Education

3rd Edition, 1992-93; 5th Edition, 1996-97.

Who's Who in the World

6th Edition, 1982; 7th Edition, 1984; 8th Edition, 1986; 9th Edition, 1988; 10th Edition, 1990, 11th Edition, 1992.

Who's Who in Engineering

3rd Edition, 1977; 4th Edition, 1980; 5th Edition, 1982, 6th Edition, 1985; 7th Edition, 1988; 8th Edition, 1991; 9th Edition, 1988; 10th Edition, 1990; 11th Edition, 1993.

Who's Who in Science and Engineering

1st Edition; 3rd Edition, 4th Edition, 1998.
International Who's Who in Engineering
1st Edition, 1983.
Approximately 10 others

Registration

ASM-International

1970-	Member, Chairman, Thermodynamic Activity Committee of the Materials Science Division
1976-1977	Chairman, Milwaukee Chapter
1976-1979	Chairman, Thermodynamic Activity Committee of the Materials Science Division
1978-	Member, International Council on Alloy Phase Diagrams
1981-	Member, Phase Diagram Committee of the Materials Science Division
1981-1984	Trustee of the Society
1984-1986	Member, Editorial Advisory Committee for ASM Reference Book of Binary Alloy Phase Diagrams
1986-1987	Member, ACerS/ASM Phase Diagram Coordinating Committee
1986-1989	Award Policy Committee
1987-	Member, ASM Alloy Phase Diagram Committee
1988-1990	Chairman, Editorial Com. for the Bulletin of Alloy Phase Diagrams
1988-	Member, Editorial Com. for the Bulletin of Alloy Phase Diagrams and Member（Name of the Bulletin changed to J. of Phase Equilibria in 1991）
1989-	Member, Editorial Policy Com., J. Heat Treating
1996-2000	Member（1996-2000） and Chair（1998-2000）, Albert E. White Distinguished Teacher Award Committee.
2001-2004	Member , Albert Sauveur Achievement Award Committee.

The Minerals, Metals, and Materials Society

1969-	Member , Physical Chemistry Committee
1970-	Member , Alloy Phase Committee
1971-1974	Member, Refractory Metals Committee

1972-1975 Key Reader, Metallurgical Transactions
1974-1975 Chairman, Alloy Phase Committee
1975-1976 Chairman, Physical Chemistry Committee
1978-1981 Member of the Board
1983-1988 Member, Book Publication Committee
1986-1987 Judge for Student Paper Contest
1989-1992 Member, Acta Metallurgica Gold Medal and W. Hume-Rothery Award Committee
1990-1992 Chairman, Acta Metallurgica Gold Medal and W. Hume-Rothery Award Committee
1991-1994 Member, Bruce Chalmers Award Committee
1991-1994 Member, Fellow Award Committee
1993-1994 Chairman, Fellow Award Committee
1995-1998 Board of Director for Honors and Professional Recognition
1999 Vice President
2000 President
2001 Past President

Alpha Sigma Mu

1984-1985 National President
1985-1986 Chairman, Scholarship Committee

The American Physical Society

Materials Research Society

National Association of Corrosion Engineers

The Electrochemical Society

Other Professional Activities

1978-1983 Consulting Editor, Chinese Journal of Materials Science
1984 NSF MRL Site Visit Team
1984-1986 Member, High-Temperature Science and Technology Committee, The National Research Council of the National Academy of Sciences
1988-1990 Member, Advisory Board, J. of Phase Equilibria and served as the Chairman of this Committee
1988-1993 Member, Advisory Panel, Facility of High Resolution Electron Microscopy, Arizona State University
1991 NSF MRG Site Visit
1991-1994 Member, Advisory Committee for the Metals and Ceramics Division, Oak Ridge National Laboratory, Oak Ridge, Tenn.
1992- Member, Advisory Board, J. of Intermetallics
1992- Member, Advisory Board, Materials Chemistry and Physics （an International Journal on Preparation, Characterization and Processing of Advanced Materials）

1994-1997	Member, Solid-State Sciences Committee of the National Research Council
1996-	Honorary Educational Advisory Board Member, the American Biographical Institute, Inc. Member, Advisory Board, University of Science and Technology-Beijing, Beijing, PRC.
2000-	Member of Selection Committee for the Acta Metallurgica Gold Medal

Committee Service, University of Wisconsin-Madison

Campus

1987-1988	Honorary Degree
1989-1991	Graduate Research Committee
1992-1993	Graduate Research Committee

College of Engineering

1982-1991	Academic Planning Council
1982-1991	Executive Committee
1982-1992	Public Relations Committee
1985	Byron Bird Award Committee
1980-	Materials Science Advisory Committee
1999-	Academic Planning Council

Department

1980-1983	Graduate Affairs Committee, serving as Chairman in 1981
1981	Chairman, Graduate Affairs Committee
1988-	Senior Advisor

Committee Service, University of Wisconsin-Milwaukee

1969-1974	Executive Committee for the Division of Natural Sciences （Tenure Committee）
1970-1976	Graduate Program Committee, College of Engineering and Applied Science
1970-1976	Core Program Committee, College of Engineering and Applied Science
1971	Oceanography Council, University of Wisconsin
1971-1972	Ad hoc and Advisory Committee on Faculty Tenure, for Merger Implementation of the University of Wisconsin System and Wisconsin State University System
1971-1973	Graduate Research Committee
1971-1974	Chairman, Executive Committee for the Division of Natural Sciences （Tenure Committee）
1972-1973	Search and Screen Committee for Chancellor of University of Wisconsin-Milwaukee
1973-1976	Chairman, Core Program Committee, College of Engineering and Applied Science
1974-1975	UW-Milwaukee Faculty Senate
1975-1978	Advisory Council of the University of Wisconsin Great Lakes Research Facility

1975-1978	Advisory Council of the Institute of Mineral and Solid Fuel Technology
1976-1977	Search and Screen Committee for the Dean of the Graduate School, University of Wisconsin-Milwaukee
1976-1978	Chairman, Graduate Program Committee, College of Engineering and Applied Science
1978-1979	University of Wisconsin System-wide Committee for Drafting a Proposal to Establish a Mining and Mineral Resource Institute in the University of Wisconsin
1986-1987	Member, ACerS/ASM Phase Diagram Coordinating Committee
1987-	Member, ASM Alloy Phase Diagram Committee
1988-	Member, Editorial Com. for the Bulletin of Alloy Phase Diagrams
1988-1990	Chairman, Editorial Com. for the Bulletin of Alloy Phase Diagrams （Name of the Bulletin changed to J. of Phase Equilibria in 1991）
1989	Member, Editorial Policy Com., J. Heat Treating
1996-2000	Member, Albert E. White Distinguished Teacher Award Committee
1998-2000	Chairman, Albert E. White Distinguished Teacher Award Committee
2001-2004	Member, Albert Sauveur Achievement Award Committee

Patents

1. Y. A. Chang, C.-H. Jan and C.-P. Chen, "Process for Preparing Schottky Diode Contacts with Predetermined Barrier Heights", US Patent No. 5,516,725, 1996.
2. J. J. Yang, P. F. Ladwig, and Y. A. Chang, "Methods for the fabrication of thermally stable magnetic tunnel junctions" has been filed with the United States Patent Office, 2004.
3. Y. A. Chang, H-B Cao, D. Ma, L. Ding and K-C Hsieh, "Zirconium-Rich Bulk Metallic Glass Alloys", has been filed with the United States Patent Office, 2005.
4. Y. A. Chang and J. J. Yang, "Fabrication of Magnetic Tunnel Junction with Epitaxial Ferromagnetic Layers, has been filed with the United States Patent Office, 2005.

Publications

1965

1. E. Rudy and Y. A. Chang, "Thermodynamic Considerations in the Selection of Materials for High-Temperature Applications", in Metals for the Space Age, （Ed: F. Benesovsky） Metallwerk Plansee, A.G.,Reutte/Tyrol, Austria, 1965, 786
2. Y. A. Chang and R. Hultgren, "Dilation Contribution to Heat Capacities of Copper and Alpha-Brass at Elevated Temperatures", J. Phys. Chem., 1965, 69, 4162.1966
3. Y. A. Chang, "A Correlation of the Coefficients of Thermal Expansion of Metallic Solids with Temperature", J. Phys. Chem., 1966, 70, 1310.
4. Y. A. Chang and L. Himmel, "Temperature Dependence of the Elastic Constants of Cu, Ag, and Au AboveRoom Temperature", J. Appl. Phys., 1966, 37, 3567.
5. Y. A. Chang and L. Himmel, "Elastic Constants of Cd from 300 to 575K", J. Appl. Phys., 1966, 37, 3787.

1967

6. Y. A. Chang, L. Himmel and J. P. Neumann, "Thermal Expansion and Elastic Constants of ß'-AgMg II. Single-Crystal Elastic Constants from 77° to 750K", J. Appl. Phys., 1967, 38, 650.
7. J. P. Neumann and Y. A. Chang, "Thermal Expansion and Elastic Constants of ß'-AgMg I. The Coefficient of Thermal Expansion from 77° to 800K", J. Appl. Phys., 1967, 38, 647.
8. Y. A. Chang, "On the Temperature Dependence of the Bulk Modulus and Anderson-Gruneisen Parameter δ of Oxide Compounds", J. Phys. Chem. Solids, 1967, 28, 697-701.
9. Y. A. Chang and R. Hultgren, "High-Temperature Heat Contents of Three Alpha-Brass Alloys", J. Chem. Engn. Data, 1967, 12, 98.
10. Y. A. Chang, "Thermal Properties of Tantalum Monocarbide and Tungsten Monocarbide", Trans. Met. Soc. AIME, 1967, 239, 1685, Ibid, 1968, 240, 776.
11. Y. A. Chang and J. P. Neumann, "Elastic Constants of the Intermetallic Compound Ag2Al from 77° to 700K", J. Phys. Chem. Solids, 1967, 28, 2117.

1968

12. Y. A. Chang, "Reply to the Discussion of "Thermal Properties of Tantalum Monocarbide and Tungsten Carbide by C. P. Kempter and H. L. Brown", Trans. Met. Soc. AIME, 1968, 242, 1751.
13. Y. A. Chang, "Phase Relationships in the System Chromium-Silicon", Trans. Met. Soc. AIME, 1968, 242, 1509.
14. L. E. Toth, M. Ishikawa and Y. A. Chang, "Low-Temperature Heat Capacities of Superconducting Niobium and Tantalum Carbides", Acta Met., 1968, 16, 1183.
15. J. P. Neumann and Y. A. Chang, "The Influence of Temperature on the Lattice Parameters of the Intermetallic Compound Ag2Al", Trans. Met. Soc. AIME, 1968, 242, 700.

1969

16. Y. A. Chang, "Phase Investigations in the System Zirconium-Tungsten", J. Less Common Metals, 1969, 17, 325.
17. Y. S. Tyan, L. E. Toth and Y. A. Chang, "Low-Temperature Specific Heat Study of the Electron Transfer Theory in Refractory Metal Borides", J. Phys. Chem. Solids, 1969, 30, 786.
18. Y. A. Chang, "Oxidation of Molybdenum Disilicide", J. Materials Sci., 1969, 4, 41.

1971

19. Y. A. Chang, L. E. Toth and Y. S. Tyan, "On the Thermodynamic and Elastic Properties of Transition-Metal Carbides", Met. Trans., 1971, 2, 315.
20. Y. A. Chang, G. C. Wilhelm, M. Lathrop, and I. Gyuk, "Thermodynamic Activity of Zn in Dilute ZnSn Alloys by the Torsion-Effusion Method", Acta Met., 1971, 19, 795.
21. Y. A. Chang, I. Gyuk and J. Franks, "Thermodynamics of Lattice Disorder of the CsCl-type Intermetallic Phases at Non-Stoichiometric Compositions and the Thermodynamic Properties of ß'-AuCd and ß'-AgMg Phases", Acta Met., 1971,19, 939.

1972

22. I. Gyuk and Y. A. Chang, "Thermodynamics and Lattice Disorder in the CsCl-Phases", Scripta Met., 1972, 6, 267.
23. M. Lathrop, Y. A. Chang and T. Tefelske, "Temperature Dependence of the Activity Coefficient of

Zn in Dilute ZnSn Alloys", Montash. Chem., 1972, 103, 511.

24. Y. A. Chang and D. Naujock, "The Relative Stabilities of Cr23C6, Cr7C3 and Cr3C2 and Phase Relationships in the Ternary Cr-Mo-C System", Met. Trans., 1972, 3, 1693.

25. T. Tefelske, Y. A. Chang and R. Miller, "The Effect of Ag on the Activity Coefficient of Zn in Sn by the Torsion-Effusion Method at 803K", Met. Trans., 972, 3, 2985.

26. W. W. Liang, J. W. Franks and Y. A. Chang, "Thermodynamic Activity of ß'-NiZn Phase by the Dew-point Method", Met. Trans., 1972, 3, 2555.

27. W. W. Liang and Y. A. Chang, "Comment on Thermodynamics and Lattice Disorder in CsCl-Phases", Scripta Met., 1972, 6, 863.

1973

28. W. W. Liang, Y. A. Chang and S. Lau, "The Effect of Lattice Disorder on the Thermodynamic Properties of the f.c. Tetragonal ß1NiZn Alloys", Acta Met., 1973, 21, 629; I. Gyuk, W. W. Liang and Y. A. Chang, "Appendix: Derivation of the Theoretical Equations", Acta Met., 1973, 21, 635.

29. S. K. Lau and Y. A. Chang, "Potential Distribution within a Corrosion Pit of Iron and Stainless Steels", Scripta Met., 1973, 7, 745.

1974

30. Y. A. Chang, G. Henning and D. Naujock, "Thermodynamics of the Terminal Face-centered Cubic Nickel- Zinc Solid Solutions", Acta Met., 1974, 22, 7; ibid, 1974, 22, 1319.

31. S. K. Lau, Y. A. Chang and S. Kou, "Thermodynamics of the ß'-NiZn Intermetallic Phase Exhibiting the CsCl-Structure", Met. Trans., 1974, 5, 1979.

32. T. Tefelske and Y. A. Chang, "The Effects of Copper and Gold on the Activity Coefficient of Zinc in Dilute Liquid Zinc-Tin Alloys at 803°K", Mats. Sci. and Engin., 1974, 4, 211.

33. Y. A. Chang, "Thermodynamics and Lattice Disorder in Binary Ordered Intermetallic Phases", in Treatise on Materials Science and Technology （Ed: H. Herman） 4, p. 1973, Academic Press, Inc., New York （1974）.

34. I. Gyuk, W. W. Liang and Y. A. Chang, "Thermodynamics and Lattice Disorder in Binary Cu3Au-Type Ordered Alloys", J. Less Com. Metals, 1974, 38, 249.

1975

35. S. Kou and Y. A. Chang, "Thermodynamics of a-AuZn and ß'-AuZn Phases", Met. Trans., 1975, 6A, 39.

36. Y. A. Chang, W. M. Danver, and J. Cigan, Editors, Energy: Use and Conservation in the Metals Industry, The Metallurgical Society of AIME, New York, N.Y., （1975）.

37. S. Kou and Y. A. Chang, "Thermodynamics of ß1-NiZn and a-NiZn Phases", Met. Trans., 1975, 6A, 1661.

38. T. Chiang and Y. A. Chang, "A Numerical Method for Evaluating and Predicting High-Temperature Thermal Properties of Carbides", Canadian Met. Quarterly, 1975, 14, 233.

39. Y. A. Chang, "Reply to Anantamula's Discussion", Met. Trans., 1975, 6A, 1662.

40. S. Kou and Y. A. Chang, "Thermodynamics of Ordered ß1-PdZn Alloys", Acta Met., 1975, 23, 1185; ibid, 1976, 24, 881.

1976

41. J. P. Neumann, Y. A. Chang and C. M. Lee, "Thermodynamics of Intermetallic Phases with the Triple-Defect B2 Structure", Acta Met., 1976, 24, 593-604

42. T. Chiang and Y. A. Chang, "The Activity Coefficient of Oxygen in Binary Liquid Metal Alloys", Met. Trans., 1976, 7B, 453.

43. Y. A. Chang, Y. E. Lee and J. P. Neumann, "Phase Relationships and Thermodynamics of the Ternary Copper-Iron-Sulfur System", in Extractive Metallurgy of Copper（Eds: J. C. Yannapoulos and J. C. Agarwall）Vol. I, Pyrometallurgy and Electrolytic Refining, p. 21, The Met. Soc. AIME, Inc., New York, N.Y.（1976）.

44. Y. A. Chang and Y. Hsiao, "Thermodynamics of the Ni3Ga Phase with the L12 Superlattice Structure", Scripta Met., 1976, 10, 201.

45. J. P. Neumann, Y. A. Chang and H. Ipser, "On the Relationship Between the Enthalpy of Formation and the Disorder Parameter of Intermetallic Phases with the B2 Structure", Scripta Met., 1976, 10, 917.

46. J. P. Neumann and Y. A. Chang, "A Thermodynamic Analysis of ß-PdIn", Met. Trans., 1976, 7A, 1291.

47. H. Ipser, Y. A. Chang and J. P. Neumann, "The Influence of the Second-Nearest-Neighbor Interaction on the Thermodynamic Properties of Intermetallic Phases with the B2 Structure", Montash. Chem., 1976, 107, 1471 .

48. U. V. Choudary and Y. A. Chang, "A Thermodynamic Method for Determining the Activities from Ternary Miscibility Gap Data: Cu-Pb-0", Met. Trans., 1976, 7B, 655.

1977

49. R. Lin, H. Ipser and Y. A. Chang, "Activity of Sulfur in Pyrrhotite at 1073 K", Met. Trans., 1977, 8B, 345.

50. T. Chiang, H. Ipser and Y. A. Chang, "Thermodynamic Properties of Pd-Zn Alloys", Z. Metallkd., 1977, 68, 141 and 509.

51. Y. A. Chang, D. Goldberg and J. P. Neumann, "Phase Diagrams and Thermodynamic Properties of Ternary Copper-Silver Systems", J. Phys. Chem. Ref. Data, 1977, 6, 621.

52. U. V. Choudary, Y. E. Lee and Y. A. Chang, "A Thermodynamic Analysis of the Copper-Lead-Sulfur System at 1473 K", Met. Trans., 1977, 8B, 541.

53. R. Y. Lin and Y. A. Chang, "The Activity Coefficient of Nitrogen in Binary Liquid Metal Alloys", Met. Trans., 1977, 8B, 293.

54. Y. Hsiao, Y. A. Chang and H. Ipser, "Thermodynamics of the Non-Stoichiometric ß1-PtZn Phase", J. Electrochem. Soc., 1977, 124, 1235.

1978

55. S. Kuo and Y. A. Chang, "On the Relationships Between the Activity Coefficient of Non-Metallic Solutes in Liquid Metals and Binary Alloys", Met. Trans., 1978, 9B, 154.

56. U. V. Choudary and Y. A. Chang, "Computation of the Component Activities from Ternary Miscibility Gap Data: the Cu-Ag-S and Cu-Ag-Se Systems", in Applications of Phase Diagrams in Metallurgy and Ceramics（Ed: G. C. Carter）NBS Special Publication 496, 2, 774（1978）.

57. Y. A. Chang, Y. P. Neumann and U. V. Choudary, "Evaluation of Phase Diagrams and Thermodynamic Properties of Ternary Copper Alloy Systems", in Applications of Phase Diagrams

in Metallurgy and Ceramics（Ed.: G. C. Carter）NBS Special Publication 496, 1, 229（1978）.

58. Y. O. Chen and Y. A. Chang, "Thermodynamics and Phase Relationships of Transition Metal Sulfur Systems I. The Cobalt-Sulfur System", Met. Trans., 1978, 9B, 61.

59. R. Y. Lin, D. C. Hu and Y. A. Chang, "Thermodynamics and Phase Relationships of Transition Metal Sulfur Systems II. The Nickel-Sulfur System", Met. Trans., 1978, 9B, 531.

60. J. P. Neumann, H. Ipser and Y. A. Chang, "The Structural Stability of the B2 and L1 Phases in the System Pd-Zn", J. Less-Common Metals, 1978, 57, 29.

61. M. S. Baxa, Y. A. Chang and L. H. Burck, "Effects of Sodium Chloride and Shot Peening on Corrosion Fatigue of AISI 6150 Steel", Met. Trans., 1978, 9A, 1141.

62. A. Mikula, Y. A. Chang and J. P. Neumann, "Thermodynamics of the a- and ß'- phases in the Co-Ga System", Trans. Japan Inst. of Metals, 1978, 19,307.

63. U. V. Choudary and Y. A. Chang, "Gibbs Energies of Formation of Mn3C, M（Fe,Mn）3C and Mn23C6 from the Ternary Phase Equilibria in the Fe-Mn-C System", Calphad, 1978, 2, 169.

64. V. Man, J. P. Neumann, H. Ipser and Y. A. Chang, "The Structural Parameters of ß1-PtCd", Mats. Sci. Engin., 1978, 36, 181.

1979

65. R. C. Sharma and Y. A. Chang, "Thermodynamics and Phase Relationships of Transition Metal Sulfur Systems III. Thermodynamic Properties of the Fe-S Liquid and the Calculation of the Fe-S Phase Diagram", Met. Trans., 1979, 10B, 118.

66. J. P. Neumann and Y. A. Chang, "On the Vacancy Concentrations in B2 Phases Exhibiting Triple Defects", Z. Metallk., 1979, 70, 118.

67. Y. A. Chang and D.-C. Hu, "On the Gibbs Energies of Oxygen and Nitrogen in Liquid Metal Alloys", Met. Trans., 1979, 10B, 43.

68. S. Kuo, Y. A. Chang and H. Ipser, "Thermodynamic Properties of Platinum-Cadmium Alloys", Z. Metallk., 1979, 70, 26.

69. R. C. Sharma and Y. A. Chang, "A Thermodynamic Analysis of the Co-S System", Z. Metallk., 1979, 70,104.

70. Y. A. Chang, J. P. Neumann, A. Mikula and D. Goldberg, Phase Diagrams and Thermodynamic Properties of Ternary Copper-Metal Systems, The International Copper Research Association, Inc., New York, N.Y.（1979）, 702 pp.

71. Y. A. Chang, J. P. Neumann and U. V. Choudary, Phase Diagrams and Thermodynamic Properties of Ternary Copper-Sulfur-Metal Systems, The International Copper Research Association, Inc., New York, N.Y.（1979）, 200 pp.

72. D. B. Rao, U. V. Choudary, T. E. Erstfeld, R. J. Williams and Y. A. Chang, "Extraction Processes for the Production of Aluminum, Titanium, Iron, Magnesium and Oxygen from Nonterrestrial Sources", in Space Resources and Space Settlements（Eds: J. Billingham, W. Gilbreath and B. O'Leary）p. 257, NASA SP-428, Washington, D.C.（1979）.

73. R. C. Sharma and Y. A. Chang, "A Thermodynamic Equation of State for Digenite", Chinese J. Materials Science", 1979, 11, 58.

74. Y. A. Chang and J. F. Smith, Editors, Calculation of Phase Diagrams and Thermochemistry of Alloy Phases, The Metallurgical Society Inc., Warrendale, PA（1979）, 286 pp.

75. Y. A. Chang and R. C. Sharma, "Application of an Associated Solution Model to the Metal-Sulfur Melts and the Calculation of Phase Diagrams", in: Calculation of Phase Diagrams and Thermochemistry of Alloys Phases （Eds: Y. A. Chang and J. F. Smith） p. 145, The Metallurgical Society, Inc., Warrendale, PA （1979）.

1980

76. D.-C. Hu and Y. A. Chang, "The Activity Coefficient of Non-Metallic Solutes in Ternary and Higher-Order Liquid Alloys", Met. Trans., 1980, 11B, 172.

77. R. C. Sharma and Y. A. Chang, "A Thermodynamic Analysis of the Copper-Sulfur System", Met. Trans., 1980, 11B, 575.

78. R. C. Sharma and Y. A. Chang, "Thermodynamics and Phase Relationships of Transition Metal Sulfur Systems IV. Thermodynamic Properties of the Ni-S Liquid Phase and the Calculation of the Ni-S Phase Diagram", Met. Trans., 1980, 11B, 139.

79. W. O. Gentry and Y. A. Chang, "Physical Metallurgy of Lead Alloys", in Lead-Zinc-Tin'80 （Eds: J. M. Cigan, T. S. Mackey and T. J. O'Keefe） p. 898, The Metallurgical Society, Inc. PA （1980）.

80. Y. A. Chang, "Thermodynamic Modelling of Alloy Phases and the Calculation of Phase Diagrams", in The Industrial Use of Thermochemical Data （Ed: T. I. Barry） p. 258, The Chemical Society, Burlington House,London, （1980）.

1981

81. K. Vlach and Y. A. Chang, "Experimental Methods for Determining the Gibbs Energies of Metal Sulfides", in Proceedings of the Workshop on Techniques for Measurement of Thermodynamic Properties （Eds: N. A.Gokcen, R. V. Mrazek and L. B. Pankratz） p. 385, Bur. Mines Information Circular 8853 （1981）.

82. D. Marshall and Y. A. Chang, "The Constitution of the Tin-Strontium System", J. Less Common Metals, 1981, 78, 139.

83. Y. A. Chang, "Thermodynamic and Phase Diagram Data of Metal-Sulfur Systems", in Data for Science and Technology （Ed: P. S. Glaeser） p. 407, Pergamon Press, Oxford, （1981）.

84. K. Fitzner and Y. A. Chang, "The Activity Coefficient of Sulfur in Dilute Binary Liquid-Metal Alloys", in Chemical Metallurgy, a Tribute to Carl Wagner （Ed: N. A. Gokcen） p. 119, The Metallurgical Society, Inc.,Warrendale, PA （1981）.

85. D.-C. Hu, A. J. Zeeland, W. W. Liang, and Y. A. Chang, "The Activity Coefficient of Oxygen in Liquid Cu-Ag-Sn and Similar Ternary Liquid Alloys", Calphad, 1981, 5, 115.

86. Y.-Y. Chuang, K.-C. Hsieh, and Y. A. Chang, "Extension of the Associated Solution Model to Ternary Metal-Sulfur Melts: Ni-Co-S at 1,273K", Calphad, 1981, 5, 277.

87. L. Ngai and Y. A. Chang, "A Thermodynamic Analysis of the Lead-Tin System and the Calculation of the Pb-Sn Phase Diagram", Calphad, 1981, 5, 267.

88. Y. A. Chang, "Higher-Order Phase Diagram Activities", Bulletin of Alloy Phase Diagrams, 1981, 2, 281.

1982

89. Y. Maa, A. Mikula, Y. A. Chang and W. Schuster, "Phase Stability Investigations of the System Pd-Cd-I. Thermodynamic Studies", Met. Trans., 1982, 13A, 1115.

90. J. P. Neumann, A. Mikula and Y. A. Chang, "Phase Stability Investigations of the System Pd-Cd

II. Lattice Parameter Measurements", Met. Trans., 1982, 13A, 1123.

91. K.-C. Hsieh, Y. A. Chang and T. Zhong, "The Iron-Nickel-Sulfur Phase Diagrams Above 700C", Bulletin of Alloy Phase Diagrams, 1982, 3, 165.

92. Y.-Y. Chuang and Y. A. Chang, "Extension of the Associated-Solution Model to Ternary Metal-Sulfur Melts: Cu-Ni-S", Met. Trans., 1982, 13B,379.

93. H. Ko, N. Ahmad, and Y. A. Chang, "Thermodynamics of Calculation of Calcite", Bureau of Mines Report of Investigation 8647 （1982）.

94. W. Vogelbein, B. Predel and Y. A. Chang, "Thermodynamic Data of Nickel-Zinc Alloys", Z. Metallk., 1982, 73, 530.

95. Y. A. Chang and J. P. Neumann, "Thermodynamics and Defect Structure of Intermetallic Phases with the B2（CsCl）Structure", in Progress in Solid-State Chemistry（Eds: W. L. Worrell and G. R. Rosenblatt） 14, p.221, Pergamon Press, Oxford, U.K. （1982）.

96. Y. A. Chang and N. Ahmad, Thermodynamic Data on Metal Carbonates and Related Oxides, The Metallurgical Society, Inc., Warrendale, PA, （1982）, 235 pp.

1983

97. R. C. Sharma and Y. A. Chang, "Thermodynamic Analysis of the Cu-Ni-S Melts by the Associated Solution Model", Trans. IIM, 1983, 36, 209.

98. K.-C. Hsieh, M. S. Wei and Y. A. Chang, "A Thermodynamic Analysis of the Sn-Te System and Calculation of the Tin-Tellurium Phase Diagram", Z. Metallk., 1983, 74, 330.

99. Y.-Y. Chuang and Y. A. Chang, "Thermodynamic Behavior of Metal-Sulfur Melts", in Proceedings of the First Symposium on Molten Salt Chemistry and Technology （Ed: Organizing Committee of the First International Symposium on Molten Salt Chemistry and Technology） p. 201, Kyoto, Japan, （1983）.

100. S. Otsuka, Z. Kozuka and Y. A. Chang, "A Coulometric Titration Method to Determine the Activity Coefficients of Oxygen Dissolved in Liquid Metals, Alloys, and Metal-Nonmetal Solutions", in Proceedings of the First Symposium on Molten Salt Chemistry and Technology （Ed: Organizing Committee of the First International Symposium on Molten Salt Chemistry and Technology） p. 209, Kyoto, Japan （1983）.

101. S. Otsuka and Y. A. Chang, "Activity Coefficient of Oxygen in Copper-Sulfur Melts", in Advances in Sulfide Smelting （Eds: H. Y. Sohn, D. B. George and A. D. Zunkel） I, p. 33, The Metallurgical Society, Inc.,Warrendale, PA （1983）.

102. Y.-Y. Chuang and Y. A. Chang, "A Thermodynamic Analysis of Ternary Cu-Ni-S and Fe-Ni-S", in Advances in Sulfide Smelting （Eds: H. Y. Sohn, D. B. George and A. D. Zunkel）, p. 73, The Metallurgical Society, Inc., Warrendale, PA （1983）.

1984

103. D. Marshall and Y. A. Chang, "The Constitution of the Lead-Tin-Strontium System", Met. Trans., 1984, 15A, 43.

104. Y.-Y. Chuang, R. S. Schmid and Y. A. Chang, "Thermodynamic Analysis of the Iron-Copper System I: The Stable and Metastable Equilibria", Met. Trans., 1984, 15A, 1921.

105. S. Otsuka and Y. A. Chang, "Activity Coefficient of Oxygen in Copper-Sulfur Melts", Met.

Trans., 1984, 15B, 337.

106. S. Otsuka, Z. Kozuka and Y. A. Chang, "Solubility of Oxygen in Liquid Indium and Oxygen Diffusivity in Liquid Indium and Tin", Met. Trans., 1984, 15B, 329.

107. J. P. Neumann, T. Zhong and Y. A. Chang, "The Ni-0（Nickel-Oxygen） System", Bulletin of Alloy Phase Diagrams, 1984, 5, 141.

108. S. Otsuka and Y. A. Chang, "Activity Coefficient of Oxygen in Liquid Bi-In Alloys", Z. Metallk., 1984, 75, 368.

109. R. Schmid, J.-C. Lin and Y. A. Chang, "The Activity Coefficient of Non-Metallic Elements in Binary Liquid Alloys from a Nonrandom Solvation Shell Model", Z. Metallk., 1984, 75, 730.

1985

110. J. P. Neumann, T. Zhong and Y. A. Chang, "The Cu-0（Copper-Oxygen） System", Bulletin of Alloy Phase Diagrams, 1984, 5, 136; also republished in Metal Progress, 1985, 128, 85.

111. R. Schmid, O. Musbah and Y. A. Chang, "Phase Relations and Thermodynamics of the Fe-Co-S at 1073 K", Z. Metallk., 1985, 76, 1.

112. Y.-Y. Chuang, R. Schmid and Y. A. Chang, "Magnetic Contributions to the Thermodynamic Functions of Ni, Co and Fe", Met. Trans. A., 1985, 16A, 153.

113. R. Schmid and Y. A. Chang, "A Thermodynamic Study on an Associated Solution Model for Liquid Alloys", Calphad, 1985, 9, 363.

114. Y.-Y. Chuang, K.-C. Hsieh and Y. A. Chang, "Thermodynamics and Phase Relationships of Transition Metal Sulfur Systems V. A Re-evaluation of the Fe-S Binary System", Met. Trans., 1985, 16B, 277-285.

115. Y.-Y. Chuang, R. Schmid and Y. A. Chang, "Calculation of the Equilibrium Phase Diagrams and the Spinodally Decomposed Structures of the Fe-Cu-Ni System", Acta Met., 1985, 33, 1369.

116. A. Schultz, Y.-Y. Chuang and Y. A. Chang, "3-Dimensional Phase Diagram Representation", Bulletin of Alloy Phase Diagrams, 1985, 6, 304 and 516.

117. R. A. Gleixner and Y. A. Chang, "Cyclic Thermogravimetric Methods for the Study of the Decomposition of Carbonates - CaC03", Met. Trans., 1985, 16B, 743.

118. K. C. Hsieh and Y. A. Chang, "A Solid-State Emf Study of the Fe-Ni-S-0 Quaternary System", in Physical Chemistry of Extractive Metallurgy（Eds: V. Kudryk and Y. K. Rao）, p. 41, The Metallurgical Society, Inc.,Warrendale, PA（1985）.

119. R. Schmid, Y.-Y. Chuang and Y. A. Chang, "Relative Stability of Alloys", Calphad, 1985, 9, 383.

120. A. Schultz and Y. A. Chang, "Computer Graphics for Ternary Phase Diagrams", J. of Metals, 1985, 37, 10.

121. K. C. Hsieh, O. Musbah and Y. A. Chang, "A Solid-State Emf Study of the Fe-Ni-S-0 and Fe-Co-S-0 Systems", in Complex Sulfides（Eds: A. D. Zunkel, R. S. Boorman, A. E. Morris and R. J. Wesely） p. 735, The Metallurgical Soc., Inc., Warrendale, PA（1985）.

1986

122. R. C. Sharma and Y. A. Chang, "The Sn-Te（Tin-Tellurium） System", Bulletin of Alloy Phase Diagrams, 1986, 7, 72.

123. Y.-Y. Chuang, Y. A. Chang, R. Schmid and J.-C. Lin, "Magnetic Contributions to the Thermodynamic Functions of Alloys and the Phase Equilibria of the Fe-Ni System below 1200

K", Met. Trans., 1986, 17A,1361.

124. Y.-Y. Chuang, K.-C. Hsieh and Y. A. Chang, "A Thermodynamic Analysis of the Phase Equilibria of the Fe- Ni System Above 1200 K", Met. Trans., 1986, 17A, 1373.

125. K-C Hsieh and Y. A. Chang, "An Emf Study of the Thermodynamics and Phase Equilibria of Ternary Ni-S-0, Fe-S-0 and Quaternary Fe-Ni-S-0 at PSO2 = 1 atm", Met. Trans., 1986, 17B, 133

126. R. C. Sharma and Y. A. Chang, "The S-Sn （Sulfur-Tin） System", Bulletin of Alloy Phase Diagrams, 1986, 7, 269-273.

127. R. C. Sharma and Y. A. Chang, "The Se-Sn （Selenium-Tin） System", Bulletin of Alloy Phase Diagram, 1986, 7, 68.

128. J.-C. Lin, T. L. Ngai and Y. A. Chang, "Thermodynamics and Defect Structure of Semiconducting Compound Phases: Tin Telluride", Met. Trans., 1986, 17A, 1241.

129. R. C. Sharma and Y. A. Chang, "The Ag-S （Silver-Sulfur） System", Bulletin of Alloy Phase Diagrams, 1986, 7, 263.

130. M. Venkatraman, J. P. Neumann, and Y. A. Chang, "On the Bimodal Distribution of the Activity Coefficient of Oxygen in Liquid Copper", J. Electrochem. Soc., 1986, 133, 634.

131. Y.-Z. You, K.-C. Hsieh and Y. A. Chang, "A Solid-State Emf Study of the Cu-Cu20-Ni0 Three-Phase Equilibrium", Met. Trans., 1986, 17A, 1104.

132. K. C. Vlach, Y.-Z. You and Y. A. Chang, "A Thermodynamic Study of the Cu-Cr-0 System by the Emf Method", Thermochimica Acta, 1986, 103, 361.

133. Y.-Y. Chuang and Y. A. Chang, "A Thermodynamic Analysis of the Nickel-Chromium System", Z. Metallk., 1986, 77, 460-466.

134. T. B. Massalski, W. B. Pearson, L. H. Bennett and Y. A. Chang, Editors, Noble-Metal Alloys, The Metallurgical Soc., Inc., Warrendale, PA, （1986）, 362 pp.

135. Y.-Y. Chuang, R. Schmid and Y. A. Chang, "Thermodynamic Stability of Ternary Systems and Its Application to Spinodal Structures in Fe-Cu-Ni Alloys", in Noble Metal Alloys （Eds: T. B. Massalski, W. B. Pearson, L. H. Bennett and Y. A. Chang） p. 217, The Met. Soc., Inc., Warrendale, PA, （1986）.

136. J.-C. Lin, Y.-Y. Chuang and Y. A. Chang, "Magnetic Effect on the Phase Equilibria of FCC （Fe,Ni） Alloys at Low Temperatures", in Rapidly Solidified Alloys and Their Mechanical and Magnetic Properties" （Eds: B.C. Giessen, D. E. Polk and A. I. Taub） Mat. Res. Soc. Symposium Proc., 1986, 58, 207.

137. Y.-Y. Chuang, J.-C. Lin and Y. A. Chang, "Magnetic Effect on Phase Stabilities of Iron Alloys", in Proceedings of the Interamerican Workshop on Alloy Theory and Phase Equilibria （Ed: D. Farkas and F. Dyment） p. 97, ASM-International, Metals Park, OH （1986）.

138. K.-C. Hsieh, O. Musbah and Y. A. Chang, "Thermochemical Descriptions of Quaternary Metal1-Metal2-Sulfur-Oxygen Systems", in Gas-Solid Reaction in Pyrometallurgy （Eds: D. G. C. Robinson and H. Y. Sohn） p. 337, University of Missouri-Rolla, Mo., （1986）.

139. Y.-Y. Chuang, J.-C. Lin, R. Schmid and Y. A. Chang, "Magnetic Effect on the Phase Equilibria of Alloys at Low Temperature: Iron-Nickel and Iron-Chromium", in Modelling of Phase Diagrams （Ed: L. Bennett） p. 95,The Metallurgical Society, Inc., Warrendale, PA （1986）.

140. A. Schultz and Y. A. Chang, "Computer Graphics in the Displaying and Modelling of Phase

Diagrams", in Modelling of Phase Diagrams (Ed: L. Bennett) p. 343, The Metallurgical Society, Inc., Warrendale, PA, (1986).

141. Y.-Y. Chuang and Y. A. Chang, "A Thermodynamic Model for Ternary Sigma Phase", Scripta Met., 1986, 20, 1115.

142. J.-C. Lin, R. Schmid and Y. A. Chang, "Activity Coefficient of Nitrogen in Binary Liquid Alloys", Met. Trans. B, 1986, 17B, 784.

143. J.-C. Lin, R. C. Sharma and Y. A. Chang, "The Pb-S (Lead-Sulfur) System", Bulletin of Alloy Phase Diagrams, 1986, 7, 374. 1987

144. Y.-Y. Chuang, J.-C. Lin and Y. A. Chang, "A Thermodynamic Description and Phase Relationships of the Fe-Cr System: Part I. The BCC-Phase and the Sigma Phase", Calphad 1987, 11, 57.

145. J.-C. Lin, Y.-Y. Chuang, K.-C. Hsieh and Y. A. Chang, "A Thermodynamic Description and Phase Relationships of the Fe-Cr System: Part II. The Liquid Phase and the FCC Phase", Calphad, 1987, 11, 73.

146. R. C. Sharma, J.-C. Lin and Y. A. Chang, "A Thermodynamic Analysis of the Bi-S System by an Associated-Solution Model", Calphad, 1987, 11, 177.

147. R. C. Sharma, J.-C. Lin and Y. A. Chang, "A Thermodynamic Analysis of the Pb-S System and Calculation of the Pb-S Phase Diagram", Met. Trans.,1987, 18B, 237.

148. R. C. Sharma and Y. A. Chang, "The Te-Zn (Tellurium-Zinc) System", Bulletin of Alloy Phase Diagrams, 1987, 8, 14.

149. H. Ipser, D.-C. Hu and Y. A. Chang, "Thermodynamic Properties of Ternary B2-Phases With Triple-Defects, Part I. Theoretical Model", Z. Metallk., 1987, 78, 131.

150. A. Mikula, W. Schuster, Y. A. Chang and E.-T. Henig, "Thermodynamic Properties of Ternary B2-Phases With Triple-Defects, Part II. Emf Measurements in ß'-CoGa, ß'-NiGa and ß'-(Co,Ni) Ga", Z. Metallk., 1987,78, 172.

151. T. Leo Ngai, D. Marshall, R. C. Sharma and Y. A. Chang, "Thermodynamic Properties and Phase Equilibria of Pb-Te", Montash. Chem., 1987, 118, 277.

152. Y.-Y. Chuang and Y. A. Chang, "A Thermodynamic Analysis and Calculation of the Fe-Ni-Cr Phase Diagram", Metall. Trans. A, 1987, 18A, 733.

153. R. C. Sharma and Y. A. Chang, "The Al-S (Aluminum-Sulfur) System", Bulletin of Alloy Phase Diagrams, 1987, 8, 128.

154. K.-C. Hsieh, M.-Y. Kao and Y. A. Chang, "A Thermogravimetric Investigation of the Fe-Ni-S System from 700 to 900C", Oxidation of Metals, 1987, 27, 123. Also 1988, 29, 367.

155. J. P. Neumann, K.-C. Hsieh, K. Vlach and Y. A. Chang, "Phase Diagrams and Thermodynamic Properties of the Ternary Copper-Oxygen-Nickel Systems", Metall. Review NMIJ, 1987, 4, 106.

156. R. C. Sharma, T. L. Nqai and Y. A. Chang, "Thermodynamic Analysis and Phase Diagram Calculations for In-Sb and Ga-Sb Systems", J. Electronic Mats., 1987, 16, 307.

157. K.-C. Hsieh and Y. A. Chang, "Thermochemical Description of the Ternary Iron-Nickel-Sulfur System", Can. Met. Quarterly, 1987, 26, 311-327.

158. K.-C. Hsieh, K. Vlach and Y. A. Chang, "The Fe-Ni-S System I. A Thermodynamic Analysis of the Phase Equilibria and the Calculation of the Phase Diagram from 1173 to 1623 K", High Temperature Sci., 1987, 23,17.

159. K.-C. Hsieh, R. Schmid and Y. A. Chang, "A Thermodynamic Model for the Ternary Monosulfide Phase with the Nickel Arsenide Structure", High Temperature Science, 1987, 23, 39.

1988

160. J.-C. Lin and Y. A. Chang, "Magnetic-Induced Tricritical Points in Alloys",Metal. Trans. A, 1988, 19A, 441-446.

161. J.-C. Lin, K.-C. Hsieh, K. J. Schulz and Y. A. Chang, "Reactions Between Palladium and Gallium Arsenide: Bulk vs. Thin-Film Studies", J. Mater. Res., 1988, 3, 148-163.

162. Y. A. Chang, "Thermochemical Descriptions of Quaternary Metal-Sulfur-Oxygen and Metal-Oxygen Systems", in Proceedings of the Terkel Rosenqvist Conference （Eds: S. E. Olsen and J. Kr. Tuset） TheNorwegian Inst. Tech., Trondheim, Norway, 1988, p. 307.

163. R. C. Sharma and Y. A. Chang, "Thermodynamic Analysis and Phase Equilibria Calculations for the Zn-Te, Zn-Se and Zn-S Systems", J. Cryst. Growth, 1988, 88, 193.

164. J. H. Perepezko, Y. A. Chang, H. J. Fecht and M. X. Zhang, "Metastable Phase Equilibria and Solid State Amorphization", J. Less-Common Metals, 1988, 140, 287.

165. R. A. Konetzki and Y. A. Chang, "Oxidation of Pb2.9 at% Sn Alloys", J. Mater. Res., 1988, 3, 466.

166. K.-C. Hsieh and Y. A. Chang, "Thermodynamic and Structural Parameters of the Body-Centered Tetragonal TiAl Phase", Scr. Metall., 1988, 22, 1267.

167. F. Y. Shiau, Y. A. Chang and L. J. Chen, "Interfacial Reactions of Co Thin Films on （001） GaAs", J. Electron. Mater., 1988, 17, 433.

168. S. Ueno, Y. Waseda and Y. A. Chang, "Estimation of the Interaction Parameters of Oxygen and Sulfur in Ternary Ferrous Alloys by the Pseudopotential Formalism Coupled with the Hard Sphere Model", Z.Metallkde., 1988, 79, 435.

169. J.-C. Lin, X.-Y. Zheng, K.-C. Hsieh and Y. A. Chang, "Interfacial Reactions Between Ni and GaAs", in Epitaxy of Semiconductor Layered Structures（Eds: R. T. Tung, L. R. Dawson and R. L. Gunshor） Mat. Res.Soc. Symposium Proc., 1988, 102, 233.

170. K. J. Schulz, X.-Y. Zheng and Y. A. Chang, "Nb Contacts to GaAs: Thermal Stability and Phase Formation", in Electronic Packaging Materials Science（Eds.: R. Jaccodine, K. A. Jackson and R. C. Sundahl） Mat. Res.Soc. Symposium Proc., 1988, 108, 455.

171. J.-C. Lin, K. J. Schulz, K.-C. Hsieh and Y. A. Chang, "Interfacial Reactions Between Metals and Gallium Arsenide", in High-Temperature Materials Chemistry-IV （Eds: Z. A. Munir, D. Cubicciotti and H. Tagawa） The Electrochem. Soc., Inc., Princeton, NJ （1988） p. 476.

172. F. Y. Shiau, Y. A. Chang and L. J. Chen, "Interfacial Reactions of Cobalt Thin Films on （001） GaAs", in Microstructural Science for Thin Film Metallizations in Electronic Applications （Eds.: J. Sanchez, D. A. Smith and N. DeLanerolle） The Minerals, Metals and Materials Soc., Warrendale, PA, 15086, （1988）, p. 57.

173. T. L. Ngai, R. C. Sharma and Y. A. Chang, "The Ga-Sb （Gallium-Antimony） System", Bulletin of Alloy Phase Diagrams, 1988, 9, 586.

174. F.-Y. Shiau, Y. Zuo, X.-Y. Zheng, J.-C. Lin and Y. A. Chang, "Interfacial Reactions Between Co and GaAs", in Adhesion in Solids （Eds.: J. E. E. Baglin, D. M. Mattox, C. Batich and R. J. Gottschall） Mat. Res. Soc.Symposium Proc., 1988, 117, 171.

175. K. Fitzner and Y. A. Chang, "Thermodynamic Stability of the Y-Ba-Cu Oxide Superconductor", in High-Temperature Superconductors II（Eds.: D. W. Capone II, W. H. Butler, B. Batlogg and C. W. Chu） Mat. Res.Soc., Pitts., PA, （1988） p. 285.

176. O. A. Musbah and Y. A. Chang, "The Oxygen Stoichiometry of the YBa2Cu307-x High Tc Superconducting Phase" in High-Temperature Superconductors II（Eds.: by D. W. Capone II, W. H. Butler, B. Batlogg and C. W. Chu） Mat. Res. Soc., Pitts., PA, （1988） p. 281.

177. O. A. Musbah and Y. A. Chang, "A Solid-State EMF Study of the Fe-S-0 and Co-S-0 Ternary Systems", Oxidation of Metals, 1988, 30, 329.

178. Y. A. Chang, K. Fitzner and M.-X. Zhang, "Solubility of Gases in Liquid Metals and Alloys", in Progress in Materials Science （Eds.: J. W. Christian,P. Haasen, and T. B. Massalski） 32, 97, Pergamon Press, Oxford, U.K. （1988）.

1989

179. X.-Y. Zheng, K. J. Schulz, J.-C. Lin, and Y. A. Chang, "Solid-State Phase Equilibria in the Pt-Ga-As System", J. Less-Common Metals, 1989, 146,233.

180. X.-Y. Zheng, J.-C. Lin, D. Swenson, K.-C. Hsieh and Y. A. Chang, "Phase Equilibria of Ga-Ni-As at 600˚C and the Structured Relationship Between -Ni3Ga2, '-Ni13Ga9 and T-Ni3GaAs", Mater. Sci. Engin., 1989, B5, 63.

181. O. A. Musbah and Y. A. Chang, "A Study of the Thermodynamics and Phase Relationships of the Fe-Co-S-0 Quaternary System", Met. Trans. A, 1989, 20A, 1523.

182. O. A. Musbah and Y. A. Chang, "The Oxygen Stoichiometry of the YBa2Cu307-x High Tc Superconducting Phase", Z. Metallk., 1989, 80, 74.

183. R. C. Sharma and Y. A. Chang, "Thermodynamic Analysis and Phase Equilibria Calculations for the Cd-Te, Cd-Se and Cd-S Systems", J. Electrochem. Soc., 1989, 136, 1536.

184. H. J. Fecht, M.-X. Zhang, Y. A. Chang and J. H. Perepezko, "Metastable Phase Equilibria in the Lead-Tin Alloy System, Part II: Thermodynamic Modelling", Met. Trans. A, 1989, 20A, 795.

185. K.-C. Chou and Y. A. Chang, "A Study of Ternary Geometrical Models", Ber. Bunsenges. Phys. Chem., 1989, 93, 735.

186. K. J. Schulz, X.-Y. Zheng and Y. A. Chang, "Phase Equilibria in the Nb-Ga-As System Below 1000˚C", Bulletin Alloy Phase Diagrams, 1989, 10, 314.

187. R. C. Sharma and Y. A. Chang, "The Cd-Te （Cadmium-Tellurium） System", Bulletin Alloy Phase Diagrams, 1989, 10, 334.

188. J.-C. Lin, K.-C. Hsieh, R. C. Sharma and Y. A. Chang, "The Pb-Te（Lead-Tellurium） System", Bulletin Alloy Phase Diagrams, 1989, 10, 340.

189. D. T. Li, R. C. Sharma and Y. A. Chang, "The S-Te （Sulfur-Tellurium） System", Bulletin Alloy Phase Diagrams, 1989, 10, 348.

190. F.-Y. Shiau, Y. Zuo, J.-C. Lin, X.-Y. Zheng and Y. A. Chang, "Solid-State Phase Equilibria in the Ga-Co-As System at 600˚C", Z. Metallk., 1989.

191. J.-C. Lin, K. J. Schulz, K.-C. Hsieh and Y. A. Chang, "Interfacial Reactions Between Metals and Gallium Arsenide", J. Electrochem. Soc., 1989, 136, 3006.

192. Y. A. Chang and K.-C. Hsieh, Phase Diagrams of Ternary Copper-Oxygen-Metal Systems, ASM International, Metals Park, Ohio, 1989.

193. S.-W. Chen, Y. A. Chang and M. G. Chu, "Phase Equilibria and Solidification of Al-Li Alloys", in Al-Li V（Eds.: T. H. Sanders, Jr. and E. A. Starke, Jr.）Materials and Component Engineering Publication Ltd., Birmingham, U.K., 1989, 585.

194. F.-Y. Shiau and Y. A. Chang, "Amorphous Phase Formation by Solid-State Reaction Between Polycrystalline Co Thin Films and Single-Crystal GaAs", Appl. Phys., Letters, 1989, 55, 1510.

195. K. J. Schulz, X.-Y. Zheng and Y. A. Chang, "Interfacial Reactions in the Nb/GaAs System", J. Mater. Res., 1989, 4, 1462.

196. R. Konetzki, Y. A. Chang and V. C. Marcotte, "Oxidation Kinetics of Pb-Sn Alloys", J. Mater. Res., 1989, 4, 1421.

197. S.-W. Chen, C.-H. Jan, J.-C. Lin and Y. A. Chang, "Phase Equilibria of the Al-Li Binary System", Met. Trans. A, 1989, 20A, 2247.

198. R. C. Sharma, T. L. Ngai and Y. A. Chang, "The In-Sb（Indium-Antimony）System", Bull. Alloy Phase Diagrams, 1989, 10, 657.

199. Y. A. Chang, "Magnetic-Induced Tricritical Point in Alloys and the Low-Temperature Fe-Ni and Fe-Ni-Cr Phase Diagrams", Bull. Alloy Phase Diagrams, 1989, 10, 513; also published in Thermochemistry of Alloys:Recent Developments of Experimental Methods（Eds.: H.Brodowsky and H.-J. Schaller）Kluwer Academic Publishers, Dordrecht, the Netherlands, 1989, 85.

200. X.-Y. Zheng, J.-C. Lin, D. Swenson, K.-C. Hsieh and Y. A. Chang, "Phase Equilibria of Ga-Ni-As at 600°C and the Structural Relationship Between g -Ni3Ga2, g '-Ni13Ga9 and T-Ni3GaAs", Mat. Sci. Engin. B., 1989, B5, 63.

201. T. J. Jewett, J.-C. Lin, N. R. Bonda, L. E. Seitzman, K. C. Hsieh, Y. A. Chang, and J. H. Perepezko, "Experimental Determination of the Ti-Nb-Al Phase Diagram at 1200°C", in High-Temperature Ordered 11 Intermetallic Alloys（Eds.: C. C. Koch, C. T. Liu, N. S. Stoloff and A. I. Taub）Mat. Res. Soc, Symposium Proc., 1989, 133, 69.

202. J. C. Mishurda, J.-C. Lin, Y. A. Chang and J. H. Perepezko, "Titanium-Aluminide Alloys Between the Compositions Ti3Al and TiAl", in High-Temperature Ordered Intermetallic Alloys（Eds.: C. C. Koch, C. T.Liu, N. S. Stoloff and A. I. Taub）Mat. Res. Soc. Symposium Proc., 1989, 133, 57.

203. K. J. Schulz and Y. A. Chang, "A Comparative Study of Thin-Film and Bulk Reaction Kinetics and Diffusion Path: The Ir/GaAs System", in Advances in Materials, Processing and Devices in III-V CompoundSemiconductors（Eds.: D. K. Sadana, L. Eastman and R. Dupuis）Mat. Res. Soc. Symposium Proc., 1989, 144, 557.

204. J.-C. Lin and Y. A. Chang, "Thermodynamics, Kinetics and Interface Morphology of Reactions Between Metals and GaAs", in Chemistry and Defects in Semiconductor Heterostructures（Eds.: M. Kawabe, T. Sands, E. R. Weber and R. S. Williams）Mat. Res. Soc. Symposium Proc., 1989, 148, 3.

205. F.-Y. Shiau and Y. A. Chang, "Correlations Between Electrical Properties and Solid-State Reactions in Co/n- GaAs Contacts: A Bulk and Thin-Film Study", in Chemistry and Defects in Semiconductor Heterostructures（Eds.: M. Kawabe, T. Sands, E. R. Weber and R. S.Williams）Mat. Res. Soc. Symposium Proc., 1989, 148, 29.

206. C.-H. Jan, J.-C. Lin and Y. A. Chang, "The Growth Rates of Intermediate Phases in Co/Si Diffusion Couples: Bulk Versus Thin-Film Studies", in Chemistry and Defects in Semiconductor

Heterostructures（Eds.: M.Kawabe, T. Sands, E. R. Weber and R. S. Williams） Mat. Res. Soc. Symposium Proc., 1989, 148, 35. C.-H. Jan received a student award on the basis of this paper at the Spring 1988 MRS Meeting in SanDiego, CA.

207. Y. A. Chang, "Thermodynamics, Kinetics and Interface Morphology of Reactions Between the Component Elements in a Composite Material", in High-Temperature and Materials Chemistry, LBL-27905, 1989, 85.

208. A. E. Schultz and Y. A. Chang, "Quaternary Phase Equilibria vs. Strain-Energy at the In.53Ga.47As/InP Interface", in III-V Heterostructures For Electronic/Photonic Devices（Eds.: C. W. Tu, V. D.Mattera and A. C. Gossard） Mat. Res. Soc. Symposium Proc., 1989, 145, 377.

1990

209. K. J. Schulz, O. A. Musbah and Y. A. Chang, "Interfacial Reactions in the Ir/GaAs System", J. Appl. Phys., 1990, 67, 6798.

210. M.-X. Zhang, Y. A. Chang and V. C. Marcotte, "Oxidation of Single-Phase（Pb,In） Alloys", Oxidation of Metals, 1990, 33, 301.

211. R. A. Konetzki, M. X. Zhang, D. A. Sluzewski and Y. A. Chang, "Oxidation of（Pb,Sn） and （Pb,In） Alloys", J. Electronic Packaging, 1990, 112, 175.

212. K. J. Schulz, X.-Y. Zheng, J.-C. Lin and Y. A. Chang, "Morphological Development During Platinum/Gallium Arsenide Interfacial Reactions", J. Electronic Mater., 1990, 19, 581.

213. M.-X. Zhang, Y. A. Chang and V. C. Marcotte, "Oxidation Kinetics of Pb-3 at% In Alloys", J. Electrochem. Soc., 1990, 137, 3158.

214. K. J. Schulz, O. A. Musbah and Y. A. Chang, "An Investigation of the Ir-Ga-As System", Bull. Alloy Phase Diagrams, 1990, 11, 211.

215. C.-H. Jan, D. Swenson and Y. A. Chang, "Alloying of Ni/In/Ni/n-GaAs Ohmic Contacts Induced by Ga-Ni-As Ternary Eutectic Reactions", J. Appl. Phys., 1990, 68, 6458.

216. Y. A. Chang, "The Reactions Between Metal and Compound Semiconductors and Ceramics", in Rare Metals 90（Eds.: Z. Kozuka, T. Oki, K. Morinaga and Y. Ueda） MMIJ, Japan, 1990, 439.

217. D. A. Sluzewski, Y. A. Chang and V. C. Marcotte, "Oxidation of Pb-Sn and Pb-Sn-X Alloys: Bulk vs. Grain Boundary Regions", in Advanced Electronic Packaging Materials（Eds.: A. Barfknecht, J. P. Partridge, C. J.Chen, and C.-Y. Li） Mat. Res. Soc. Symposium Proc., 1990, 167, 353.

218. M.-X. Zhang, Y. A. Chang and V. C. Marcotte, "Oxidation Kinetics of（Pb,In） Alloys", in Advanced Electronic Packaging Materials（Eds.: A.Barfknecht, J. P. Partridge, C. J. Chen and C.-Y. Li） Mat. Res. Soc.Symposium Proc., 1990, 167, 347.

219. W. J. Whealon, D. S. Stone and Y. A. Chang, "Phase Stability and Mechanical Behavior of Ternary Bismuth-Lead-Tin Solders", in Advanced Electronics Materials（Eds.: A. Barfknecht, J. P. Parztridge, C. J. Chen and C.-Y. Li） Mat. Res. Soc. Symposium Proc., 1990, 167, 359.

220. J. A. Dekock, M.-X. Zhang and Y. A. Chang, "Stability and Reactions at Composite Interfaces of Titanium Aluminides with Potential Fiber Materials", in Interfaces in Composites（Eds.: C. G. Pantano and E. J. H.Chen） Mat. Res. Soc. Symposium Proc., 1990, 170, 173.

221. S.-W. Chen, J.-C. Lin, Y. A. Chang and M. G. Chu, "Phase Equilibria and Solidification of Al-rich Al-Li-Cu Alloys", in Light Metals 1990（Ed.: C. M. Bickert） The Minerals, Metals and Materials Soc., Warrendale, PA, 1990, 985.

222. C.-H. Jan, D. Swenson and Y. A. Chang, "Alloying Behavior of the Ni/In/Ni/n-GaAs Ohmic Contacts", in Advanced Metallizations in Microelectronics（Eds.: A. Katz, S. P. Murarka and A. Appelbaum）Mat. Res. Soc. Symposium Proc., 1990, 181, 259.

223. J.-C. Lin and Y. A. Chang, "Thermodynamics, Kinetics, and Interface Morphology of Reactions Between Metals and GaAs", in Materials Chemistry at High Temperatures（Ed.: J. W. Hastie）1990, 1, 365.

224. C.-H. Jan, D. Swenson and Y. A. Chang, "A Methodology for Obtaining Diffusion Coefficients in a Three-Phase Ternary Couple: GaAs/Nickel", in Fundamentals and Applications of Ternary Diffusion（Ed.: G. R. Purdy）Pergamon Press, Oxford, 1990, 122.

225. F.-Y. Shiau and Y. A. Chang, "Thermodynamics and Kinetics of Solid-State Amorphization Between Co Thin-Films and III-V Compound Semiconductors", in Thin Film Structures and Phase Stability（Eds.: B. M.Clemens and W. L. Johnson）Mat. Res. Soc. Symposium Proc., 1990, 187, 89.

226. J. H. Perepezko, Y. A. Chang, L. E. Seitzman, J.-C. Lin, N. R. Bonda, T. J. Jewett and J. C. Mishurda, "High-Temperature Phase Stability in the Ti-Al-Nb System", in High-Temperature Aluminides and Intermetallics（Eds.: S. H. Whang, C. T. Liu, D. P. Pope and J. D. Stiegler）The Minerals, Metals and Materials Society, Warrendale, PA 15086（1990）, p. 19.

1991

227. C.-H. Jan, D. Swenson, X.-Y. Zheng, J.-C. Lin and Y. A. Chang, "On The Determination of Diffusion Coefficients in a Multi-phase Ternary Diffusion Couples: GaAs/Ni", Acta Metall. Mater., 1991, 39, 303.

228. S.-W. Chen, H. Beumler and Y. A. Chang, "Experimental Determination of the Phase Equilibria of Aluminum-rich Al-Li-Cu Alloys", Met. Trans. A, 1991, 22A 203-213.

229. S.-W. Chen and Y. A. Chang, "Application of Thermodynamic Models to the Calculation of Solidification Paths of Al-rich Al-Li Alloys", Met. Trans. A, 1991, 22A, 267.

230. K. J. Schulz, O. A. Musbah and Y. A. Chang, "A Phase Investigation of the Rh-Ga-As System", J. Phase Equilibria, 1991, 12, 10.

231. M.-X. Zhang, Y. A. Chang and V. C. Marcotte, "Oxidation Kinetics of a Pb-30 at% In Alloy", Met. Trans., 1991, 22A, 1865.

232. D. Swenson and Y. A. Chang, "Solid-State Phase Equilibria in the In-P-Co System", Mat. Sci. and Engin. B, 1991, B8, 225.

233. F.-Y. Shiau, S.-L. Chen, M. Loomans and Y. A. Chang, "Formation and Growth of an Amorphous Phase by Solid-State Reaction Between GaAs and Co Thin Films", J. Mater. Res., 1991, 6, 1532.

234. C.-H. Jan and Y. A. Chang, "The Existence of Ni3MSb Phases in Ternary Nickel-M-Antimany Systems（where "M" Represents Aluminum, Gallium, or Indium）, J. Mater. Res., 1991, 6, 2660.

235. S.-W. Chen, Y.-Y. Chuang, Y. A. Chang and M. G. Chu, "Calculation of Phase Diagrams and Solidification Paths of Al-rich Al-Li-Cu Alloys", Met. Trans. A, 1991, 22A, 2837-2848.

236. M.-X. Zhang, Y. A. Chang and V. C. Marcotte, "Oxidation Kinetics of a Pb-64 at% In Single-phase Alloy", Oxidation of Metals, 1991, 36, 465.

237. M.-X. Zhang, Y. A. Chang and V. C. Marcotte, "Oxidation of Single-Phase Lead-Indium Alloys at Low Pressures", Z. Metallk., 1991, 82, 599.

238. D. J. Chakraborti, D. E. Laughlin, S. W. Chen and Y. A. Chang, "Cu-Ni（Copper-Nickel）" in Phase Diagrams of Binary Nickel Alloys（Ed.: P. Nash）ASM International, Materials Park, OH 44073, USA, 1991, 85.

239. A. D. Romig, Jr., Y. A. Chang, J. J. Stephens, D. R. Frear, V. C. Marcotte and C. Lea, "Physical Metallurgy of Solder-Substrate Reactions", in Solder Mechanics, A State of the Art Assessment（Eds.: D. R. Frear, W. J. Jones and K. R. Kinsman）The Minerals, Metals and Materials Soc., Warrendale,PA, USA, 1991, 29.

240. Y. A. Chang and M.-X. Zhang, "Physical Chemistry of Oxygen in Non-Ferrous Melts", in Proceedings of The Elliott Symposium on Chemical Process Metallurgy（Eds.: P. J. Koros and G. R. St. Pierre）The Iron and Steel Soc., Inc., Warrendale, PA, 1991, 149.

241. Y. A. Chang, K.-C. Hsieh and M.-X. Zhang, "Thermochemical Description of Multi-Component Metal- Sulfur and Metal-Oxygen Systems", in H. H. Kellogg Symposium（Eds.: N. J. Themelis and P. F. Duby）The Minerals, Metals and Materials Soc., Warrendale, PA, USA, 1991, 17.

242. Y. A. Chang, J. P. Neumann and S.-C. Chen, "Thermodynamic Stability of Ordered Intermetallic Compound Phases", in Alloy Phase Stability and Design（Eds.: G. M. Stocks, D. P. Pope and A. F. Giamei）Mat. Res. Soc. Symposium, 1991, 186, 131.

243. S.-W. Chen and Y. A. Chang, "Phase Equilibria and Solidification of Al-Rich Al-Li-Cu Alloys", in Alloy Phase Stability and Design（Eds.: G. M. Stocks, D. P. Pope and A. F. Giamei）Mat. Res. Soc. SymposiumProc., 1991, 186, 141.

244. F.-Y. Shiau and Y. A. Chang, "Growth Kinetics of An Amorphous Phase Between GaAs and Co", in Phase Transformation Kinetics in Thin Films（Eds.: M. Chen, M. Thompson, R. Schwarz and M. Libera）Mat. Res. Soc. Symposium, 1991, 230, 47.

245. F.-Y. Shiau, S.-L. Chen, M. Loomans and Y. A. Chang, "Thermodynamic Analysis for the Solid-State Amorphization and Subsequent Crystallization of GaAs/Co", in Phase Transformation Kinetics in Thin Films（Eds.: M. Chen, M. Thompson, R. Schwarz and M. Libera）Mat. Res. Soc. Symposium, 1991, 230, 39.

1992

246. K. J. Schulz and Y. A. Chang, "Interfacial Reaction Between Rh and GaAs in Bulk and Thin-Film Forms", Mat. Sci. and Engin. B, 1992, B12, 223.

247. S.-W. Chen and Y. A. Chang, "Microsegregation in Ternary Alloys", Met. Trans. A, 1992, 23A, 1038.

248. S. E. Mohney and Y. A. Chang, "Phase Equilibria and Ternary Phase Formation in the In-Ni-P System", J. Mater. Res., 1992, 1, 955

249. U. R. Kattner, J.-C. Lin and Y. A. Chang, "Thermodynamic Assessment and Calculation of the Ti-Al System", Met. Trans., 1992, 23A, 2081.

250. F.-Y. Shiau, Y. A. Chang, and J.-C. Lin, "Reactions Between Gallium Arsenide and Cobalt in Bulk and Thin-Film Forms", Mat. Chem. & Phys., 1992, 32, 300.

251. M.-X. Zhang, K.-C. Hsieh, J. Dekock and Y. A. Chang, "Phase Diagram of Ti-Al-O at 1100°C", Scr. Metall. et Mater., 1992, 27, 1361.

252. R. C. Sharma, Y. A. Chang and C. Guminski, "The Hg-Se（Mercury-Selenium）System", J. Phase Equilibria, 1992, 13, 663.

253. M.-X. Zhang, K.-C. Hsieh and Y. A. Chang, "Interdiffusion Between Mo and TiAl" in

Intermetallic Matrix Composites II（Eds.: D. B. Miracle, J. A. Graves and D. L. Anton）Mat. Res. Soc. Symposium, 1992, 273, 103.

254. Y. A. Chang, "A Combined Thermodynamic and Kinetic Approach to the Metallization of Compound Semiconductors" in Advanced Metallization and Processing for Semiconductor Devices and Circuits-II（Eds.: A. Katz, Y. I. Nission, S. P. Murarka and D. M. E. Harper）Mat. Res. Soc. Symposium, 1992, 260, 43.

255. D. Swenson and Y. A. Chang, "Pt3In7 Ohmic Contacts to n-Type GaAs" in Advanced Metallization and Processing for Semiconductor Devices and Circuits-II（Eds.: A. Katz, Y. I. Nission, S. P. Murarka and D. M. E. Harper）Mat. Res. Soc. Symposium, 1992, 260, 499.

256. S. E. Mohney and Y. A. Chang, "Phase Equilibria in the Metal-In-P Ternary Systems and Their Application to the Design of Metal Contacts to InP", in Advanced Metallization and Processing for SemiconductorDevices and Circuits-II（Eds.: A. Katz, Y. I. Nission, S. P. Murarka and D. M. E. Harper）Mat. Res. Soc. Symposium, 1992, 260, 519. S. E. Mohney received a MRS student award on this basis of this paper at the Spring 1992 MRS Meeting in San Francisco,CA.

1993

257. C.-H. Jan, C.-P. Chen and Y. A. Chang, "Growth of Intermediate Phases in Co/Si Diffusion Couples: Bulk vs. Thin-Film Studies", J. Appl. Phys., 1993, 73, 1168.

258. M.-X. Zhang and Y. A. Chang, "Stability of an Alloy/Oxide Interface with Oxygen Ions Being the Dominant Diffusing Species in the Oxide Scale", Acta Metall. et Mater., 1993, 41, 739.

259. A. Bolcavage, S.-W. Chen, C. R. Kao, Y. A. Chang, and A. D. Romig, Jr., "Phase Equilibria of the Cu-In System I: Experimental Investigation", J. Phase Equilibria, 1993, 14, 14.

260. C. R. Kao, A. Bolcavage, S.-L. Chen, Y. A. Chang and A. D. Romig, Jr., "Phase Equilibria of the Cu-In System II: Thermodynamic Assessment and Calculation of Phase Diagram", J. Phase Equilibria, 1993, 14, 22.

261. K. Fitzner, O. Musbah, K.-C. Hsieh, M.-X. Zhang and Y. A. Chang, "Oxygen Potentials and Phase Equilibria of the Quaternary Y-Ba-Cu-O System in the Region Involving the YBa2Cu3O7-x Phase", Mat. Chem. & Phys., 1993, 32, 31.

262. S.-L. Chen, Y. Zuo, C. R. Kao and Y. A. Chang, "On the Optimization of Solution Model Parameter Values of Phases and the Calculation of Phase Diagrams", CALPHAD, 1993, 17, 47.

263. S.-L. Chen and Y. A. Chang, "A Thermodynamic Analysis of the Al-Zn System and Phase Diagram Calculation", CALPHAD, 1993, 17, 113.

264. S. E. Mohney and Y. A. Chang, "Solid-State Phase Equilibria in the In-P-Pd System", Mat. Sci. and Engin. B, 1992, B18, 94.

265. Y. Zuo and Y. A. Chang, "Thermodynamic Calculation of the Al-Mg Phase Diagram", CALPHAD, 1993, 17, 177.

266. S.-L. Chen, K.-C. Chou and Y. A. Chang, "On a New Strategy of Phase Diagram Calculation, 1. Basic Principles", CALPHAD, 1993, 17, 237.

267. S.-L. Chen, K.-C. Chou and Y. A. Chang, "On a New Strategy of Phase Diagram Calculation, 2. Binary Systems", CALPHAD, 1993, 17, 287.

268. Y. A. Chang, L. Pike, C. T. Liu, A. R. Bilbrey and D. S. Stone, "Correlation of the Hardness and Vacancy Concentration in Iron Aluminide", Intermetallics, 1993, 1, 107-115.

269. Y. Zuo and Y. A. Chang, "Thermodynamic Calculation of the Mg-Cu Phase Diagram", Z.

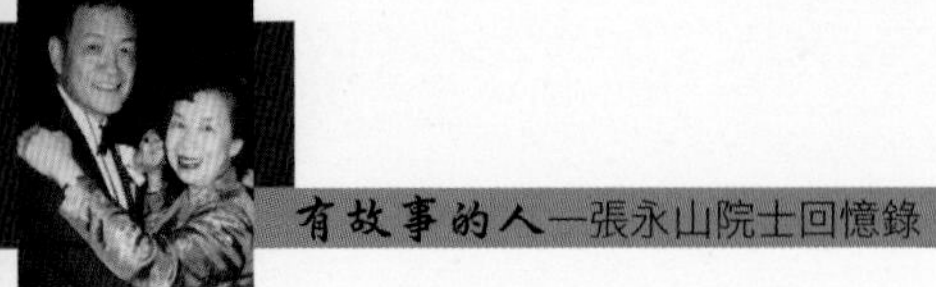

Metallk., 1993, 84, 662.

270. C. R. Kao and Y. A. Chang, "A Theoretical Analysis for the Formation of Periodic Layered Structure in Ternary Diffusion Couples Involving a Displacement Type of Reactions", Acta Metall. et Mater., 1993, 41, 3463-3472. The same paper was presented at the 1992 annual MRS meeting in Boston, MA. C. R. Kao received a student award on the basis of this paper.

271. J. A. DeKock and Y. A. Chang, "Stability of Interfaces in High-Temperature Metal Matrix Composites", JOM, 1993, 45, 21.

272. C. R. Kao and Y. A. Chang, "On the Composition Dependencies of Self-Diffusion Coefficients in B2 Intermetallic Compounds", Intermetallics, 1993, 4, 237.

273. S. E. Mohney, C. F. Lin and Y. A. Chang, "Phase Formation and Stability in the Pd/GaP System", Appl. Phys. Letters, 1993, 63, 1255.

274. C.-F. Lin, S. E. Mohney and Y. A. Chang, "Phase Equilibria in the Pt-In-P System", J. Appl. Phys., 1993, 74, 4398.

275. S. E. Mohney and Y. A. Chang, "Interfacial Reactions in Pt/InP Contacts", J. Appl. Phys., 1993, 74, 4403.

276. Y. Zuo and Y. A. Chang, "Calculation of Phase Diagram and Solidification Paths of Al-rich Al-Mg-Cu Ternary Alloys" in Light Metals 1993,（Ed.: S. K. Das） The Minerals, Metals and Materials Soc., Warrendale, PA, 1993, 935.

277. C. R. Kao and Y. A. Chang, "Formation of Periodic Layered Structures in Ternary Diffusion Couples", in Diffusion in Ordered Alloys and Intermetallic Compounds （Eds.: B. Fultz, R. W. Cahn and D. Gupta） The Minerals, Metals and Materials Soc., Warrendale, PA, 1993, 161.

278. C.-P. Chen and Y. A. Chang, "Formation and Growth of Intermetallic Phases in Binary Diffusion Couples", in Diffusion in Ordered Alloys and Intermetallic Compounds （Eds.: B. Fultz, R. W. Cahn and D. Gupta） The Minerals, Metals and Materials Soc., Warrendale, PA, 1993, 169.

279. C.-P. Chen, C.-H. Jan, Y. A. Chang and T. Kuech, "A Tunable Schottky Barrier to n-GaAs Using Ni（Ga,Al） Contacts", in Semiconductor Heterostructures for Photonic and Electronic Applications （Eds.: D. C. Houghton, C. W. Tu and R. T. Tung） Mat. Res. Soc. Symposium, 1993, 281, 683.

1994

280. S.-L. Chen and Y. A. Chang, "The Shapes of the Phase Boundaries of Two Ideal Solution Phases in Ternary and Higher Order Systems", Met. Trans. A, 1994, 25A, 65.

281. D. Swenson and Y. A. Chang, "Phase Equilibria in the In-Pt-As System at 600°C", Mat. Sci. Engin. B, 1994, B22, 267.

282. C.-P. Chen, Y. A. Chang, J.-W. Huang and T. F. Kuech, "High Schottky Barrier Height of the Al/n-GaAs Diodes Achieved by Sputter, Deposition", Appl. Phys. Letters., 1994, 64, 1413.

283. D. J. Swenson, Sutopo and Y. A. Chang, "Phase Equilibria of the System In-Ir-As at 600°C", Z. Metallk., 1994, 85, 228.

284. S.-L. Chen, W. Oldfield, Y. A. Chang and M. K. Thomas, "Modelling Solidification of Turbine Blades Using Theoretical Phase Relationships", Met. Trans. A, 1994, 25A, 1525.

285. C.-P. Chen, Y. A. Chang and T. F. Kuech, "Enhancement of Schottky Barrier Height to n-GaAs Using NiAl, NiAl/Al/Ni and Ni/Al/Ni Layer Structures", J. Vac. Sci. Techn., 1994, 12A, 1915.

286. C.-P. Chen, Y. A. Chang and T. F. Kuech, "Schottky Enhancement of Reacted NiAl/n-GaAs Contacts", Appl. Phys. Lett., 1994, 64, 3485.

287. G. Ghosh, R. C. Sharma and Y. A. Chang, "The Se-Te（Selenium-Tellurium）System", J. Phase Equil., 1994, 15, 213.

288. Y. A. Chang and C. R. Kao, "Application of Thermodynamics, Phase Equilibria and Kinetics to In-Situ Composite Synthesis Via Ternary Solid-State Displacement Reactions", Pure and Applied Chem., 1994, 66, 1797-1806.

289. C. R. Kao, L. M. Pike, S.-L. Chen and Y. A. Chang, "Site Preference of Substitutional Additions in Triple-Defect B2 Intermetallic Compounds", Intermetallics, 1994, 2, 235-247.

290. Y. A. Chang, "The Role of Chemical Metallurgy in the Emerging Field of Materials Science and Engineering"（The 1993 Extraction and Processing Lecture）Met. Trans. B, 1994, 25B, 789.

291. M.-X. Zhang and Y. A. Chang, "Phase Diagrams of Ti-Al-C, Ti-Y-O, Nb-Y-O and Nb-Al-O at 1100°C", J. Phase Equil., 1994, 15, 470.

292. D. Swenson, Sutopo and Y. A. Chang, "Phase Equilibria in the In-Rh-As System at 600°C", J. Alloy Comp., 1994, 216, 67.

293. Y. A. Chang, R. Kieschke, J. DeKock and M. X. Zhang, "Interfacial Stabilities of High-Temperature Composite Materials", in Control of Interfaces in Metals and Ceramics Composites（Eds.: R. Y. Lin and S.Fishman）The Minerals, Metals and Materials Soc., Warrendale, PA,1994, 3.

294. C.-P. Chen, Y. A. Chang and T. F. Kuech, "An Investigation of the Al/n-GaAs Diodes with a High Schottky Barrier Height", in Interface Control of Electrical, Chemical and Mechanical Properties（Eds.: S. P. Murarka,T. Ohmi, K. Rose and T. Seidel）Mat. Res. Soc. Symposium, 1994, 318, 147.

295. A. Bolcavage, C. R. Kao, Y. A. Chang and A. D. Romig, Jr., "Experimental Determination of the Cu-In-Pb Ternary Phase Diagram", in Experimental Methods of Phase Diagram Determination（Eds.: J. Morral and S.Merchant）The Minerals, Metals and Materials Society, Warrendale, PA, 1994, 21.

296. C.-P. Chen, Y. A. Chang and T. F. Kuech, "A Proposed Regrowth Mechanism for the Enhancement of Schottky Barrier Height and n-GaAs",in Advanced Metallization for Devices and Circuits-Science, Technology and Manufacturability（Eds.: S. P. Murarka, A. Katz, K. N. Tu and K. Maex）Mat. Res. Soc. Symposium, 1994, 337, 313.

297. L. M. Pike, Y. A. Chang and C. T. Liu, "Point Defect Strengthening in FeAl", in Processing, Properties, and Applications of Iron Aluminides（Eds.: J. H. Schneibel and M. A. Crimp）, The Minerals, Metals and Materials Soc., Warrendale, PA, 1994, 217.

298. S. E. Mohney and Y. A. Chang, "Interfacial Reactions and Phase Stability in the Ni/InP System", in Advanced Metallization for Devices and Circuits-Science, Technology and Manufacturability（Eds.: S. P. Murarka, A. Katz, K. N. Tu and K. Maex）Mat. Res. Soc. Symposium, 1994, 337, 393.

1995

299. Y. A. Chang, C. Colinet, M. Hillert, Z. Moser, J. M. Sanchez, N. Saunders, R. E. Watson and A. Kussmaul, "Estimation of Enthalpies for Stable and Metastable States", CALPHAD, 1995, 19, 481.

300. M.-X. Zhang, K.-C. Hsieh, Y. A. Chang, J. P. Neumann and A. Romig, Jr., "Interdiffusion Between the Ordered Intermetallic Compound TiAl and Mo", Intermetallics, 1995, 3, 47.

301. S.-L. Chen, C. R. Kao and Y. A. Chang, "A Generalized Quasi-Chemical Model for Ordered Multi-Component, Multi-Sublattice Intermetallic Compounds with Anti-Structure Defects", Intermetallics, 1995, 3, 233.

302. C. R. Kao, S. Kim and Y. A. Chang, "Diffusional Behavior in B2 Intermetallic Compounds", Mats. Sci. Engin., 1995, A192/193, 965.

303. C. R. Kao, J. Woodford, S. Kim, M.-X. Zhang and Y. A. Chang, "Synthesis of In-Situ Composites Through Solid-State Reactions: Thermodynamic, Mass-Balance and Kinetic Considerations", Mats. Sci. Engin, A, 1995, 105, 29-37.

304. C.-P. Chen, Y. A. Chang and T. F. Kuech, "Schottky Barrier Enhancement Using Reacted Ni2Al3/Ni/n-GaAs, Ni/Al/Ni/n-GaAs and NiAl/Al/Ni/n-GaAs Contacts", J. Appl. Phys., 1995, 77, 4777.

305. S. E. Mohney and Y. A. Chang, "Phase Formation in Ni/InP Contacts", J. Appl.Phys., 1995, 78, 1342.

306. C.-F. Lin, Y. A. Chang, N. Pan, J-W. Huang and T. F. Kuech, "PdAl Schottky Contact to In0 .52Al0.48As Grown by Metalorganic Chemical Vapor Deposition", Appl. Phys. Letters, 1995, 67, 3587.

307. D. J. Swenson and Y. A. Chang, "Phase Equilibria in the Ga-In-Ni System at 600　C", J. Phase Equilibria, 1995, 16, 508.

308. C. R. Kao, J. Woodford and Y. A. Chang, "Reactive Diffusion Between Si and NbC at 1300　C", Acta Metall. Sinica（English Edition）, 1995, 8, 447-453.

309. R. C. Sharma, Y. A. Chang and C. Guminski, "The Hg-Te（Mercury-Tellurium）System", J. Phase Equil., 1995, 16, 338.

310. Y. A. Chang, C. R. Kao and J. Woodford, "Thermodynamics, Phase Equilibria and Kinetics of In-Situ Composites via Ternary Solid-State Displacement Reactions" in Applications of Thermodynamics in The Synthesis and Processing of Materials（Eds.: P. Nash and B. Sundman）The Minerals, Metals and Materials Society, Warrendale, PA, 1995, 3-18.

311. C. R. Kao, A. Bolcavage and Y. A. Chang, "Application of Thermodynamic and Kinetic Data in the Analysis of Reactions in Pb-In/Cu Ternary Diffusion Couples", in Applications of Thermodynamics in the Synthesis and Processing of Materials（Eds.: P. Nash and B. Sundman）The Minerals, Metals and Materials Society, Warrendale, PA,1995, 141.

312. A. Bolcavage, C. R. Kao, S.-L. Chen and Y. A. Chang, "Thermodynamic Calculation of Phase Stability Between Copper and Lead-Indium Solder", in Applications of Thermodynamics in the Synthesis and Processing of Materials（Eds.: P. Nash and B. Sundman）The Minerals, Metals and Materials Society, Warrendale, PA, 1995, 171.

313. S.-L. Chen and Y. A. Chang, "On the Calculation of Multi-Component Stability Diagrams, in Applications of Thermodynamics in the Synthesis and Processing of Materials（Eds.: P. Nash and B. Sundman）The Minerals, Metals and Materials Society, Warrendale, PA, 1995, 37.

314. F. Zhang, S.-L. Chen, Y. A. Chang and U. R. Kattner, "Thermodynamic Stability and Point Defects of -TiAl and the Phase Relationships of Ti-Al", in Gamma Titanium Aluminides（Eds.: Y.-W. Kim, R. Wagner and M. Yamaguchi）The Mineral, Metals and Materials Society, Warrendale, PA, 131,1995.

315. L. M. Pike, Y. A. Chang and C. T. Liu, "On the Correlation of the hardness of B2 Compounds wih Point Defect Concentrations", in High-Temperature Ordered Intermetallic Alloys VI （Eds.: J. Horton, I. Baker, S. Hanada, R. D. Noebe and D. S. Schwartz） Mat. Res. Soc. Symposium, 1995, 364, 65.

316. W. J. Boettinger, U. R. Kattner, S. R. Coriell, Y. A. Chang and B. A. Mueller, "Development of Multicomponent Solidification Micromodels Using a Thermodynamic Phase Diagram Data base", In Modeling of Casting, Welding and Advanced Solidification Processes, VII, （Ed.: M. Cross and J. Campbell）, TMS, Warrendale, PA, 1995, 649.

1996

317. D. Chen, Y. A. Chang and D. J. Swenson, "PtIn2 Ohmic Contacts to n-GaAs via an In-Ga Exchange Mechanism", Appl. Phys. Letter, 1996, 68, 96; "A correction for an error in the doping concentration in n-GaAs used", Appl. Phys. Lett., 1996, 69, 2139.

318. D. Swenson and Y. A. Chang, "On the Constitution of Some Ga-M-P Systems （Where "M" Represents Co, Rh, Ir, Ni or Pt）", Mater. Sci. Engin. B, 1996, B39, 52.

319. D. Swenson and Y. A. Chang, "Phase Equilibria in the In-Ni-As System at 600°C", Mater. Sci. Eng. B, 1996, B39, 232.

320. D. Swenson, Sutopo and Y. A. Chang, "Phase Equilibria in the In-Co-As System at 475°C", Mats. Chem. Phys., 1996, 44, 215.

321. C. R. Kao, J. Woodford and Y. A. Chang, "A Mechanism for Reactive Diffusion between Si Single Crystal and NbC Powder Compact", J. Mater. Res., 1996, 11, 850-854.

322. D. Ingerly, D. J. Swenson, C.-H. Jan and Y. A. Chang, "Phase Equilibria of the Ga-Ni-As Ternary System" J. Appl. Phys., 1996, 80, 543.

323. R. C. Sharma and Y. A. Chang, "The S-Se （Sulfur-Selenium） System", J. Phase Equil., 1996, 17, 148.

324. R. C. Sharma and Y. A. Chang, "The S-Zn （Sulfur-Zinc） System", J. Phase Equil., 1996, 17, 261.

325. R. C. Sharma and Y. A. Chang, "The Sb-Tl （Antimony-Thallium） System", J. Phase Equil., 1996, 17, 151.

326. R. C. Sharma and Y. A. Chang, "The P-Tl （Phosphorus-Thallium） System", J. Phase Equil., 1996, 17, 146.

327. R. C. Sharma and Y. A. Chang, "The Se-Zn （Selenium-Zinc） System", J. Phase Equil., 1996, 17, 155.

328. R. C. Sharma and Y. A. Chang, "The Bi-S （Bismuth-Sulfur） System", J. Phase Equil., 1996, 17, 132.

329. R. C. Sharma and Y. A. Chang, "The Cd-Se （Cadmium-Selenium） System", J. Phase Equil., 1996, 17, 140.

330. J.-C. Lin, R. C. Sharma and Y. A. Chang, "The Pb-Se （Lead-Selenium） System", J. Phase Equil., 1996, 17, 253.

331. R. C. Sharma and Y. A. Chang, "The Cd-S （Cadmium-Sulfur） System", J. Phase Equil., 1996, 17, 425.

332 R. C. Sharma and Y. A. Chang, "The As-Tl （Arsensic-Thallium） System", J. Phase Equil.,

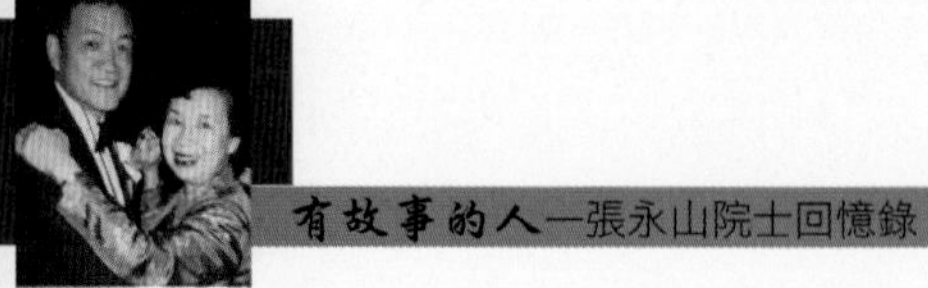

1996, 17, 422.

333. Y. Zuo and Y. A. Chang, "Calculation of Phase Diagram and Solidification Paths of Ternary Alloys: Al-Mg-Cu", Materials Science Forum, 1996, 215-216, 141.

334. C.-F. Lin, D. B. Ingerly and Y. A. Chang, "PdIn Contacts to n-type and p-type GaP", Appl. Phys. Lett., 1996, 69, 3543.

335. K. Yamaguchi, K. Itagaki and Y. A. Chang, "Thermodynamic Analysis of the In-P, Ga-As, In-As and Al-Sb Systems", CALPHAD, 1996, 20, 439.

336. R. Kao, J. Woodford and Y. A. Chang, "Reactive Diffusion Between Si and NbC: Application to the In-situ Synthesis of a Silicon Carbide-Niobium Disilicide Composite", in Design Fundamentals of High Temperature Composites, Intermetallics and Metal-Ceramic Systems（Ed: R. Y. Lin, Y. A. Chang, R. G. Reddy and C. T. Liu） The Mineral, Metals and Materials Society, Warrendale, PA, 1996, 3-14.

337. L. M. Pike, C. R. Kao, S.-L. Chen and Y. A. Chang, "On the Site Preferences of Ternary Additions to Triple Defect B2 Intermetallic Compounds", in Design Fundamentals of High Temperature Composites, Intermetallics and Metal-Ceramic Systems （Ed: R. Y. Lin, Y. A. Chang, R. G. Reddy and C. T. Liu） The Mineral, Metals and Materials Society, Warrendale, PA, 1996, 171.

338. R. Y. Lin, Y. A. Chang, R. G. Reddy and C. T. Liu, Editors, Design Fundamentals of High Temperature Composites, Intermetallics and Metal-Ceramic Systems, The Mineral, Metals and Materials Society, Warrendale, PA, 1996.

339. Y. A. Chang, S.-L. Chen, Y. Zuo, F. Zhang, S. L. Daniel, C.-H. Moon, H. Liang, F.-Y. Xie, W. Huang, Z.K. Liu and K.C. Chou, "Phase Diagram Calculation: A Critical Tool For Alloy and Processing Design", In Proceedings of the International Conference on Modeling and simulation in Metallurgical Engineering and Materials Science,（Editors: Zongsen Yu, Zeqiang Xiao and Xishan Xie）, Metallurgical Industry Press, Beijing, PRC, 1996, 185.

340. F. Zhang, S.-L. Chen and Y. A. Chang, "A Thermodynamic Description of the Ti-Al-V System" in Proceedings of the International Conference on Modeling and simulation in Metallurgical Engineering and Materials Science,（Editors: Zongsen Yu, Zeqiang Xiao and Xishan Xie）, Metallurgical Industry Press, Beijing, PRC, 1996, 191.

1997

341. D. Y. Chen, Y. A. Chang and D. Swenson, "Thermally Stable PdIn Ohmic Contacts to n-GaAs via Exchange Mechanism", J. Appl. Phys., 1997, 81, 297.

342. D. B. Ingerly, Y.A. Chang, N. R. Perkins and T. F. Kuech, "Ohmic Contacts to n-GaN using PtIn2", Appl. Phys. Lett., 1997, 70, 108.

343. H. Cordes and Y. A. Chang, "Interfacial Reactions and Electrical Properties of Ti/n-GaN Contacts", MRS Internet J. Nitride of Semicond. Res., 1997, 2, 2.

344. S.-L. Chen, Y. Zuo, H. Liang and Y. A. Chang, "A Thermodynamic Description of Al-Mg-Cu", Metall. Mater. Trans., 1997, 28A, 435.

345. L. M. Pike, Y. A. Chang and C. T. Liu, "Point Defect Concentrations and Hardening in Binary B2 Intermetallics", Acta Materialia, 1997, 45, 3709-3719.

346. D. B. Ingerly, D. Swenson, C.-H. Jan and Y. A. Chang, "Reply to Comment on Phase Equilibria of the Ga-Ni-As System", J. Appl. Phys., 1997, 82, 496.

347. H. Liang, S.-L. Chen and Y. A. Chang, "A Thermodynamic Description of the Al-Mg-Zn System", Metall. Mater. Trans., 1997, 28A, 1725.

348. H. Liang and Y. A. Chang, "A Thermodynamic Description for the Cu-Mg-Zn System", Z. Metallk., 1997, 88, 836-841.

349. A. Hayashi, C. R. Kao and Y. A. Chang, "Reactions of Solid Copper with pure Liquid Tin and Liquid Tin Saturated with Copper", Scripta Mater., 1997, 37, 393.

350. F. Zhang, S. L. Chen, Y. A. Chang and U. R. Kattner, "A Thermodynamic Description of the Ti-Al System", Intermetallics, 1997, 5, 471.

351. C.-F. Lin, S.-T. Kim and Y. A. Chang, "Interdiffusion in Pd（Al,In）", Scr. Mater., 1997, 37, 1413.

352. T. Kraft and Y. A. Chang, "Simulation of Solidification in Multicomponent Alloys: Prediction of Microstructure and Microsegregation", JOM, 1997, 49, No 12, 20.

353. L. M. Pike, Y. A. Chang and C. T. Liu, "Solid-solution hardening and softening by Fe additions to NiAl", Intermetallics, 1997, 5, 601-608.

354. Z.-K. Liu and Y. A. Chang, "On the Applicability of the Ivantsov Growth Equation", J. Appl. Phys., 1997, 82, 4838-4841.

355. F. Zhang, W. Huang and Y. A. Chang, "Equivalence of the Generalized Bond-Energy Model, the Wagner- Schottky-Type Model and the Compound-Energy Model for Ordered Phases", CALPHAD, 1997, 21, 337-348.

356. G. Cacciamani, Y. A. Chang, G. Grimvall, P. Franke, L. Kaufman, P. Miodownik, J. M. Sanchez, M. Schalin and C. Sigli, "Order-Disorder Phase Diagrams", CALPHAD, 1997, 21, 219-246.

357. Y. A. Chang and S.-L. Chen, "Thermodynamics of Metallic Solutions", in Advanced Physical Chemistry in Process Metallurgy（Eds.: N. Sano, W-K Lu and P. V. Riboud）, Academic Press Ltd., London, U. K., 1997, 5-43.

358. Y. A. Chang, F.-Y. Shiau, S.-L. Chen and S. Mohney, "Thermodynamic Rationalization of Solid-State Amorphization Between Metals and III_V Semiconductors", in Thermodynamics of Alloy Formation"（Eds: Y. A. Chang and F. Sommer）, TMS, Warrendale, PA., 1997, 187.

359. Y. A. Chang and F. Sommer, Editors, Thermodynamics of Alloy Formation, TMS, Warrendale, PA. 1997.

360. F. Zhang, Y. A. Chang and J. S. Chou, "A Thermodynamic Approach to Estimate Titanium Thermophysical Properties" in Proceedings of the 1997 International Symposium on Liquid Metal Processing and Casting（Eds.: A. Mitchell and P. Auburtin） American Vacuum Society, 1997, 35-56.

361. C.-H. Moon, Y. Zuo, F.-Y. Xie and Y. A. Chang, "Integration of Phase Diagram Calculation with Solidification Models to Study the Solidification Path of an Al-rich Al-Cu-Mg Alloy", in Proceedings of SP974th Decennial International Conference on Solidification Processing（Ed.: J. Beech and H. Jones） SRP Ltd, Exeter, U. K., 1997, 367.

362. L. M. Pike, C. T. Liu, and Y. A. Chang, "Point Defect Concentrations and Solution Hardening in NiAl with Fe Addition", in Structural Intermetallics（Eds.: M. V. Nathal, R. Darolia, C. T. Liu, P. L. Martin, D. B. Miracle, R. Wagner and M. Yamaguch） TMS, Warrendale, PA, 1997, 649-654.

363. D. B. Ingerly, Y. A. Chang, N. R. Perkins and T. F. Kuech, "PtIn2 ohmic contacts to n-GaN", in III-V Nitrides,（Eds.: T. Moustakas, I. Akasaki, B. Monemar, and F. Ponce）, Mat. Res. Soc.

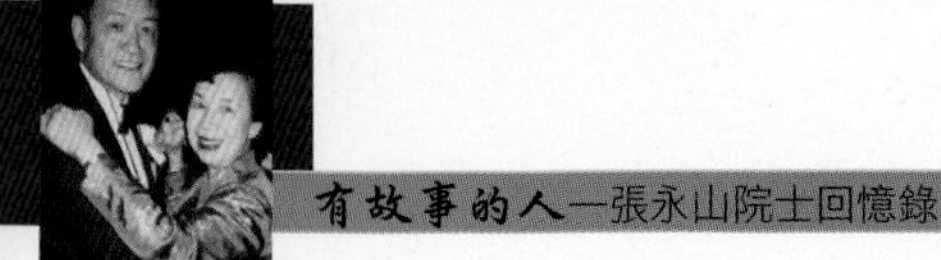

Symposium, 1997, 449, 1103.

364. T. Kraft, S.-L. Chen and Y. A. Chang, " Prediction of Microsegregation in Castings using Calculated Phase diagrams", in Proceedings of the Fifth Asian Foundry Congress,（Eds.: G. Sun, H.-Y Yuan, R.-B. Yao and X.-Y. Yan） Southeast University Press, Nanjing, P. R. China, 1997, 1.

1998

365. R. C. Iggulden, C.-H. Moon, D. S. Stone, and Y. A. Chang, "An Investigation of the Stability and Tailorability of Coated Alumina Reinforced Titanium Metal Matrix Composites", Scripta Mater., 1998, 38, 399-404.

366. H. Liang and Y. A. Chang, "A Thermodynamic Description of the Al-Cu-Zn System", J. Phase Equilibria, 1998, 19, 25-37.

367. D. Y. Chen, Y. A. Chang, D. Swenson and F. Shepherd, "Thermodynamically Stable Tungsten Ohmic Contacts to n-In0.53Ga0.47As Contacts", J. Mater. Res., 1998, 13, 959-964..

368. L. M. Pike, C. T. Liu and Y. A. Chang, "Effect of Ni on Vacancy Concentrations and Hardness in FeAl Alloys", Metall. and Mater. Trans., 1998, 29A, 1911-1915.

369. T. Kraft and Y. A. Chang, "Effect of Dendrite Arm Coarsening on Microsegregation", Metall. Mater. Trans., 1998, 29A, 2447-2449.

370. W.-M. Huang and Y. A. Chang, "A Thermodynamic Analysis of the Ni-Al System", Intermetallics, 1998, 6, 487-498; Corrigendum: Intermetallics, 1999, 7, 625-626.

371. W.-M. Huang and Y. A. Chang, "Thermodynamic Analysis of the Cr-Re and Prediction of the Cr-Ni-Re System", J. Alloys and Compounds, 1998, 274, 209-216.

372. W.-M. Huang and Y. A. Chang, "Thermodynamic Properties of the Al-Re System", J. Phase Equilibria, 1998, 19, 361-366.

373. J. Woodford and Y. A. Chang, "Interdiffusion in the Carbides of the Nb-C System", Metall. Mater. Trans., 1998, 29A, 2717-2726.

374. D. Swenson, C.-H. Jan and Y. A. Chang, "The Formation of Ohmic and Schottky Enhanced Contacts to III-V Compound Semiconductor via the Exchange Mechanism: A Combined Thermodynamic and Kinetic Model", J. Appl. Phys., 1998, 84, 4332-4343.

375. T. Kraft, H. Liang and Y. A. Chang, "An Approximate Method for Coupling Microscopic and Macroscopic Simulations using Calculated Phase Diagrams", in Modelling of Casting, Welding and Advanced Solidification Processes VIII（Eds.: B. G. Thomas and C. Beckermann） TMS, Warrendale, PA, 1998, 203-210.

376. T. Kraft, F.-Y. Xie, "Gefuge und Mikroseigerungen in ternary Al-Cu-Mg Legierungen", in Werkstoffwoche'98（Editors: R. Kopp, P. Herfurth, D. Bohme, R. Bormann, E. Arzt and H. Riedel）, Wiley-VCH, Weinheim, 1998, 4, 217-222.

377. L. M. Pike, C. T. Liu, I. M. Anderson and Y. A. Chang, "Solute Hardening and Softening Effects in B2 Nickel Aluminides", in Interstitial and Substitutional Solute Effects in Intermetallics（Eds.: I. Baker, R. D. Noebe and E. P. George）, TMS, Warrendale, PA, 1998, 149-162.

1999

378. A. W. Huang and Y. A. Chang, "Corrigendum to: "A Thermodynamic Analysis of the Ni-Al System" [Intermetallics, 1998, 6, 487-498], Intermetallics, 1999, 7, 625-626.

379. W. Huang and Y. A. Chang, "Thermodynamic Properties of the Ni-Al-Cr System", Intermetallics, 1999, 7, 863-874.

380. W. Huang and Y. A. Chang, "A Thermodynamic Description of the Ni-Al-Cr-Re System", Mater. Sci. Engin, 1999, A259, 110-119.

381. Z.-K Liu and Y. A. Chang, "On the Thermodynamic Properties of the Al-Fe-Si System", Metall. Mater. Trans., 1999, 30A, 1081-1095.

382. F.-Y. Xie, T. Kraft, Y. Zuo, C.-H. Moon, and Y. A. Chang, "Microstructure and Microsegregation in Ternary Al-Cu-Mg Alloys", Acta Mater., 1999, 47, 489-500.

383. H. Liang and Y. A. Chang, "Thermodynamic Modelling of the Nb-Si-Ti Ternary", Intermetallics, 1999, 7, 561-570.

384. C.-P. Chen, C.-F. Lin, D. Swenson, C. R. Kao C.-H. Jan and Y. A. Chang, "The Formation of Ohmic and Schottky Enhanced Contacts to III-V Compound Semiconductor via the Exchange Mechanism: Schottky Enhancement of Contacts to n-GaAs using NiAlxGa1-x as a Metallization", 1999, J. Vac. Sci Tech., B17, 432-442.

385. H. Liang and Y. A. Chang, "A Thermodynamic Database for Practical Alloy Design", in Light Metals 1999,（Ed.: C. E. Eckert）, TMS, Warrendale, PA, 1999, 875-881.

386. W. A. Oates, F. Zhang, S.-L. Chen and Y. A. Chang, "An Improved Cluster/Site Approximation for the Entropy of Mixing in Multicomponent Solid Solutions", Phys. Rev. B, 1999, 59, 11221-11225.

387. S.-T. Kim, "Use of Lattice Mole Fraction to analyze Interdiffusion Data in Strongly Ordered Triple-Defect B2 Intermetallic Phases", Scri. Mater., 1999, 40, 1277-1281.

388. J. Woodford, M.-X. Zhang, and Y. A. Chang, "Interfacial Stability between Alumina and Titanium Carbide", Z. Metallk., 1999, 90, 361-362.

389. D. B. Ingerly, Y. A. Chang and Y. Chen, "The electrical behavior of Pt3In7 and NiIn contacts to p-GaN", Appl. Phys. Lett., 1999, 74, 2480-2482.

390. D.B. Ingerly, Y.A. Chang and Y. Chen, NiIn as an Ohmic Contact to p-GaN, MRS Internet J. Nitride Semicond. Res., 1999, 4S1, G6.49.

391. W. A. Oates, F. Zhang, S.-L. Chen and Y. A. Chang, "Some Problems Arising from two Sublattice Modeling of Ordered Phases", 1999, CALPHAD, 23, 181-188.

2000

392. T. I. Kamins, R. S. Williams, Y. Chen, Y.-L. Chang and Y. A. Chang, "Chemical Vapor Deposition of Si Nanowires on TiSi2 Islands on Si", Appl. Phys. Lett., 2000, 76, 562-564.

393. Zi-Kui Liu and Y. A. Chang, "Evaluation of the Thermodynamic Properties of the Re-Ta and Re-W System", J. Alloys Compounds, 2000, 299, 153-162.

394. J. Woodford, C.-Y. Yang and Y. A. Chang, "The Effect of Porosity on the Reaction-layer Microstructure in NbC Si Diffusion Couples", J. Mater. Res., 2000, 15, 248-252.

395. X. Yan, F. Zhang, and Y. A. Chang, "Thermodynamic Optimization of the Mg-Si System", J. Phase Equilibria, 2000, 21, 379-384.

396. Z.-K. Liu and Y. A. Chang, "Thermodynamic Assessment of the Co-Ta System", CALPHAD, 2000, 23, 339-356.

397. S.-T. Kim and Y. A. Chang, " An Interdiffusion Study of NiAl Alloy Using Single Phase

Diffusion Couples", Mater. Metall. Trans., 2000, 31A, 1519-1524.

398. Y. Chen, D. A. A. Ohlberg, G. Medeiros-Ribeiro, Y. A. Chang and R. S. Williams, "Self-assembled Growth of Epitaxial Erbium Silicide on Silicon（001）", Apply. Phys. Lett, 2000, 76, 4004-4006.

399. H. Liang, T. Kraft, and Y. A. Chang, "Importance of Reliable Phase Equilibria in Studying Microsegregation in Alloys: Al-Cu-Mg", Mater. Sci. Engin., 2000, A292, 96-103.

400. X. Yan, F. Zhang, and Y. A. Chang, "A Thermodynamic Analysis of the Cu-Si System", J. Alloy Compounds, 2000, 308, 221-229.

401. Y. A. Chang, "Thermodynamics of Point Defects in Ordered B2 Intermetallic Phases and the Influence of these Defects on their Mechanical Properties", in Science of Alloys for the 21st Century: a Hume-rothery Symposium Celebration（Eds: P. A. Turchi, A. Gonis and R. D. Shull）, TMS, Warrendale, PA, 2000, 241-259.

402. D. Ingerly, Y. Chen, T. Takeuchi, R.S. Williams and Y. A. Chang, "Low Resistance Contacts to n-GaN and n-AlGaN using NiAl", Appl. Phys. Lett., 2000, 77, 382-384.

2001

403. X. Y. Yan, L. Ding, S.-L. Chen, F.-Y. Xie, M. Chu and Y. A. Chang, "Predicting Microstructure and Microsegregation in Multicomponent Aluminum Alloys", in Light Metals 2001,（Editor: J. L. Anjier）TMS, Warrendale, PA, 2001, 1091-1097.

404. F.-Y. Xie, T. Kraft, M. Chu and Y. A. Chang, "Microstructure and Microsegregation in a Directionally Solidified Quaternary Al-rich Al-Cu-Mg-Zn Alloy", in Light Metals 2001（Editor: J. L. Anjier） TMS, Warrendale, PA, 2001, 1085-1090.

405. J. Zhang, W. A. Oates, F. Zhang, S.-L. Chen, K.-C. Chou and Y, A. Chang, "Cluster/Site Approximation of the Ordering Phase Diagram for Cd-Mg Alloys", Intermetallics, 2001, 9, 5-8.

406. P. F. Ladwig, I-Fei Tsu, C. H. Chang and Y.A. Chang, "Thermal Modeling of MR Heads in Three Dimensions", IEEE Trans. Mag., 2001, 37, 1132-1136.

407. X.-Y. Yan, F.-Y. Xie, M. Chu and Y. A. Chang, "Microsegregation in Al-4.5Cu wt pct Alloy: Experimental Investigation and Numerical Modeling, Mater. Sci. Engin., 2001, A302, 268-274.

408. X.-Y. Yan, Y. A. Chang, F.-Y. Xie, S.-L. Chen, F. Zhang, and S. Daniel, "Calculated Phase Diagrams of Aluminum Alloys from Binary Al-Cu to multicomponent Commercial Alloys", J. Alloy Compounds, 2001, 320, 151-160.

409. M. Huang, F. Xie, X. Yan and Y. A. Chang, "Vacancy Concentrations in the B2 intermetallic Phase PdIn at 900 C", Intermetallics, 2001, 9, 457-460.

410. X.-Y. Yan, Y. A. Chang, Y. Yang, F.-Y. Xie, S.-L. Chen, F. Zhang, S. Daniel, M.-H. He, "A Thermodynamic Approach for Predicting the Tendency of Multicomponent Metallic Alloys for Glass Formation", Intermetallic, 2001, 9, 535-538.

411. S.-L. Chen, S. Daniel, F. Zhang, Y. A. Chang, W. A. Oates and R. Schmid-Fetzer, "On the Calculation of Multicomponent Stable Phase Diagrams", J. Phase Equilibria, 2001, 22, 373-378.

412. F. Zhang, S.-L. Chen, Y. A. Chang and W. A. Oates, "An Improved Approach for Obtaining Thermodynamic Descriptions of Intermetallic Phases: Application to the Cr-Ta System", Intermetallics, 2001, 9, 1079-1083.

413. C. M. Pelto, Y.A. Chang, Y. Chen and R. S. Williams, "Issues Concerning the Preparation of Ohmic Contacts to n-GaN", Solid State Electronics, 2001, 45, 1597-1605.

414. X. J. Liu, S. L. Chen, I. Ohnuma, R. Kainuma, K. Ishida and Y. A. Chang, "Development of a Thermodynamic Tool for Design of Micro-soldering Materials", in Proceedings of the Fourth International Symposium on electronic Packaging Technology （Eds.: Keyun Bi, Ke Gong, C. P. Wong, Sheng Liu and Jusheng Ma）, IEEE, Beijing, P. R. China, 2001, 70-74.

415. F. Zhang, W. A. Oates, S.-L. Chen, and Y. A. Chang, "Cluster-Site Approximation （CSA） Calculation of Phase Diagrams," in High Temperature Corrosion and Materials Chemistry III （Eds.: M. McNallan and E. Opila） The Electrochemical Society, Pennington, NJ, 2001, 12, pp. 241-252.

416. Y. A. Chang, X.-Y. Yan, S. L. Daniel, F.-Y. Xie, S.-L. Chen, and F. Zhang, "PANDA and PanEngine-Their Applications in Multicomponent Phase Diagram Calculation and Microstructure Prediction", in Materials Design Approaches and Experiences （Ed.: J.-C. Zhao, M. Fahrmann and T. M. Pollock） TMS, Warrendale, PA, 2001, 85-96.

417. X. J. Liu, S. L. Chen, I. Ohnuma, K. Ishida and Y. A. Chang, "Design of micro-soldering materials in electronic packaging using computational thermodynamics", in Mechanisc and Materials Engineering for Science and Experiments （Eds.: Yichun Zhou, Yuanxian Gu and Zheng Li） Science Press, New York, 2001, 334-337.

2002

418. X.-Y. Yan, S.-L. Chen, F.-Y. Xie, and Y. A. Chang, "Computational and Experimental Investigation of Microsegregation in an Al-rich Al-Cu-Mg-Si Quaternary Alloy", Acta Mater., 2002, 50, 2199-2207.

419. L. Ding, P. Ladwig, X.-Y. Yan and Y. A. Chang, "Phase Stability and Diffusivity of near-equiatomic Ni-Mn Alloys", Appl. Phys. Lett., 2002, 80, 1186-1188.

420. Y. Chen, D. A. A. Ohlberg, G. Medeiros-Ribeiro, Y. A. Chang and R. S. Williams, "Growth and Evolution of Epitaxial Erbium Disilicide Nanowires on Silicon （001）", Appl. Phys. A, 2002, 75, 353-361.

421. Y. A. Chang, S.-L. Chen, F. Zhang and W. A. Oates, "Improving Multicomponent Phase Diagram Calculations", in CALPHAD and Alloy Thermodynamics（Eds.: P. E. A. Turch, A. Gonis and R. D. Shull）TMS, Warrendale, PA, 2002, 53-60.

422. L. M. Pike, I. M. Anderson, C. T. Liu and Y. A. Chang, "Site Occupancies, Point Defect Concentrations, and Solid solution Hardening in B2-Ordered （Ni,Fe）Al", Acta Mater., 2002, 50, 3859-3879.

423. S.-L. Chen, S.Daniel, F. Zhang, Y. A. Chang, X.-Y. Yan, F.-Y. Xie, R. Schmid-Fetzer and W. A. Oates, "The PANDAT Software Package and its Applications", CALPHAD, 2002, 26, 175-188.

424. C. M. Pelto, Y. A. Chang, Y. Chen and R. S. Williams, "Thermally stable, oxidation resistant capping technology for Ti/Al ohmic contacts to n-GaN", JAP, 2002, 92, 4283-4289.

425. D. B. Ingerly, C.-F. Lin, C. Pelto, and Y. A. Chang, "Schotkky Enhancement of Contacts to n-In0.52Al0.48As using PdAl as a Metallization", J. Electron. Mater., 2002, 31, 1330-1336.

426. Y. Du, Y. A. Chang and J. C. Schuster, "Thermodynamic Description of the B-Co System: Modeling and Experiment", Z. Metallk., 2002, 93, 1157-1163.

2003

427. L. M. Pike, Y. A. Chang, C. T. Liu and I. M. Anderson, "Hardening by Point Defects and Solutes in B2 Intermetallics", in Defect Properties and Related Phenomenon in Intermetallic Alloys

（Eds.: E. P. George, M. J. Mills, H. Inui and E. Eggeler）, MRS Symposium Proc., 2003, 753, 15-25.

428. F. Zhang, Y. Du, W. A. Oates, S.-L. Chen, and Y. A. Chang, "Modeling of the FCC Phase using the Cluster-Site Approximation in the Ni-Al System", Acta Mater, 2003, 51, 207-216.

429. M.-L. Huang, W. A. Oates and Y. A. Chang, "Thermodynamics andPoint Defects in B2 Intermetallic Phase PdIn", Phil Mag, 2003, 83, 589-601.

430. F. Ladwig, Y. A. Chang, E. E. Linville, A. Morrone, J. Gao, B. B. Pant, A. E. Schlutz and S. G. Mao, "Paramagnetic to Antiferromagnetic Phase Transformation in Sputter Deposited PtMn Thin Films", J. Appl. Phys., 2003, 94, 979-987.（P. F. Ladwig and Y. Yang jointly received a best poster award for this paper presented at the C. T. Liu Symposium at the 2003 Annual TMS Meeting, San Diego, CA, 3/3-3/5/03.）.

431. F.-Y. Xie, X-Y Yan, L. Ding, F. Zhang, S.-L. Chen, M. G. Chu, and Y. A. Chang, "A Study of Microstructure and Microsegregation on Aluminum 7050 Alloy", Mater. Sci. Engin., 2003, A355, 144-153.

432. M.-L. Huang, J.-H. Yang, Y. A. Chang, R. Ragan, Y. Chen, D. A. A. Ohlberg, and R. S. Williams, "Phase Stabilities of Ternary Rare Earth Metal Disilicides", Appl. Phys. A, 2003, 78, 1-3.（Invited paper）.

433. Y. Du, Y. A. Chang, Z.-J. Jin, B.-Y. Huang, F. Zhang and S.-L. Chen, "Thermodynamic Properties of the Al- Nb-Ni System,", Intermetallic, 2003, 11, 995-1013.

434. Y. Yang, Y. A. Chang, L. Tan, and Y. Du, "Experimental Investigation and thermodynamic Description of the Mo-Si-Ti System", Mate. Sci Engin., 2003, A361, 281-293.

435. Y. Du, Y. A. Chang, B. Huang, Z. Jin, and F. Y. Xie, "Diffusion Coefficients of Some Solutes in fcc and liquid Al: Critical Evaluation and Correlation", Mater. Sci. Engin., 2003, 363A, 140-151.

436. R. Ragan, Y. Chen, D. A.A. Ohlberg, J. Yang and Y. A. Chang, "Engineering Densely Packed Arrays of Rare Earth Silicide Nanowires on Si（001）", in Proceeding of The Third IEEE Conferencee on Nanotechnology, IEEE-NANO,2003, 1, 208 –211.

437. S.-L. Chen, F. Zhang, S. Daniel. F.-X. Xie, X.-Y. Yan, Y. A. Chang, R. Schmid-Fetzer, and W. A. Oates, "Calculating Phase diagrams Using PANDAT and PanEngine", JOM, 2003, 55, December, 48-52.

438. Y. Yang, Y. A. Chang, J.-C. Zhao and B. Y. Bewlay, "Thermodynamic Modeling of the Nb-Hf-Si Ternary System", Intermetallics, 2003, 11, 407-415.

439. Y. A. Chang and W. A. Oates, "Our Experience in Teaching Thermodynamics at the University of Wisconsin, Madison", 2003, www.tms.org/pubs/journals/JOM/0312/Chang/Chang-0312.html.

440. P. F. Ladwig, Y. Yang, L. Ding, Y. A. Chang, and I-Fei Tsu, "Paramagnetic to Antiferromagnetic Phase Transformation in Sputter Deposited Ni-Mn Thin Films", J. Electron. Mater., 2003, 32, 1155-1159.

2004

441. Y. A. Chang, S.-L. Chen, F. Zhang, X.-Y. Yan, F.-Y. Xie , R. Schmid-Fetzer, and W. A. Oates, "Phase Diagram Calculation: Past, Present and Future", Prog. Mater. Science, 2004, 49, 313-345.

442. M.-L. Huang, Y. Wang and Y. A. Chang, "Grain Growth in PdIn thin-films", Thin solid Films, 2004, 449, 113-119.

443. M.-L. Huang, Y. Y. Yang, and Y. A. Chang, R. Ragan, Y. Chen, D.A.A. Ohlberg, and R.S.

Williams, "Phase Stabilities of Ternary Rare Earth Metal disilicides", Appl. Phys. A, 2004, A78, 1-3.

444. C.-X. Ji, M.-L. Huang, J.-H. Yang, Y. A. Chang, R. Ragan, Y. Chen, D. A. A. Ohlberg, and R. S. Williams, "Vacancy concentrations in binary rare earth dilisicides with the aluminum diboride structure", Appl. Phys. A, 2004, 78A, 287-289.

445. Y. Zhong, C. Wolverton, Y. A. Chang, and Z.-K. Liu, "A Combined CALPHAD/First-Principles Reassessment of the Thermodynamics of Al-Sr: Unsuspected Ground State Energies by Rounding up the （Un） usual Suspects", Acta Mater., 2004, 2004, 52, 2739-2754.

446. K. Wu, Y. A, Chang and Y. Wang, "Simulating Interdiffusion Microstructures in Ni-Al-Cr Diffusion Couples: A Phase Field Approach Coupled with calphad Database", Scri. Mater., 2004, 50, 1145-1150.

447. Y. A. Chang, X.-Y. Yan, F.-Y. Xie and S.-L. Chen, "Phase Formation And Solidification Path Analysis of Multicomponent Aluminum Alloys", in Solidification of Aluminum Alloys （Eds.: Men G. Chu, D. Granger and H. Han）, TMS（The Minerals, Metals & Materials Society）, 3-18, 2004.

448. Y. Yang, P. F. Ladwig, Y.A. Chang, F. Liu, B. B. Pant and A. E. Schultz, "Thermodynamic evaluation of the interface stability between selected metal oxides and Co", J. Mater. Res, 2004, 19, 1181-1186.

2005

449. Y. Yang and Y. A. Chang, "Thermodynamic Modeling of the Mo-Si-B System", Intermetallic, 2005, 13, 121-128.

450. W. Cao, Y. A. Chang, J. Zhu, S.-L. Chen and W. A. Oates, "Application of the Cluster/Site Approximation to the Calculation of Multicomponent Alloy Phase Diagrams", Acta Mater., 2005, 53, 331-335.

451. N. D. Saddock, A. Suzuki, K. Wu, S. C. Wildy, Y. A. Chang, T. M. Pollock, J. W. Jones, "Solidification and microstructure of Mg-Al-（Ca, Sr, Cc, La） ternary alloys", Magnesium Technology 2005, TMS, Warrendale PA, 121-126.

452. M.-L. Huang, P. F. Ladwig and Y. A. Chang, "Phase transformations in sputter deposited NiMn thin films", Thin Solid Films, 2005, 478, 137-140.

453. S. Peteline, H. Mehrer, M.-L. Huang, and Y. A. Chang, "Self-Diffusion in Nickel-Manganese Alloys", Defect and Diffusion Forum, 2005, 237-240, 352-357.

454. C.-X. Ji, R. Ragan, S. Kim, Y. A. Chang, Y. Chen, D A. A. Ohlberg, and R. S. Williams" "Surface Reconstruction of Pt/Si（001）", Appl. Phys. A, 2005, 1301-8.

455. Y. Du, J. C. Schuster, and Y. A. Chang, "Experimental Identification of the Degenerated Equilibrium in Extreme Al End of the Al-Cr System", J. Mater. Sci., 2005, 40, 1023-25.

456. J. J. Yang, P. F. Ladwig, Y. Yang, C.-X. Ji, Y. A. Chang, F. X. Liu, B. B. Pant, and A. E. Schultz, "Oxidation of tunnel barrier metals in magnetic tunnel junctions", J. Appl. Phys. 2005, 97, 10C918/1– 10C918/3.

457. Y. Yang, Y. A. Chang, L. Tan and W. Cao, "Multiphase Equilibria at the Metal-rich Region of the Mo-Ti-Si-B System: Thermodynamic Prediction and Experimental validation", Acta Mater, 2005, 53, 1711-1720.

458. Y. Yang, B. P. Bewlay, M. R. Jackson and Y. A. Chang, "Experimental investigation and

thermodynamic modeling of the Hf-Ti-Si system", in Integrative and Interdisciplinary Aspects of Intermetallics （Eds: B. P. Bewlay & others）, MRS Proceedings at the Annual MRS Meeting at Boston, MA, 2005, S 5.30.1~S 5.30.6.

459. Y. Yang, Y. A. Chang and L. Tan, "Thermodynamic Modeling and Experimental Investigation of the Ti-rich corner of the Ti-Si-B system", Intermetallics, 2005, 13, 1110-1115.

460. Y. Wang, N. Ma, Q. Chen, F. Zhang, S.-L. Chen and Y. A. Chang, "Prediction Phase Equilibrium, Phase Transformation, and Microstructure Evolution in titanium Alloys", 2005, JOM, September, 32-39.

461. W. Cao, J. Zhu, Y. Yang, F. Zhang, S.-L. Chen, W. A. Oates and Y. A. Chang, "Application of the Cluster/Site Approximation to fcc Phases in Ni-Al-Cr", Acta Mater., 2005, 53, 4189-4197.

462. P. F. Ladwig, J. J. Yang, Y. Yang, Y. A. Chang, F. Liu, B. B. Pant, and A. E. Schultz, "Selective Oxidation of an individual layer in a magnetic tunnel junction through thr use of thermodynamic control", Appl. Phys. Letters, 2005, 87, 061901/1-061901/3.

463. W. Cao, W. A. Oates and Y. A. Chang, "Thermodynamic Stability of Co/Cu Multilayered Nanostructures", Scripta Mater, 2005, 53, 1379-1382

464. J. J. Yang, Y. Yang, K. Wu and Y. A. Chang, "The Formation of Alloy Oxides as Barriers used in Magnetic Junctions", J. Appl. Phys., 2005, 98, 074508/1–074508/6.

465. D. Ma, H. Cao, L. Ding, Y. A. Chang, K. C. Hsieh, and Y. Pan, "Bulkier glass formability enhanced by minor alloying additions", Appl. Phys. Lett., 2005, 87, 171914/1-171914/3.

466. P. F. Ladwig, J. D. Olson, J. H. Bunton, D. J. Larson, R. L. Martens, E. Oltman, M. C. Bonsager, T. T. Gribb, T. F. Kelly, A. E. Schultz, B. B. Pant, and Y. A. Chang, "Intermixing at the atomic scale in Co-rich-（Co,Fe） and Cu multilayered nanostructures", APL, 2005,87, 12192/1-12192/3.

467. Y. Du, Y. A. Chang, S. Liu, B. Huang, F.-Y. Xie, Y. Yang and S.-L. Chen, "Experimental investigation and model-prediction of microstructure and microsegregtion during directional solidification of an Al-Fe-Mg-Mn-Si alloy",Z. Metallk., 2005, 96, 12.

468. Y. Du, S. Liu, Y. A. Chang and Y. Yang, "A thermodynamic modeling of the Cr-Nb-Ni system", CALPHAD, 2005, 29, 140-148.

469. Y. Yang, Y. A. Chang, J. Joshua. Yang, C.-X. Ji, P. F. Ladwig, F. Liu, B. B. Pant and A. E. Schultz, 2005, "Thermal stability of the interfaces between Co, Ni and Fe based ferromagnets in contact with selected nitrides MN （M = Al, B, Nb, Ta, Ti and V）", J. Appl. Phys., 2006, 98, 053907-1 to 053907-5.

2006

470. M.-L. Huang and Y. A. Chang, "Phase transformation in sputter-deposted PdMn and PdPtMn thin fims", JAP, 2006, 99, 1-4.

471. J. J. Yang, C. J. Rawn, C.-X. Ji, Y. A. Chang, Y. Chen, R. Ragan, D. A. A. Ohlberg, and R. S. Williams, "Thermal expansion coefficients of rare earth metal disilicides and their influence on the growth of nanowires", Appl. Phys. A., 2006, 82, 39-42.

472. W. Cao, J. Zhu, F. Zhang, W. A. Oates, M. Asta and Y. A. Chang, "Application of the Custer/Site Approximation to the Calculation of Coherent Interphase Boundary Energies", Acta Mater., 2006, 54, 377-383.

473. Y. A. Chang, "Phase Diagram Calculation in Teaching, Research and Industry", Metall. Mater.

Trans., 2006, 37A, 273-305. Also Metall. Mater. Trans., 2006, 37B, 7-39.

474. H. Cao, J. Zhu, C. Zhang, K. Wu, N. D. Saddock, J. W. Jones, T. M. Pollock, R. Schmid-Fetzer and Y. A. Chang, "Experimental Investigation and Thermodynamic modelling of the Mg-Al-Rich Region of the Mg- Al-Sr System", Z. Metallk., 2006, 97, 422-428.

475. C. Zhang, D. Ma, K. Wu, H. Cao, J. Zhu, G. Cao, S. Kou and Y. A. Chang, "Microsegregation and Microstructure in Directionally Solidified Mg4Al, Mg5Al3Ca and AXJ520 Alloys", in Magnesium Technology 2006（Editors: A. A. Luo, N. R. Neelameggham and R. S. Beals）, TMS（The Minerals, Metals and materials Society）, 2006, 45-50

476. G. Cao, S. Kou and Y. A. Chang, "Hot Cracking Susceptibility of Binary Mg-Al Alloys", in Magnesium Technology 2006（Editors: A. A. Luo, N. R. Neelameggham and R. S. Beals）, TMS（The Minerals, Metals and materials Society）, 2006, 57-61.

477. C.-H. Liu, W-R Ciang, K-C. Hsieh and Y. A. Chang, "Phase Equilibrium in the Cu-Ni-Zr System at 800℃ ", Intermetallics, 2006, 14, 1011-13.

478. H. Cao, D. Ma, K-C Hsieh, L. Ding, W.G. Stratton, P. M. Voyles, Y. Pan, M.-D. Cai, J. T. Dickson and Y. A. Chang, "Computational thermodynamics to identifyZr-Ti-Ni-Cu-Al alloys with high glass-forming ability" Acta Mater., 2006, 54, 2975-2982.

479. C.-X. Ji, F. Ladwig, R. O. Ott, Y. Yang, J. J. Yang, Y. A. Chang, E. S. Linville, J. Cao and B. B. Pant, "An Investigation of Phase Transformation Behavior in Sputter-deposited PtMn Thin Films:, JOM, 2006, June, 52-57.

480. A. Jan, J. Robner, D. Mirkovic, M. Medraj, J. Zhu, Y. A. Chang, and R. Schmid-Fetzer, "Investigation of Mg-Al-Sr Phase Equilibria", in Magnesium, Proceeding of the 7th Int. Conference on Magnesium Alloys and their Applications 2006,（K. U. Kainer, Ed,）, DGM Wiley-VCH, Weinheim, ISBN 978-3-527-31764-6, 2006, 74-80.

481. D. Ma and Y. A. Chang, "Competitive Formation of ternary Metallic Glasses", Acta Mater., 2006, 54, 1927-1934.

482. S.-L. Chen, W. Cao, Y. Yang, F. Zhang, K.Wu, Y. Du and Y. A. Chang, "Calculation and application of liquidus projection", Rare Metals, 2006, 25, 532-537.

483. S.-L. Chen, J.-Y. Zhang, X.-G. Lu, K.-C. Chou, W. A. Oates, R. Schmid-Fetzer and Y. A. Chang, "Calculation of Rose Diagrams", Acta Mater, 2006, 55, 243-250.

484. S.-L. Chen, J.-Y. Zhang, X.-G. Lu, K.-C. Chou and Y. A. Chang, "Application of Graham Scan Algorithm in Binary Phase Diagram Calculation", J. Phase Diagram and Diffusion, 2006, 27, 121-125.

485. Y. A. Chang, "Solution thermodynamixs: Past and Present", in Electrochemistry and Thermodynamics on Materials Processing for Sustainable Production,（Ed.: S. Yamaguchi）, Proceedings of the 16th Iketaic conference, Japan, 2006, 529-543.

486. J. J. Yang, C.-X. Ji, X.-L. Ke, M. S. Rzchowski, and Y. A. Chang,, "Realization of Over 70% TMR at Room Temperature for a CoFe and AlOx Based Magnetic Tunnel Junction", Appl. Phys. Lett., 2006, 89, 20250.

487. J. J. Yang, Y. Yang, F. Liu, B. B. Pant, A. E. Schultz, and Y. A. Chang, "Thickness Determination of Ultrathin Oxide Film and its Application in Magnetic Tunnel Junction", J. Electro. Mater., 2006, 35, 2142-2146.

488. M.-L. Huang and Y. A. Chang, "Phase transformation in sputter-deposited PdMn and PdPtMn thin films", JAP, 2006, 99, 023527/1-023527/4.

489. S. L. Chen, J.-Y. Zhang, X.-G. Lu, K.-C. Chou, and Y. A. Chang, "Application of the Graham scan algorithm in binary phase diagram calculation", J. Phase Equilibrium and Diffusion, 2006, 27, 121-5.

490. M.-F. Zhu, W. Cao, S.-L. Chen, F.-Y. Xie, C.-P. Hong, and Y. A. Chang. "Modified Cellular Automation Model for Modeling of Microstructure and Microsegregation in Solidification of Ternary Alloys", Trans. Nonferrous Metals Society of China, 2006, 16, s180-s185.

491. Z.P. Lu, D. Ma, C.T. Liu and Y.A. Chang, "Competitive formation of glasses and glassematrix composites", Intermetallics, 2007, 15, 253-259.

492. C.-X. Ji, Peter F. Ladwig, Ronald D. Ott, Y. Yang, Joshua J. Yang, Y. Austin Chang, Eric S. Linville, Jenny Gao, and Bharat B. Pant, "An Investigation of Phase Transformation Behavior in Sputter-Deposited PtMn Thin Films", JOM, 2006, June, 50-54.

2007

493. B. P. Bernard, M. R. Jackson, Y. Yang, and Y.A. Chang, "Liquid-solid phase equilibria in metal-rich Hf-Ti-Si alloys",International Journal of Materials Research, 2007, 98, 99-106.

494. M.-F. Zhu, W. Cao, S.-L. Chen, F.-Y. Xie, C.-P. Hong, and Y. A. Chang, "Modeling of microstructure and microsegregation in solidification of multi-component alloys", J. Phase Equilibrium and Diffusion, 2007, 28, 130-138.

495. Y. A. Chang, "Use of Computational Thermodynamics to Identify Potential Alloy Compositions for Metallic Glass Formation, in Applied Computational Materials Modeling: Theory, Simulations, and Experiment", (Ed.: G. Bozzolo) Kluwer, NY, 2007, in press.

496. Y. A. Chang and Y. Yang, "Application of computational thermodynamics to rapidly determine Multicomponent Phase Diagrams", in Methods for Phase Diagram Determination (J-C. Zhao, Editor), Elsevier, Ltd., Oxford, OX5 1GB, UK, 2007, 273-291.

497. D. Ma, H. Cao and Y. A. Chang, "Identifying bulk metallic glass-formers from multi-component eutectics", Intermetallic, 2007, 15, 1122-1126.

498. Z. P. Lu, D. Ma, C.T. Liu, Y. A. Chang, "Competitive formation of glasses and glass-matrix composites", Intermetallic, 2007, 15, 253-259.

499. S. Amancherla, S. Kar, B. P. Bewlay, Y. Yang and Y. A. Chang, "Thermodynamic and Microstructural Modelling of Nb-Si Based Alloys",J. Phase Equilibrium and Diffusion, 2007, 28, 2-8.

500. F. Zhang, S.-L. Chen and Y. A. Chang, N. Ma and Y. Wang, "Development of Thermodynamic Description of a Pseudo-Ternary System for Multicomponent Ti64 Alloy", J. Phase Equilibrium and Diffusion, 2007, 28, 115-120.

501. A. Janz, J. Gröbner, D. Mirkovi , M. Medraj, J. Zhu, Y. A. Chang, and R. Schmid-Fetzer, "Experimental investigation and thermodynamic calculation of Al-Mg-Sr phase equilibria", Intermetallic, 2007, 15, 506-519.

502. Y. Yang, B. P. Bewlay, and Y. A. Chang, "Thermodynamic modeling of the Hf-Ti-Si ternary system", Intermetallics, 2007, 15 (2), 168-176.

503. Y. Yang, B. P. Bewlay and Y. A. Chang, "Liquid-Solid Phase Equilibria in Metal-Rich Nb-Ti-Hf-Si Alloys", J. Phase Equilibrium and Diffusion, 2007, 28,107-114.

504. J. Zhu, W. Cao, Y. Yang, F. Zhang, S. Chen, W.A. Oates and Y.A. Chang, "Application of the cluster/site approximation to fcc phases in the Ni–Al–Cr–Re system", Acta Mater., 2007, 55,

4545-4551.

505. H. Cao, C. Zhang, J. Zhu, G. Cao, S. Kou, R. Schmid-Fetzer, and Y A. Chang, "Experiments Coupled with Modeling to Establish the Mg-rich Phase Equilibria of Mg-Al-Ca", Acta Mater., accepted for publication, July 15, 2007.

506. J. J. Yang, A. K. Bengtson, C.-X. Ji, D. Morgan, and Y. A. Chang, "The Role of Crystal Structure of the Ferromagnetic Electrode on Spin Dependent Tunneling", to be submitted for publication, September, 2007.

507. Mianliang Huang and Y. Austin Chang, "Disorder–order phase transformation in sputter deposited Pd3In thin films", Journal of Alloys and Compounds, 2008, 455, 174-177.

508. H.-B. Cao, Y. Pan, L. Ding, C. Zhang, J. Zhu, K.-C. Hsieh, and Y. A. Chang, "Amorphous Copper-rich Alloys", submitted for publication, 2007.

509. J. J. Yang, A. K. Bengtson, C.-X. Ji, D. Morgan, and Y. A. Chang, "Variation of Magnetoresistance with the Composition of Co1-xFex Electrodes in Magnetic Tunnel Junctions", in preparation, September, 2007.

510. C.-X. Ji, J. J. Yang, F. Lu, and Y. A. Chang, "Ultra-smooth Epitaxy Co70Fe30 Thin Film Growth and Physical Property on Si Substrate with TiN Buffer", to be submitted for publication, 2007.

511. C. Zhang, J. Zhu, Y. Yang, H.-B. Cao, F. Zhang, W.-S. Cao , and Y.A. Chang, "Thermodynamic modeling and experimental investigation of the Ni-rich corner of the NieAleHf system", Intermetallics, 2008, 16, 139-147.

512. J. J. Yang, C.-X. Ji, Y. Yang, and Y. A. Chang, "Epitaxial growth of ferromagnetic electrodes on Si for magnetic tunnel junctions", APL, to be submitted for publication, 2007.

513. C.-X Ji, J. J. J. Yang, F. Lu, M. S. Rzchowski, Y. A. Chang, "Growth of Ultra-smooth Epitaxial Co70Fe30 Thin-film and Its Property on Si Substrate via TiN Buffer", submitted for publication, August, 2007.

514. C.-X Ji, A. K. Berta, J. J. Yang, M. S. Rzchowski, H. Xiang, D. Morgan, Y. A. Chang, 2007, "Strain Effect on the Tunneling Magnetoresistance of Co70Fe30/AlOx /Co70Fe30 Magnetic Tunnel Junctions", to be submitted for publication, 2007.

515. C. Zhang, J. Zhu, others and Y.A. Chang, "Phase stability of the fcc phases in Ni-Ir-Al using the cluster/site approximation coupled with first principles calculations", September 2007, in preparation.

516. J. Zhu, C. Zhang, H.-B. Cao and Y. A. Chang, "Use of CSA to model the FCC Phases in Ni-Al-Ru integrated with Experimetnal Investigation", in preparation, September 2007.

517. J. Zhu, C. Zhang, D. Ballard, P. Martin, and Y. A. Chang, "A combined experiemtnal and modeling using CSA for the FCC phases to establish the phase equilibria of the FCC, L12 and B2 phases in Ni-Al-Pt", September 2007, in preparation.

518. F. Zhang, S.-L. Chen, W. Cao, K.-S. Wu, Y. Yang, Y. Chang,"Application of Thermodynamic Modeling to Multicomponent Titanium Alloys", intended for publication in a conference proceedings on the Mechanical Behavior, Microstructure, and Modeling of Ti and Its Alloys, organized by E. Cerreta, V. Venkatesh and D. Evans, 2008.

519. Hongbo Cao, Chuan Zhang, Jun Zhu, Guoping Cao, Sindo Kou, Rainer Schmid-Fetzerb and Y. Austin Chang, "A computational/directional solidification method to establish saddle points on the Mg–Al–Ca liquidus", Scripta Materialia, 2008, 58, 397-400.

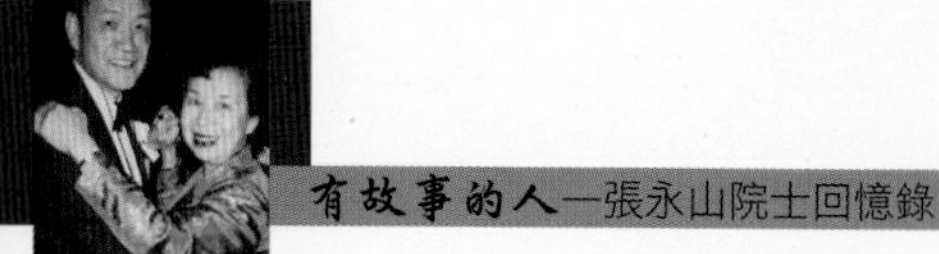

520. Y. Yang, B.P. Bewlay, and Y.A. Chang, "Experimental study and thermodynamic calculation of AleMgeSr phase equilibria", Intermetallics, 2007, 15, 506-519.

521. C. Zhang, D. Ma, K.-S. Wu, H.-B. Cao, G.-P. Cao, S. Kou, Y.A. Chang , and X.-Y. Yan, "Microstructure and microsegregation in directionally solidified Mge4Al alloy", Intermetallics, 2007, 15, 1395-1400.

522. W. Cao, Y.A. Chang, J. Zhu, S. Chen, and W.A. Oates, "Thermodynamic modeling of the CueAgeAu system using the cluster/site approximation", Intermetallics, 2007, 15, 1438-1446.

523. YANG Ying（楊瑩）, B.P. Bewlay, CHEN Shuang-lin（陳双林）and Y.A. Chang, "Application of phase diagram calculations to development of new ultra-high temperature structural materials", Trans. Nonferrous Met. Soc. China, 2007, I7, 1396-1404.

524. M.F. Zhu, C.P. Hong, D.M. Stefanescu, and Y.A. Chang, "Computational Modeling of Microstructure Evolution in Solidification of Aluminum Alloys", Metallurgical and Materials Transactions B, Vol. 38B, August, 2007, 517-524.

525. Do Kyung Lim, Dohyun Lee, Hangil Lee, Sung-Soo Bae, Junghun Choi, Sehun Kim, Chengxiang Ji, Regina Ragan, Douglas A A Ohlberg, Y Austin Chang and R Stanley Williams, "Structure and electronic properties of self-assembled Pt silicide nanowires on Si（100）, Nanotechnology, 2007, 18, 1-4.

526. S.-L. Chen, J.-Y. Zhang, X.-G. Lu, K.-C. Chou, W.A. Oates, R. Schmid-Fetzer and Y.A. Chang, "Calculation of rose diagrams", Acta Mater., 2007, 55, 243-250.

2008

527. J. Joshua Yang, A. K. Bengtson,C.-X. Ji,D. Morgan, and Y. A. Chang, "Origin of the dependence of magnetoresistance on the composition of Co100 xFex electrodes in magnetic tunnel junctions", JOURNAL OF APPLIED PHYSICS, 2008, 103,056102, 1-3.

528. Chuan Zhang, Jun Zhu, Ying Yang, Fan Zhang and Y. Austin Chang, "Experimental investigation and thermodynamic reassessment of the Ir-rich zone in the Al–Ir system", Scripta Mater., 2008, 59, 403-406.

529. Mianliang Huang and Y. Austin Chang, "Disorder–order phase transformation in sputter deposited Pd3In thin films", Journal of Alloys and Compounds, 2008, 455, 174-177.

530.B.P. Bewlay, Y. Yang, and Y.A. Chang, "Solid-state phase equilibria in metal-rich HfeTieSi system at 1350 ℃ ", Intermetallics, 2008, 16, 353-359.

531. J. Schoonover, Y. Yang , W.J. Heward, D. Dalpe, A. Deal, M. Othon, J.R. Cournoyer, Y.A. Chang, D. Lewis, and B.P. Bewlay, "Microstructural investigation of Cr–Hf–Si alloys", Intermetallics, 2008, 16, 1109-1117.

532.C. Zhang, J. Zhu, A. Bengtson, D. Morgan, F. Zhang, W.-S. Cao, and Y.A. Chang, "Modeling of phase stability of the fcc phases in the Ni–Ir–Al system using the cluster/site approximation method coupling with first-principles calculations", Acta Mater., 2008, 56, 2576-2584.

533.H. Cao, C. Zhang, J. Zhu, G. Cao, S. Kou, R. Schmid-Fetzer, and Y.A. Chang, "Experiments coupled with modeling to establish the Mg-rich phase equilibria of Mg–Al–Ca", Acta Mater., 2008, 56, 5245-5254.

534. C. Zhang, J. Zhu, A. Bengtson, D. Morgan, F. Zhang, Y. Yang, and Y.A. Chang, "Thermodynamic modeling of the Cr–Pt binary system using the cluster/site approximation coupling with first-principles energetics calculation", Acta Mater., 2008, 56, 5796-5803.

535. B.P. Bewlay, Y. Yang, R.L. Casey, M.R. Jackson, and Y.A. Chang, "Experimental study of the liquid–solid phase equilibria at the metal-rich region of the Nb–Cr–Si system", Intermetallics, 2009, 17, 120-127.

536. Jianhua Joshua Yang, C.-X. Ji, Ying Yang, Hua Xiang, and Y. A. Chang, "Epitaxial Growth and Surface Roughness Control of Ferromagnetic Thin Films on Si by Sputter Deposition", Journal of Electronic Materials, 2008, Vol. 37, No. 3, 355-360.

537. Shuanglin Chen, Ying Yang, Weisheng Cao, Bernard P. Bewlay, Kuo-Chih Chou, and Y. Austin Chang, "Calculation of Two-Dimensional Sections of Liquidus Projections in Multicomponent Systems", Journal of Phase Equilibria and Diffusion, 2008,Vol. 29, No. 5, 390-397.

538. C. Zhang, H.B. Cao, G.P. Cao, S. Kou, and Y.A. Chang, "The Solidifi cation of Magnesium-Rich Alloys Containing Al, Ca, and Sr", JOM, 2008, December, Vol. 60, No. 12, 48-51.

539. Hongbo Cao, Ye Pan, Ling Ding, Chuan Zhang, Jun Zhu, Ker-Chang Hsieh, and Y. Austin Chang, "Synthesis of copper-rich amorphous alloys by computational thermodynamics", Acta Mater., 2008, 56, 2032-2036.

540. A. Janz, J. Gro ¨ bner, H. Cao, J. Zhu, Y.A. Chang, and R. Schmid-Fetzer, "Thermodynamic modeling of the Mg–Al–Ca system", Acta Mater., 2009, 57 , 682-694.

541. Y. K. Yang, H. Dong, H. Cao, Y. A. Chang, and S. Kou, "Liquation of Mg Alloys in Friction Stir Spot Welding", Welding Journal, 2008,July, Vol. 87, s167-s177.

542. B.P. Bewlay, Y. Yang and Y.A. Chang, "Solid-state phase equilibria in metal-rich HfeTieSi system at 1350℃ ", Intermetallics, 2008, 16 , 353-359.

543. J. J. Yang, A. K. Bengtson, C. X. Ji, D. Morgan and Y. A. Chang, "Crystal structure effect of ferromagnetic electrode on tunneling magnetoresistance", Acta Mater.. 2008, 56, 1491-1495.

2009

544. J. Joshua Yang, Hua Xiang, Chengxiang Ji, William F. Stickle, Duncan R. Stewart, Douglas A. A. Ohlberg, R. Stanley Williams, and Y. Austin Chang, "Origin of inverse tunneling magnetoresistance in a symmetric junction revealed by delaminating the buried electronic interface", Applied Physics Letters, 2009, 233117, 1-3.

545. C. Zhang, J. Zhu, D. Morgan, Y. Yang, F. Zhang, W.S. Cao, and Y.A. Chang, "Thermodynamic modeling of the Cr_Ir binary system using the cluster/site approximation （CSA） coupling with first-principles energetic calculation", CALPHAD: Computer Coupling of Phase Diagrams and Thermochemistry, 2009, 33, 420-424.

546. Y. Yang , J. Schoonover, B.P. Bewlay, D. Lewis , and Y.A. Chang, "Thermodynamic modeling of the Cr–Hf–Si System", Intermetallics, 2009, 17, 305-312.

547. C.-X. Ji, J.J. Yang, A.K. Bengtson, D. Morgan, H. Xiang, M.S. Rzchowski and Y.A. Chang, "Effect of tetragonal lattice distortion of Co70Fe30 on the tunneling magnetoresistance of AlOx based magnetic tunnel junction", Appl Phys A, 2009, 97, 73-77.

548. Kaisheng Wu, Shuanglin Chen, Fan Zhang, and Y.A. Chang, "Integrating CALPHAD into Phase Field Simulations for Practical Applications", Journal of Phase Equilibria and Diffusion, 2009, Vol. 30, No. 5, 571-576.

549. Shuang-Lin Chen, Ying Yang, Sinn-Wen Chen, Xiong-Gang Lu, and Y. Austin Chang, "Solidification Simulation Using Scheil Model in Multicomponent Systems", Journal of Phase Equilibria and Diffusion, 2009, Vol. 30, No. 5, 429-434.

550. A. Janz, J. Gro ¨ bner, H. Cao, J. Zhu, Y.A. Chang, and R. Schmid-Fetzer, "Thermodynamic modeling of the Mg–Al–Ca system", Acta Mater., 2009, 57, 682-694.

551. J. Zhu, C. Zhang, W. Cao, Y. Yang, F. Zhang, S. Chen, D. Morgan and Y. A. Chang, "Experimental investigation and thermodynamic modeling of the Ni-Al-Ru ternary system", Acta Mater., 2009, 57, 202-212.

2010

552. Ye Pan, Hongbo Cao, Ling Ding, Chuan Zhang, and Y. Austin Chang, "Novel bulkier copper-rich ternary metallic glasses from computational thermodynamics", Journal of Non-Crystalline Solids, 2010, 356, 2168-2171.

553. Zhiping Sun, Xiping Guo, Yongsheng He, Jinming Guo, Ying Yang, and Y. Austin Chang," Investigation on the as-cast microstructure of Nb–Nb silicide based multicomponent alloys", Intermetallics, 2010, 18, 992-997.

554. Ying Yang, Shuanglin Chen, and Y. Austin Chang, "Thermodynamic modeling of the Re–Si–B system", Intermetallics, 2010, 18, 51-56.

555. Ying Yang, Chuan Zhang, Shuanglin Chen, Dane Morgan, and Y. Austin Chang, "First-principles calculation aided thermodynamic modeling of the Mo–Re system", Intermetallics, 2010, 18, 574-581.

556. C. Zhang, F. Zhang, W.S. Cao, and Y.A. Chang, "Thermodynamic modeling of the AleSieSreO quaternary system", Intermetallics, 2010, 18, 1419-1427.

557. Chuan Zhang, Hongbo Cao, Vahid Firouzdor, Sindo Kou, and Y. Austin Chang, "Microstructure investigations of directionally solidified Mg-rich alloys containing Al, Ca and Sn", Intermetallics, 2010, 18, 1597-1602.

558. Ying Yang, H. Bei, Shuanglin Chen, E.P. George, Jaimie Tiley, and Y. Austin Chang, "Effects of Ti, Zr, and Hf on the phase stability of Mo_ss + Mo3Si + Mo5SiB2 alloys at 1600 ℃ ", Acta Mater., 2010, 58, 541-548.

559. H. Bei, Y. Yang, G.B. Viswanathan, C.J. Rawn, E.P. George, J. Tiley, and Y.A. Chang, "Formation, stability and crystal structure of the r phase in Mo–Re–Si alloys", Acta Mater., 2010, 58, 6027-6034.

560. H. Xiang, C.-X. Ji, J. Joshua Yang, and Y. Austin Chang, "Compositional effect of bcc Co100 xFex electrodes on magnetoresistance in AlOx-based magnetic tunnel junctions", Appl Phys A, 2010, 98, 707-710.

561. G. Cao, C. Zhang, H. Cao, Y.A. Chang, and S. Kou, "Hot-Tearing Susceptibility of Ternary Mg-Al-Sr Alloy Castings", Metallurgical and Materials Transactions, 2010, March, Vol. 41A, 706-716.

562. Hua Xiang, Fengyuan Shi, Mark S. Rzchowski, Paul M. Voyles, and Y. Austin Chang, "Epitaxial growth and magnetic properties of Fe3O4 films on TiN buffered Si（001）, Si（110）, and Si（111）substrates", Applied Physics Letters, 2010, 97, 092508, 1-3.

563. Ying Yang, H. Bei, Shuanglin Chen, E.P. George, Jaimie Tiley, and Y. Austin Chang, "Effects of Ti, Zr, and Hf on the phase stability of Mo_ss + Mo3Si + Mo5SiB2 alloys at 1600 ℃ ", Acta Mater., 2010, 58, 541-548.

2011

564. H. Xiang, F.-Y. Shi, M. S. Rzchowski, P. M. Voyles, and Y. A. Chang, "Epitaxial growth and

thermal stability of Fe4N film on TiN buffered Si（001）Substrate", Journal of Applied Physics, 2011, 109, 07E126, 1-3.

565. Anshuman Sharma, Chuan Zhang, Y. Austin Chang, Ray Knoeppel, Dane Morgan", Ab initio and thermodynamic modelling of alloying effects on activity of sacrificial aluminium anodes", Corrosion Science, 2011, 53, 1724-1731.

566. Chuan Zhang, Alan A. Luo, Liming Peng, Donald S. Stone, and Y. Austin Chang, "Thermodynamic modeling and experimental investigation of the magnesiumeneodymiumezinc alloys", Intermetallics, 2011, 19, 1720-1726.

567. C. Zhang, F. Zhang, S.-L. Chen, W.-S. Cao, and Y.A. Chang, "Thermodynamic modeling and experimental investigation of the phase stability at the Ni-rich region of the Ni–Al–Cr–Ir system", Acta Mater., 2011, 59, 6246-6256.

568. H. Xiang, F.-Y. Shi, C. Zhang, M.S. Rzchowski, P.M. Voyles and Y.A. Chang, "Synthesis of Fe3O4 thin films by selective oxidation with controlled oxygen chemical potential", Scripta Mater., 2011,65, 739-742.

569. Zhiping Sun, Ying Yang, Xiping Guo, Chuan Zhang, and Y. Austin Chang, "Experimental Investigation on the Phase Equilibria of the Nb-Ti-Si-B System at 1500℃ ", Journal of Phase Equilibria and Diffusion, 2011, Vol. 32, No. 5, 407-411.

570. W. Cao, F. Zhang, S.-L. Chen, C. Zhang, and Y.A. Chang, "An Integrated Computational Tool for Precipitation Simulation", JOM, 2011, Vol. 63, No. 7, 29-34.

571. Zhiping Sun, Ying Yang, Xiping Guo, Chuan Zhang, and Y. Austin Chang, "Thermodynamic modeling of the Nb-rich corner in the NbeSieB system", Intermetallics, 2011, 19, 26-34.

2012

572. Z.K. Teng , F. Zhang, M.K. Miller, C.T. Liu, S. Huang, Y.T. Chou, R.H. Tien, Y.A. Chang, and P.K. Liaw, "Thermodynamic modeling and experimental validation of the Fe-Al-Ni-Cr-Mo alloy system", Materials Letters, 2012, 71, 36-40.

573. Fengyuan Shi, HuaXiang, J.JoshuaYang, M.SRzchowski, Y.A.Chang, and P.M.Voyles, "Inverse TMRinanominallysymmetricCoFe/AlOx/CoFe junctioninduced by interfacialFe3O4 investigatedbySTEM-EELS", Journal of Magnetism and Magnetic Materials, 2012, 324, 1837-1844.

574. Z.K. Teng, F. Zhang, M.K. Miller, C.T. Liu, S. Huang, Y.T. Chou, R.H. Tien, Y.A. Chang, and P.K. Liaw, "Intermetallics, 2012, 29, 110-115.

2013

575. H. Xiang, F.-Y. Shi, M.S. Rzchowski, P.M. Voyles, and Y.A. Chang, "Reactive sputtering of （Co,Fe） nitride thin films on TiN-bufferd Si", Appl Phys A, 2013, 110, 487-492.

2014

576. Xiangyu Xia, Amirreza Sanaty-Zadeh, Chuan Zhang, Alan A. Luo, Xiaoqin Zeng , Y. Austin Chang, and Donald S. Stone, "Thermodynamic modeling and experimental investigation of the magnesium–zinc–samarium alloys", Journal of Alloys and Compounds, 2014, 593, 71-78.

國家圖書館出版品預行編目 (CIP) 資料

有故事的人—張永山院士回憶錄／蔣榮玉採訪撰稿
—初版—新竹市：清大出版社，民 105. 07
552 面；15×21 公分

ISBN 978-986-6116-54-4（精裝）
1. 張永山 2. 回憶錄

783.3886 105009681

有故事的人－張永山院士回憶錄

採訪撰稿：蔣榮玉
發 行 人：賀陳弘
出 版 者：國立清華大學出版社
社　　長：戴念華
行政編輯：范師豪
地　　址：30013 新竹市東區光復路二段 101 號
電　　話：(03)571-4337
傳　　真：(03)574-4691
網　　址：http://thup.web.nthu.edu.tw
電子信箱：thup@my.nthu.edu.tw
企劃編製：我是角色有限公司
美編排版：我是角色編輯部
電子信箱：editor@stunnahtaiwan.com.tw
其他類型版本：無其他類型版本

展 售 處：紅螞蟻圖書有限公司 (02)2795-3656
http://www.e-redant.com
五楠圖書用品股份有限公司 (04)2437-8010
http://www.wunanbooks.com.tw
國家書店松江門市 (02)2517-0207
http://www.govbooks.com.tw
出版日期：西元 2016 年 7 月（民 105.7）初版
定　　價：精裝本新台幣 550 元

ISBN 978-986-6116-54-4 GPN 1010500878